Informatik-Fachberichte 125

Herausgegeben von W. Brauer
im Auftrag der Gesellschaft für Informatik (GI)

Informatik-Fachberichte 125

Herausgegeben von W. Brauer
im Auftrag der Gesellschaft für Informatik (GI)

Mustererkennung 1986

8. DAGM-Symposium
Paderborn, 30. September – 2. Oktober 1986
Proceedings

Herausgegeben von G. Hartmann

Springer-Verlag
Berlin Heidelberg New York
London Paris Tokyo

Herausgeber

Georg Hartmann
Universität-Gesamthochschule-Paderborn
Fachbereich 14 Elektrotechnik
Pohlweg 47–49
4790 Paderborn

CR Subject Classifications (1985): I.2, I.4, I.5

ISBN-13: 978-3-540-16812-6   e-ISBN-13: 978-3-642-71387-3
DOI: 10.1007/978-3-642-71387-3

CIP-Kurztitelaufnahme der Deutschen Bibliothek. Mustererkennung: Proceedings / Mustererkennung ... – Berlin; Heidelberg; New York; Tokyo: Springer 1986. Paderborn, 30. September – 2. Oktober 1986. – 1986. (Informatik-Fachberichte; 125) (... DAGM-Symposium; 8)

NE: Deutsche Arbeitsgemeinschaft für Mustererkennung: ... DAGM-Symposium; 1. GT

Druck und Bindearbeiten: Weihert-Druck GmbH, Darmstadt
2145/3140–543210

<u>VERANSTALTER</u>

Deutsche Arbeitsgemeinschaft für Mustererkennung (DAGM)
Gesellschaft für Informatik   (GI)
Universität-Gesamthochschule-Paderborn

<u>TAGUNGSLEITUNG</u>

G.   Hartmann, Universität-GH-Paderborn

<u>PROGRAMMKOMITEE</u>

R.		Albrecht	Innsbruck
R.		Großkopf	Oberkochen
G.		Hartmann	Paderborn
H.		Kazmierczak	Karlsruhe
O.		Kübler	Zürich
M.		Lang	München
H.		Niemann	Erlangen
S.	J.	Pöppel	Neuherberg
D.	P.	Pretscher	Hannover
W.		Schilz	Hamburg
J.		Schürmann	Ulm
W.	v.	Seelen	Mainz
P.		Stucki	Zürich

<u>TAGUNGSORGANISATION</u>

M.	Dresselhaus
S.	Drüe
J.	Giet
G.	Hartmann
B.	Kleinemeier
B.	Mertsching
R.	Selbach
M.	Tops
A.	Westfechtel

DAGM: Deutsche Arbeitsgemeinschaft für Mustererkennung

Das DAGM-Symposium ist eine jährlich stattfindende
Veranstaltung der Deutschen Arbeitsgemeinschaft für
Mustererkennung (DAGM) mit der Zielsetzung, For-
schungsergebnisse aus verschiedenen Gebieten der
Mustererkennung vorzustellen und den Nachwuchs zu
fördern. Zugleich dient diese Tagung dem gegenseitigen Erfahrungs- und Informationsaustausch.

Die DAGM wird durch folgende wissenschaftliche Trä-
gergesellschaften gebildet:

Deutsche Gesellschaft für angewandte Optik	(DGaO)
Gesellschaft für medizinische Dokumentation,	
Information und Statistik	(GMDS)
Deutsche Gesellschaft für Nuklearmedizin	(DGNM)
Gesellschaft für Informatik	(GI)
The Institute of Electrical and Electronic	
Engineers, German Section	(IEEE)
Nachrichtentechnische Gesellschaft	(NTG)

Die DAGM ist Mitglied der International Association
for Pattern Recognition (IAPR).

<u>VORWORT</u>

Sehen und Hören sind Sinneswahrnehmungen, die für die Leistungsfähigkeit
von Menschen und Tieren von erheblicher Bedeutung sind. Die Anwendung
der Mustererkennung, des maschinellen Verstehens von Bildern und Sprache,
wird eine entsprechende Leistungssteigerung bei technischen Systemen bewirken. Die Vorteile, die sich durch den Einsatz intelligenter Sensorik
erzielen lassen, werden bereits in zunehmenden Maße erkannt. Die große
Zahl anwendungsbezogener Beiträge zum 8. DAGM-Symposium zeigt insbesondere auch die Vielfalt der möglichen Einsatzgebiete.

Sehen und Hören erfordern neben der Signalverarbeitung Abstraktionspro-
zesse, an denen umfangreiche, in ihrer Funktion erst ansatzweise verstan-
dene Teile des Gehirns beteiligt sind. Bei der Komplexität dieser Prozesse ist es nicht überraschend, daß die Mustererkennung als Teilaufgabe
im Arbeitsgebiet Künstliche Intelligenz verstanden wird. So war es auch
zu erwarten, daß sich unter den Beiträgen zum 8. DAGM-Symposium ein zweiter Schwerpunkt bei den wissensbasierten Erkennungsmechanismen herausge-
bildet hat.

Wenn ich einmal - ohne Grenzen ziehen zu wollen - die anwendungsbezogene
Umsetzung der Mustererkennung eher den Ingenieuren, die Arbeiten auf dem
Gebiet der Künstlichen Intelligenz eher den Informatikern zuordne, dann
werden sich echte Fortschritte nur durch interdisziplinäre Arbeit erzielen lassen.

Ich glaube, daß die Mustererkennung schon immer ein Kristallisationspunkt
für die Zusammenarbeit vieler wissenschaftlicher Disziplinen gewesen ist.
Ich hoffe, daß unser Arbeitsgebiet auch in Zukunft dazu herausfordert,
Grenzen zu überschreiten und ich wünsche mir, daß unser 8. DAGM-Symposium ein dafür geeignetes Diskussionsforum bieten möge.

Für die Unterstützung bei der Vorbereitung und Durchführung der Tagung
danke ich dem Programmausschuß, dem Organisationskomitee, unserer Universität - GH - Paderborn sowie den Firmen und Institutionen, die die
Tagung durch großzügige Spenden gefördert haben.

G. Hartmann

WISSENSBASIERTE MUSTERERKENNUNG

ANWENDUNGEN IN DER MEDIZIN

XIII

AUTOMATISCHE FEHLERERKENNUNG IN HOLZOBERFLÄCHEN

W. Hättich, S. Tatari

Fraunhofer-Institut für Informations- und
Datenverarbeitung (IITB)

Sebastian-Kneipp-Str. 12 - 14, D-7500 Karlsruhe 1 (FRG)

Zusammenfassung

Ein Verfahren zur automatischen Fehlererkennung in Holzoberflächen wurde auf dem im IITB entwickelten Visuellen Interpretationssystem für Technische Anwendungen (VISTA) programmtechnisch realisiert. Holzexperten empfehlen aufgrund der erzielten guten Ergebnisse den Bau einer nach dem Verfahren arbeitenden Prüfanlage. Das Verfahren arbeitet schritthaltend, wenn
zeitkritische Verarbeitungsmodule elektronisch realisiert werden. Ein Modul ist bereits fertiggestellt, weitere sind im Bau
oder in Planung.

1. Einleitung

In dem Bestreben, in Säge- und Hobelwerken den Verschnitt zu minimieren, nimmt die automatische Erkennung von Fehlern in Holzoberflächen
eine Schlüsselstellung ein, denn genaue Angaben über die Lage und Art
der Fehler sind eine notwendige Voraussetzung für die Schnittoptimie-
rung. Neben der Produktivitätssteigerung erhofft man sich durch eine
automatische Fehlererkennung auch eine objektive, zuverlässigere und
besser reproduzierbare Einteilung der Produkte in Güteklassen.

An die Verarbeitungsgeschwindigkeit und Leistungsfähigkeit des automatischen Erkennungssystems werden allerdings hohe Anforderungen gestellt, weil die Prüflinge mit hoher Geschwindigkeit (ca. 2m/sec)
transportiert werden, große Abmessungen (ca. 2,5 m x 0,3 m) besitzen
und im Erscheinungsbild stark variieren. Um eine vollautomatische
Fehlererkennung in Holzoberflächen durchführen zu können, müssen lei-
stungsstarke Verfahren entwickelt werden, die sich auch leicht elektronisch realisieren lassen.

Bestehende Prüfsysteme sprechen nur bei groben Fehlern an [1,2]; viele Fehler müssen nach wie vor durch eine Prüfperson beurteilt und
bedarfsweise markiert werden. Neuere Entwicklungsansätze [3,4] stehen

noch am Anfang. Die ihnen zugrunde liegenden Verfahren sind aufwendig und erreichen noch nicht die benötigte Erkennungssicherheit. Im vorliegenden Beitrag wird ein Verfahren zur automatischen Erkennung von Fehlern in Holzoberflächen vorgestellt, das den oben genannten Anforderungen genügt.

2. Verfahrensbeschreibung

Die **Bildaufnahme** erfolgt mit hochauflösenden Zeilenkameras in zwei Auswertestationen. Eine Station verwendet eine Kombination von Durchlicht und diffusem Auflicht zur Detektion von Löchern und Grauwertabweichungen, die andere Schräglicht zur Detektion von Oberflächenunebenheiten.

Bild 1 zeigt Oberflächenfehler, die bei kombiniertem Auf- und Durchlicht (a,b) und bei Schräglicht (c) aufgenommen wurden.

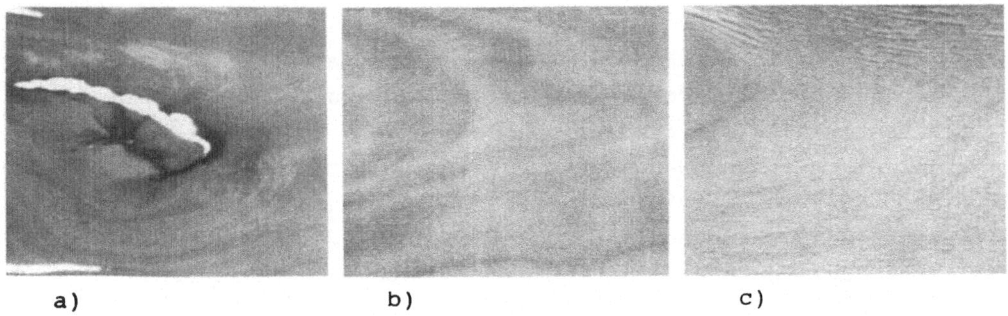

a) b) c)

Bild 1: Bildausschnitte von Holzproben bei kombiniertem Auf- und Durchlicht (a,b) und bei Schräglicht (c); a) offene Rinde und Risse, b) Riefen, c) Rauhigkeiten.

Zur **Fehlerdetektion** werden drei Filter verwendet. Diese liefern gute Detektionsergebnisse und arbeiten bei schaltungstechnischer Realisierung schritthaltend.

Die **adaptiven Grauwertschwellen** dienen zur Detektion offener Fehler und dunkler Oberflächenfehler. Durch rekursive Berechnung des mittleren Grauwertes entlang einer Zeile bzw. einer Spalte entsteht ein Mittelwertverlauf, der sich den globalen Helligkeitsschwankungen des

Bildes anpaßt. Ein Bildpunkt wird dann als fehlerverdächtig angezeigt, wenn sein Grauwert stark von dem aktuellen Mittelwert abweicht.

Das **Spaltendifferenzfilter** dient zur Detektion von Riefen. Beim Spaltendifferenzfilter werden die Grauwerte entlang jeder Spalte aufsum-
miert. Die Grauwertsumme der betrachteten Spalte wird mit den Summen
von Spalten rechts und links von ihr verglichen. Liegt die Abweichung
der Grauwertsummen über einer Toleranzgrenze, wird ein Fehler angezeigt.

Das **Filter zur Bestimmung von Häufungen lokaler Grauwertextrema** dient
zur Detektion von Rauhigkeiten, Rattermarken und Welligkeiten. Bei
den genannten unebenen Fehlern ergeben sich bei Schräglichtbeleuch-
tung periodisch abwechselnde helle und dunkle Bereiche im Bild. Zur
Detektion dieser Fehler werden entlang einer Spalte lokale Grauwertextrema bestimmt, deren Grauwertdifferenzen zu benachbarten Extrema
eine vorgeschriebene Schwelle überschreiten. Bei unzulässig großen
Auftrittshäufigkeiten solcher Extrema werden Fehler angezeigt.

In Bild 2 sind die Detektionsergebnisse für die Bildausschnitte aus
Bild 1 dargestellt.

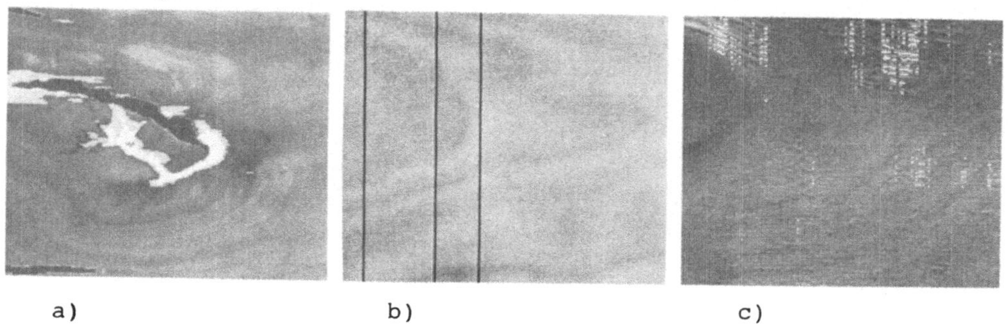

a) b) c)

Bild 2: Detektionsergebnisse für die Bildausschnitte aus Bild 1;
a) adaptive Schwellen überschritten (dunkelgrau, hellgrau,
weiß), b) zu große Spaltendifferenz (schwarz), c) zu viele
kontrastreiche Grauwertextrema (gestreift).

Bei der <u>Zusammenhangsanalyse und Merkmalextraktion</u> werden benachbarte
fehlerverdächtige Bildpunkte zu Regionen zusammengefaßt. Danach werden die Regionen durch Grauwertmerkmale (z. B. mittlerer Grauwert),
einfache geometrische Merkmale (z. B. Fläche) und Formmerkmale (z. B.

Streckung) beschrieben. Die genannten Merkmale sorgen für eine gute
Fehlertrennbarkeit und lassen sich schnell berechnen.

Zur **Klassifikation** der Holzoberflächenfehler wird ein hierarchischer
Entscheidungsbaum aus Quaderklassifikatoren verwendet, der den großen
Geschwindigkeitsanforderungen der vorliegenden Aufgabe genügt.

Bei einem Quaderklassifikator wird in einem Merkmalraum, der von den
Merkmalvektoren zur Beschreibung der Regionen aufgespannt wird, ein
Fehler als Punkt dargestellt. Die verschiedenen Fehlerklassen werden
durch quaderförmige Teilbereiche des Raumes repräsentiert. Eine
Klassifikationsentscheidung entspricht einer Bereichsabfrage, durch
die festgestellt wird, in welchem Teilbereich die Meßwerte des Merk-
malvektors für eine bestimmte Region liegen.

In einem hierarchischen Entscheidungsbaum werden die verschiedenen
Klassenbereiche nicht direkt ermittelt, sondern durch hierarchisch
organisierte Abfragen sukzessive eingeschränkt.

Bild 3 zeigt die Klassifikationsergebnisse für die Bildausschnitte
aus Bild 1.

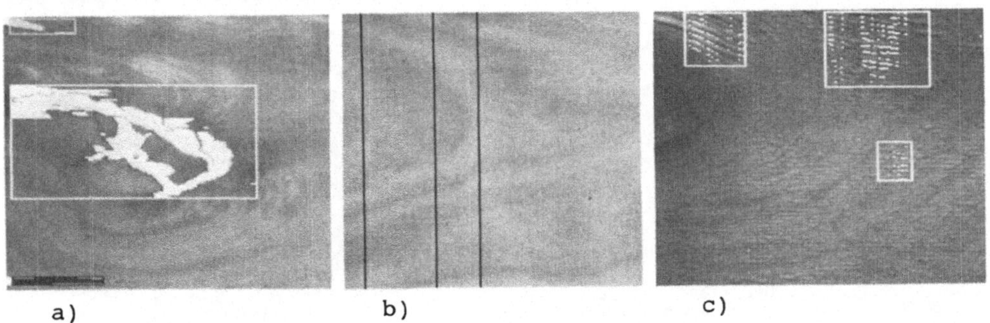

a)   b)   c)

Bild 3: Klassifikationsergebnisse für die Bildausschnitte aus
Bild 1. Die erkannten Fehlerregionen sind mit Rechtecken
eingerahmt; a) Astloch (weiß), Riß mit Verfärbung (hellgrau)
und einfacher Riß (dunkelgrau), b) Riefen (schwarze Spalten), c) Flächen mit großer Rauhigkeit (weiß gestreift).

3. Ergebnisse und Ausblick

Das Verfahren wurde programmtechnisch auf dem Visuellen Interpretationssystem für Technische Anwendungen (VISTA) realisiert, das gegen-

wärtig im IITB entwickelt wird [5]. Zur Erprobung des Verfahrens wurden Erkennungsexperimente durchgeführt, bei denen viele Fehler richtig erkannt wurden, die nach Aussage von Holzfachleuten für die Qualitätsbeurteilung wichtig sind. Holzspezialisten haben daraufhin empfohlen, zur Durchführung umfangreicherer Prüfungen den Prototyp einer nach dem oben beschriebenen Verfahren arbeitenden Prüfanlage zu bauen. Das Verfahren genügt Echtzeitanforderungen, wenn es auf VISTA schaltungstechnisch implementiert wird. Ein Prototyp einer Platine für die Realisierung der adaptiven Grauwertschwellen ist bereits fertiggestellt. Die Platine zur Zusammenhangsanalyse befindet sich im Bau, weitere Platinen sind in Planung.

Anmerkung: Die dem Beitrag zugrunde liegenden Arbeiten wurden vom Bundesministerium für Forschung und Technologie gefördert (FKZ: 08 M 8301 7 und 08 IT 15268).

4. <u>Literatur</u>

[1] Roth, H.: Elektronisch-optische Oberflächeninspektion von Hölzern. Holz-Zentralblatt 109 (1983) 10, S. 1465 - 1466.

[2] Szymani, R.; McDonald, K.: Defect Detection in Lumber: State of the Art. Forest Prod. 31 (1981) 11, S. 34 - 44.

[3] Conners, R.W.; McMillin, C.W.; Vasquez-Espinosa, R.: A Prototype Software System for Locating and Identifying Defects in Wood. Proc. of the 7th Int. Conf. on Pattern Recognition, Montreal/Canada, July 1984, S. 416 - 419.

[4] Pölzleitner, W.; Kropatsch, W.: Überprüfung von Holzstrukturen in Echtzeit durch modellgestützte Datenreduktion. DAGM/ÖAGM Symposium Proc., Graz, Okt. 1984, Informatik-Fachberichte <u>87</u>, Springer - Verlag, Berlin, Heidelberg, New York, Tokyo 1984, S. 198 - 204.

[5] Winkler, W.: Konzept für ein Visuelles Interpretationssystem für Technische Anwendungen (VISTA). FhG-Berichte 2-84, 1984, München, S. 4 - 7.

VERSTEHEN VON LANDKARTEN

Frank Ade, Guido Gerig, Markus Ilg, Fernand Klein
Institut für Kommunikationstechnik
ETH-Zentrum, CH-8092 Zürich

1. Einleitung

Das Bedürfnis nach computergestützter Kartographie ist in der
relevanten Literatur (z.B. Proceedings der Auto-Carto-Symposien /1/
oder /2/) vielfach ausgewiesen. Eines der Hauptprobleme dabei bleibt,
existierende Karten (produktionsmässig) in computergerechte Form zu
konvertieren. Bei der manuellen Digitalisierung wird - unter
Ausnutzung der Fähigkeiten des menschlichen Sehsystems - implizit die
Erkennung von Kartensymbolen gleichzeitig mit ihrer Eingabe in den
Computer durchgeführt. In grösserem Masstab wird jedoch diese Art der
Erfassung zu mühsam, und eine weitestgehende Automatisierung wird
angestrebt. Es ist auch vorstellbar, dass das Gros der Arbeit
algorithmisch gelöst wird und der Benutzer nur in "schwierigen" Fällen
gezielt auf das Problem geführt und um eine Eingabe gefragt wird.

Da eine Landkarte ausgehend von einzelnen Auszügen, bzw.
Schichten hergestellt wird, die fast alle binär sind, ist es
naheliegend, Ansätze für die Interpretation binärer Bilder aus anderen
Anwendungsbereichen auf ihre Eignung zur Erfassung, bzw.
Interpretation von Landkarten zu untersuchen. Wie in /3/ gezeigt,
lassen sich in technischen Zeichnungen mit Hilfe geeigneter
attributierter Grammatiken, welche gewissen Zeichenregeln entsprechen,
strukturierte Linien auffinden und erfolgreich erkennen. Dabei
entspricht jedem Typ einer strukturierten Linie eine Grammatik. Wie
in technischen Zeichnungen spielen auch in Landkarten Kartensymbole in
Form von strukturierten Linien eine grosse Rolle, neben isolierten
Symbolen (Signaturen) und Text. Allerdings gibt es auch Unterschiede:
in technischen Zeichnungen werden Verbindungen zwischen Komponenten
(Symbolen) durch Folgen von (meist achsenparallelen) geraden Segmenten
dargestellt; in Landkarten haben die strukturierten Linien i.a. einen
viel unregelmässigeren Verlauf. Deshalb war es interessant, zu
prüfen, ob die in /3/ erhaltene gute Erkennungssicherheit für
strukturierte Linien auch bei Landkarten erhalten bleibt.

Die von uns verwendeten Vorlagen gehören zur "Strassenkarte der
Schweiz" der Firma Hallwag AG, Bern. Zu ihrer Herstellung war, im
Gegensatz zu früher, die Karteninformation in ca. 40 themabezogene
Schichten aufgeteilt worden. Diese Änderung wurde zur Steigerung der
Flexibilität bei der Kartenherstellung eingeführt, erwies sich aber
auch als ein grosser Schritt in Richtung auf computergerechtere
Kartographie. Es wurde nun versucht, in Ausschnitten der Schicht
"Situation" strukturierte Linien aufzufinden und sie zu erkennen.
Diese Schicht enthält nur Strassen und Umrisslinien zusammenhängend
bebauter Gebiete (Agglomerationen).

2. Methode zur Gewinnung der Primitive

Vorwegnehmend kann man sagen, dass "reale" und "virtuelle" Linien (als
Beispiele: Stadtbegrenzungen, bzw. Symmetrieachsen von Strassen)
sich als geeignete Primitive für Interpretation und Darstellung von

kartographischen Daten erweisen. Das Zusammenfassen von Bildpunkten zu Linien und die Erfassung ihres Zusammenhangs durch Graphen scheinen somit natürliche Verfahren zur Umsetzung der kartographischen Realität in eine EDV-gerechte Darstellungsform mit den Grundelementen <Punkt,Kante,Knoten> zu sein. Auch das in der Folge dargestellte Einflusszonenskelett (ESZ) lässt sich mühelos durch die gleiche Struktur erfassen. Damit ergibt sich für den Spezialfall von Linienbildern eine einheitliche Behandlung für die Strukturelemente und für ihren räumlichen Kontext.

Betrachtet wird die spezielle Klasse $\mathbf{P}$ von Bildern $\{P\}$ deren Bildpunkte $\underline{x}$ sich über eine einfache Diskriminierung bzgl. ihres Eigenschaftsvektors $\underline{a}$ zu einer von 2 Komplementärmengen S ("Objekt") resp. $\overline{S}$ ("Hintergrund") zuteilen lassen. Die Definition einer Messvorschrift DT (Distanz-Transformation) erlaubt die Zuordnung eines vektoriellen Zeigers $d\underline{x}$ von jedem Element aus $\overline{S}$ zum nächsten Element im Komplement gemäss einer geeigneten Metrik (bei der nachfolgenden Anwendung durchgehend Euklid-Metrik wegen ihrer Gutmütigkeit bzgl. Rotation und Skalierung):

$$\underline{x} \xrightarrow{\quad DT \quad} d\underline{x} \left| \begin{array}{l} \underline{x} \ \varepsilon \ \overline{S} \\[1ex] \underline{u} = \underline{x} + d\underline{x}(\underline{x}) \ \varepsilon \ S \\[1ex] \underline{u} = \min||\underline{x} - \underline{v}|| \\[1ex] \qquad \underline{v} \ \varepsilon \ S \end{array} \right.$$

Das resultierende Vektorfeld $d\underline{x}(\underline{x})$ stellt eine Punkt-zu-Punkt-Beziehung zwischen S und $\overline{S}$ her. Sie bildet die Basis für globalere räumliche Relationen in S. Dazu müssen zunächst Objektbildpunkte zu semantisch bedeutsamen Einheiten (z.B. Linien) zusammengefasst werden. Jede Einheit erhält eine eindeutige Kennummer (label) l. Schliesslich wird der Schritt der Kennummern-Ausbreitung (label propagation) ausgeführt; jede Kennummer darf sich gemäss dem vorausberechneten Vektorfeld ins Komplement ausbreiten:

$$\forall \ \underline{x} \ \varepsilon \ \overline{S}: \ l(\underline{x}) \ \longleftarrow \ l(\underline{x} + d\underline{x})$$

Es entstehen sog. "Einflusszonen" zu jeder Einheit. Die Grenzlinien ("duale Linien") derselben (auch "Einflusszonenskelett" /4/) definieren je eine Zweierbeziehung (l,l) welche sich für die Quantifizierung von Nachbarschaften eignet. Im Falle von isolierten Pixeln entsteht das wohlbekannte Voronoi-Diagramm.

3. Gewinnung der Primitive in einem Kartenausschnitt

In Erweiterung des früheren Verfahrens /3/ wird zusätzlich zum verdünnten Linienbild ein (partielles) Exoskelett verwendet. Ein Grund hierfür liegt darin, dass Strassen als flächige Entitäten einfach beschreibbar sind durch Angabe des Mittelachsenverlaufs sowie der dazugehörenden Breite als Funktion des Ortes; die dafür geeignete Transformation ist die Mittelachsentransformation (MAT) auf dem Hintergrund. Ein zweiter Grund besteht darin, dass das frühere Verfahren auf dem neuen Bildmaterial versagt, sobald ein isoliertes Strassenfragment auftritt, da dieses gesamthaft eine Einheit bildet und somit das ESZ verschwindet, mitunter also die Parallelität so nicht erkannt wird. Durch die objektseitige Redundanz entfällt bei geeigneter Vorarbeit die Suche nach parallelen Linien zur Erkennung von Einfachstrassen.

Die Bildfolge Fig.1 bis 6 veranschaulicht dieses zusätzliche Konzept am Beispiel eines Kartenausschnitts. Entsprechend dem Vorwissen über die Auflösung bei der Abtastung sowie über den Breitenbereich der verschiedenen Strassentypen wird der Hintergrund der binärisierten Vorlage (Fig.1) um eine entsprechende Anzahl von Schritten verdünnt (Fig.2); die Strassen schrumpfen auf ein Pixel Breite während von den Zwischenräumen flächige Reste stehen bleiben, die somit leicht zu eliminieren sind (Fig.3). Die Projektion der euklidisch berechneten Hintergrunddicke (Fig.5) auf die erhaltenen Mittelachsen erlaubt bei genügender Auflösung (35 μm) eine nahezu perfekte Typentrennung der diversen Strassenabschnitte im Gegensatz zu entsprechenden Versuchen mit 4er- und 8er-Metrik (Fig.6). Der räumliche Kontext (Fig.4) schliesslich dient der Erkennung von Autobahnfragmenten. Die mangelnde Transparenz dieser Bearbeitungs-folge beruht hauptsächlich auf der Inkongruenz zwischen "topologischem" und "geometrischem" Skelett in der diskreten Ebene; ersteres entsteht als Endprodukt von Verdünnungsoperationen und liefert approximativ die zusammenhängende, auf ein Pixel Breite konzentrierte Mittelachse von länglich ausgebildeten Bildteilen ohne Anspruch auf Rekonstruierbarkeit, aber unter Wahrung der Topologie; es bildet die Basis gängiger Vektorisierungsverfahren. Letzteres hingegen komprimiert die Bildflächen in einen Satz meist nicht zusammenhängender Punkte mit zugehöriger metrischer Information unter Gewährleistung der vollständigen Wiederherstellbarkeit; bei Verwendung der euklidischen Metrik /5/ resultiert eine bezüglich Rotation und Skalierung weitgehend invariante geometrische Beschreibung. Das skizzierte Verfahren stellt eine vorläufige Übergangslösung dar auf dem eingeschlagenen Weg zu einer Vereinheitlichung beider Konzepte.

4. Andere Strassen- und Weg-Symbole

Für andere Kartensymbole als einfache Strassen muss zusätzlich auf die Primitive Linien, Knoten, Punkte des Nachbarschafts-Bildgraphen zurückgegriffen werden. Beispiele dafür sind die Linientypen "strichliert" und "strichliert begleitet von einer Parallelen".

Da die Datenstruktur zur Charakterisierung der dualen Linien Verweise auf die beiden Objekte, die sie verursacht, enthält, sind duale Linien prädestiniert dafür, Nachbarschaftsbeziehungen zu charakterisieren, wie sie z.B. bei strichlierten Linien etc. auftreten. Die Erkennung beider Kartensymbole, die strichlierte Linien involvieren, wurde mithilfe von PROLOG-Programmen realisiert. Fig.7 und 8 zeigen ein Beispiel für die erhaltenen Resultate. Bei der strichliert/parallelen Linie wurden die zum erkannten Objekt gehörenden dualen Linien zwischen den Parallelenstücken hervorgehoben. Bei der strichlierten Linie wurden die Bestandteile hervorgehoben und die dualen Linien zwischen ihnen eingezeichnet. Hervorzuheben ist, dass auch stark gekrümmt verlaufende Liniensymbol-Instanzen als Ganzes sicher erfasst werden.

Die Erkennung isolierter Symbole wie die für Flugplätze, Ruinen etc. bietet kein Problem, da sie auf separaten Schichten dargestellt sind. Sowohl "template matching" als auch die Verwendung von Fourierdeskriptoren für die Kontur der Symbole sind gangbare Wege. Ein Problem ist allenfalls die hohe Zahl verschiedener Symbole, die zu erkennen sind.

5. Zusammenfassung und Ausblick

Ein allgemeines Ziel dieser Arbeit ist es, Methoden des rechnergestützten Sehens an einem wohldefinierten Beispiel mit einer einfach strukturierten Ausgangssituation zu entwickeln. Genauer handelt es sich um die Analyse binärer Dokumente hoher graphischer Qualität, wobei das Dokument bereits in verschiedene thematische Schichten separiert dargeboten wird. Das zur Analyse benötigte Wissen ist im Prinzip exakt und vollständig bekannt oder durch Befragung ergänzbar. Es hat sich gezeigt, dass bereits auf den untersten Ebenen des Erkennungsprozesses ein breit gefächertes Vorgehen von Vorteil ist, indem verschiedene thematische Schichten verschieden behandelt werden. So werden isolierte Kartensymbole am besten durch "template matching" oder mit Fourier-Deskriptoren erkannt, die Analyse des Gewässernetzes wird mit Linienelementen als Primitive angegangen, diejenige des Strassennetzes unter Hinzunahme von Exoskeletten. Für die darauffolgenden Etappen der Interpretation wurden PROLOG-Programme verwendet, wobei vor allem auf robuste Erkennung der Kartensymbole Wert gelegt wurde. Dabei ist Robustheit nicht wegen ungenügender Qualität der Vorlagen notwendig; in dieser Hinsicht lassen die Vorlagen keine Wünsche offen. Vielmehr muss Robustheit verlangt werden, da sich die in einer Schicht vorhandenen Kartensymbole, wie zum Beispiel verschiedene Strassen, besonders in Ausschnitten von Ballungsgebieten, oft berühren und übereinander geführt werden. In Ausschnitten von gebirgigen Gegenden sind dagegen die Strassensymbole stark gekrümmt und durch Tunnelsymbole zerhackt. Es kann erwartet werden, dass in diesen beiden und anderen ähnlich schwierigen Füllen die Kartensymbole nur durch ein sehr komplexes Regelwerk robust erkannt werden können. Dabei wird vermutlich die Kontrolle über den Erkennungsprozess mithilfe einer Agenda mit bewerteten Hypothesen realisiert werden.

Es ist klar, dass bei den gegenwärtig erreichbaren Rechengeschwindigkeiten die Analyse von Landkarten grossflächig sehr aufwendig ist und deshalb meist nur an kleinen Ausschnitten demonstriert wird. Dennoch ist es nicht nutzlos, sich schon heute an solchen Aufgaben zu üben. Einerseits wird so die Evolution entsprechender Methoden durch natürliche Selektion gefördert, sodass bei Vorliegen genügender Rechenleistungen in ein paar Jahren schon ein gewisses Know-how vorliegt. Andererseits ist schon heute ein Feedback zu den Kartenmachern möglich, indem ihnen mitgeteilt werden kann, welche heute eingehaltene Konventionen der Kartenherstellung bei der Interpretation von Kartenausschnitten Schwierigkeiten machen, also nicht computergerecht sind. Falls es für solche Konventionen keinen zwingenden Grund gibt, was oft der Fall ist, können sie bereits frühzeitig abgeändert werden.

6. <u>Referenzen:</u>

/1/ z.B. Proceedings of the 7th International Symposium on Computer-Assisted Cartography (Auto-Carto 7), Digital Representations of Spatial Knowledge, ASP/ACSM, Falls Church, Va., 1985.

/2/ Peuquet, D.J., and A.R.Boyle, "Raster Scanning, Processing and Plotting of Cartographic Documents", SPAD Systems, Ltd., Williamsville, NY, U.S.A., 1984.

/3/ Egeli, E., F.Klein und G.Maderlechner, "Modellgestützte Symbolinstanziierung aus relational verknüpften Bildprimitiven", Proceedings 7. DAGM-Symposium Erlangen, Informatik-Fachberichte, Band 107, Springer Verlag, 1985, S.267-271.

/4/ Serra J., "Image Analysis And Mathematical Morphology", Academic Press, London, 1982.

/5/   Klein, F.   und O.Kübler, "Euclidean Distance Transformations   and
      Model-Guided   Image Interpretation", Pattern Recognition Letters,
      1986 (im Druck).

Fig.1 Ausschnitt aus "Situation"

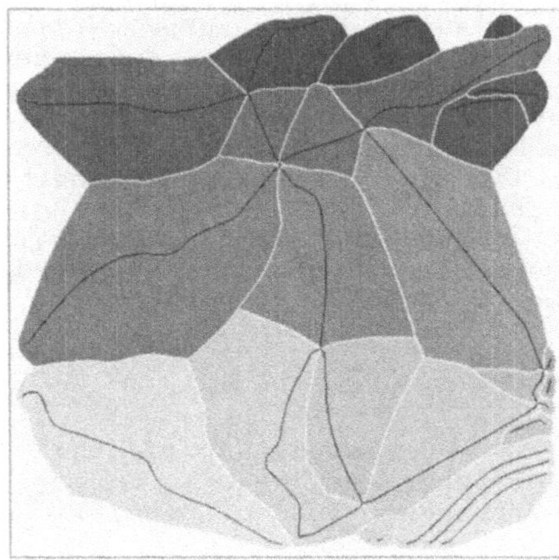

Fig.2 partielles Exoskelett

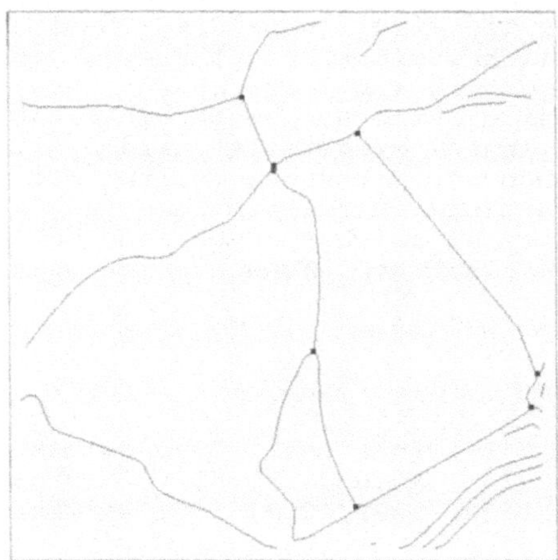

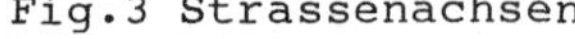

Fig.3 Strassenachsen

Fig.4 Einflusszonen

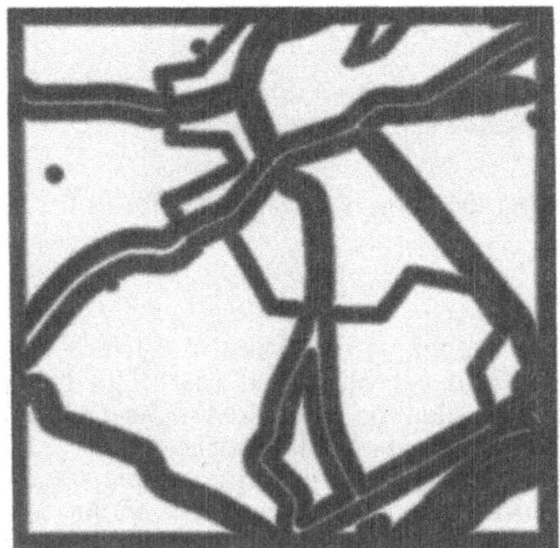

Fig.5 Euklidische Distanz-
    transformation

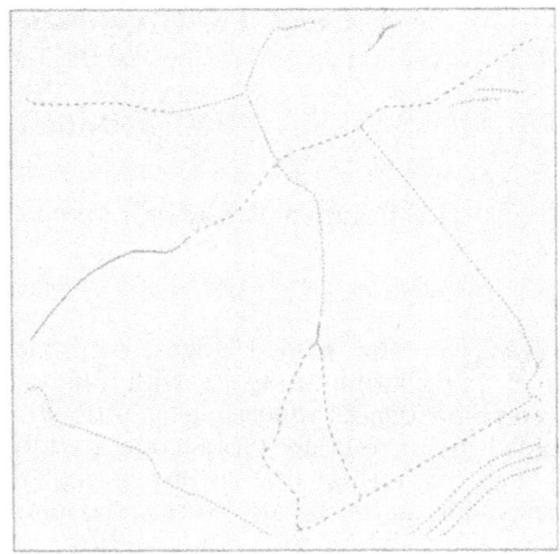

Fig.6 erkannte Strassentypen

Fig.7 Ausschnitt aus "Situation"

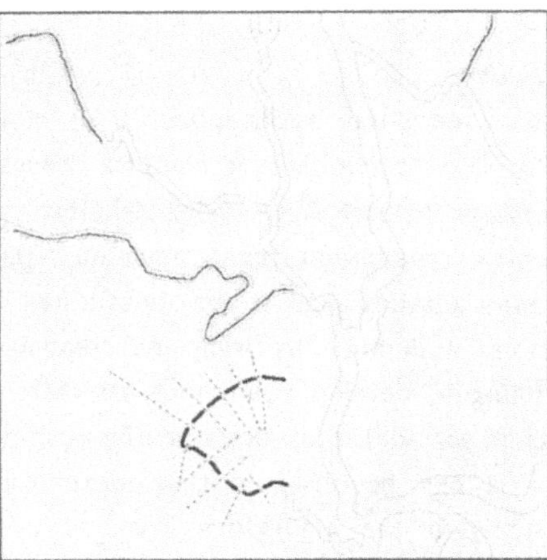

Fig.8 erkannte Strassentypen

A Coded Light Approach for Depth Map Acquisition

Friedrich M. Wahl [†]

IBM Zurich Research Laboratory, 8803 Rüschlikon, Switzerland

ABSTRACT: The Coded Light Approach is a technique to measure surface depth values in 3D coordinate space with modest device and computational cost. The burdensome correspondence analysis encountered in stereo vision or structured light techniques is avoided by projecting Gray code patterns sequentially onto the surfaces to be measured, and capturing the corresponding deformed code patterns with a camera. The captured code patterns are stored sequentially into subsequent bit planes of an image memory. After illumination and capture, each cell in image memory marks uniquely the corresponding illumination point in the projector image plane, and thus triangulation or depth calculation can be performed immediately by simple table look-up operations.

Introduction

In many industrial applications, it is essential to acquire depth information of single objects, object assemblies, or complex scenes. In the area of quality control, e.g., surfaces have to be inspected to check whether they are within a certain tolerance range; in automated manufacturing, machine parts have to be recognized and their position/orientation has to be determined in order to support manipulator control, etc. Therefore, it is not surprising that many research teams at universities and in industry are aiming to develop equipment for extracting range information. It is beyond the scope of this paper to list or describe the techniques available up to now, but nevertheless in general it can be observed that most techniques utilize either expensive sensing instrumentation, or the algorithms involved are computationally burdensome. Based on the idea of time-space encoding the 3D coordinate space [1,2], a recently proposed practical approach to derive 3D surface coordinates with a modest device and computation expense [3] is described (a similar technique was proposed some time later in [4]). Some first results obtained with an experimental PC-based image workstation environment will illustrate the feasibility of the technique.

[†] New address of author: Institut für Robotik and Prozessinformatik, Technische Universität, D-3300 Braunschweig.

Principle of the New Technique

For an explanation, we refer to the optical geometry of the projector-surface-camera-system in Fig. 1. We assume the xy-image-plane I_1 of the projector coplanar with the $x'y'$-image-plane I_2 of the camera. It can be observed by simple geometrical reasoning that any point in I_1 with $y = y_0$ is mapped (via the surface to be measured) into a point with $y' = y_0$ in I_2. For any surface point S, the intersections of the plane including the focal points F_1, F_2 and S with I_1 respectively I_2 form a pair of so-called epipolar lines [5] which under our projector-camera-geometry assumption are colinear. The depth z_S of the corresponding surface point S together with the focal lengths F_1, F_2 and the projector-camera-distance d determine the displacement or disparity $\Delta_S = x_{S_1} - x'_{S_2}$ of S along the epipolar line. Because F_1, F_2 and d are constants for a given optical geometry, the unknown depth coordinate z_S of an arbitrary surface point seen by the camera can readily be derived from the horizontal displacement Δ_S by triangulation.

Active Range Measurement Principle

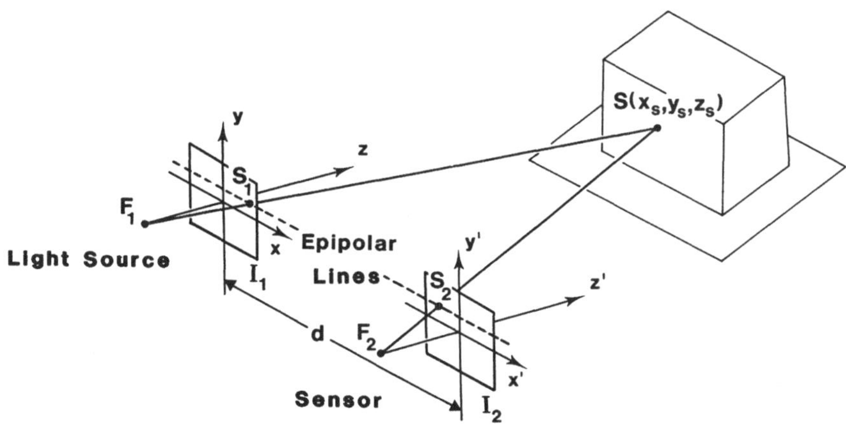

Fig. 1. Projector — Surface — Camera — System

Assuming that a two-dimensional pattern rather than a single point is projected onto the surface, the problem of relating points in I_1 to points in I_2 within two corresponding epipolar lines arises. In the so-called structured light approach, this problem is usually solved by an elaborate correspondence analysis; the same is true for stereo vision approaches. The key point of our approach is to sequentially project n binary vertical bar patterns which encode the x-coordinate values of the projector plane onto the surface to be measured, and capture the resulting images of the surface. Each of the images captured and digitized is thresholded and stored into one of n bit planes. The search for corresponding points on the epipolar lines is thus reduced to simply looking up the bit combinations at bit plane addresses corresponding to the $x'y'$-coordinates. Knowing the $x'y'$-coordinates of the corresponding point with encoded xy-coordinates (in our case $y = y'$) the triangulation can be computed, i.e. surface depth can be extracted.

Proposed Implementation

The technique described above can be implemented in a large variety of ways. One feasible implementation is shown in Fig. 2. We propose to realize the projector with a transparent liquid crystal. Pattern projection and image acquisition are synchronized by the timing control unit. This unit also controls the multiplexer which switches the binary data stream of the digitized and thresholded image of the j-th projected code pattern into the j-th image memory plane. The host processor has access to all bit planes, and performs essentially the correspondence and the triangulation lookup computation. The resulting depth information can be outputted to some application-dependent user interface, e.g., for object recognition, object position/orientation determination, etc.

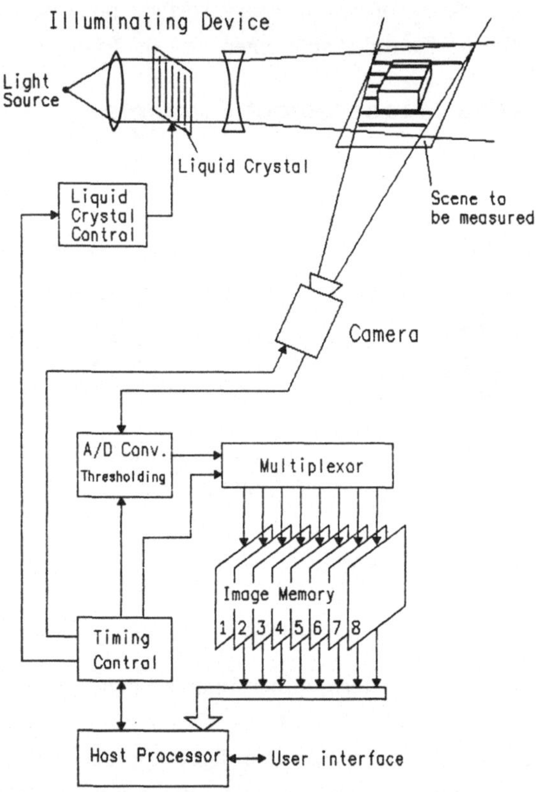

Fig. 2. Systems implementation

An Experimental Setup

To evaluate the new technique, an experimental image workstation environment has been put together. The hardware comprises a PC AT with a vendor frame grabber card connected to a CCD camera (384 × 491 pels), and a TV monitor. As illuminating device, a conventional PC-interfaced slide projector with eight (manually-framed) Gray code patterns and two reference slides for full and non-illumination was used. The modular Experimental Image Software (EIS), coded in C, controls the experiment. The sequence of the experiment is as follows: capture fully-illuminated and non-illuminated scenes, calculate threshold function (pelwise averaging and subsequent low-pass filtering) and generate shadow mask (pels with low intensity difference). Capture scene illuminated with eight Gray code patterns; compare images with threshold function, and store the resulting binary images into image memory. Decode the contents of image memory into depth values by table lookup, and mask result with shadow mask.

First Experimental Results

Figure 3 illustrates an experiment taken with the IBM logo cut out of plate. The top-left picture shows the conventional grey-level image as seen from the camera under full illumination. The letter I is slanted around the horizontal fixture, whereas the B is parallel to the image plane; the letter M is slanted around the vertical fixture (note the

Fig. 3. Processing example

differences of reflected light intensities owing to different angles between incident light and surface normals). The top-right picture illustrates the scene illuminated with the least-significant Gray code pattern. At bottom left, the decoded depth map is shown; light areas indicating high distance values from the camera, and vice versa. As can be seen, shadow areas as well as areas with specular reflection produce noise in the depth map. The result of superimposing the depth map with the shadow mask generated as described above is illustrated at bottom right of Fig. 3. The slants of letters I and M are clearly reflected in the depth map. The fine vertical structures in areas which should have constant depth values are due to the limited precision with which the Gray code patterns can be put into the slide frames manually. A more sophisticated illuminating device, such as the liquid crystal proposed, avoids this source of error. Figure 4 illustrates two more processing examples with a carneval mask (top row) and a machine part (bottom row) as test objects.

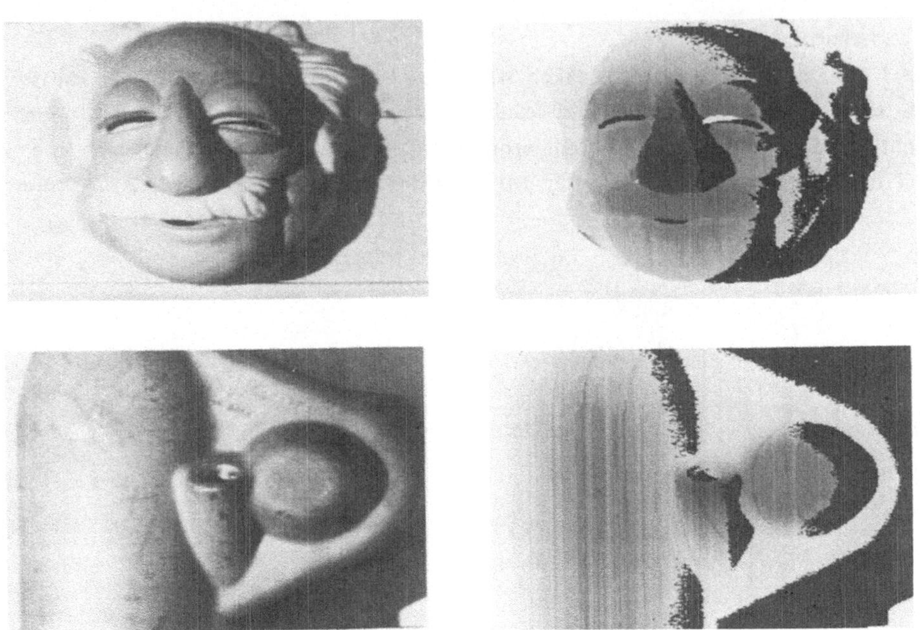

Fig. 4. More processing examples

Concluding Remarks

Compared to stereo vision or structured light techniques, the coded light approach avoids the elaborate correspondence analysis. Compared to shape from shading approaches, no computational burden is faced to solve the numerical integration or relaxation for surface determination — moreover, the result is not limited by the precision of the grey-level capture nor do strong homogeneity constraints have to be imposed on the surfaces to be measured. With respect to the necessary device and computational expense as well as with respect to measurement precision, the method proposed is rather attractive for industrial 3D vision, especially if fast measurements at low cost (e.g., for robot vision feedback) is required. Our research in this area is continuing along four lines: 1) build more precise illuminating device; 2) quantitatively evaluate the technique; 3) represent depth maps by mathematical surface models, and 4) design appropriate matching algorithms for part identification based on surface representations.

References

[1] T. Ueda, M. Matsuki: "Time Sequential Coding for Three-Dimensional Measurement and Its Implementation", Denshi-Tsushin-Gakkai-Ronbunshi, **81** (8) (1981).

[2] M. D. Altschuler, B. R. Altschuler, J. Taboada: "Laser Electro-Optic System for Rapid Three-Dimensional (3-D) Topographic Mapping of Surfaces", Opt. Eng., **20** (6) (1981).

[3] F. M. Wahl "A Coded Light Approach for 3-Dimensional (3D) Vision", IBM Research Report RZ 1452 (1984).

[4] K. Sato, S. Inokuchi: "Three-Dimensional Surface Measurement by Space Encoding Range Imaging", J. Robotic Systems, **2** (1) (1985).

[5] S. T. Barnard, M. A. Fischler: "Computational Stereo", *Computing Surveys,* **14** (1982).

VEREINZELUNG SICH BERÜHRENDER OBJEKTE DURCH EUKLIDISCHE SKELETTE
MIT GEOMETRISCH-HIERARCHISCH GEORDNETEN ELEMENTEN

F. KLEIN und O. KÜBLER
Institut für Kommunikationstechnik
ETH-Zentrum, CH-8092 Zürich

1. Einleitung

Überlappende oder einander berührende Gegenstände automatisch aus den
sichtbaren Teilen ihrer Silhouette zu erkennen, stellt eine klassische
aber noch immer zentrale Fragestellung der Computer-Vision dar.
Während dieses Problem in seiner allgemeinsten Form von biologischen
Wahrnehmungs-Systemen erfolgreich gelöst wird, setzten grundlegende
Arbeiten zur Formerkennung [1,2] voraus, dass die Objekte isoliert
auftreten und damit in ihrem Umriss vollkommen bekannt sind. Ziel
seitheriger Bemühungen ist, diese schwerwiegende Beschränkung
besonders für den industriellen Einsatz zu überwinden. Allgemeine
Kriterien, denen ein System zur zuverlässigen Beschreibung und
Erkennung planarer Formen zu genügen hat, wurden jüngst von Mokhtarian
und Mackworth zusammengestellt [3], einige frühere Ansätze diskutiert
und eine eigene Lösung vorgeschlagen.

Verfahren zum Erkennen überlappender oder einander berührender
Gegenstände basieren in aller Regel auf einer Zuordnung
charakteristischer Merkmale im Bild zu entsprechenden Aussagen eines
Objekt-Modells. Damit werden aufwendige Suchverfahren impliziert, die
wegen der Gefahr kombinatorischer Explosion nur mit wenig Merkmalen
zugleich umgehen können. Kennzeichen dieser Vorgehensweise ist, dass
Vereinzelung und Identifikation von konstituierenden Komponenten des
Bildes gleichbedeutend werden.

Wir schlagen vor, einander berührende oder leicht überlappende Objekte
aus ihrer gemeinsamen Silhouette zunächst zu vereinzeln, um sie dann
in einem getrennten Schritt zu identifizieren. Der Schattenriss einer
beliebigen Anordnung verschiedener konstituierender Komponenten wird
dabei als Binärbild durch eine Distanz-Transformation und Skelett mit
euklidischer Metrik beschrieben. Jedem Objekt-Punkt wird ein
vektorwertiger Zeiger zum Zentrum des jeweiligen maximal überdeckenden
Kreises, d.h. zum zugehörigen Skelettpunkt zugeordnet. Die entstehende
Hierarchie von geometrischen Verweisen gestattet es, die gesamte
sichtbare Umrisslinie in ihre logischen Bestandteile aufzugliedern und
diese den konstituierenden Komponenten zuzuweisen.

Einzelobjekte lassen sich nicht nur isolieren, sondern auch
identifizieren, wenn ihre Formen bekannt sind und anhand der
Umrissteile eindeutig diskriminiert werden können. Zu diesem Zweck
eignen sich Zuordnungs-Verfahren entscheidend verringerter
Komplexität. Vereinzelung und Identifikation werden an zwei Beispielen
illustriert.

2. Euklidische Distanz-Transformation (EDT) und Skelett

Binäre Objekte lassen sich in der kontinuierlichen Ebene erfassen
durch die 'Medial Axis Transform' (MAT), bei welcher die metrischen

wie topologischen Eigenschaften eines Gegenstandes vollkommen durch sein Skelett und zugeordnete Dicke beschrieben werden. Die MAT ist nicht unmittelbar auf die diskrete Ebene übertragbar, da dort geometrische und topologische Konzepte unterschiedliche algorithmische Anforderungen stellen. Gewöhnlich werden Verdünnungs-Verfahren eingesetzt, um die Zusammenhangs-Eigenschaften im Bild zu repräsentieren, während Distanz-Transformationen (DT) herangezogen werden, um die Form zu beschreiben.

Aus rechentechnischen Gründen werden gewöhnlich 4- oder 8-Distanz verwendet, obwohl wünschbare Invarianz-Eigenschaften wie Drehlagen-Unabhängigkeit oder günstiges Skalierungs-Verhalten gemäss dem Anforderungs-Katalog zur zuverlässigen Form-Beschreibung [3] nur mit der Euklid-Metrik zu erreichen sind. Wir haben nach einer ursprüng-lichen Formulierung als paralleler Algorithmus [4] (implementiert auf einem Pipeline-Videoprozessor) in Erweiterung des Vorschlags von Danielson [5] einen sequentiellen Algorithmus implementiert, der die exakte EDT in der anderthalbfachen Zeit der 8-DT berechnet. Der Kürze und Verständlichkeit halber werden hier nur die parallelen Algorithmen angeführt.

Die EDT wird nach dem Formalismus von Toriwaki und Yokoi [6] definiert, indem für jeden Pixel (i,k) des binären Objekts der grösste Kreis aus einer monotonen Folge { Q(1,mk;d) }gesucht wird, der noch ganz im Objekt enthalten ist. Die diskreten Kreise Q(1,m;d) bestehen aus allen Koordinaten-Paaren (1,m), die der Diophantischen Ungleichung 12+m2<r2(d) mit ganzzahligem r2(d) genügen. Die zulässigen quadrierten Euklid-Distanzen r2 werden gemäss ihrer Grössen-Reihenfolge auf die natürlichen Zahlen d abgebildet. Die folgende Tabelle gibt die ersten zehn Wertepaare:

```
r2(d) |  1   2   4   5   8   9   1Ø   13   16   18
d     |  1   2   3   4   5   6   7    8    9    1Ø
```

Wir geben eine einfache Version der EDT, auch um unsere Notation einzuführen:

Euklidische-Distanztransformation

```
for  d=1,maxd do                              ! DISK SEQUENCE
   for all (i,k)∈ object do                    ! OBJECT PIXELS
     if(Q(1-i,m-k;d) ⊆ object ) then           ! = DISK CENTERS
        distance(i,k) = d                       ! (CODED) DISTANCE
     endif                                      ! FROM BOUNDARY
   enddo
enddo
```

Die Iteration über die (zugeordneten) Distanzen d geht höchstens bis zur halben Bilddiagonale, in praxi hört sie auf, sobald der jedem Pixel (i,k) zugeordnete Abstand distance(i,k) nicht mehr aufdatiert werden kann.

Das geometrische Skelett eines Objekts besteht aus einem Satz lokaler Maxima der DT, die eine vollkommene Überdeckung definieren mit Flächenelementen, deren Grösse und Form aus Distanzwert und gewählter Metrik hervorgehen. Entsprechend der Begriffsbildung der MAT wird das Euklid-Skelett als Menge der Mittelpunkte maximal überdeckender Kreise definiert. Unsere Formulierung überträgt die Prärie-Feuer Analogie, mit der gewöhnlich die MAT erläutert wird, mit gewissen Zusätzen in die diskrete Ebene. Man stellt sich vor, dass sich von jedem Pixel eine ringförmige Feuerfront dQ(1,m;d)=Q(1,m;d+1)-Q(1,m;d) ausbreitet.

Die erreichbaren Zielpunkte (=Auslöschungs-Punkte) stellen das Euklid-Skelett dar.

Hierarchisches Euklid-Skelett

```
for all (i,k)∈ object  do              ! INITIALIZE :
   pointer(i,k) = (Ø,Ø)                ! DESTINATION VECTORS
   control(i,k) = distance(i,k)        ! CONTROL INFORMATION
   skeleton(i,k) = Ø                   ! SKELETON
enddo


for  d=1,maxd  do                                    ! INCREASING DISTANCES
  for all  (i,k) ∈ object  do
    for all (l,m) ∈ dQ(x,y;d)  do                    ! POINTS ON FIRE FRONTS
      if(control(i,k) ≤ distance(i+1,k+m) then       ! BURNT PREVIOUSLY ?
        pointer(i,k) = (l,m)                          ! FIRE DESTINATION
        control(i,k) = distance(i+1,k+m)             ! and PROPAGATION
      endif
    enddo
    distance(i,k) = distance(i,k) - 1                 ! CLIP BURNT PARTS
  enddo
enddo


for all (i,k)∈ object  do              ! FIRE FROM EACH POINT
   (x,y) = pointer(i,k)                ! BURNS TO QUENCH LOCUS
   skeleton(i+x,k+y) = 1               ! MARK SKELETON
enddo
```

Die jedem Bildpunkt (i,k) zugeordneten vektorwertigen Verweise **pointer**(i,k) wachsen bei der Iteration über d sukzessiv in Richtung grösserer Werte der DT. Alle Objekt-Pixel, auf die mindestens ein Verweis existiert, werden zu Skelettpunkten. In Fig. la ist die Richtung der Verweise für jeden Punkt eines synthetischen Objekts durch Grautöne angedeutet, die Skelettpunkte sind hell. Die isolierte kreisförmige Komponente ist durch genau einen Skelettpunkt repräsentiert, während das Skelett für die komplexere zweite Komponente genauer erst bei Betrachtung der Hierarchie zu verstehen ist.

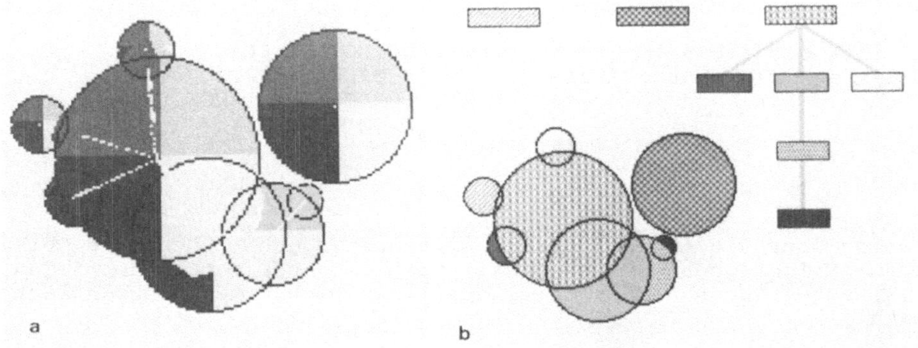

FIG 1. Skeletterzeugende Zeiger (a) und hierarchische Ordnung (b)
a.) Euklidisches Skelett (hell) und Richtungen der generierenden
    Zeiger [schwarz=(rechts,aufwärts), grau=(rechts,abwärts),
    hellgrau=(links,abwärts), weiss=(links,aufwärts)].
b.) Einfache und multiple Objektkomponenten und Hierarchie der
    Skelettpunkte (Zuordnung durch Textur). Isolierter Kreis enth{lt
    nur Punkte höchster Hierarchie-Stufe, überlappende Kreise
    führen zu Baumstruktur, fast abgeschn}rter Kreis wird isoliert.

Da die Kreise, die eine Objektkomponente überdecken, gemeinsame Flächenanteile haben müssen, ergibt sich durch die geometrischen Verweise aller Punkte eine Verkettung. Für die Skelettpunkte bleiben diese Verweise natürlich bestehen, so dass kleinere Kreise schliesslich in den grösstmöglichen geführt werden. Die höchste hierarchische Stufe haben dann zunächst einmal alle jene Skelettpunkte inne, deren zugeordnete Kreise nur mit kleineren gemeinsame Anteile haben. An stark eingeschnürten Stellen kann eine Art 'Zellteilung' stattfinden, die die Komponenten in natürlicher Weise auftrennt. Die geometrische Hierarchie ist in Fig. 1b angedeutet. Zu beachten ist, dass die fast vollständig abgeschnürte Objektkomponente in Position 9 Uhr sinnfälligerweise als Teil auf höchstem hierarchischen Niveau identifiziert wird. Der Grund für dieses Verhalten, das zu einem automatischen Säubern der Kontur herangezogen werden kann, wird ausführlicher in [4] erklärt.

3. Anwendungen

Die automatische Vereinzelung einander berührender Gegestände aus ihrer gemeinsamen Silhouette gelingt besonders einfach, wenn die einzelnen beteiligten Objekte einem simplen, allgemeinen Modell genügen. Sie sollen zunächst darstellbar sein durch Folgen von überdeckenden Kreisen, die zu genau einem grössten einbeschriebenen Kreis führen. Auf den ersten Blick könnte es scheinen, als ob nur konvexe Objekte so beschreibbar seien, während eine grosse Vielfalt erhalten bleibt (Sichel-Formen, Herzen, Sterne etc.). Kompliziertere Objekte können aus modellkonformen einfachen Komponenten aufgebaut werden. Für die Vereinzelung solcher komplexen Gegenstände ist lediglich Wissen über die jeweilige Konfiguration von einbeschriebenen grössten Kreisen notwendig. Zur Illustration des Verfahrens werden in diesem Beitrag nur Objekte der einfachen Sorte herangezogen.

Eine Vereinzelung von Objekten aus ihrer Silhouette kann nur zum Erfolg führen, wenn sie sich durch Einschnürungen im Umriss auch als Individuen bemerkbar machen. Es soll so vorausgesetzt werden, dass sich die Objekte nicht über längere Distanzen aneinander anschmiegen, da so ihre Identität verlorenginge und der gemeinsame Umriss einen neuen Gegenstand vorspiegeln würde.

Eine erste zulässige Situation ist wiedergegeben in Fig. 2a, welche eine Grauwertaufnahme von industriell gefertigten Keksen in einer Mischung von Durchlicht und Auflicht darstellt. Durch Binarisieren mit einem grosszügig gesetzten Schwellwert verschmelzen die einzelnen Objekte miteinander, so dass das binäre Objekt nur noch aus einer einzigen Zusammenhangskomponente besteht wie in Fig. 2c ersichtlich. Als Kandidaten wurden bewusst auch Kekse zugelassen, die die Voraussetzung des simplen Modells nur marginal erfüllen (ganz in der linken oberen Ecke, links von der Bildmitte und zwei auf gleicher Höhe nahe des unteren Bildrandes). Einer dieser kritischen Kandidaten (links der Bildmitte) verschmilzt denn auch mit dem danebenliegenden Objekt zu einer neuen Einheit. Die geometrischen Verweise für die Objektpunkte und das hierarchische Skelett sind in Fig. 2b gezeigt. In Fig. 2c wurden die Skelettelemente hierarchisch höchster Stufe als weisse Quadrate hervorgehoben. Abgesehen von den untrennbar miteinander verschmolzenen Keksen und Fehlzuweisungen durch Randeffekte wurden alle Objekte korrekt isoliert. Durch die geometrischen Verweise sind den hierarchisch höchsten Skelettpunkten jeweils Teile der Kontur zugeordnet, sodass eine Formerkennung hierauf aufsetzen kann.

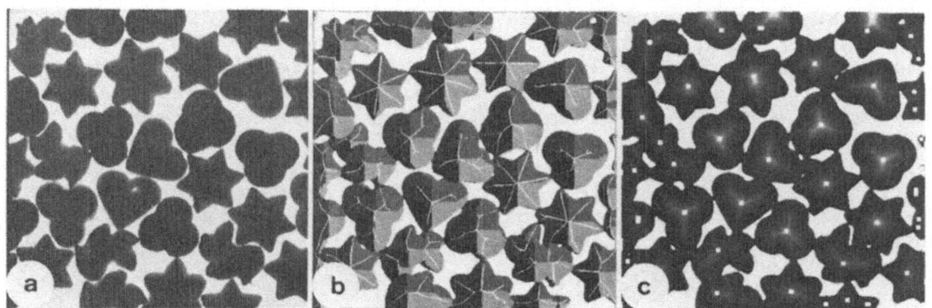

FIG 2. Vereinzelung einander berührender Objekte
a.) Original-Objekte (Mischung Durchlicht und Auflicht)
b.) Geometrische Verweise und hierarchisches Skelett (wie Fig. 2)
c.) Distanzkarte des binarisierten Bildes (grauwertig). Skelettpunkte
    höchster hierarchischer Stufe durch helle Quadrate hervorgehoben.

Ein Problem aus der Pralinen-Herstellung führte zum zweiten Beispiel
(Fig. 3). Vor dem Verpacken werden die ovalen Süssigkeiten zum
Abkühlen nebeneinander ausgelegt. Die Aufgabe ist, ihre Mittelpunkts-

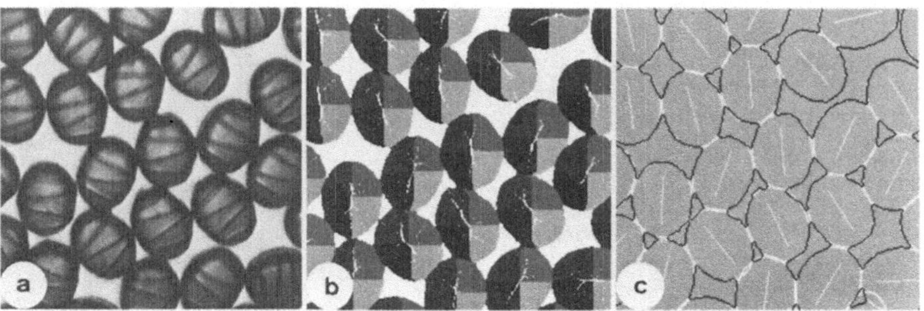

FIG 3. Identifikation einander berührender Objekte
a.) Original-Objekte (Mischung Durchlicht und Auflicht)
b.) Geometrische Verweise und hierarchisches Skelett (wie Fig. 2)
c.) Fit-Ellipsen (weiss) an sichtbare Kontur (schwarz) und Orien-
    tierung der grössten Hauptachse (grau)

koordinaten, Orientierung und Grösse zu finden, um sie mit einem
Saug-Greifer aufnehmen und in ihr endgültiges Behältnis befördern zu
können. In Fig. 3b sind wieder die Richtungen der geometrischen
Verweise und das Skelett angegeben. Wiederum sind die Kontaktstellen
zwischen den einzelnen Pralinen durch das Binarisieren recht
ausgedehnt. Die sichtbaren Konturlinien sind in Fig. 2c dunkel
ausgezogen. Durch Aufteilen der Kontur in ihre logischen Anteile
gemäss dem hierarchischen euklidischen Skelett war es ein Leichtes,
Fit-Ellipsen für die einzelnen Pralinen zu berechnen. Deren Umrisse
sind hell und die Orientierung der grössten Hauptachse grau in Fig. 3c
eingetragen. Die genauen numerischen Werte ergaben, dass der
Confisier-Betrieb einheitliche Grössen mit weniger als einem Prozent
Schwankung herstellte.

4. Zusammenfassung und Ausblick

Die EDT liefert eine MAT-ähnliche robuste Objektbeschreibung, die
nahezu invariant unter Rotationen ist und eine exakte Rekonstruktion
des binären Objekts zulässt. Das euklidische Skelett kodiert Form-
eigenschaften einer binären Figur in einer natürlichen Hierarchie,
durch die es möglich wird, einander berührende Objekte automatisch aus
der Gesamtsilhouette herauszulösen und über die zugehörigen
Konturelemente zu identifizieren.

Neben der automatischen Vereinzelung zeigen sich euklidische Skelette
sehr gut geeignet, um Charakter-Fonts zu repräsentieren und ausgehend
von einer Mutter-Darstellung in beliebiger Orientierung und Skalierung
zu synthetisieren. Weitere Anwendungsmöglichkeiten [7] ergeben sich in
der modellgesteuerten Analyse von gezeichneten Dokumenten und binären
technischen Szenen.

Referenzen:

[1] E. Persoon und K.-S. Fu, 'Shape discrimination using Fourier
    descriptors', IEEE Trans. PAMI 8 (1986) 388-397
[2] M. R. Teague, 'Image analysis via the general theory of moments',
    J. Opt. Soc. Am. 70 (1980) 920-930
[3] F. Mokhtarian und A. Mackworth, 'Scale-based description and
    Recognition of planar curves and two-dimensional shapes',
    IEEE Trans. PAMI 8 (1986) 35-43
[4] F. Klein und O. Kübler, ' Euclidean distance transformations and
    model-guided image interpretation', Pattern Recognition Letters
    (1986, im Druck)
[5] P.-E. Danielson, 'Euclidean distance mapping',
    Comp. Graph. Image Proc. 14 (1980) 227-248
[6] J. Toriwaki und S. Yokoi, 'Distance transformations and skeletons
    of digitized pictures with applications', in Progress in Pattern
    Recognition, L.N. Kanal und A. Rosenfeld (eds.), North-Holland
    Publishing Company (1981) 187-264
[7] F. Ade, G. Gerig, M. Ilg und F. Klein, 'Verstehen von Landkarten',
    8. DAGM-Symposium Paderborn 1986 (dieser Band)

LERNENDES VERFAHREN ZUR SEGMENTIERUNG INDUSTRIELLER SZENEN

B. Straub

Institut für Physikalische Elektronik (Prof. W. H. Bloss)
Universität Stuttgart
Pfaffenwaldring 47, 7000 Stuttgart 80

Kurzfassung

Die Segmentation von Objekten in Bildern wird durch das Lernen von Pixel-Klassifikatoren auf der Basis lokaler, texturbeschreibender Merkmale durchgeführt. Zur Adaption des Verfahrens werden in einer Lernstichprobe durch interaktives Markieren repräsentative Bildpunkte der Objekte gekennzeichnet. Ausgehend von einem vieldimensionalen Merkmalssatz wird ein reduzierter problemspezifischer Merkmalssatz zusammengestellt, mit dem ein Polynomklassifikator zur Unterteilung der Bildpunkte in verschiedene Segmente (z.B. Objekt und Hintergrund) berechnet wird. Das Verfahren wird zur Detektion von Gußlunkern in Werkstückoberflächen angewandt.

Einleitung

Bei der automatischen Qualitätskontrolle industrieller Oberflächen in denen Inhomogenitäten wie z.B. Gußlunker zu detektieren sind, besteht die Hauptaufgabe darin, Operatoren bzw. Merkmale zu finden, die eine eindeutige Trennung der Lunkerstrukturen von den übrigen Bildstrukturen ermöglichen. Abbildung 1 zeigt einen Ausschnitt eines Zylinderkopfes mit Lunkerstrukturen.

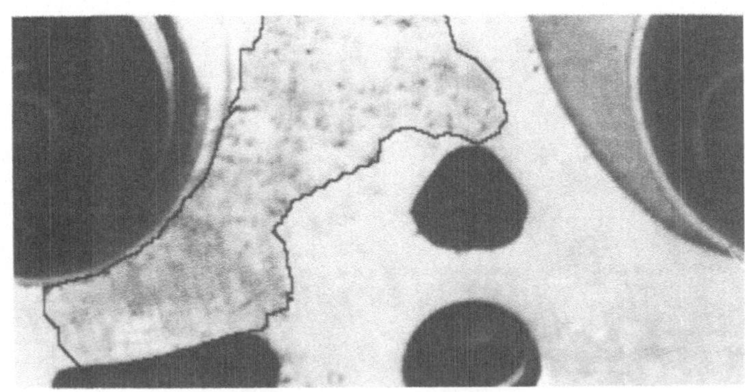

Abb. 1: Ausschnitt aus der Oberfläche eines Zylinderkopfes mit Lunkergebieten (Markierung)

Das hier angewandte Verfahren basiert auf einer Pixel-Klassifikation, welche den Bildinhalt in vordefinierte Klassen (Lunkergebiet und Hin-

tergrund) einteilt. Zur Adaption des Verfahrens werden in einer Lernstichprobe, die aus einer hinreichenden Anzahl repräsentativer Szenen
besteht, die zu segmentierenden Bildteile durch interaktives Markieren
gekennzeichnet. Diese Lernstichprobe bildet die Grundlage der Wissensbasis.

Merkmalauswahl

Die zur Klassifikation herangezogenen Merkmale sind neben grauwertähn-
lichen Merkmalen (z.B. Grauwert, Median- und Mittelwert im Koppelfeld)
vor allem texturbeschreibende Merkmale wie Gradienten, Varianzen und
partielle Ableitungen, die aus lokalen Nachbarschaftsbeziehungen der
einzelnen Bildpunkte abgeleitet werden. Hinzu kommen noch Merkmale,
die aus dem Grauwerthistogramm abgeleitet werden. Die optimale Zusammenstellung eines Merkmalsvektors für die Bildsegmentation ist im allgemeinen problemabhängig. Die Gesamtheit der im Bild gemessenen Merkmale kann durchaus redundante Information enthalten. Da dies im Sinne
einer möglichst wirtschaftlichen Lösung eines Segmentationsproblems
nicht wünschenswert ist, ist eine problemspezifische Reduktion des
Merkmalsvektors $\underline{v}$ erforderlich. Das angestrebte Ziel ist, für die jeweilige Segmentationsaufgabe relevante Merkmale auszuwählen. Die Relevanz eines Merkmals ist im vorliegenden Fall natürlich durch die Fähigkeit gegeben, Lunker von den übrigen Bildteilen zu trennen. Die
Grundidee des hier angewandten Beurteilungsmaßes Q ist, die zu erwartende Klassifikationsleistung aus dem Grad der Überlappung der Ver-
bundwahrscheinlichkeiten der einzelnen Klassen abzuschätzen. Die Berechnung von Q basiert auf informationstheoretischen Maßen und ermöglicht eine problemorientierte Reduktion von Merkmalsvektoren

$$Q = \frac{H(v) - \sum_k p(k) \cdot H(v/k)}{H(k)} \qquad (1)$$

$$\begin{aligned}
H(v) &: \text{Entropie} \\
H(k) &: \text{Klassenentropie} \\
H(v/k) &: \text{bedingte Entropie} \\
p(k) &: \text{Klassenwahrscheinlkt.}
\end{aligned}$$

Abbildung 2 zeigt die Dichteverteilungen für ein Merkmal mit konti-
nuierlichem Wertevorrat für einen 2-Klassenfall und drei verschiedenen
Überlappungszustände. In Abb. 2.1 überlappen sich die klassenspezifi-
schen Dichteverteilungen des Merkmales vollständig und Q nimmt den
Wert 0 an. Abb. 2.3 stellt den Fall vollständiger Trennbarkeit dar,
wobei Q den maximalen Wert 1 annimmt. In der Praxis wird sich Q zwischen 0 und 1 bewegen, was einer teilweise Überlappung der Dichtever-
teilung entspricht (Abb. 2.2)

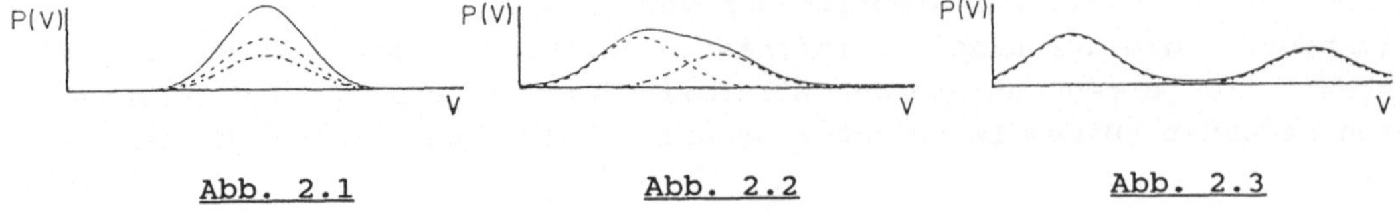

$$\text{Abb. 2.1} \qquad\qquad \text{Abb. 2.2} \qquad\qquad \text{Abb. 2.3}$$

Pixel - Klassifikation

Auf der Basis des reduzierten Merkmalsvektors $\tilde{\underline{v}}$ werden nun über einen Polynomansatz (2) für jeden Bildpunkt die Wahrscheinlichkeiten bestimmt, mit denen ein Bildpunkt den vordefinierten Klassen (z.B. Lunker, Hintergrund) zugeordnet wird.

$$d_k = D_k(v) = a_{0k} + a_{1k}v_1 + a_{2k}v_2 + \cdots + a_{jk}v_j \qquad (2)$$

$$
\begin{aligned}
d_k &: \text{Wahrscheinlichkeit für Klassenzugehörigkeit k}\\
a_i &: \text{Polynomkoeffizienten}\\
v_i &: \text{Merkmale aus } \tilde{\underline{v}}
\end{aligned}
$$

Die maximale Wahrscheinlichkeitskomponente gibt dann an, welcher Klasse der Bildpunkt angehört, wodurch das Segmentationsergebnis zunächst feststeht. Zur Bestimmung der Polynomkoeffizienten läßt sich (2) in Matrizenschreibweise einfach ausdrücken als

$$\underline{d} = \underline{A}^T \hat{\underline{v}} \qquad \text{mit} \qquad \hat{\underline{v}} = (\, 1, \tilde{\underline{v}} \,) \qquad (3)$$

Mit der Einführung des Zielvektors $\underline{z}$, in dem für jeden Bildpunkt der Lernstichprobe die gekennzeichneten Objektklassen enthalten sind, wird die Klassifikatoradaption auf die Minimierungsaufgabe

$$E\{\underline{z} - \underline{A}^T\hat{\underline{v}}\} \overset{!}{=} \text{Minimum} \qquad (\text{Quadratmittelkriterium}) \qquad (4)$$

zurückgeführt, deren Lösung die Matrix $\underline{A}$ der Polynomkoeffizienten ergibt.

$$\underline{A} = (\, \hat{\underline{v}}^T\hat{\underline{v}} \,)^{-1}(\, \hat{\underline{v}}^T\underline{z} \,) \qquad (5)$$

Bei dieser Vorgehensweise konzentriert sich die gesamte Adaptivität in der Koeffizientenmatrix $\underline{A}$, in der die a priori Information der Wissensbasis enthalten ist.

Relaxation und Plausibilitätsbetrachtung (Konsistenzprüfung)

Entsprechend der Strategie der Merkmalsbestimmung, in der Textureigenschaften aus lokalen Nachbarschaftsbeziehungen abgeleitet wurden, werden die vom Klassifikator gelieferten Schätzwerte in Abhängigkeit von den Schätzwerten der Nachbarpunkte modifiziert. Diese als Relaxation bezeichnete Technik kann iterativ erfolgen oder als einfacher nicht-iterativer Prozeß ausgelegt werden. Dabei ergibt sich der neue Schätzwert $d'_{(k)}$ an einer Stelle durch Multiplikation der Schätzwerte der Nachbarpunkte mit einer empirischen Relaxationsfunktion. In ähnlicher Weise können die Entscheidungen einer Plausibilitätsbetrachtung unterzogen werden. Hier wird der Tatsache Rechnung getragen, daß benachbarte Punkte nicht unabhängig sind, daß also ein bestimmter Anteil der Nachbarpunkte derselben Klasse angehören muß, der der Bildpunkt selbst angehört. Dadurch werden einerseits Gebiete derselben Klasse miteinander verschmolzen andererseits nichtsiginifikante Entscheidungen unterdrückt.

Gesamtverfahren

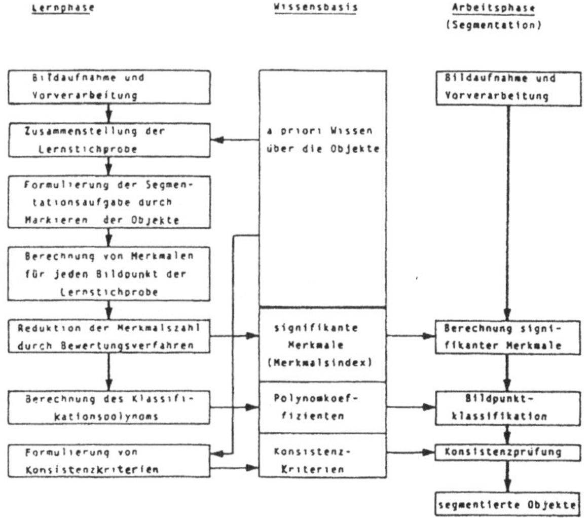

Abb. 3: Konfiguration des Systems zur Objektsegmentaion

Das gesamte Verfahren gliedert sich in eine Lernphase und eine Arbeitsphase. Die in der Lernphase enthaltenen Prozesse der Erstellung und Reduktion des Merkmalsvektors sowie die Adaption des Klassifikators sind zwar sehr arbeits- und zeitintensiv, müssen jedoch für jede Problemstellung nur einmal durchgeführt werden. In einer effizienten Arbeitsphase werden dann nur die für die jeweilige Problemstellung relevanten Merkmale berechnet, auf deren Basis die Segmentation erfolgen kann. Das zentrale Element dieses Verfahrens bildet die Wissensbasis, in der nicht nur a priori Information über die Objekte enthalten ist,

sondern auch in der Lernphase ermittelte Parameter. Eine besondere
Stellung kommt der Formulierung von Konsistenzkriterien zu, die sich
an der jeweiligen Fragestellung orientiert. Abbildung 3 zeigt die einzelnen Verfahrensschritte im Zusammenhang mit der Wissensbasis für die
Lernphase und Arbeitsphase.

Diskussion der Ergebnisse

Im vorliegenden Fall wurde die Segmentation durch einen 2-stufigen
Prozeß durchgeführt. Im ersten Schritt bestand die Aufgabe darin, die
gefräste Fläche von den übrigen Bildstrukturen zu trennen. Auf der Basis des ersten Segmentationsschrittes wurde dann die Detektion der
Lunker durchgeführt. Diese Vorgehensweise ermöglicht die Integrierung
von Konsistenzkriterien in beiden Segmentationsschritten. Während für
die Erkennung der gefrästen Fläche grauwertähnliche Merkmale signifikant waren, zeigten bei der Lunkerdetektion die Texturmerkmale größere
Relevanz. Die Einschaltung einer Relaxationsfunktion in den Segmenta-
tionsprozeß und eine anschließende Plausibilitätsbetrachtung erhöhte
die Leistungsfähigkeit des Verfahrens. Abbildung 4 zeigt das Ergebnis
des Segmentationsprozeßes. Zusätzliche Verbesserungen können durch
Hinzunahme weiterer Merkmale (z.B. Kreuzentropiefunktion) bzw Übergang
auf Polynome höherer Ordnung erreicht werden.

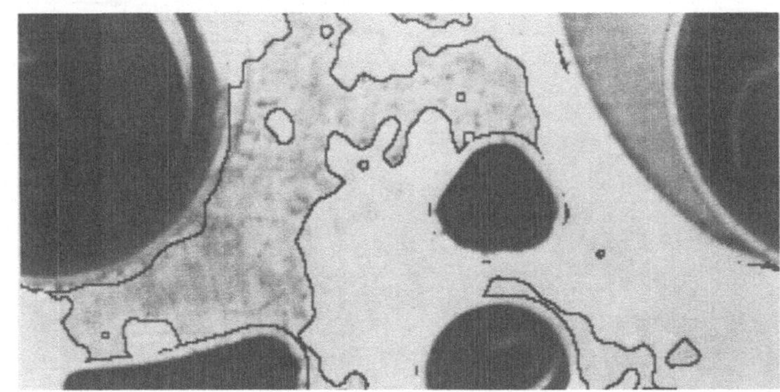

Abb. 4: Ergebnis
der Lunkersegmenta-
tion.

Literatur

Blanz, W. E., Bildsegmentation durch Texturanalyse, Dissertation,
Universität Stuttgart 1983

Schürmann, J., Polynomklassifikatoren für die Zeichenerkennung.
R. Oldenbourg Verlag, München 1977

Blanz, W. E., Dörrer, R. H., Reinhardt, E. R., Problemorientierte
Beurteilung einzelner Verfahrensschritte in der Bildverarbeitung,
DFG-Bericht Re 482/5-2 1. 7. 1982 - 31. 5. 1983

Blanz, W. E., Reinhardt, E. R., General Approach to Image Segmentation,
Proc. 6th International Conference on Pattern Recognition, München 1982

WISSENSGESTEUERTE FORMULARINTERPRETATION MIT HILFE VON PETRINETZEN

Domke, L.; Günther, A.; Scherl, W.
Siemens AG, München

Zusammenfassung

Anhand des Dokumenttyps "Formular" wird ein Lösungsweg aufgezeigt,
sowohl das Layout wie auch die Semantik eines Dokuments zu erkennen.
Der Beitrag verdeutlicht den Aufbau von Dokumentmodellen, die Layout
und Semantik gemeinsam umfassen. Zur Analyse werden der Aufgabe angepaßte Kontrollstrukturen vorgestellt.

1. Einleitung

Durch eine wissensgesteuerte Analyse wird die Art unterschiedlicher
Dokumente erkannt und deren Inhalt interpretiert. Der Analysevorgang
wird durch das Wissen über das Layout der möglichen Dokumente gesteuert und kontrolliert. Anhand von a priori Information über den Zusammenhang von Layout und Semantik wird der Rückschluß auf den Inhalt
durchgeführt. Das Verfahren wurde für einige Formulare erprobt.

Das starre Layout dieser Dokumente, unterstützt durch deren grafische
Linienstruktur, erlaubt eine verhältnismäßig einfache Erkennung und
Interpretation. Das Vorwissen über den Aufbau der zu erkennenden For-
mulare wurde in Form von Petrinetzen abgelegt und zur Kontrolle des
Analysevorganges eingesetzt. Während der Analyse werden Hypothesen
über die Art des vorliegenden Dokumentes aufgestellt und anhand des
erfaßten Dokumentbildes überprüft. Während des Ablaufs ergeben sich
Zwischenzustände, in denen neue Hypothesen über die Existenz weiterer
Dokumentteile aufgestellt und geprüft werden. Die beschriebene Vorgehensweise erzielt ein hohes Maß an Störsicherheit.

Zu Teilbereichen dieser Aufgabe liegen in der Literatur bereits Ergeb-
nisse vor. Verfahren zur Analyse des Layouts sind in /1/ aufgezeigt.
Versuche zur semantischen Interpretation auf der Basis codierter
Textstrings sind in /2/ beschrieben.

2. Das Prinzip der Analyse

Das Blockbild des Analyseverfahrens ist in Bild 1 dargestellt. Das
Dokument wird über ein Aufnahmesystem erfaßt, vorverarbeitet und in
einen Dokumentgraphen umgewandelt. Dieser hierarchisch organisierte
Graph enthält als Primitivknoten Tangentialpunkte entlang der Muster-
ränder. In /1/ und /4/ ist der Aufbau dieses Graphen detailliert erläutert. Die Dokumentmodelle lagern in der Wissensbasis. Das deklarative Wissen repräsentiert Layout und Semantik der einzelnen Formulartypen in Form von Modellgraphen. Das prozedurale Wissen enthält
die Methoden zu deren Instantiierung in der Datenbank. Der Kontrollmodul beurteilt den Wettbewerb der Modelle.

3. Dokumentwissen und dokumentspezifische Kontrollteile

Als Beispiel für das deklarative Wissen zeigt Bild 3a den Layoutgraphen des Formularausschnitts aus Bild 2. Jede Linie, aber auch jede
Verbindungsstelle zwischen Linien sowie jede Fläche ist durch einen
eigenen Knoten dargestellt. Die Kanten zwischen den einzelnen Knoten
geben Relationen zwischen diesen Teilelementen wieder. Bild 3b zeigt
die Logikstruktur des Formulars. Durch die einfache Semantik ist diese
über Logik-Layout-Relationen unmittelbar mit den Formularflächen verknüpft. Bild 3c zeigt den formularspezifischen Anteil der Kontrolle.
Der Kontrollfluß ist vergleichbar mit dem eines Petrinetzes. Er spaltet sich in mehrere, parallel zueinander liegende Äste, die jeweils
unabhängig voneinander bearbeitet werden. Die Struktur des Petrinetzes
ist unmittelbar der Layoutstruktur angepaßt. Jedem Knoten des Layouts
entspricht auch ein Knoten der Kontrolle. Jeder Kontrollknoten erzeugt
eine Hypothese für ein Dokumentelement. Diese wird durch den Aufruf
eines Teilmodells erhärtet oder widerlegt.Durch den Kontrollfluß des
Petrinetzes werden die Elemente des Dokuments in der Reihenfolge von
oben nach unten erkannt. Die Erkennungsergebnisse bauen dadurch systematisch aufeinander auf. Sind beispielsweise die Knoten V1 und V3 sowie die Linie L2 erkannt, so wird auf dieser Basis die Linie L4, die
Fläche FL5 sowie die Linie L6 gezielt gesucht usw.
Die Dokumentmodelle sind hierarchisch untergliedert. Bild 3d zeigt
das Layout aus Bild 3a in der hierarchisch tieferen Ebene. Jeder Knoten und jede Kante aus Bild 3a lösen sich durch die Teilmodelle in
die speziellen Primitive des Dokumentgraphen auf. So setzt sich beispielsweise der Verbindungsknoten V11 aus 3 Primitivelementen zusam-

men. Die zugehörigen Relationen geben die lokale Nachbarschaft der
Primitive entlang und zwischen den Musterrändern wieder. Hand in Hand
mit dem Layout untergliedert sich auch die Kontrolle in Bild 3c. Jeder
Kontrollknoten spaltet sich in die Knoten des Teilmodells auf. Sie
dienen der Suche der einzelnen Primitive im Dokumentgraphen. Aufgrund
der Komplexität wird auf die Darstellung dieses hierarchisch tieferen
Petrinetzes verzichtet.

4. Die praktische Erprobung

Um das Verfahren praktisch zu testen, wurden die hierarchisch tiefer-
en Ebenen des deklarativen Wissens und der Kontrolle realisiert. Die
Bilder 4 - 7 zeigen die Analyseergebnisse. Insgesamt wurden die Modelle von drei verschiedenen Formulartypen implementiert. Im Versuch wurde jedes der Modelle voll instantiiert und bewertet. Bild 6 zeigt den
zu analysierenden Formularausschnitt. Bild 4 gibt die Layoutstruktur
des Modells mit den besten Instantiierungsergebnissen wieder. Die Zo-
nen, denen von der Semantik eine Bedeutung zugewiesen ist, sind durch
graue Flächen wiedergegeben. Bild 5 verdeutlicht die Instantiierung.
Jedem Knoten und jeder Kante des Layoutgraphen wird eine entsprechende Folge von Primitiven und Relationen des Dokumentgraphen zugeordnet.
Bild 5 veranschaulicht anhand der Grauflächen, daß bei der Instantiierung die Semantik auf das zu analysierende Dokument übertragen wird.
Bild 7 zeigt das Ergebnis der Analyse. Die einzelnen Benutzereinträge
(hier einfache Zahlen) wurden erkannt, mit ihrer Bedeutung verknüpft
und am Bildschirm dargestellt. Der erkannte Formulartyp ist aus Bild
4 ersichtlich und wurde nicht mit ausgegeben.

5. Literatur

/1/ Scherl W.; Bildgraph, stochastische Graphgrammatiken und Erken-
    nungskriterien zur Analyse allgemeiner Druckvorlagen, Dissertation,
    Universität Erlangen-Nürnberg, 1986
/2/ Neugebauer G.; Documentanalysis, the textscanner: A model for ana-
    lyzing and classifying document elements, 6. ICPR, München, 1982
/3/ Bunke H., Feistel H., Hofmann I., Niemann H., Sagerer, G.
    Ein wissensbasiertes System zur automatischen Auswertung von Bild-
    sequenzen des menschlichen Herzens, DAGM/ÖAGM Symp., Graz, 1984
/4/ Domke L.; Graph-Homomorphismen und Mustererkennung, Diplomarbeit
    an der Fakultät für Mathematik der L.M. Universität München, 1985
/5/ Kreich J., Ueberreiter B.; Interpretation bildhafter Bürodoku-
    mente mittels objekt-orientierter Wissensrepräsentation und hypo-
    thesengesteuerter Kontrollstrategien, DAGM Symp., Paderborn, 1986

Die in dieser Veröffentlichung beschriebenen Arbeiten wurden mit Mitteln des Bundesministeriums für Forschung und Technologie gefördert;
der Autor ist jedoch allein für den Inhalt verantwortlich.

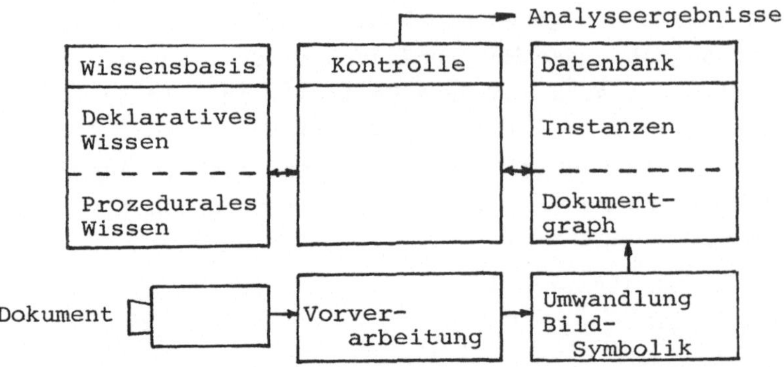

Bild 1

Prinzipbild des Gesamtsystems zur Formularanalyse

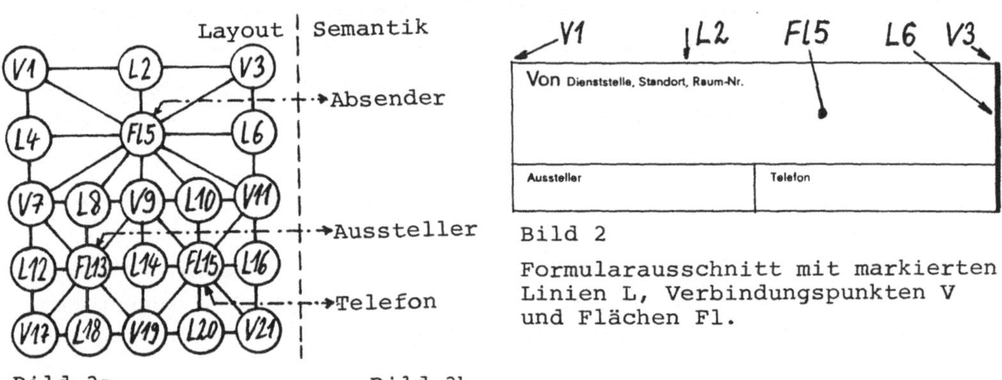

Bild 3a

Bild 2

Formularausschnitt mit markierten
Linien L, Verbindungspunkten V
und Flächen Fl.

Bild 3b

Bild 3a: Die Layoutstruktur des Formularausschnitts in Bild 2.
         Die Graphknoten repräsentieren einzelne Dokumentelemente.
Bild 3b: Die Logikstruktur gibt die Semantik des Formulars wieder.

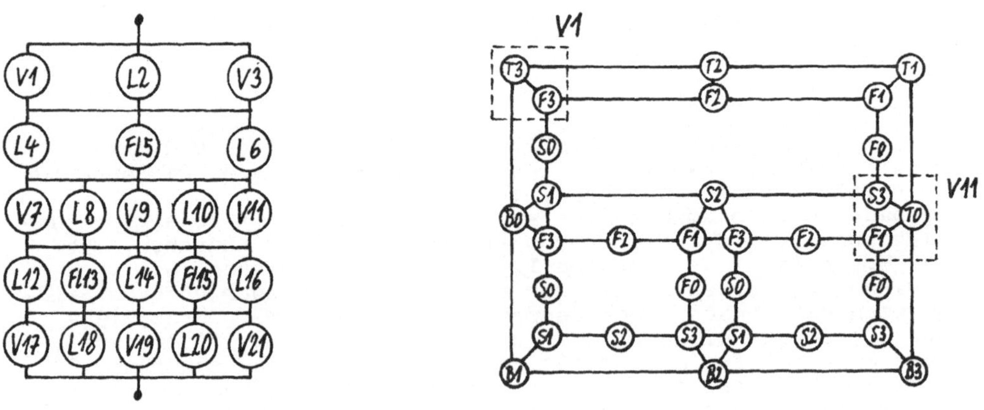

Bild 3c

Bild 3d

Bild 3c: Die Kontrollstruktur zur Analyse des Formularausschnitts
         in Bild 2.
Bild 3d: Die Teilmodelle der einzelnen Dokumentelemente lösen das
         Layout in Bild 3a in einzelne Primitive auf.

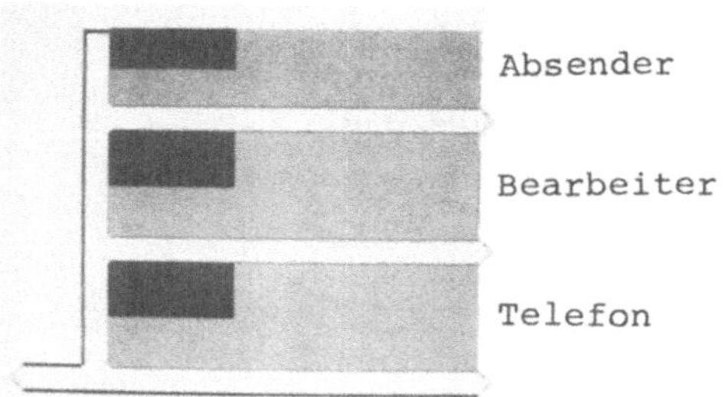

Bild 4

Das Modell mit den besten Ana-
lyseergebnissen für Bild 6. Das
Modell zeigt anschaulich, wie
die Semantik mit den Flächen
des Dokuments verknüpft ist.

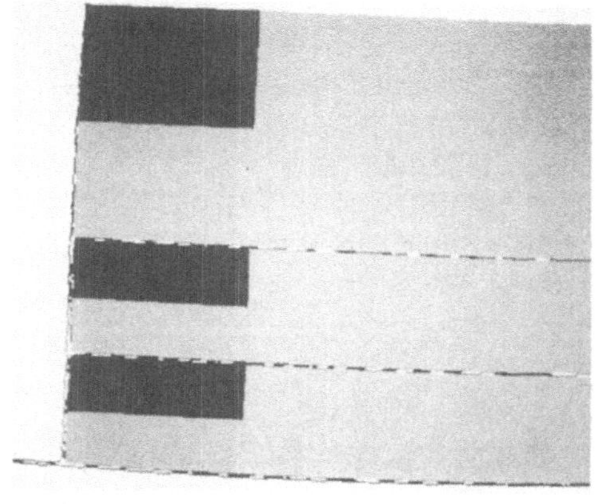

Bild 5

Das Formularmodell aus Bild 4
wurde richtig auf den Dokument-
ausschnitt in Bild 6 abgebildet.
Die Bedeutungen der Flächen
werden bei der Abbildung mit
übertragen.

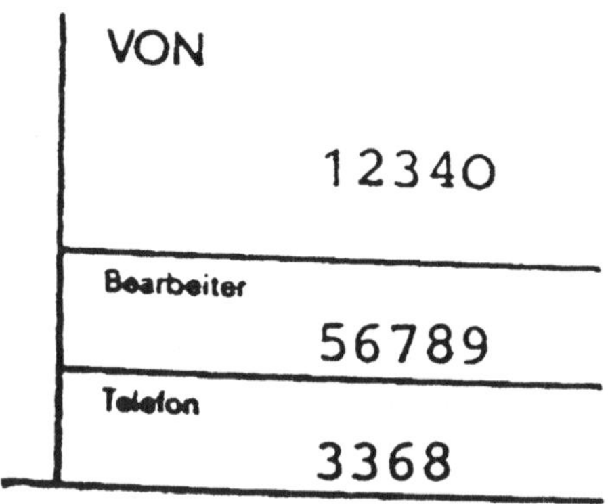

Bild 6

Das Bild des zu analysierenden
Formularmusters.

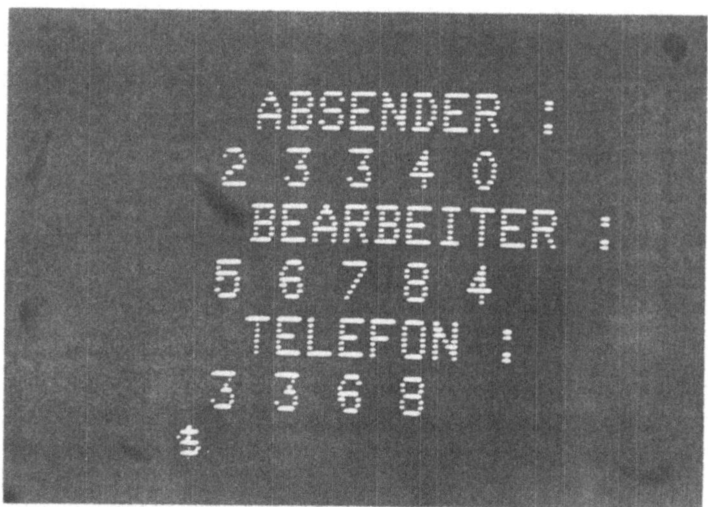

Bild 7

Das Ergebnis der Analyse. Die automatisch gelesenen Zahlen werden
zusammen mit ihrer Bedeutung am Bildschirm ausgegeben.

INTERPRETATION BILDHAFTER BÜRODOKUMENTE
MITTELS OBJEKT-ORIENTIERTER WISSENSREPRÄSENTATON
UND HYPOTHESENGESTEUERTER KONTROLLSTRATEGIEN

Joachim Kreich und Birgit Ueberreiter
Zentralbereich Forschung und Technik
Siemens AG München

Mit verstärkter Automatisierung im Büro wächst auch die Bedeutung der Nahtstelle zwischen papiernen Schriftstücken und Bürocomputer. Wir entwickeln ein Verfahren zur automatischen Erkennung von Bürodokumenten. Unser Ziel ist, sowohl die Dokumentklasse und Struktur eines gegebenen Dokumentes als auch dessen inhaltliche Schlüsselbastandteile zu erfassen. Der Erkennungsprozeß beruht auf einer Integration von klassischer Mustererkennung und Methoden der künstlichen Intelligenz. Ausgehend von einem abstrakten Dokumentarchitekturmodell, welches eine komplette Beschreibung des Dokumentes ermöglicht, wählen wir zur expliziten Wissensrepräsentation eine objektorientierte Beschreibungssprache. Die hypothesengesteuerte Kontrollstruktur wird durch die Evaluation von Evidenzmaßen unterstützt. Eine gemischte Bottom-up/Top-down Strategie erlaubt Resegmentierung. Zur Koordination der unabhängigen Programmoduln wird der Arbeitsspeicher als hierarchische Blackboard organisiert.

LOW- UND MEDIUM-LEVEL BILDANALYSEVERFAHREN stellen wichtige Schritte der Umwandlung eines kameragelesenen Dokumentes zu seiner Aufbereitung und relationalen Beschreibung dar /1,2,3/. Aus der 8 Bit tiefen Grauwertmatrix des digitalisierten Schwarz-Weiß-Bildes erzeugen Low-level Operatoren (Glättung, Kantenverschärfung, Binärisierung,...) Binär- oder Grauwertbilder, aber auch bereits Bildstrukturen (Skelette, Konturen, Deskriptoren,...) und datenreduzierte Darstellungen. Medium-level Bildanalyse trennt und erkennt Text/Grafik/Bildbereiche, Textblöcke, Zeilen, Worte, führt gegebenenfalls Schriftzeichenerkennung durch und so fort.
Beide Datenstrukturebenen stehen der Weiterverarbeitung zur Verfügung und bilden die Schnittstelle zur high-level Bildverarbeitung, das heißt, auch Verfahren der untersten Ebene können vom System aktiviert werden, wenn ein entsprechender Informationsbedarf besteht.

DOKUMENTARCHITEKTURMODELL: Auf der anderen Seite brauchen wir zur kompletten Beschreibung der möglichen Varianten eines Dokumentes und seines Aufbaus ein abstraktes Modell. Bestandteile sind logische Struktur und Layoutstruktur des

Dokumentes und eine Reihe von Relationen, welche diese aufeinander abbilden /4/. Beispiele für logische Struktureinheiten sind Überschriften, Angaben über den Autor und Datum, Layout-Einheiten können Seiten, Blöcke und Zeilen sein.
Die Architektur des Modells kann durch einen hierarchischen Graphen dargestellt werden. Die Knoten des Graphen repräsentieren die Informationseinheiten. Die Kanten sind Konstruktoren, welche beschreiben, wie Logik- oder Layout-Objekte aus ihren Bestandteilen zusammengesetzt sind. Endknoten sind Basisinformationsstücke des Dokumentes. Sie sind die Schnittstelle zu den Resultaten der Verfahren der Low- und Medium-Level-Mustererkennung.
Als Ausgangspunkt zur Beschreibung des Dokumentarchitekturmodells nehmen wir die bei ISO, ECMA /5/ und CCITT vorgelegten Standardisierungen von Dokumenten, welche deklarative und prozedurale Teile enthalten.

WISSENSREPRÄSENTATION: Eine objektorientierte Darstellungsweise bietet die Möglichkeit, das gesamte vorhandene Wissen über Dokumentstrukturen und über deren Verarbeitung (Metawissen) adäquat und effizient zu strukturieren. Sie gestattet, auf methodisch kontrollierte Weise abstrakte Datentypen zu definieren und stellt die Objekte als Synchronisationseinheiten zur Verfügung. Andererseits ist er aber auch ein ausgezeichnetes Mittel zur Definition generischer Funktionen /6/. Ein Objekt ist eine kleine Untereinheit des Domänenwissens über den Analysebereich und wird von außen durch sein Protokoll, die Menge der Nachrichten, die es verarbeiten kann, definiert. Vom Innern des Objektes aus gesehen erscheinen Datenstrukturen als Variable und Prozeduren als "Methoden", die auf diesen Datenstrukturen operieren. In der Implementierung "Flavors" /7/ eines objektorientierten Systems, welches wir verwenden, heißt die abstrakte Definion des Objekts "Flavor", die statische (deklarative) Realisierung "Instanzvariable" und die dynamische (prozedurale) Realisierung "Methode". Da die Methoden gesondert definiert sind, kann der Vorrat eines Flavors an Methoden zu jedem Zeitpunkt erweitert werden.
Die hierarchische Struktur des Dokumentwissens bildet sich mit Flavors in eine Hierarchie von Oberklassen/Unterklassenbeziehungen ab, strukturiert durch Beziehungen wie "Teil-von" oder "Komponenten". Auf diese Weise ist es möglich, gemeinsame Eigenschaften zusammenzufassen und Objekte höherer Allgemeinheit bzw. Abstraktionsstufen aufzubauen. Ein Flavor erbt dann Instanzvariablen und Methoden von übergeordneten Flavors, die verschiedenen (begrifflichen) Hierarchien angehören können.
Eine Methode wird aktiviert durch eine Nachricht an das Objekt, welches jene enthält. Methoden werden als unabhängige Moduln durch funktionale, regelbasierte oder imperative Programmierung repräsentiert.

INFERENZMECHANISMEN: Nachdem das Problem auf eine Weise repräsentiert und strukturiert wurde, welche erlaubt, es in Teilprobleme zu zerlegen, liefern datengesteuerte Bottom-Up-Prozesse aus den Basisbilddaten die Informationen, welche für eine Hypothesenentwicklung über Modelle und Kontext nötig sind und generieren selbst Hypothesen, welche dann top-down verifiziert werden.

Bei der Bearbeitung von Hypothesen sind zwei Hauptprobleme zu lösen:
- Der Suchprozeß ist so zu organisieren, daß nur eine möglichst geringe Zahl von Punkten im Hypothesenraum untersucht werden müssen, um eine Lösung zu finden.
- In der Kette aufeinanderfolgender Transformationen birgt jeder Schritt die Möglichkeit von Mehrdeutigkeiten und Unsicherheiten.
Um Unsicherheiten zu reduzieren und den Suchprozeß durch bevorzugte Bearbeitung sich gegenseitig unterstützender Hypothesen zu optimieren, welche mit den Bilddaten konsistent sind, benutzen wir ein Evidenzmaß. Dazu müssen wir zwei Dinge bewerten: den Grad von Unterstützung den jede Hypothese durch die Daten erfährt und bis zu welchem Grad sie mit anderen Hypothesen in der selben Umgebung übereinstimmen. Diese Maße der Datenunterstützung beziehungsweise der Übereinstimmung werden entsprechend ihrer Bedeutung im Domänenwissen gewichtet.

Diese gemischte Bottom-up/Top-down-Strategie erlaubt Resegmentierung. Das heißt, es kann in gewissen Situationen der Analyse notwendig werden, in den low-level-Bildanalysebereich zurückzugehen, um auf Pixelebene oder knapp darüber nochmals Operatoren anzustoßen, welche uns zusätzliche oder andere Information aus jenem Bereich liefern, wenn sich dies im Verlauf der Analyse als notwendig erweist.

BLACKBOARD, AGENDA: Die Schlüsselfunktionen des Generierens, Kombinierens und Bewertens hypothetischer Interpretationen werden von verschiedenartigen voneinander unabhängigen Moduln übernommen. Außer den eben erwähnten Aufgaben übernehmen sie solche wie die Erkennung spezieller Dokumentstrukturkomponenten (sowohl Logik- als auch Layout-orientiert), Aufeinanderbeziehen der Komponenten beider Strukturarten, Prozeduren zur Klassenanpassung und viele andere mehr. Da jedes Modul unabhängig von den anderen arbeitet, kommunizieren sie untereinander über eine globale Datenbasis, genannt Blackboard. Jede Aktion eines Moduls ändert die Strukturen auf der Blackboard. So repräsentiert die Blackboard kontinuierlich die Zwischenstadien der aktuellen Problemlösungsaktivität verschiedener Moduln. Die neue Situation und die veränderten Strukturen auf der Blackboard verursachen die Aktivierung neuer Moduln. Moduln, welche die Aktivierungsbedingungen erfüllen, werden in einer Prioritätsliste, der Agenda, gesammelt. Ihre Reihenfolge in der Liste wird nach Kriterien organisiert, welche den Evidenzmaßen für Hypothesen ähnlich sind.
Auch die Blackboard ist durch Objekte repräsentiert und, analog zur Organisation des Domänenwissens, in eine Anzahl von Abstraktionsstufen unterteilt, welche eine hierarchische Struktur darstellen.

IMPLEMENTIERUNG: Die Low- und Medium-Level Bildanalyseprogramme liegen auf einem konventionellen Minicomputer in Pascal, Fortran und Prolog vor. Sie werden gegenwärtig für Zugriff einer Lisp-Maschine reimplementiert.
Wegen der Fülle der Information haben wir den Analysebereich zunächst auf wenige Dokumenttypen und deren Unterklassen beschränkt und diese als Flavors repräsentiert. Dabei wurde auch regelbasiertes Wissen auf diese Weise strukturiert. Am eingeschränkten Analysebereich wollen wir zunächst das Zusammenspiel der Komponenten testen.

Literatur:

/1/   W. Scherl "Unified Analysis of Complex Document Patterns" in Proc. 4th
       Scandinavian Conference on Image Analysis, Trondheim, Norway, June 1985
/2/   P. Kuner, B. Ueberreiter "Knowledge-Based Pattern Recognition in Disturbed
       Line Images Using Graph Theory, Optimization and Predicate Calculus", 8th
       Int. Conf. on Pattern Recognition, Oct. 28-31, Paris, 1985
/3/   E. Egeli, F. Klein, G. Maderlechner "Model-Based Instantiation of Symbols
       from Structurally Related Image Primitives" in Proc. SPIE Image Processing
       Symposium "Architectures & Algorithms for Digital Processing", Cannes,
       France, December 1985
/4/   W. Horak "Office Document Architecture and Office Document Interchange
       Formats: Current Status of International Standardization" IEEE Computer,
       October 1985
/5/   "Office Document Architecture" (final draft revised) EC-MA/TC29/85/16
       European Computer Manufacturers Association, 1985
/6/   H. Stoyan, G. Görz "Lisp, Eine Einführung in die Programmierung"
       Springer-Verlag Berlin Heidelberg New York Tokyo, 1984
/7/   D. Moon, D. Weinreb "Flavors: Message Passing in the Lisp Machine, MIT
       AIM-602, Cambridge, Mass. 1980, (10)
/8/   A. Hanson, E. Riseman "VISION: A Computer System for Interpreting Scenes"
       in: "Computer Vision Systems", Hanson, Riseman, Eds., Academic Press, 1978
/9/   L.D. Erman, F. Hayes-Roth, V.R. Lesser, D.R. Reddy "The Hearsay-II
       Speech-Understanding System: Integrating Knowledge to Resolve Uncertainty"
       Computing Surveys, Vol. 12, No. 2, June 1980

Die diesem Bericht zugrundeliegenden Arbeiten wurden mit Mitteln des
Bundesministers für Forschung und Technologie gefördert. Die Verantwortung für den
Inhalt liegt jedoch allein bei den Autoren.

Ein Arbeitsplatz zur halbautomatischen Luftbildanalyse

S. Haenel,   W. Eckstein

Institut für Medizinische Informatik und Systemforschung der GSF,
Ingolstädter Landstraße 1, D-8042 Neuherberg

Einleitung

Die Arbeit betrifft eine programm- und gerätetechnische Lösung zur rechnerunterstützten Auswertung forstwirtschaftlicher Luftbilder, wobei eine praktische Nutzung angestrebt wird.

Die Auswertung bezieht sich dabei auf die einzelnen Baumkronen in einem Infrarot-Color-Luftbild (Falschfarbenbild) mittleren Maßstabs.

Für jede Krone muß die Baumart und die Schadstufe erkannt werden. Die automatischen Segmentations- und Klassifikationsverfahren beruhen auf dem luftbildtypischen Modell der Baumkrone. Die Komplexität der Muster erfordert eine unterstützende graphische Interaktion.

Der Lösungsvorschlag ist durch ein Graph-orientiertes Programmiersystem und ein graphisch-interaktives Stereoskop gekennzeichnet [1].

Grundlage der Baumkronenerkennung im Luftbild

Grundlage der gegenwärtigen visuellen Auswertungspraxis ist ein Luftbild-Stereopaar. Darin ist die Krone anhand ihrer Helligkeit, Struktur und Farbe sowie ihres stereoskopischen Hervortretens aus der Umgebung erkennbar [2].

Für die rechentechnische Nachbildung der Kronenerkennung besteht ein erstes Problem darin, daß die stereoskopische Parallaxe für schnelle operationelle Auswertung wegen unzureichender technischer und methodischer Voraussetzungen noch nicht genutzt werden kann. Der automatische Prozess muß sich deshalb auf das nicht-stereoskopische Bild beschränken.

Ein weiteres Problem ergibt sich aus der wechselhaften Ausprägung der anderen obengenannten Eigenschaften: So unterscheiden sich die Kronen oft nur in ihrer Helligkeit oder in ihrer Struktur von der Umgebung, wobei die Farbe großflächig annähernd undifferenziert ist, andererseits bestehen oft nur Farbabweichnungen zwischen Krone und Umgebung bei insgesamt konstanter Helligkeit.

Ein automatischer Prozess zur Ortung und Abgrenzung der Kronen von ihrer Umgebung (Bild-Segmentation) sowie zur Erkennung von Baumart und Schadstufe (Objekt-Klassifikation) müßte deshalb durchgängig auf alle diese Eigenschaften zugreifen und im Einzelfall die optimale Ausprägung und Eignung auswählen. Die verfügbare Rechnertechnik (s. Bild) beschränkt jedoch beispielsweise strukturelle Analysen auf das Helligkeitsmuster, wenn eine operationelle Rechenzeit erwartet wird, und die Verarbeitung von Vektoren im Farbraum kann nur in kombinationsarmen Prozessen erfolgen (z.B. Farbmittelwert über Fläche der Einzelkrone). Wie die Untersuchungen zeigten, ist unter diesen Einschränkungen eine automatische Auswertung möglich, wenn das Verfahren auf eine bestimmte Forst-Bestandes-Art angewandt wird. Es handelt sich dabei um den häufig auftretenden dichten, schattenbildenden Nadel- und Mischwald-Bestand.

Segmentationsverfahren

Das Segmentationsverfahren [3] beruht auf Modellen der Krone und typischer Fremd-objekte im Luftbild.

Ein einfaches Kronenmodell berücksichtigt die besonderen Beleuchtungsbedingungen im obengenannten schattenbildenden Bestand. Hier sind, verallgemeinert beschrieben, die Kronenmitten aufgrund ihrer relativen Höhe gut beleuchtet und erscheinen hell, die tiefliegenden Kronenränder ersscheinen dunkel. Durch radiale Suche werden, von einem lokalen Maximum der Helligkeit ausgehend, unmittelbar benachbarte Maxima als Punkte derselben Kronenmitte sowie Sättel und beginnende Schattenbereiche als Stützpunkte des Kronenrandes ermittelt. Die Randstützpunkte werden nach einem Konvexitätskriterium zu einem Polygonzug verbunden und zur genaueren Abgrenzung des auswertungswürdigen Kronenflächenbereichs um einen bestimmten, vom Mitten-zu-Rand-Kontrast abhängigen Schritt zur Kronenmitte verlegt.

Ein strukurelles Modell stützt sich auf die radial gerichteten Streifen der Fichte, das sogenannte Radspeichenmuster (die Fichte besitzt mit ca. 80% den größten Anteil der auzuwertenden Forstflächen). Dabei sind die radialen Streifen das Abbild der radial ausgestreckten Äste.

Die Streifen werden zunächst unabhängig von einer Zuordnung zur einzelnen Krone mit einem angepaßten Operator entdeckt. Vermutliche Kronenzentren werden dort lokalisiert, wo sich axiale Verlängerungen der Streifen zu einem hohen Wert überlagern. Dabei wird auch eine Überlagerung von nicht-axialen Verlängerungen berücksichtigt, für die im Kronenzentrum ein geringer, in zufällig strukturierten Flächen jedoch ein hoher Wert erwartet wird. Eine nachgeordnete Operation verifiziert Kronen und unterdrückt Fremdobjekte.

Klassifikationsverfahren

Während die Baumart vor allem aus strukturellen Eigenschaften erkannt werden kann, ist die Schadstufe vorrangig aus Farbmerkmalen ableitbar. Dabei sind gesunde Kronen artspezifisch durch gesättigte Rot- und Braun-Töne im Falschfarbenbild dargestellt. Diese Farben verschieben sich nach ungesättigten Werten sowie nach Blau und Violett bei steigender Schadstufe.

Erste Untersuchungen zur Klassifikation bezogen sich auf einen zweistufigen Klassifikator, mit dem zunächst die Baumart und sodann artspezifisch gesteuert die Schadstufe erkannt wurde. Als Merkmale verwendet wurden zwei farbunabhängige Texturwerte, Farbmittel-werte der Krone und die Schiefewerte der Farbhistogramme [4].

Dartstellung der Forstflächen im Luftbild; besondere Probleme

Der Color-Infrarot-Film weist neben seinen Vorzügen hoher Detailauflösung, einfacher Aufnahmetechnik und direkter Interpretationsmöglichkeit auch einige Nachteile auf, die eine automatische Auwertung erschweren: die spektometrische Selektivität und die radiometrische Genauigkeit sind gering. Während bei visueller Auswertung diese Nachteile kompensiert werden durch Farbvergleich mit Kronen bekannter Baumart und Schadstufe im selben Film, liegt für die rechentechnische Verarbeitung die Verwendung von Grautafeln nahe. Derartige Tafeln werden am Boden ausgelegt und im Film mit abgebildet. Nach der Filmabtastung werden die Farbvektoren der Grautafeln zur rechnerinternen Normierung der radiometrischen Empfindlichkeiten der drei Filmschichten verwendet. Ausgehend von den aus Herstellerunterlagen bekannten Nebenempfindlichkeiten der Filmschichten wird über eine Rekursionsrechnung der spektometrische Erfassungsbereich der einzelnen Schicht auf ihren nominellen Bereich reduziert.

Ein Graph - orientiertes Programmiersystem

Da sich die Modelleigenschaften des auszuwertenden Musters, insbesondere strukturelle und farbliche Eingenschaften oft nicht hinreichend durch einfache visuelle Beobachtung des Bildes erkennen lassen, ist eine interaktive Verfahrens- und Programmentwicklung unumgänglich. Als besonders zweckmäßig erwies sich hierfür die neu entwickelte Programmiersprache PSIWAG zur Programmentwicklung aus einem Programm - Ablaufgraphen, wobei die verwendbaren Datenstrukturen in einer für die Bildverarbeitung nützlichen Weise standadisiert sind [5].

Ein graphisch - interaktives Stereoskop

Zur direkten Beobachtung und interaktiven graphischen Bearbeitung von Auswertungsergebnissen auf dem Hintergrund eines Stereobildes wurde ein handelsübliches Stereoauswertungsgerät über einen Zusatz-Strahlengang mit einem Monitor verbunden [6].
In unmittelbarer Nachbarschaft dieser Geräteanordnung befindet sich ein graphisches Tablett, eine Abtastkamera und ein Rechnerterminal, so daß dem Benutzer ein vollständiger Arbeitsplatz zur halbautomatischen Luftbildauswertung zur Verfügung steht (s. Bild).

Abtast- und Rechnertechnik; besondere Probleme

Der Bildabtaster muß dem radiometrischen Dynamikbereich, dem Farbbereich sowie der Linienauflösung des Luftbildfilms angepaßt sein und dabei eine operationelle, d.h. auf wenige Sekunden beschänkte Abtastzeit gewährleisten. Außerdem wäre zukünftig eine operationelle Abtastung stereoskopisch ausgerichteter Bildpaare bedeutungsvoll.
Die gegenwärtig verwendeten Abtastkameras nach dem Vidicon-Prinzip erfüllen diese Voraussetzungen nur annähernd, jedoch ist ein Fortschritt durch den Einsatz von CCD-Flächensensoren zu erwarten, die konstruktiv direkt in den Strahlengang des Stereoskops einbezogen werden könnten.

Die zur Lösung der vorliegenden Aufgabe verwendete Rechnertechnik - ein Host-Computer Typ DEC VAX 11/780 und ein Bildverarbeitungsrechner Typ KONTRON / IPS - gestattet eine auswertung in "quasi-operationeller" Betriebsweise. Die Rechenzeit für die automatische Segmentation und Klassifikation liegt dabei für eine Auswertungsfläche mit ca. 100 bis 200 Kronen und mehreren Fremdflächenklassen unter 5 Minuten. Eine wünschenswerte Verkürzung der Rechenzeit bzw. Erhöhung der Auflösung setzt jedoch neuartige Spezialprozessoren für bestimmte Operationen der untersten Verarbeitungsebene vorraus, beispielsweise zur Gewinnung struktureller Elemente des Radspeichenmodells oder zur raschen arithmetischen und logischen Verknüpfung von Farbvektoren.

Literatur

[1] Haenel S.: Automatische Luftbildauswertung: Probleme, Erfahrungen und Perspektiven einer Verfahrensentwicklung.
Kernforschungszentrum Karlsruhe, Projekt Europäisches FZ für Maßnahmen zur Luftreinhaltung,
IMA - Statusseminar 10. Dez. 1985 in Karlsruhe (KfK), Kurzberichte Jan. 1986, S. 41 - 49

[2] Huss J.: Luftbildmessung und Fernerkundung in der Forstwirtschaft.
Herbert Wichmann Verlag, Karlsruhe, 1984, 406 S.

[3] Haenel S.: Automated recognition of forest trees in large scale aerial photographs.
Proc. 4th Scandinavian Conference on Image Analysis. The Norwegian Institut of Technology Trondheim, Norway, June 17-20, 1985. Vol.2, pp. 921-931

[4] Frech K.: Untersuchung zur Klassifikation von Farb-Infrarot-Luftbildern geschädigter Baumkronen hinsichtlich Baumart und Schadstufe.
Diplomarbeit Univ. Heidelberg - Fachhochschule Heilbronn, Studiengang Medizinische Informatik,
Feb. 1986 (ausgef., verv. in der GSF Neuherberg, MEDIS-Institut), 89 S.

[5] Eckstein W. u.a.: Konzept einer universellen Programmiersprache für Bildverarbeitungsanwendungen.
8. DAGM-Symposium Mustererkennung, Paderborn (Germany), 30. Sept. bis 2. Okt. 1986. (Proc.)

[6] Haenel S.: Stereoskop mit Bildschirmeinrichtung.
Gebrauchsmuster G 86 05 6441   8612, Hauptklasse G 010 1/06
Nebenklassen G02B 27/02 und G02B 27/22, 1.3.86 / 17.4.86 Inhaber GSF Neuherberg

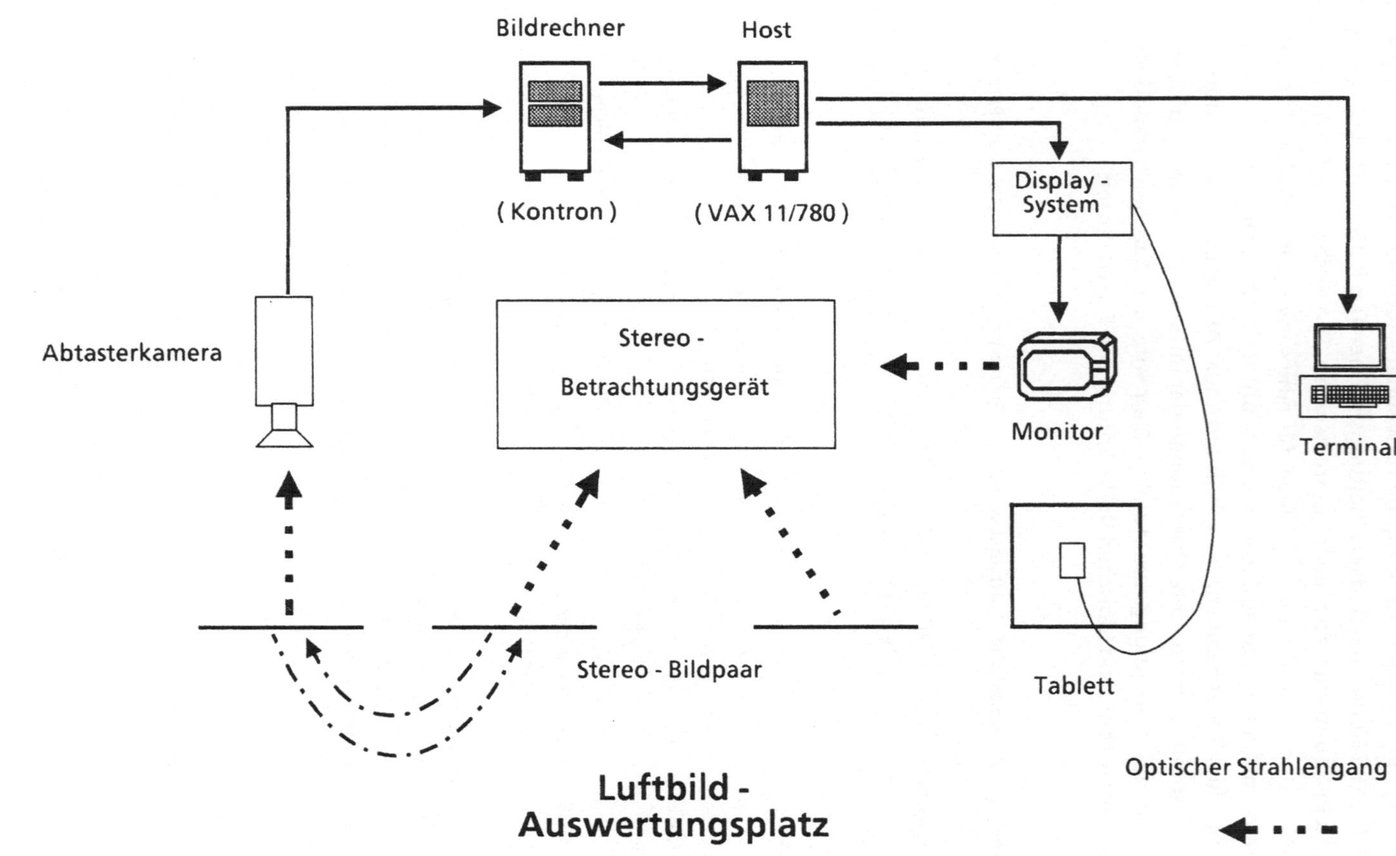

Bildrechner
Host
(Kontron)
(VAX 11/780)
Display - System
Abtasterkamera
Stereo - Betrachtungsgerät
Monitor
Terminal
Stereo - Bildpaar
Tablett
Optischer Strahlengang
Luftbild - Auswertungsplatz

Methoden der Digitalen Signalverarbeitung in der Bildverarbeitung und Mustererkennung

Hans Burkhardt

Arbeitsbereich Technische Informatik I
Technische Universität Hamburg-Harburg
Postfach 901403, D-2100 Hamburg 90

Kurzfassung

Die eindimensionale digitale Signalverarbeitung und Systemtheorie war schon immer Quelle vieler Anregungen für die digitale Bildverarbeitung und Mustererkennung. In der vorliegenden Übersicht werden neuere Beispiele für den Methodentransfer aufgezeigt. Die Ausführungen erheben keinen Anspruch auf Vollständigkeit, sie sollen vielmehr als exemplarische Anregungen verstanden werden.

1. Einleitung

In den letzten Jahren gab es einige interessante, neue Ansätze und Lösungen im Bereich der digitalen Signalverarbeitung. Man versucht, mit zunehmend komplexeren Modellen und unter Einbeziehung von zusätzlichen A-priori-Kenntnissen höheren Anforderungen gerecht zu werden. So begnügt man sich z.B. nicht mehr mit der Güte linearer, zeitinvarianter frequenzselektiver Filter bei der Sprachverarbeitung oder mit dem Gewinn linearer Entzerrungsfilter (equalizer) bei digitalen Kommunikationsproblemen. Mit wachsender Modell- und Signalkomplexität steigen die Ansprüche an das mathematische Handwerkszeug. Entsprechend aufwendig sind dann häufig auch die gewonnenen Lösungen. Die Fortschritte der Mikroelektronik bieten jedoch in zunehmendem Maße die Möglichkeit, aufwendigere Verfahren kostengünstig zu realisieren.

Die Verwandtschaft von Aufgaben der Bildverarbeitung und Mustererkennung mit klassischen Fragestellungen der Signalverarbeitung, wie etwa der Schätz- und Detektionstheorie, ist offenkundig. Dem Betrachter oder dem technischen Bildsensor offenbaren sich die tatsächlichen Verhältnisse einer Szene nur verfälscht. Das Originalbild x wird durch einen Operator $\mathbf{A}$ beeinflußt, welcher alle Unvollkommenheiten des Bildsensors oder der Aufnahmetechnik wie Dispersion, Projektion, Okklusion beschreibt, und ist i.a. zusätzlich von zufälligen additiven Störungen überlagert (Bild 1):

$$z = \mathbf{A}(x) + n = y + n. \tag{1}$$

Es stellt sich die Frage nach der Existenz von $\mathbf{A}^{-1}$. Ein Teil des Originalsignals ist i.a. unwiederbringlich verlorengegangen, selbst durch so einfache Verhältnisse wie etwa lineare Dispersionen, welche eine Abbildung auf einen Unterraum $\mathcal{R}(\mathbf{A})$ realisieren. Der Wertebereich von $\mathbf{A}$ erlaubt i.a. nur die Rekonstruktion eines Teils der Originalverhältnisse, der Rest ist beliebig mehrdeutig (Bild 2). Aufgrund von a priori bekannten Einschränkungen erfüllt das Originalsignal häufig zusätzliche Nebenbedingungen

$$x = \mathbf{C}(x), \tag{2}$$

wobei x als Fixpunkt des Operators $\mathbf{C}$ bezeichnet wird. Das zulässige Originalbild hat z.B. nur positive Intensitäten, es ist zeit- oder ortsbegrenzt, oder es besitzt nur einen diskreten Wertevorrat. Durch die Beachtung der Einschränkung $\mathbf{C}$ gelingt es jedoch, die Mehrdeutigkeit oder den Defekt der Abbildung $\mathbf{A}$ zu reduzieren. Mathematisch führt dies häufig auf sehr aufwendige

Verfahren, wie etwa lineare, quadratische oder dynamische Optimierung oder auch auf iterative Verfahren. So müssen also aufbauend auf Beobachtungen in einem Signalraum Z, welche die Verhältnisse eines Originalraums X auf Grund dispersiver und stochastischer Einflüsse des Meß- (Bild-)aufnehmers nur unvollkommen wiedergeben, optimale Entscheidungen bezüglich der Originalverhältnisse getroffen werden. Bei einem vollbesetzten Signalraum handelt es sich um eine Schätzaufgabe. Sind nur endlich viele, diskrete Signale in X zugelassen, so spricht man von einem Signaldetektionsproblem. Läßt man im Originalraum nur endlich viele Bedeutungs- oder Äquivalenzklassen zu, so hat man ein Problem der Mustererkennung. Dabei werden die Äquivalenzklassen häufig durch die Bewegungen in der Ebene oder im Raum gebildet.

Der Übergang von der eindimensionalen zur zweidimensionalen Signalverarbeitung ist keineswegs trivial. Es treten grundsätzlich neue Phänomene auf, welche einer vertieften Behandlung bedürfen. Grundlegende Eigenschaften wie z.B. Kausalität und Stabilität müssen neu überdacht werden. Selbst die am weitesten entwickelten Bereiche der linearen Systemtheorie und des Filterentwurfes sind nicht abgeschlossen. Die Tatsache, daß multidimensionale Polynome im Gegensatz zu eindimensionalen i.a. nicht faktorisierbar sind, erlaubt keine einfache methodische Verallgemeinerung vom Ein- auf das Zweidimensionale.

2. Modellgestützte Bildverarbeitung

Gelingt es, komplexe Signalverläufe oder Bildinhalte mit Hilfe von mathematisch beherrschbaren, einfachen Modellen zu beschreiben oder zu approximieren, so ist das in vielerlei Hinsicht vorteilhaft. Man erhält i.a. eine drastische Merkmalsreduktion auf wenige Parameter. Modellangepaßte Verfahren können algorithmisch und gerätetechnisch dementsprechend kompakt realisiert werden, und man erhält eine leichtere Zugänglichkeit zur mathematischen Aufbereitung und zur systemtheoretischen Beschreibung. Als Konsequenz ergeben sich entsprechend modellangepaßte, parametrische Verfahren zur Bildverarbeitung, zur Segmentation, zur Objektdetektion bis hin zur Signalklassifikation und Mustererkennung ([1]).

Lineare Modelle ([1],[2],[3]) liefern dabei einen wertvollen Beitrag, da aufgrund der systemtheoretischen Durchdringung bewährte Methoden mit wohlkalkulierbarem Einsatzspektrum zur Verfügung stehen. Entsprechend leistungsfähig sind auch die Verfahren für den Entwurf von digitalen Filtern. Nachteilig ist die starke strukturelle Einschränkung linearer Modelle, welche die Anwendung auf komplexere Probleme der Bildverarbeitung und Mustererkennung einschränkt. Ein dominantes Anwendungsgebiet ist die Bildvorverarbeitung mit dem Ziel der Störunterdrückung sowie die Merkmalsextraktion, wie etwa die Hervorhebung von Kanten.

Die in der Nachrichtentechnik erarbeitete Optimalfiltertheorie (Matched-Filter, Wiener-Filter, Kalman-Filter) wurde systematisch auf die zweidimensionale Bildverarbeitung übertragen. Da bei endlichen Bildausschnitten die häufig in der Nachrichtentechnik vorausgesetzten Stationaritätsannahmen nicht zutreffen, gewinnen insbesondere instationäre Ansätze an Bedeutung. Das Kalman-Filter wird dem Wiener-Filter vorgezogen und bei Spektralschätzungen gewinnen modellgestützte Verfahren zunehmend an Bedeutung gegenüber den Auswertungen von gemittelten Periodogrammen ([4]).

Die modellgestützte Bilddatenkompression wird insbesondere bei der Fernsehbildkodierung eingesetzt ([5]). Verfahren der optimalen Sprachkodierung sowie Methoden zur modelladaptiven Identifikation von Prozessen und Übertragungssystemen aus dem Bereich der Regelungs- und Nachrichtentechnik standen hier sicherlich Pate. Typische Beispiele sind die Vektorquantisierung und die Transformationskodierung sowie der Einsatz der Rate-Distortion-Theorie zur Güteberechnung ([6]). Einparametrige Schätzverfahren zur Laufzeitschätzung eindimensionaler Signale konnten erweitert werden auf das Mehrparameterproblem der räumlichen Bewegungsschätzung bei zweidimensionalen Bilddatensequenzen ([7],[8]).

Diskrete Markovprozesse bilden einen sehr allgemeinen, leistungsfähigen Rahmen zur stochastischen Modellbildung. Der Markovprozess wird charakterisiert durch die Eigenschaft, daß die

Wahrscheinlichkeit, sich in einem Zustand x_{k+1} zu befinden, nur vom unmittelbar vorhergehenden Zustand x_k abhängt und unabhängig ist von allen vergangenen Zuständen $\{x_0, x_1, \ldots, x_{k-1}\}$:

$$P\big(x_{k+1}|x_k, \ldots, x_1, x_0\big) = P\big(x_{k+1}|x_k\big). \tag{3}$$

Diese Zustände werden im Zeitbereich durch sich überlappende Zeitsegmente charakterisiert. Im zweidimensionalen Ortsbereich sind eine Vielzahl von sich teilweise überdeckenden Zustandsgebieten denkbar (Bild 3). Damit lassen sich lineare, nichtlineare sowie zeit- und ortsvariante Modelle formulieren. Einzige Voraussetzung ist die lokal begrenzte Einflußsphäre des Prozesses. Markovmodelle gewinnen zunehmend an Bedeutung zur Beschreibung der inneren, deterministischen und stochastischen Kontextabhängigkeiten z.B. bei Sprache, Text, Kommunikationskanälen, Bildzusammenhängen, Bildstörungen und Objektkonturen.

Man erzielte gute Ergebnisse bei der modellgestützen Klassifikation von Texturen auf der Basis von AR- und Markovmodellen ([1],[9],[10]), sowie zur Entdeckung von Unregelmäßigkeiten, z.B. in Anwendungen der Fernerkundung.

Die bekannten translatorischen Invarianzeigenschaften des Leistungsspektrums bzw. der Autokorrelierten wurden auf die lageinvariante spektrale Modellierung von Konturen übertragen. Dabei können die Konturen von Objekten als komplexe, bzgl. des Umfangs periodische Funktionen beschrieben und mit Hilfe der Fourierzerlegung spektral interpretiert werden. Darauf aufbauend gelang es, durch nichtlineare Nachverarbeitung der Fourierkoeffizienten vollständige Invarianten zur translations-, rotations-, vergrößerungs- und aufpunktinvarianten Klassifikation von Objekten abzuleiten ([11],[12]). Dieser Gedanke konnte auf die affininvariante Objekterkennung erweitert werden, wodurch zusätzlich die beiden Freiheitsgrade für die Scherung berücksichtigt werden ([13]). Bild 4a zeigt ein affines Musterpaar mit verschwindenden Unterschieden in den Fourierdeskriptorinvarianten, bei Bild 4b kommt die Zugehörigkeit zu verschiedenen Äquivalenzklassen in den Merkmalen deutlich zum Ausdruck.

3. Dynamische Programmierung

Die dynamische Programmierung ist eine rekursive Optimierungstechnik zur Lösung lokal verkoppelter deterministischer und stochastischer Entscheidungsprozesse, basierend auf dem Optimalitätsprinzip von Bellman ([14]). Der Prozeß wird durch Zustände oder Zustandsübergänge charakterisiert, deren graphische Darstellung als Trellis bezeichnet wird. Viterbi hat aufbauend auf der dynamischen Programmierung einen nach ihm benannten Algorithmus ([15]) zur Dekodierung von Faltungskodes entwickelt. Forney ([16]) hat die Anwendung auf die Maximum-a-Posteriori-Analyse von diskreten Markovprozessen aufgezeigt und damit das Problem der optimalen Datendetektion bei dispersiven, digitalen Kommunikationskanälen gelöst. Der Trellis repräsentiert alle Übergangswahrscheinlichkeiten des finiten Markovprozesses und damit die vollständige Verbundwahrscheinlichkeit. Statt alle Pfade mit einem exponentiell wachsenden Aufwand zu analysieren, findet der Viterbialgorithmus den optimalen Pfad durch den Trellis mit einer nur linear mit der Zahl der Entscheidungsstufen verbundenen Komplexität (Bild 5). Die für die Analyse zu verwendende Metrik wird von der Verteilungsdichte des vorliegenden Markovprozesses bestimmt.

Der Viterbialgorithmus hat inzwischen einen festen Platz auf dem Gebiet der digitalen Kommunikation ([17]) und bei der Sprachverarbeitung eingenommen ([36]). Das so realisierte Optimalfilter ist nichtlinear und bringt deutliche Gewinne gegenüber linearen Entzerrungsfiltern.

Der Viterbialgorithmus wurde übertragen auf Probleme der optimalen Konturfindung ([18]), der Zeichen- ([19]) und Handschrifterkennung ([20]) sowie auf Probleme der optimalen Bildrestauration ([21],[22]).

Es gelingt, einen recht leistungsfähigen Markovmodellansatz für die Wahrscheinlichkeit der Zugehörigkeit von Bildpunkten zu einer Kontur zu machen ([18],[23]). Zum einen gehören dazu gewisse A-priori-Modellannahmen, welche die Glattheit sowie die Verhinderung von Konturlücken und somit die innere Kontextabhängigkeit einer Kontur berücksichtigen, und zum anderen können die Pixel in der Umgebung für die Zugehörigkeit zu einer Kante (Schwarz/weiß- bzw. Weiß/schwarz-Übergang) entsprechend gewichtet berücksichtigt werden. Im Gegensatz zur Verwendung lokaler Operatoren gelingt es damit, auch in Bildern mit extrem schlechter Qualität noch brauchbare Ergebnisse zu erzielen. Die Güte hat jedoch ihren Preis, welcher sich in einem verhältnismäßig hohen Rechenaufwand widerspiegelt.

Die Fähigkeit des Viterbialgorithmus zur Berücksichtigung von Kontextabhängigkeiten wird in [19] zur Erkennung gestörter Zeichen genutzt. Das "time-warping" ist eine Erweiterung der dynamischen Programmierung zur Spracherkennung bei variierender Sprechergeschwindigkeit. Damit lassen sich Kurvenverläufe miteinander vergleichen, welche einer unbekannten Veränderung a des Zeitmaßstabes unterworfen wurden

$$\|x(t) - x(a(t))\|. \tag{4}$$

Diese so verallgemeinerte Metrik erlaubt einen "elastischen" Mustervergleich ([24]) und berücksichtigt damit eine für viele Anwendungen interessante, größere Äquivalenzklasse (Bild 6). In [20] wird diese Technik verwendet, um die Prototypenvariation bei der Handschrifterkennung zu tolerieren.

Lineare Optimalfilter sind nicht in der Lage, signal- oder struktureinschränkende A-priori-Kenntnisse bei Bildrestaurationsaufgaben zu berücksichtigen (constrained restoration). Der Viterbialgorithmus konnte auf die zweidimensionale Bildrestaurationsaufgabe auf der Basis des Maximum-a-posteriori-Kriteriums verallgemeinert werden ([21],[22]) für Aufgabenstellungen, bei denen die Originalbildvorlagen nur einen endlichen Amplitudenvorrat besitzen (bis hin zur Schwarzweißvorlage). In Anlehnung an einen Kommunikationskanal wird ein Bildstörmodell auf der Basis eines zweidimensionalen Markovprozesses definiert. Das Modell beinhaltet auch nichtlineare und ortsvariante Dispersionen und beschränkt sich nicht auf normalverteilte Rauschanteile. Es ist grundsätzlich einfach, zusätzliche Struktur- und Formeinschränkungen (z.B. Buchstabensatz) zu berücksichtigen. Dazu integriert man die durch einen endlichen Automaten zu beschreibenden Restriktionen direkt im Auswertetrellis.

Die minimale Distanz d_{min} im Beobachtungsraum Z erlaubt eine gute Abschätzung der zu erzielenden Restaurationsgüte ([16]). Man kann zeigen, daß diese Distanz sehr effizient mit dem Viterbialgorithmus selbst berechnet werden kann ([25]). Man erhält im Vergleich zur linearen Filterung eine zum Teil erheblich bessere Güte, welche jedoch auch hier nur mit einem hohen numerischen Aufwand zu erreichen ist. Es ist möglich, mit suboptimalen Strategien diesen Aufwand zu reduzieren ([22]).

Bild 7 zeigt Restaurationsergebnisse im Vergleich zur Pseudoinversen-Lösung ([6]). In der Abbildungsgeometrie werden die Unterschiede recht deutlich. Die Pseudoinverse ermöglicht nur eine Rückabbildung in $\mathcal{N}(A)^{\perp} = \mathcal{R}(A^*)$, die verbleibenden Freiheitsgrade werden durch die minimale Euklidische Norm der pseudoinversen Lösung, jedoch nicht durch die vorliegenden diskreten Amplitudenwerte festgelegt (Bild 2).

Die dynamische Programmierung stellt ein sehr leistungsfähiges Handwerkszeug zur Verfügung, der Rechenaufwand kann jedoch den Einsatz in manchen Bereichen verhindern. Vorteilhaft hingegen ist die Tatsache, daß der Algorithmus in hohem Maße parallelisierbar ist. In der Kommunikationstechnik werden hohe Anstrengungen gemacht, dafür spezielle VLSI-Bausteine zur Verfügung zu stellen.

4. Iterative Methoden

Wie bereits einleitend skizziert, sind zusätzlich bekannte Nebenbedingungen geeignet, unvollständige Bild- und Szeneninformationen zu ergänzen oder um über die physikalische Begrenzung eines Sensors hinausgehende Informationen wiederzugewinnen. Im Zusammenhang damit taucht häufig auch der Begriff Superauflösung auf. Es gelingt jedoch nur in wenigen Ausnahmefällen, diese Restriktionen explizit mathematisch zu berücksichtigen (siehe z.B. Viterbirestauration für finites Signalalphabet); i.a. bieten sich nur implizite, iterative Lösungen an. Es gibt in den letzten Jahren zahlreiche interessante Beispiele für die effiziente Nutzung dieser Methoden in der Bildverarbeitung.

Ein methodischer Keim dieser Entwicklungen ist sicherlich im Gerchberg/Papoulis-Algorithmus ([26],[27]) zur Extrapolation band- oder zeit- bzw. ortsbegrenzter Signale zu finden. Die Methoden wurden dann in zahlreichen Artikeln auf eine breitere Basis gestellt, insbesondere in Bezug auf die Anwendbarkeit auf verrauschte Daten und Aussagen über die Konvergenz ([28]-[31]). Dabei ist es insbesondere Youla ([32]) gelungen, recht allgemeingültige Aussagen über Existenz, Eindeutigkeit und Konvergenz von iterativen Lösungen nach der Methode der alternierenden orthogonalen Projektionen in Hilberträumen zu machen.

Die Hauptanwendungsgebiete sind Bildrestaurationsaufgaben ([33]), Superauflösung bei Satellitenbildaufnahmen mit Multispektralscannern unter Verwendung partieller Informationen im Orts- und Frequenzbereich ([34]), Entfaltungen unter Einbeziehung von Nebenbedingungen ([35]), Rekonstruktionen in der computergestützten Tomographie ([3]) sowie Bildrekonstruktionen, wenn entweder nur Phase oder Betrag der Fouriertransformierten oder nur Intensitäten gegeben sind ([31], [37]).

5. Schnelle Algorithmen und Transformationen

Der Cooley-Tukey-Algorithmus ([49]) gilt wohl als klassischer Vorreiter einer großen Anzahl von Publikationen zur effizienten Berechnung der diskreten Fouriertransformation. Mit diesen Algorithmen zur Berechnung der Schnellen Fouriertransformation wurden gleichzeitig weitere Arbeiten zum Problem der arithmetischen Komplexität in der digitalen Signalverarbeitung angeregt. Die Reduktion der arithmetischen Operationen von $O(N^2)$ auf $O(N\,\mathrm{ld}N)$ für die diskrete Fouriertransformation gilt dementsprechend auch für die darauf aufbauenden schnellen Faltungs- und Korrelationsalgorithmen. Für die Bildverarbeitung war dieses Ergebnis der großen Datenmengen wegen von essentieller Bedeutung.

In [25] wird der Faktorisierungsgedanke der Schnellen Fouriertransformation auf der Basis einer rekursiven Formulierung erweitert auf eine größere Klasse von schnellen linearen und nichtlinearen Basis-B-Algorithmen (Bild 8). Davon läßt sich ein rekursiver Parallelprozessor ableiten (Bild 9), welcher bei einheitlicher Topologie und variabler Arithmetik für die Berechnung folgender Probleme geeignet ist (siehe auch [43]):

1) Schnelle Fourier- und Walshtransformation
2) Translationsinvariante Transformationen der Klasse CT (siehe nachfolgender Text)
3) Schnelles paralleles Sortieren
4) Viterbialgorithmus
5) Numerische Probleme wie Polynomberechnungen, Matrixtransposition und Innenproduktberechnung

Die Überprüfung der Äquivalenzklassenzugehörigkeit mit lageinvarianten Merkmalen ist ein verbreiteter Ansatz in der Mustererkennung. Für Graubilder erhält man mit Hilfe des Leistungsspektrums (oder der Autokorrelierten) sowie mit dem Spektrum der Modifizierten Walsh-Hadamard-Transformation ([50]) Invarianten für rein translatorische Bewegungen (zyklische Permutationen für endliche Bilder). Eine allgemeinere, nichtlineare Klasse von translationsinvarianten Transformationen erhält man mit der oben erwähnten rekursiven Definition auf der Basis kommutativer Verknüpfungen ([42],[12]). Die Operatoren können sehr einfach sein, wodurch sich sehr schnelle Realisierungen ergeben. Diese Transformationen wurden ausführlich im Hinblick auf Anwendungen in der Mustererkennung untersucht, so insbesondere Eigenschaften wie: Reaktion auf systematische und stochastische Störungen, Stetigkeit, Clusterung und Mehrdeutigkeitsprobleme ([12],[38]-[40]). Der Beitrag [41] zeigt Anwendungen im Bereich der Qualitätskontrolle.

6. Algebraische Methoden

Man kann beobachten, daß die digitale Signalverarbeitung sich vor dem Hintergrund der kontinuierlichen Systemtheorie und der analytischen Signalverarbeitung entwickelt hat. Sie wurde zunächst durch diskrete Approximation der kontinuierlichen Verhältnisse beschrieben. Charakteristisch dafür stehen z.B. Abtastphänomene im Frequenz-, Zeit- und Amplitudenbereich, Windowing und Aliasing. Inzwischen hat sich die digitale Signalverarbeitung jedoch zunehmend zu einer eigenen Disziplin entwickelt, wobei die Zahlentheorie und andere algebraische Verfahren zunehmend an Einfluß gewinnen. Dadurch haben sich neue Methoden entwickelt, welche teilweise kein Analogon in der kontinuierlichen Signalverarbeitung besitzen. Dazu gehören u.a. Faltungsalgorithmen, welche auf dem Chinesischen Restesatz aufbauen und keine Rundungsfehler aufweisen ([47],[48]), algebraische Interpretationen der diskreten und Schnellen Fouriertransformation ([44]), die im vorigen Abschnitt erwähnte diskrete, lageinvariante Transformationsklasse CT, sowie die Nutzung von Phänomenen der Polynomalgebra oder etwa der Diophantischen Gleichung.

Neben den bereits erwähnten schnellen Faltungsalgorithmen, welche für die schnelle Bildkorrelation bedeutungsvoll sind, seien noch zwei weitere Beispiele aus der Bildverarbeitung genannt. So wird in [45] aufbauend auf algebraischen Methoden zur Behandlung fehlerkorrigierender Kodes eine Lösung zur inversen diskreten Radontransformation für die tomographische Bildauswertung angegeben. Im Beitrag [46] wird eine zuvor erwähnte Problematik der Restauration von Bildern aus dem Betrag ihrer Fouriertransformierten mit algebraischen Methoden behandelt. Im Gegensatz zu iterativen Lösungen gelingt es hier, exakte Angaben zu der Rekonstruktionsaufgabe bei diskreten Bildern zu machen, allerdings nur für kleine Dimensionen.

7. Zusammenfassung

Die Modelle und Verfahren der digitalen Signalverarbeitung sind komplexer und leistungsfähiger geworden und bieten zunehmend mehr methodische Anregungen auch für die sehr schwierigen Aufgabenstellungen der Bildverarbeitung und Mustererkennung. Die Methoden der digitalen Signalverarbeitung sind i.a. systemtheoretisch gut aufbereitet und mathematisch präzise. Die nicht-triviale Aufgabe des Methodentransfers, der Anpassung und Verallgemeinerung der Aufgabenstellung und Lösungen bleiben dem Anwender jedoch nicht erspart, aber zur gedanklichen Anregung sind auch zukünftig sicher wertvolle Beispiele zu erwarten.

Literatur

[1] C.W. Therrien, T.F. Quatieri, D.E. Dudgeon: Statistical Model-Based Algorithms for Image Analysis. Proc. of the IEEE, Vol. 74, April 86, S. 532-551.

[2] A.K. Jain: Advances in Mathematical Models for Image Processing. Proc. of the IEEE, Vol. 69, Mai 81, S. 502-528.

[3] D.E. Dudgeon, R.M. Mersereau: Multidimensional Digital Signal Processing. Prentice-Hall, 1984.

[4] S.M. Kay, S.L. Marple: Spectrum Analysis - A Modern Perspective. Proc. of the IEEE, Vol. 69, Nov. 81, S. 1380-1419.

[5] H.G. Musmann, P. Pirsch, H.-J. Grallert: Advances in Picture Coding. Proc. of the IEEE, Vol. 73, Apr. 85, S. 523-530.

[6] W.K. Pratt: Digital Image Processing. John Wiley, 1978.

[7] Burkhardt H., Diehl N.: Simultaneous Estimation of Rotation and Translation in Image Sequences. Proc. of the European Signal Processing Conference, EUSIPCO-86, Den Haag, Sept. 86.

[8] Diehl N., Burkhardt H.: Planar Motion Estimation with a Fast Converging Algorithm. Proc. of the 8th Intern. Conf. on Pattern Recognition, Paris, Okt. 86.

[9] R. Chellappa, S. Chatterjee: Classification of Textures Using Gaussian Markov Random Fields. IEEE Trans. on Acoustics, Speech, and Signal Processing, Vol. ASSP-33, Aug. 85, S. 959-963.

[10] R. Chellappa, R.L. Kashyap: Texture Synthesis Using 2-D Noncausal Autoregressive Models. IEEE Trans. on Acoustics, Speech, and Signal Processing, Vol. ASSP-33, Febr. 85, S. 194-203.

[11] Persoon E., Fu K.S.: Shape Discrimination Using Fourier Descriptors. IEEE Trans. on Systems, Man, and Cybernetics, Vol. SMC-7, März 77, S. 170-179.

[12] Burkhardt H.: Transformationen zur lageinvarianten Merkmalgewinnung. Habilitationsschrift, Universität Karlsruhe. Ersch. als Fortschrittbericht (Reihe 10, Nr. 7) der VDI-Zeitschriften, VDI-Verlag, 1979.

[13] Arbter K.: Affininvariante Fourierdeskriptoren. Interner Bericht. Deutsche Versuchsanstalt für Luft- und Raumfahrt e.V., Institut für Dynamik der Flugsysteme, 1986.

[14] R.E. Bellman, S.E. Dreyfus: Applied Dynamic Programming. Princeton University Press, 1962.

[15] A.J. Viterbi: Error Bounds for Convolutional Codes and an Asymptotically Optimum Decoding Algorithm. IEEE Trans. on Information Theory, Vol. IT-13, Apr. 67, S. 260-269.

[16] G.D. Forney: The Viterbi Algorithm. Proc of the IEEE, Vol. 61, März 73, S. 268-278.

[17] J.G. Proakis: Digital Communications. McGraw-Hill, 1983.

[18] L.L.Scharf, H.Elliott: Aspects of Dynamic Programming in Signal and Image Processing. IEEE Trans. on Automatic Control, Vol. AC-26, Okt. 81, S. 1018-1029.

[19] H. Tanaka, Y. Hirakawa, S. Kaneku: Recognition of Distorted Patterns Using the Viterbi Algorithm. IEEE Trans. on Pattern Analysis and Machine Intelligence, Vol. PAMI-4, Jan. 82, S. 18-25.

[20] D.J. Burr: Designing a Handwriting Reader. IEEE Trans. on Pattern Analysis and Machine Intelligence, Vol. PAMI-5, Sept. 83, S. 554-559.

[21] Burkhardt H., Schorb H.: Maximum-A-Posteriori Restoration of Images - An Application of the Viterbi Algorithm to Two-Dimensional Filtering. Proc. of the 6th Intern. Conf. on Pattern Recognition, München, Okt. 82, S. 98-101.

[22] H. Schorb: Maximum-a-posteriori Restauration von Bildern mit endlichem Grauwertevorrat. Dissertation, Universität Karlsruhe, 1986.

[23] B. Lamb: Untersuchung und Erprobung von Methoden der dynamischen Programmierung zur Konturfindung. Studienarbeit am Institut für Mess- und Regelungstechnik der Universität Karlsruhe, 1982.

[24] H. Ney: Dynamic Programming as a Technique for Pattern Recognition. Proc. of the 6th Intern. Conf. on Pattern Recognition, München, Okt. 82, S. 1119-1125.

[25] Burkhardt H., Barbosa L.C.: Contributions to the Application of the Viterbi-Algorithm. IBM Research Report, RJ 3377(40413) 1/22/82, San Jose, Ca. und IEEE Trans. on Information Theory, Vol. IT-31, Sept. 85, S. 626-634.

[26] R.W. Gerchberg: Super-resolution through error energy reduction. Optica Acta, Vol. 21, 1974, S. 709-720.

[27] A. Papoulis: A New Algorithm in Spectral Analysis and Band-Limited Extrapolation. IEEE Trans. on Circuits and Systems, Vol. CAS-22, Sept. 75, S. 735-742.

[28] R.W. Schafer, R.M. Mersereau, M.A. Richards: Constrained Iterative Restoration Algorithms. Proc. of the IEEE, Vol. 69, April 81, S. 432-450.

[29] D. Cahana, H. Stark: Bandlimited Image Extrapolation with Faster Convergence. Applied Optics, Vol. 20, Aug. 81, S. 2780-2786.

[30] H. Stark, D. Cahana, H. Webb: Restoration of Arbitrary Finite-Energy Optical Objects from Limited Spatial and Spectral Information. Journ. Opt. Soc. Am., Vol. 71, Juni 81, S. 635-642.

[31] A. Levi, H. Stark: Image Restoration by the Method of Generalized Projections with Application to Restoration from Magnitude. Journ. Opt. Soc. Am. A, Vol. 1, Sept. 84, S. 932-943.

[32] D.C. Youla: Generalized Image Restoration by the Method of Alternating Orthogonal Projections. IEEE Trans. on Circuits and Systems, Vol. CAS-25, Sept. 78, S. 694-702.

[33] A.K. Katsaggelos, J. Biemond, R.M. Mersereau, R.W. Schafer: An Iterative Method for Restoring Noisy Blurred Images. Circuits, Systems, and Signal Processing, Vol. 3, 1984, S. 139-160.

[34] R.T. Chin, C.-L. Yeh, W.S. Olson: Restoration of Multichannel Microwave Radiometric Images. IEEE Trans. on Pattern Analysis and Machine Intelligence, Vol. PAMI-7, Juli 85, S. 475-484.

[35] R. Prost, R. Goutte: Discrete Constrained Iterative Deconvolution Algorithms with Optimized Rate of Convergence. Signal Processing, 7(1984), S. 209-230.

[36] L.R. Bahl, F. Jelinek, R.L. Mercer: A Maximum-Likelihood Approach to Continuous Speech Recognition. IEEE Trans. on Pattern Analysis and Machine Intelligence, Vol. PAMI-5, März 83, S. 179-190.

[37] J.R. Fienup: Phase Retrieval Algorithms: A Comparison. Appl. Opt., Vol. 21, 1982, S. 2758-2769.

[38] Müller X., Burkhardt: Two-Dimensional, Fast Translation Invariant Transforms with Improved Mapping Properties. Proc. of the 6th Intern. Conf. on Pattern Recognition, München, Okt. 82, S. 427-430.

[39] Müller X.: Schnelle translationsinvariante Transformationen zur Bearbeitung digitaler Grauwertbilder. Dissertation, Universität Karlsruhe. Ersch. als Fortschrittbericht (Reihe 10, Nr. 17) der VDI-Zeitschriften, VDI-Verlag, Okt. 79.

[40] Frydrychowicz S.: Anwendungen der Gruppentheorie auf Probleme der Mustererkennung. Dissertation, Universität Karlsruhe. Ersch. als Fortschrittbericht (Reihe 10, Nr. 42) der VDI-Zeitschriften, VDI-Verlag, Febr. 85.

[41] Burkhardt H., Schorb H.: Sichtprüfung bei Digitalanzeigen. Tagungsband der VDI/VDE-GMR-Fachtagung "Automatisierte Meßsysteme", Fellbach, Nov. 85, VDI-Bericht 566.

[42] Wagh M.D., Kanetkar S.V.: A Class of Translation Invariant Transforms. IEEE Trans. on Acoustics, Speech, and Signal Processing, Vol. ASSP-25, Apr. 77, S. 203-205.

[43] H.S. Stone: Parallel Processing with the Perfect Shuffle. IEEE Trans. Comp., Vol. C-20, Febr. 71, S. 153-161.

[44] Beth T.: Verfahren der schnellen Fourier-Transformation. Teubner Verlag, 1984.

[45] Beth T.: Finite Version of the Radon-Transform, Based on Finite Geometric Structures. Lect. Notes Med. Info., 8(1981), S. 7-12.

[46] N. Canterakis: Magnitude-Only Reconstruction of Two-Dimensional Sequences of Finite Regions of Support. IEEE Trans. on Acoustics, Speech, and Signal Processing, Vol. ASSP-31, Okt. 83, S. 1256-1262.

[47] J.H. McClellan, C.M. Rader: Number Theory in Digital Signal Processing. Prentice-Hall, 1979.

[48] J.B. Martens: Convolution Algorithms, Based on the CRT (Chinese Remainder Theorem). Signal Processing 6(1984), S. 279-292.

[49] Cooley W.T., Tukey J.W.: An Algorithm for Machine Computation of Complex Fourier Series. Mathematics of Computation 19(1965), S. 297-301.

[50] N. Ahmed, K.R. Rao: Orthogonal Transforms for Digital Signal Processing. Springer Verlag, 1975.

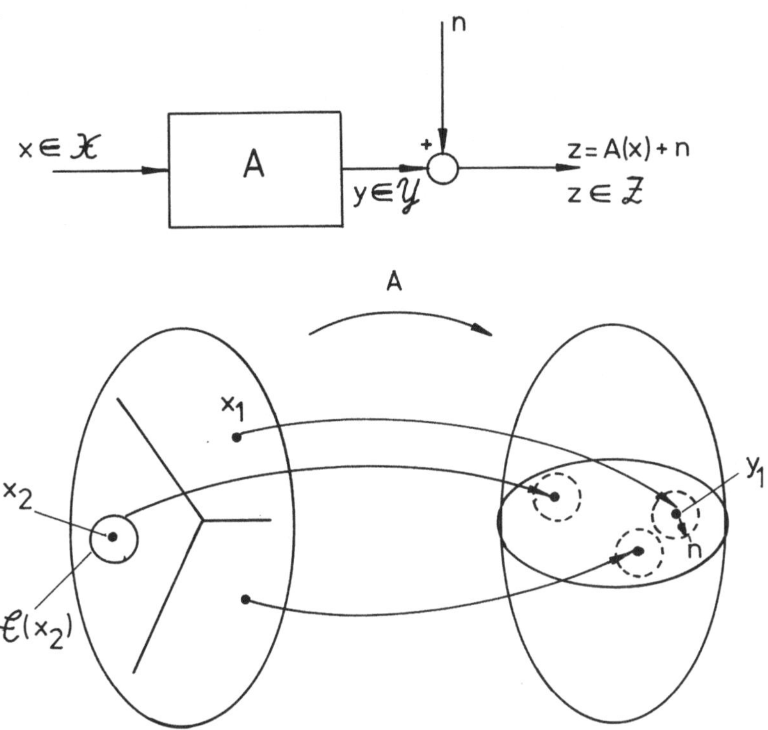

Bild 1: Original- und Wertebereich einer Bildaufnahme. Charakterisierung der Schätz-, Detektions- und Mustererkennungsaufgabe.

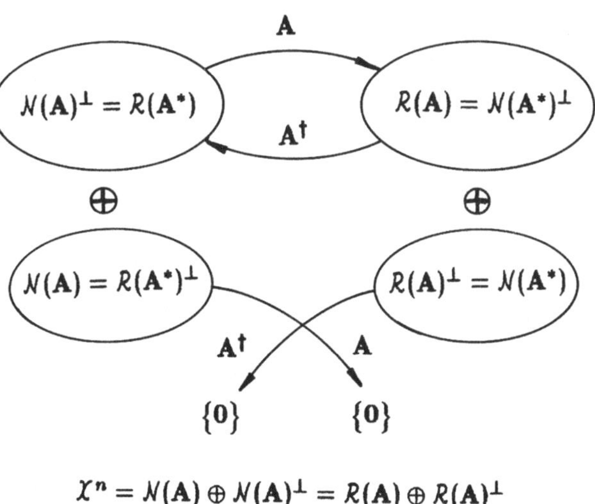

$$\mathcal{X}^n = \mathcal{N}(\mathbf{A}) \oplus \mathcal{N}(\mathbf{A})^\perp = \mathcal{R}(\mathbf{A}) \oplus \mathcal{R}(\mathbf{A})^\perp$$

Bild 2: Darstellung linearer Abbildungseigenschaften von $\mathbf{A} : \mathcal{X}^n \to \mathcal{X}^n$, $\mathbf{A}^\dagger$: Pseudoinverse, $\mathbf{A}^*$: adjung. Operator.

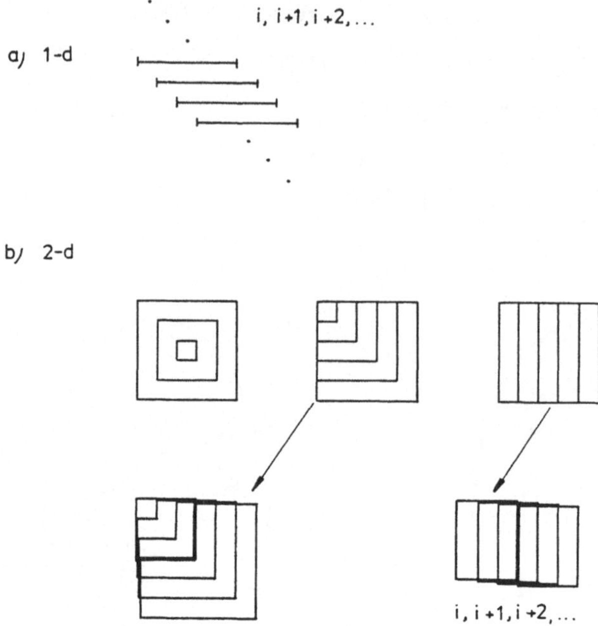

Bild 3: Zustandssequenzen $\{x_i\}$ von Markovprozessen im eindimensionalen Zeit- und im zweidimensionalen Ortsbereich.

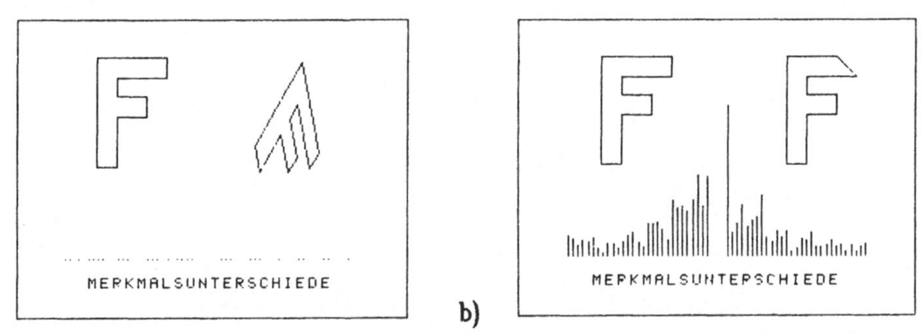

Bild 4: Affininvariante Fourierdeskriptoren für Objekte a) einer Äquivalenzklasse und b) verschiedener Äquivalenzklassen.

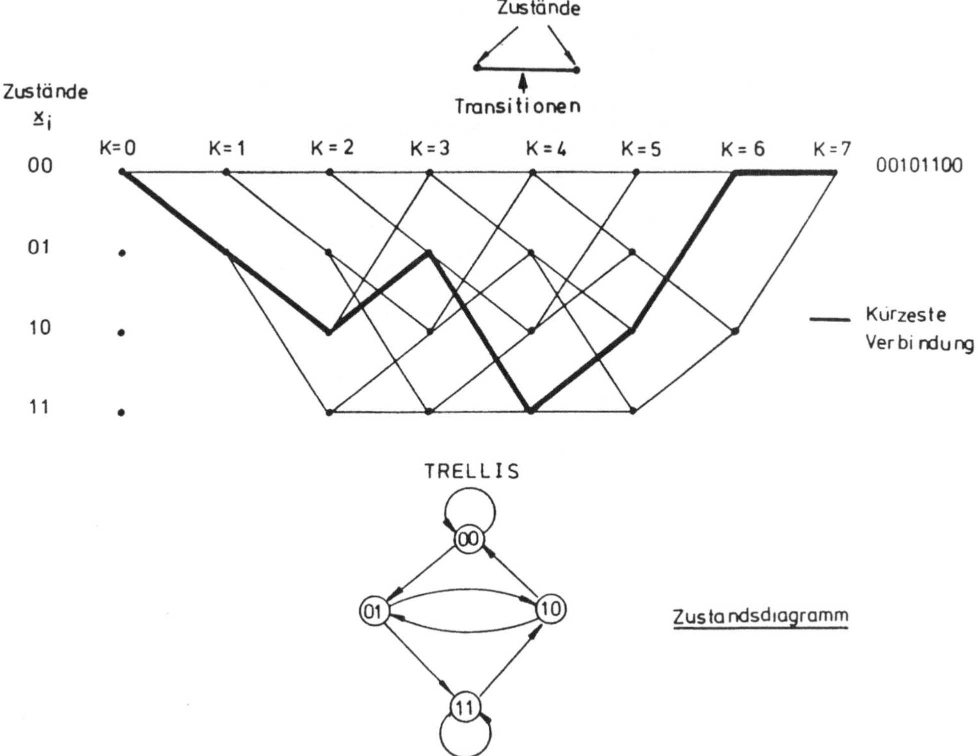

Bild 5: **Auffinden der kürzesten Verbindung in einem Trellis mit dem Viterbialgorithmus und dazugehöriges Zustandsdiagramm.**

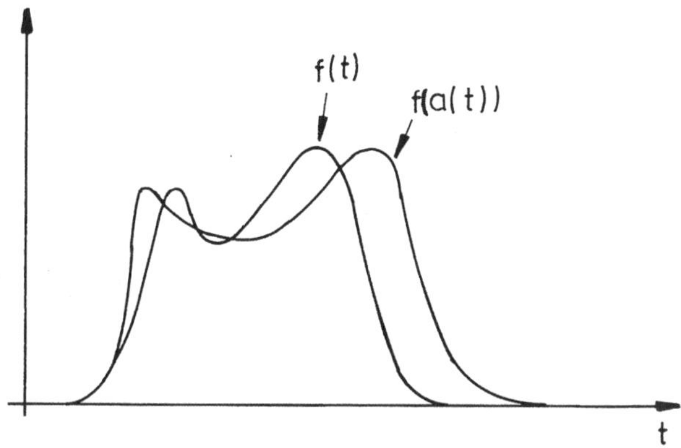

Bild 6: Elastischer Mustervergleich.

Bild 7: Restauration bei Bewegungsunschärfe (unten) mit dem Viterbialgorithmus (oben), im Vergleich mit der Pseudoinversen Lösung (Mitte).

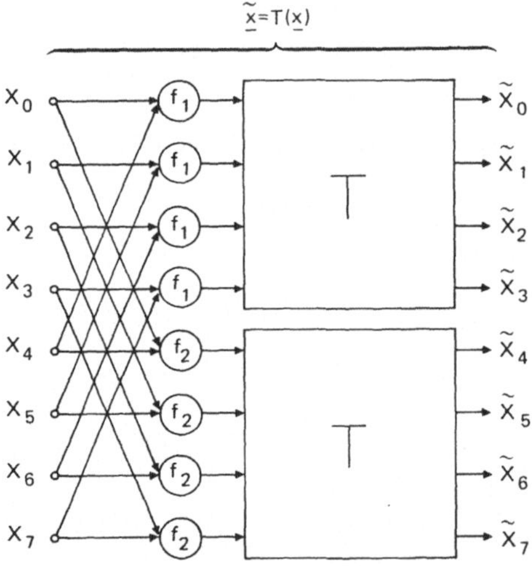

Bild 8: Rekursive Definition einer schnellen Transformationsklasse **T**.

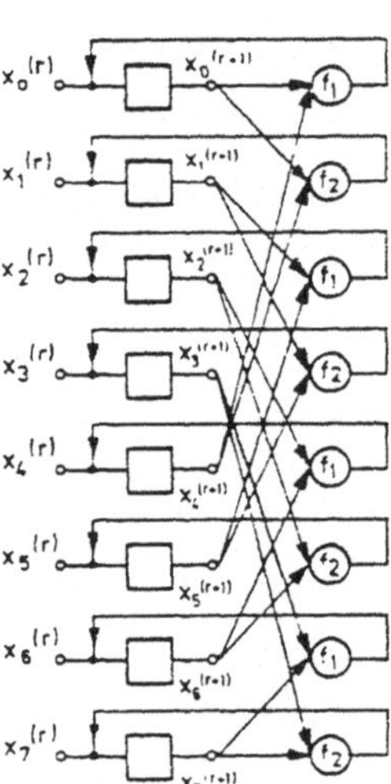

Bild 10: Universeller, rekursiver Parallelprozessor.

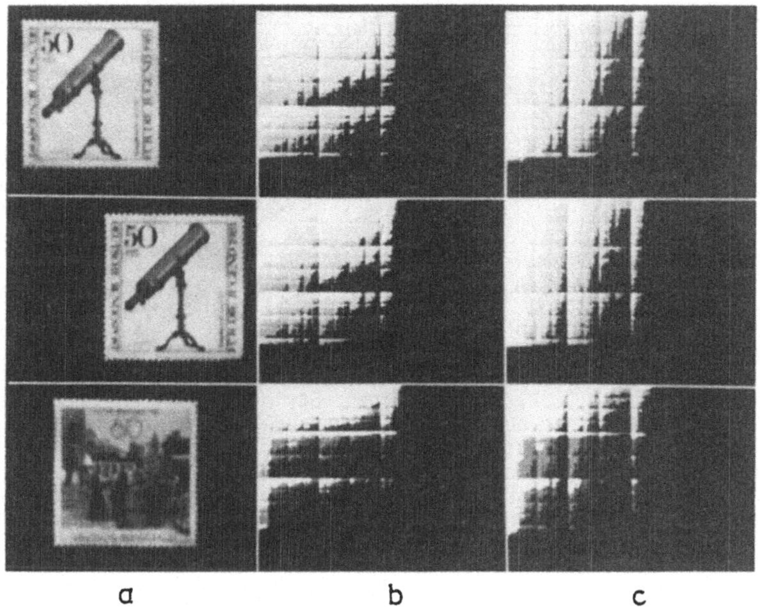

Bild 9: Anwendung verschiedener B-Transformationen auf Grauwertbilder: a) Objekte, b) $\mathbf{BT}_{SZ}$, c) $\mathbf{BT}_{ZS}$.

Ein erweiterter Viterbi-Algorithmus zur Berechnung der n besten
Wege in zyklenfreien Modellgraphen

Dipl.-Inform. Thomas Bayer
Dipl.-Inform. Matthias Oberländer
AEG Forschungsinstitut, Ulm
Sedanstraße 10

Übersicht

Gegenstand ist die Realisierung eines erweiterten Viterbi Algorithmus (kurz nVA) zur
Berechnung der n besten Wege in einem einfachen oder erweiterten Trellis (i.e. zyklenfreien, gerichteten Graphen). Dabei erfolgt eine strenge Trennung zwischen dem
algorithmischen Teil der Viterbi-Technik (Wegsuchverfahren) und der anwendungsspezi-
fischen Modellvorstellung (z.B. Markov-Ketten, Stringvergleich, etc.). Erreicht wird
dies durch die Definition der abstrakten Datentypen TRELLIS und VALUATION_FUNCTION.
Der nVA erlaubt die Berechnung mehrerer Lösungen und damit eine echte Alternativen-
reduktion im Gegensatz zur bloßen Alternativenelimination des klassischen Viterbi-
Algorithmus. Die konkrete Anwendung wird kurz vorgestellt anhand drei unterschiedlicher Ansätze im Bereich der Texterkennung: Stringvergleich, Sprachkontext (m-Gramm
Technik) und Schreiblinienkontext.

1. Problemstellung

Um uns beim Algorithmus auf das Wesentliche beschränken zu können, wollen wir den
Viterbi Algorithmus von vornherein als Wegsuche in einer speziellen Klasse von Graphen betrachten, dessen Knoten man sich in einem Gitter angeordnet denkt. Jeder Knoten v in einem solchen Graphen repräsentiert jeweils einen Zustand z_i des Systems zu
einem bestimmten Zeitpunkt t_k. Ein Knoten läßt sich somit durch die Angabe des Tupels (z_i, t_k) eindeutig bezeichnen. Die Kanten stellen die im zeitlichen Verlauf
möglichen Übergänge dar. Gegeben sei weiterhin eine Gütefunktion G_W, die jedem Pfad
$(v_1, \ldots , v_s)$ eine Bewertung zuordnet. Wir definieren G_W rekursiv:

$$(1) \qquad G_W (v_1,\ldots,v_s) = \begin{cases} b_0 = \text{const (Startwert)} & \text{für } s = 1 \\ G_K (G_W(v_1,\ldots,v_{s-1}), v_{s-1}, v_s) & \text{für } s > 1 \end{cases}$$

Der maßgebende Teil ist die Funktion G_K, die der momentanen Bewertung in Abhängigkeit vom Übergang $v_{j-1} \rightarrow v_j$ einen neuen Wert zuordnet. G_K muß zumindest für alle
vorkommenden Kanten definiert sein. Wichtig für die Optimalitätseigenschaft des Viterbi Algorithmus (VA) und des n-Wege Viterbi Algorithmus (nVA) ist folgende Bedingung: Für jede vorkommende Kante (v_i, v_j) und zwei Bewertungen b und b' muß gelten:

$$(2) \qquad b \geq b' \implies G_K(b, v_i, v_j) \geq G_K(b', v_i, v_j)$$

Anders ausgedrückt: Bei festen Parametern v_i, v_j bildet G_K eine von der Bewertung
b abhängige, monoton steigende Funktion. Man beachte, daß dies nicht heißt, daß die
Bewertung mit fortschreitender Pfadlänge immer steigen muß. Sie kann sogar abwech-
selnd steigen oder fallen!
Der Trellis, auf dem der "klassische" VA operiert, zeichnet sich dadurch aus, daß
es nur Übergänge der Form $(z_i, t_k) \rightarrow (z_j, t_{k+1})$ gibt, d.h. alles läuft in einheitlichen Zeitschritten ab. Tatsächlich wird durch Aufgabe dieser Forderung der Algorithmus nicht komplizierter, gewinnt aber an Flexibilität (siehe 4.1).
Der VA nutzt aus, daß man nur den besten Pfad weiterverfolgen muß, falls sich
mehrere Wege in einem Knoten treffen sollten. Denn wenn zwei Wege ihr letztes Stück
gemeinsam haben, so läßt sich -- obige Monotonie-Bedingung vorausgesetzt -- schon an
der Zusammenführungsstelle entscheiden, welcher Pfad letztendlich die bessere Bewer-

tung erzielen wird. Mathematisch formuliert: Es seien $v = (v_1,...,v_p)$ und $u = (u_1,..u_q)$ zwei Wege mit $v_{p-i} = u_{q-i}$ für $i = 0,..k$. So folgt aus $G_W(v') \geq G_W(u')$, daß $G_W(v) \geq G_W(u)$, mit $v' = (v_1,...,v_{p-k})$ und $u' = (u_1,...,u_{q-k})$.

Um den schließlich gefundenen Weg rekonstruieren zu können, braucht man lediglich in jedem Knoten einen Platz für den Verweis auf den Vorgängerknoten bereitzuhalten. Nachteil ist, daß sich damit keine alternativen Lösungen bestimmen lassen. Was zählt, ist jeweils nur der "beste" Weg im Sinne der Bewertungsfunktion. Das erklärt auch, daß z.B. Wörterbuchvergleich und Benutzung von m-Gramm Statistiken als einander mehr oder weniger ausschließende Techniken dargestellt werden /3/. Bei Aufweitung der Viterbi Technik auf n Lösungen lassen sich diese Methoden jedoch kombinieren: Man berechnet die ersten n Worte mit der im Sinne der m-Gramm Statistik größten a posteriori Wahrscheinlichkeit und schlägt nur diese im Wörterbuch nach.

2. Der nVA-Algorithmus

Wie bereits von FORNEY in /1/ angedeutet, läßt sich der Viterbi Algorithmus so modifizieren, daß er nicht nur den besten Pfad zu berechnen gestattet, sondern zugleich die ersten n. Dazu genügt es freilich nicht, einfach die ersten n in den Zielknoten hineinlaufenden Wege auszugeben. Vielmehr ist es erforderlich, für jeden Knoten die (im schlimmsten Fall) ersten n besten zu ihm hinführenden Wege plus Bewertung aufzubewahren. Weiterhin muß für jeden der Rückzeiger angegeben werden, aus welchem "Stockwerk" des Vorgängerknotens der Weg stammt. Das ist für die Rückverfolgung wichtig, denn beispielsweise kann der im aktuellen Knoten drittbeste Weg im Vorgänger der beste oder zweitbeste gewesen sein (jedoch niemals umgekehrt !!). Nachfolgend der nVA in Pseudocodenotation:

```
FOR ALL columns DO
  FOR ALL vertices OF cur_col DO (* start with lowest index ! *)
    FOR ALL successors OF cur_vert DO
      (* For all paths leading to cur_vert *)
      FOR cur_path:= 1 TO cur_vert.pathcount DO
        new_value:= val_function (cur_vert.value(cur_path),
                                  cur_vert.rowno, cur_vert.colno,
                                  cur_succ.rowno, cur_succ.colno);
        IF new_value > cur_succ.value(cur_succ.pathcount) THEN
          (* new_value is within the n best leading to succesor *)
          Insert(cur_vert, cur_path, cur_succ);
        ELSE (* The remaining paths are even worse! *)
          EXIT cur_path LOOP;
        END;
      END; (* cur_path *)
    END; (* cur_succ *)
  END; (* cur_vert *)
END; (* cur_col *)
```


3. Spezifikation des nVA als abstrakten Datentyp in Modula-2

Um bei neuen Anwendungen die Viterbi Technik schnell und bequem einsetzen zu können, oder um innerhalb einer Anwendung mit mehreren Trellis und Bewertungsfunktionen gleichzeitig zu arbeiten, ist es zweckmäßig, einen abstrakten Datentyp TRELLIS zu definieren, und diesen mit den erforderlichen Operationen in einem geschlossenen Modul zur Verfügung zu stellen. Für solche Zwecke ist die Sprache Modula-2 hervorragend geeignet /5/. Wir stellen eine Grundversion des Definitionsmoduls vor:

```
DEFINITION MODULE Viterbi;
  EXPORT QUALIFIED TRELLIS, VALUE, ACTION_ROUTINE, VALUATION_FUNC, NewTrellis,
    NewEdge, DefineGoal, ComputeNBest, PathValue, WalkAlongPath;
  TYPE
```

```
    TRELLIS;                     (* Hidden Type *)
      VALUE        = REAL;
      VALUATION_FUNC = PROCEDURE
                        (VALUE, CARDINAL, CARDINAL, CARDINAL, CARDINAL): VALUE;
                          (* source_row, source_col, dest_row, dest_col *)
      ACTION_ROUTINE = PROCEDURE( CARDINAL, CARDINAL, VALUE);
                          (*  row,     column,  value *)


    PROCEDURE NewTrellis(VAR trellis_id: TRELLIS);
    (* Erzeugt neuen Trellis Identifier *)

    PROCEDURE NewEdge(trellis_id: TRELLIS;
                      source_row, source_col, dest_row, dest_col: CARDINAL);
    (* Erzeugt neue Kante. Falls diese bereits existiert, keine Wirkung. *)

    PROCEDURE DefineGoal(trellis_id: TRELLIS; row, col: CARDINAL);
    (* Definiert explizit den gewünschten Zielknoten *)

    PROCEDURE ComputeNBest(trellis_id: TRELLIS; VAR n: CARDINAL;
              last_col: CARDINAL; val_function: VALUATION_FUNC);
    (* Berechnet die n besten Wege anhand der Bewertungsfunktion val_func.
       Die Anzahl tatsächlich gefundener Wege wird in n zurückgegeben.   *)

    PROCEDURE PathValue(trellis_id: TRELLIS; path_number: CARDINAL): VALUE;
    (* liefert die Bewertung des Weges 'path_number' zurück *)

    PROCEDURE WalkAlongPath(trellis_id: TRELLIS; path_number: CARDINAL;
                action: ACTION_ROUTINE);
    (* wickelt den Weg 'path_number' vom Start bis zum Ziel ab und
       ruft für jeden Knoten die Prozedur 'action' auf *)

    END Viterbi.
```

Der Datentyp TRELLIS ist als sogenannter 'hidden type' realisiert. Das bedeutet, der Benutzer hat und braucht keine Kenntnis über die interne Darstellung. Alle Manipulationen können nur über die Prozeduren erfolgen, die explizit zur Verfügung gestellt werden. Knoten werden (nach außen hin) durch ihren Zeilen- und Spaltenindex bezeichnet.

Eine Funktion vom Typ VALUATION_FUNCTION entspricht der in (1) verwendeten Funktion G_K. Sie ist als benutzerspezifische Prozedur vorgesehen und muß deshalb beim Aufruf von 'ComputeNBest' als Parameter übergeben werden. Daß die Monotoniebedingung (2) erfüllt wird, muß dabei vom Anwender sichergestellt sein. Zur Auswertung der Lösungen dient die Prozedur 'WalkAlongPath'. Sie aktiviert für jeden Knoten des i-ten Weges die Benutzerprozedur 'action', die z.B. die Knotenindizes plus Bewertung ausdruckt, oder sie in eine andere, anwendungsspezifische Datenstruktur überträgt.

4. Anwendung

Die Erfahrung mit den im folgenden kurz dargestellten Beispielen hat gezeigt, daß sich mit ein und derselben Schnittstelle (und der dahinter verborgenen Realisierung) unterschiedliche Anwendungen der Viterbi Technik unmittelbar verwirklichen lassen.

4.1 Stringvergleich

Beim Stringvergleich geht es um das Problem, ein Referenzwort auf ein Testwort durch die Operationen Einfügung, Auslassung, Vertauschung, evtl. auch Verklebung und Zerfall abzubilden. Eingesetzt wird der Stringvergleich u.a. zur Beurteilung der Lesequalität von Klarschriftlesern.

Zur Veranschaulichung der verschiedenen Abbildungsmöglichkeiten ist die Matrix-
darstellung zweckmäßig (Siehe Abb. 1b). Jede der Grundoperationen stellt sich als
Pfadstück dar und wird mit einem Gewicht versehen. Man hat also wieder ein Wegsuch-
problem, daß gewöhnlich mit der Methode der 'dynamischen Programmierung' gelöst wird
/2/. Die Matrix läßt sich jedoch auch als erweiterter Trellis auffassen, wodurch das
Problem sofort mit dem Datentyp TRELLIS modelliert und dem nVA gelöst werden kann.
In einem erweiterten Trellis ist es erlaubt, auch innerhalb einer Spalte Kanten in
Richtung höherer Zeilenindizes zu ziehen oder über mehrere Spalten hinweg zu sprin-
gen. Dies führt immer noch zu korrekten Ergebnissen, sofern der nVA innerhalb einer
Spalte zunächst diejenigen Knoten mit niedrigerem Zeilenindex entwickelt.

Beim Stringvergleich ist die x-Achse nicht als Zeittakt aufzufassen, vielmehr
drücken Zeilen- und Spaltenindex eines Zustandes die Zeigerwerte auf jeweils Refe-
renz- und Testzeichenkette aus.

4.2 m-Gramm Technik

Beim Bayes'schen Entscheidungsansatz mit (0,1)-Kostenfunktion für Richtig- bzw.
Falschentscheidung wird für die Klasse mit der höchsten a posteriori Wahrscheinlichkeit entschieden. Sie berechnet sich zu $p(k\ /c) = p(c\ /k) * p(k)\ /\ p(c)$. Hierbei
ist c der beobachtete Merkmalsvektor, $p(c/k)$ dessen klassenspezifische Dichte und
$p(k)$ die a priori Wahrscheinlickeit der Klasse k. $p(c)$ bezeichnet die klassenunab-
hängige Dichte, die sich auch als die mit den $p(k)$ gewichtete Summe der $p(c/k)$ ausdrücken läßt.

Für ein kontextunabhängig arbeitendes Erkennungssystem sind die Funktionen $p(c/k)$
und $p(k)$ immer gleich. Will man aber beispielsweise das Wissen ausnutzen, daß auf die
gerade erkannte Klasse w1 mit der Wahrscheinlichkeit x die Klasse w2 folgt, so sind
die a priori Wahrscheinlichkeiten gerade nicht konstant, müssen also kontextabhängig
eingesetzt werden. Dagegen wollen wir jedoch annehmen, daß die klassenbedingten Dichten unverändert bleiben. (Für Handblockschrift trifft dies genau genommen nicht unbedingt zu, da man Zeichen am Wortende oft anders, weil nachlässiger schreibt). Ausgangspunkt seien die klassenbedingten Dichten, ermittelt oder geschätzt von einem
kontextunabhängig arbeitenden Einzelzeichenerkenner, der für jede Zeichenposition
auch noch variabel viele Alternativen ausgeben kann. Eine Worthypothese wird durch
einen Pfad im Trellis repräsentiert. Die Güte ist das Produkt aus den zeichenweisen
Rückschlußwahrscheinlichkeiten, die jedoch jetzt unter Benutzung des Kontexts berechnet werden. D.h. man betrachtet die m-1 letzten Entscheidungen, um die daraus resultierende a priori Wahrscheinlichkeit für die folgenden Zeichenalternativen einzusetzen. Da aber die Gütefunktion des Viterbi Algorithmus nicht von der Vorgeschichte
abhängen darf, sondern nur vom aktuellen Zustand, muß man die zuvor gemachten Entscheidungen in den Zustand hinein codieren. Die Zustandsanzahl steigt damit u. U.
erheblich an. Würde der Klassifikator stets alle 26 Buchstaben ausgeben, so erhielte man bei Verwendung von Trigrammen bereits 26 * 26 = 676 Knoten pro Spalte.

Die reichhaltige Literatur zur m-Gramm Technik (z.B. allein in /4/) zeigt, daß
abschließende Urteile über den Nutzen dieser Art von Sprachkontext kaum möglich
sind. Unsere Untersuchungen sind daher auch noch nicht abgeschlossen.

4.3 Schreiblinienkontexts

Auf Anhieb sehr effektiv erwies sich jedoch die folgende Anwendung der Viterbi
Technik: die Auswertung des typographischen (= Schreiblinien-) Kontexts.

Bei der Einzelzeichenerkennung wird üblicherweise eine Größennormierung vorgenommen, wodurch ein Teil des geometrischen Kontexts verloren geht. Buchstaben, die in
Groß- und Kleinschreibung ein nahezu identisches Aussehen haben, lassen sich kaum
mehr unterscheiden. Gleiches gilt für Sonderzeichen, wie Apostroph und Komma, deren
Bedeutung sich erst durch ihre relative Lage zum Nachbarzeichen ergibt.

Um diese typographischen Informationen wieder einfließen zu lassen, wird für jede Zeichenalternative die hypothetische Lage von 5 virtuellen Schreiblinien extra-
poliert. Für jede Zeile des Dokumentes wird ein Trellis aufgebaut, wobei die Spal-

tenindizes die Zeichenposition und die Zeilenindizis die Alternativen für diese Position spezifizieren. Als Übergangskosten von einem Zeichen zum nächsten fungiert der euklidsche Abstand der beiden 5-dimensionalen Schreiblinienvektoren, der ausdrückt, wie verträglich die Hypothesen zueinander sind. Der Abstand wird in ein Gütemaß umgerechnet, indem man eine Exponentialverteilung zugrunde legt, die jedem Abstandswert eine Wahrscheinlichkeit zuordnet. Der nVA ermittelt für eine Zeile diejenigen n Folgen von Einzelzeichen, die die insgesamt beste Passung besitzen, d. h. indem er das Produkt aus den Einzelabstandswahrscheinlichkeiten maximiert. Ein Vorteil diser Technik liegt darin, daß sie schon bei extrem kurzen Zeilen funktioniert (z.B. "SOS ! ", oder das Beispiel in Abb. 2), weil keine globale Statistik über die Zeile notwendig ist. Des weiteren ist sie alternativenerzeugend. Die n "besten" Zeichenketten können mit einer nachgeschalteten Stufe weiterverarbeitet werden, z.B. mit Hilfe der obigen m-Gramm Technik.

5. Literatur

/1/   Forney, G.D.: The Viterbi algorithm, Proc. IEEE, Vol.61, No.3, March '73

/2/   Sankoff, D.; Kruskal, J.B.: Time warps, string edits, and macromolecules
        Addison Wesley, Reading Mass. 1983

/3/   Shinghal, S.; Toussaint, G.T.: Experiments in text recognition with the
        modified Viterbi algorithm, IEEE Vol. PAMI-1, No. 2, April 1979

/4/   Srihari, S. N.: Computer text recognition and error correction
        IEEE Tutorial 1984

/5/   Wirth, N.: Programmieren in Modula-2, Springer Verlag, Berlin 1985

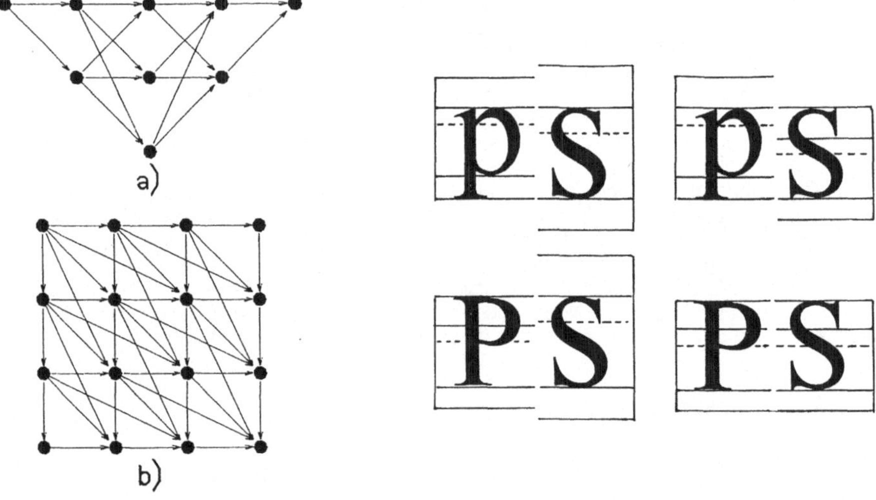

Abb. 1	Abb. 2
a) Beispiel eines einfachen Trellis, z.B. für Bigramm-Technik b) erweiterter Trellis für den Stringvergleich	Typographischer Kontext: Darstellung der Schreiblinienverträglichkeit für die möglichen Hypothesen 'ps', 'pS', 'Ps' und 'PS'. Letztere ist richtig.

SIGNALREKONSTRUKTION AUS UNVOLLSTÄNDIGEN DATENSTRUKTUREN

J. Wollnack und Ph. W. Besslich
Universität Bremen, Fachbereich Elektrotechnik/Physik

Zusammenfassung: Die Aufteilung spektraler Daten in Betrag und Phase läßt sich auf alle unitären und orthogonalen Transformationen (T.) übertragen. Hierzu definieren wir den Betrag und die Phase der Transformationskoeffizienten derart, daß die klassische Betrags- und Phasenaufteilung der trigonometrischen Transformation als Spezialfall enthalten ist. Die Nichtexpansivität der verallgemeinerten Phasensubstitution, die die Originalphase einem Signal aufprägt, gestattet unter Hinzunahme weiterer nichtexpansiver Abbildungen, die ihrerseits unvollständige Koeffizienten dem Signal aufprägen, die Definition eines verallgemeinerten iterativen fehlerreduzierenden Algorithmus. Dieser Algorithmus reduziert sukzessive den mittleren quadratischen Fehler zwischen dem unvollständigen Signal und dem Original. Das hierin enthaltende Betragsrekonstruktionsverfahren verringert im allgemeinen den Fehler eines teilweise gestörten oder unbekannten Betrages einer unitären oder orthogonalen Transformation. Das Betragsrekonstruktionsproblem läßt sich auch mit den Methoden der Matrizenalgebra formulieren, so daß außerdem ein geschlossenes Rekonstruktionsverfahren zur Verfügung steht, welches ein testbares Kriterium zur Lösung der Eindeutigkeitsfrage der Betragsrekonstruktion anbietet. Bei den Darstellungen beschränken wir uns auf eindimensionale Sequenzen und orthogonale Transformationen, weil sich bereits hieran das Wesentliche dieser Methoden darstellen läßt. Das Iterationsverfahren wurde an 2-dimensionalen Bildsignalen unter Verwendung der Walsh-, Paley-, Hadamard-, Cosinus-, Sinus- und DFT untersucht.

Einführung: Im Zusammenhang mit der Aufteilung spektraler Daten in Betrag und Phase bei der trigonometrischen Transformation stellte sich die Frage nach dem Informationsgehalt, der gegenseitigen Abhängigkeit und der Rekonstruierbarkeit dieser Komponenten. Die Aufgabenstellung, zu einem gegebenen Betrag die Phase zu finden und umgekehrt, ist Gegenstand intensiver Forschung /1/ bis /5/.

Verallgemeinerter Betrags- und Phasenbegriff: Wir betrachten die Transformationskoeffizienten $X(k)$ einer orthogonalen und damit im Euklidischen Raum isometrischen Transformation

$$F: \quad x(m) \longmapsto \quad X(k) = \sum_{m=1}^{M} x(m)g_k(m), \quad k\in\{1,\ldots,M\} \qquad ,$$

wählen benachbarte Transformationskoeffizienten aus und unterziehen diese komponentenweise einer Polarkoordinatentransformation um Betrag $\|X(k')\|$ und Phase $\theta_x(k')$ zu definieren:

$$P: \begin{bmatrix} X(2k') \\ X(2k'-1) \end{bmatrix} \longmapsto \begin{bmatrix} \|X(k')\| \\ \theta_x(k') \end{bmatrix} = \begin{bmatrix} \sqrt{X^2(2k')+X^2(2k'-1)} \\ \arctan_*(X(2k'-1)/X(2k')) \\ k'\in\{1,..,M/2\} \end{bmatrix} \quad .$$

Dabei wird M als gerade Zahl vorausgesetzt, was für die meisten praktischen Fälle keine wesentliche Einschränkung bedeutet. Die Umkehrung dieser Transformation

$$P^{-1}: \begin{bmatrix} \|X(k')\| \\ \theta_x(k') \end{bmatrix} \longmapsto \begin{bmatrix} X(2k') \\ X(2k'-1) \end{bmatrix} = \begin{bmatrix} \|X(k')\| \cos\theta_x(k') \\ \|X(k')\| \sin\theta_x(k') \end{bmatrix}$$

berechnet aus den verallgemeinerten Beträgen und Phasen die Transformierte. Diese Abbildungen sind eineindeutig, wenn man sich auf die Hauptwerte $]-\pi,\pi]$ der modifizierten arctan-Funktion ($\arctan_*$) beschränkt und wenn man ausschließt, daß der verallgemeinerte Betrag verschwindet. Man kann jedoch verschwindende Beträge zulassen, wenn man die undefinierte Phase willkürlich festlegt. Sind Betrag und Phase bekannt, so ist jener Sachverhalt ohne Bedeutung. Nur bei der Lösung des Betragsrekonstruktionsproblems muß dieser Besonderheit Beachtung geschenkt werden.

Der verallgemeinerte fehlerreduzierende Algorithmus: Wir definieren einen verallgemeinerten Phasensubstitutionsoperator

$$\theta: \begin{bmatrix} X(2k') \\ X(2k'-1) \end{bmatrix} \longmapsto \begin{bmatrix} X_\theta(2k') \\ X_\theta(2k'-1) \end{bmatrix} = \begin{bmatrix} \sqrt{X^2(2k'-1)+X^2(2k')}\ \cos\theta_H(k') \\ \sqrt{X^2(2k'-1)+X^2(2k')}\ \sin\theta_H(k') \end{bmatrix},$$

der die Originalphase $\theta_H(k')$ einem willkürlichen Betrag $\|X(k')\|$ eines nicht energielosen Signals aufprägt. Dann erweist sich der Operator θ als nichtexpansiv im Sinne von:

$$d(F^{-1}\theta FX, F^{-1}\theta FY) \leq d(X,Y) \text{ und}$$
$$d(F^{-1}\theta FX, F^{-1}\theta FY) = d(X,Y)$$
$$\Longleftrightarrow\ \theta_X(k')=\theta_Y(k')\ \oslash\ \|X(k')\|=0\ \oslash\ \|Y(k')\|=0,\ k'\in\{1,2,\dots,M/2\}$$
$$(\ \oslash\ \text{logisches exklusives Oder}).$$

Bei der Beweisführung dieser Aussage benutzen wir die Isometrierelation und einige trigonometrische Beziehungen. Die Nichtexpansivität einer Abbildung hat zur Folge, daß sich der mittlere quadratische Fehler zwischen dem Signal und dem Original H durch Anwendung der Abbildung nicht vergrößern kann. Dem Kompositionssatz nichtexpansiver Abbildungen zufolge kann man solche Abbildungen miteinander komponieren und erhält eine Komposition die nichtexpansiv ist. Hierfür stehen folgende Operatoren zur Verfügung, die jeweils unterschiedliche Teilinformationen der Originalsequenz H nutzen: 1) T: substituiert bekannte Werte des Objektbereiches der Indexmenge I_T, 2) E: begrenzt Werte einer Sequenz der Indexmenge I_E auf den Wertevorrat der Objektsequenz und 3) B: substituiert bekannte Werte des Transformationsbereichs der Indexmenge I_B. Damit läßt sich ein Iterationsverfahren angeben, das wie folgt definiert ist:

1.Schritt: Annahme einer Betragshypothese $\|X_0(k')\|$ (Startwert)
Setzen des Iterationszählers i=1

2.Schritt: Umwandlung der verallgemeinerten Betrags- und Phasendarstellung (Phasensubstitution)

$$(\|X_i(k')\|\ \theta_H(k'))^t \xrightarrow{\ \theta\ } \begin{bmatrix} X_{i\theta}(2k') \\ X_{i\theta}(2k'-1) \end{bmatrix} = \begin{bmatrix} \|X_i(k')\|\cos\theta_H(k') \\ \|X_i(k')\|\sin\theta_H(k') \end{bmatrix}$$

$$\|X_i(k')\|=\sqrt{X_i^2(2k')+X_i^2(2k'-1)}$$

3.Schritt: Substitution der bekannten Transformationskoeffizienten

$$X_{i\theta}(k),\ k\in\{1,\dots,M\} \xrightarrow{\ B\ } X_{iB}(k) = \begin{bmatrix} H(k)\ \text{für}\ k\in I_B \\ X_{i\theta}(k)\ \text{sonst} \end{bmatrix}$$

4.Schritt: Inverse orthogonale Transformation

$$X_{iB}(k) \xrightarrow{\ F^{-1}\ } x_i(m) = \sum_{k=1}^{M} X_{iB}(k)\ g_k(m)$$

5.Schritt: Substitution der bekannten Elemente des Objektbereichs

$$x_i(m) \xrightarrow{\ T\ } x_{iT}(m) = \begin{bmatrix} h(m)\ \text{für}\ m\in I_T \\ x_i(m)\ \text{sonst} \end{bmatrix}$$

6.Schritt: Begrenzung auf den Wertevorrat $[h_{MIN}, h_{MAX}]$

$$x_{iT}(m) \xrightarrow{E} x_{iE}(m) = \begin{bmatrix} h_{MAX} & \text{für } x_{iT}(m) \geq h_{MAX} \wedge m \in I_E \\ h_{MIN} & \text{für } x_{iT}(m) \leq h_{MIN} \wedge m \in I_E \\ x_{iT}(m) & \text{sonst} \end{bmatrix}$$

7.Schritt: Orthogonale Transformation

$$X_{iE}(m) \xrightarrow{F} X_{i+1}(k) = \sum_{m=1}^{M} x_{iE}(m)\, g_k(m)$$

(Erhöhung des Iterationszählers i:=i+1)

Durch Wiederholung der Schritte 2 bis 7 wird der verallgemeinerte fehlerreduzierende Algorithmus beschrieben.

Da die Originalsequenz H Fixpunkt des Iterationsverfahrens ist, läßt sich nach mehrmaliger Anwendung der Nichtexpansivitätsrelation und der Fixpunkteigenschaft von H die Abschätzung $d(X_i, H) \leq d(X_0, H)$, $i \in N$; $X_0, H \in R^M$ gewinnen. Interpretiert man diese Aussage, so zeigt sich, daß jeder Iterationsschritt eine im allgemeinen verbesserte Schätzung X_i von H produziert (Stabilität). Dieser Algorithmus wurde für verschiedene orthogonale Transformationen (Walsh, Paley, Hadamard, Cosinus und Sinus) mit unterschiedlichen Initialisierungsbedingungen (Betragshypothesen) und Ausführungsvarianten (Substitutionsfunktionen) getestet. Die Kenntnis der Sequenzelemente aus I_T, von denen mindestens eines ungleich null sein muß, ist unabdingbar für den Sinn der Iterationsverfahren. Die verallgemeinerte Phase der Hadamard- geordneten Walsh-Transformation erweist sich wegen der Nachbarschaften der Koeffizienten als ungeeignet für die Signalrekonstruktion.

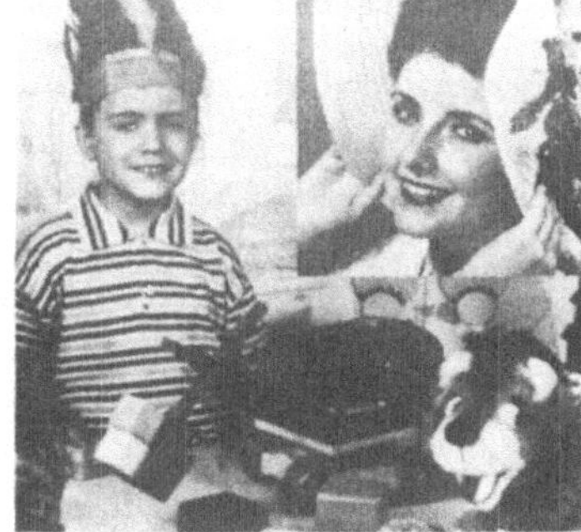

Walsh-T.; Betrags-rekonstruktion aus der verallgemeiner-ten Phase; bekannte Bildpunkte: spielender Junge; unbekannte Bildpunkte: Dame; Begrenzung

512² Bildpunkte 256² unbekannte Bildpunkte

Initialisierung Betragshypothese: Betrag = const = 1

Startwert   *50 Iterationen*

<u>*Das geschlossene Betragsrekonstruktionsverfahren:*</u> Um zum nichtiterativen Betragsrekonstruktionsverfahren zu gelangen, betrachten wir die obige Definition der verallgemeinerten Phase. Durch eine Aufteilung in bekannte und unbekannte Sequenzelemente b_m und a_m erhält man

$$\theta_H(k') := \theta_{k'} = \arctan* \left[\frac{\sum\limits_{m \in D_q \setminus I_T} a_m\, g_{2k'-1}(m) + \sum\limits_{m \in I_T} b_m\, g_{2k'-1}(m)}{\sum\limits_{m \in D_q \setminus I_T} a_m\, g_{2k'}(m) + \sum\limits_{m \in I_T} b_m\, g_{2k'}(m)} \right], \quad \begin{array}{l} k' \in D_B' \\ D_B' \subseteq D_{k'} \\ I_T \subseteq D_q \end{array}$$

Weil im Falle eines nichtverschwindenden Betrages die verallgemeinerte Phase $\theta_{k'}$, $k' \in D_B'$ undefiniert wäre, ist im folgenden die notwendige Bedingung $|H(k')| > 0$, $k \in D_B'$ zu erfüllen. Diese Ungleichung wäre zugleich die Bestimmungsaussage für D_B'. Da aber von dem Betragsproblem auszugehen ist, kann man von dieser Begriffsbildung nur abstrakt Gebrauch machen. Jedoch gerade dieses a priori Wissen über die Lage der Nullstellen der ansonsten unbekannten Betragsfunktion hat zur Folge, daß die bekannten Phasenelemente aus D_B' eindeutig bestimmt sind. Isoliert man die bekannten und unbekannten Elemente der Objektsequenz, so erhält man die Identitätsaussagen

$$\sum_{m \in D_q \setminus I_T} a_m \{ g_{2k'}(m) \, \sin\theta_{k'} - g_{2k'-1}(m) \, \cos\theta_{k'} \} =$$

$$\sum_{m \in I_T} b_m \{ g_{2k'-1}(m) \, \cos\theta_{k'} - g_{2k'}(m) \, \sin\theta_{k'} \} \quad , \; k' \in D_B'$$

Die obigen linearen Gleichungen lassen sich mit Hilfe der Matrizenalgebra darstellen, so daß man abstrahiert die Struktur

$$A \, a = B \, b \quad , \quad A \in R^{B_0 \times (M-L)}, \; B \in R^{B_0 \times L}, \; a \in R^{M-L}, \; b \in R^L$$

erhält. Hierbei definiert B_0 die numerische Zahl der nichtverschwindenden Beträge des verallgemeinerten Betragsbegriffes, M die Ordnung der Objektsequenz, L die Anzahl der bekannten Elemente und M-L die Anzahl der unbekannten Elemente der Objektsequenz. Die obige Identitätsaussage beschreibt den Zusammenhang zwischen den unbekannten und bekannten Elementen der Objektsequenz. Die Matrizen A und B, die wir als System-Phasen-Matrizen bezeichnen wollen, enthalten als Elemente eine entsprechende Verknüpfung der klassischen Systemfunktionen mit den verallgemeinerten Phasen. Weil nach Voraussetzung jede Phase $\theta_{k'}$, $k' \in D_B'$ existiert, ist jedes Element der Matrix und damit die Matrix erklärt.

Für die weitere Diskussion sei angenommen, daß die Anzahl der eindeutig definierten Phasen $\theta_{k'}$, $k' \in D_B'$ gleich der Anzahl der unbekannten Elemente der Objektsequenz ist ($B_0 = M-L$). Nimmt man zudem an, daß det $A \neq 0$ ist, so existiert die zu A inverse Matrix A^{-1}, so daß man nach einigen elementaren Umformungen das nichtiterative Betragsrekonstruktionsverfahren $a = (A^{-1} B) b$ erhält. Diese Vorschrift berechnet unter zu Hilfenahme der Phasen den unbekannten Vektor a der Objektsequenz aus dem bekannten Vektor b, so daß man die vollständige Objektsequenz erhält, aus der man durch Transformation und Betragsbildung den Betrag berechnen kann.

Die schwache Kontraktionsrelation des Betragsrekonstruktionsverfahrens: Um die schwache Kontraktionsrelation des verallgemeinerten Betragsrekonstruktionsverfahrens zu beweisen, sei die Aussage

$$d(F_P X, F_P Y) \leq d(X,Y) \quad , \quad X,Y \in R^M \quad , \quad F_P := (F^{-1}\theta F T) \qquad (1)$$

für $X \neq Y$ betrachtet. Wäre die Abbildung F_P nicht schwach kontrahierend, so müßte mindestens ein Elementepaar $X',Y' \in R^M$, $X' \neq Y'$ existieren, für das die Identität

$$d(F_P X', F_P Y') = d(X',Y') \qquad (2)$$

gilt. Zerlegt man die Abbildung F_P in ihre Elemente $F^{-1} \theta F$ und T, so erhält man unter Berücksichtigung der Isometrierelationen von F und F^{-1} und der Nichtexpansivitätsrelationen von θ und T die Abschätzung

$$d(F^{-1}\theta FTX', F^{-1}\theta FTY') = d(\theta FTX', \theta FTY') \leq d(FTX', FTY') = d(TX', TY') \leq d(X', Y').$$
$$(3)$$

Diese Abschätzung lehrt, daß für die Identität in (2) bzw. die der äußeren Terme in (3) notwendig die Identität der Nichtexpansivitätsrelationen θ und T im Sinne der Aussage

$$d(\theta FTX', \theta FTY') = d(FTX', FTY') \quad \wedge \quad d(TX', TY') = d(X', Y')$$

erfüllt sein muß. Da für die Identität der Nichtexpansivitätsrelationen hinreichende und notwendige Bedingungen bekannt sind, erhält man weiter für (2) die ebenfalls notwendige Bedingung

$$(\theta_X'(k') = \theta_Y'(k') := \theta_{k'} \ \ominus \ |X'(k')| = 0 \ \ominus \ |Y'(k')| = 0, \; k' \in \{1, .., M/2\})$$
$$\wedge \ (x'(m) = y'(m) = h(m), \; m \in I_T) \quad . \qquad (4)$$

Betrachtet man nun lediglich die eindeutig bestimmten Phasen $\theta_{k'}$, $k' \in D_B'$, so kann man auf die Betragsterme verzichten, da der dieser Phase zugeordnete Betrag ungleich null ist, so daß man anstatt der notwendigen Bedingung (4) auch die notwendige Bedingung

$$(\theta_X'(k') = \theta_Y'(k') := \theta_{k'}, \; k' \in D_B') \wedge (x'(m) = y'(m) = h(m), \; m \in I_T) \qquad (5)$$

untersuchen kann. Erinnert man sich des nichtiterativen Betragsrekonstruktionsverfahrens, so läßt sich die Tatsache nutzen, daß die System-Phasen-Matrizen A und B die bekannten und unbekannten Sequenzelemente miteinander verknüpfen. Verstehen man unter a_1 den Vektor, der
die unbekannten Elemente von X' enthält, unter a_2 den Vektor, der die
unbekannten Elemente von Y' enthält und unter b den Vektor, der die
bekannten Elemente enthält, so impliziert die Annahme der Existenz
zweier Vektoren X' $\neq$ Y' im obigen Sinne die notwendige Bedingung
$a_1 \neq a_2$. Infolgedessen müßten die Aussagen

$$A\ a_1 = B\ b \quad \text{und} \quad A\ a_2 = B\ b$$

gelten. Für eine singuläre System-Phasen-Matrix A läßt sich keine
Schlußfolgerung entwickeln. Nimmt man jedoch an, daß die System-Phasen-Matrix regulär ist, so erhält man eine Kontradiktion, weil die Rechenvorschrift $a = A^{-1}B\ b$ keine zwei Lösungen a_1 und a_2 zuläßt. Daher ist die Identität $d(F_P X', F_P Y') = d(X', Y')$, X' $\neq$ Y' ausgeschlossen,
wenn det A $\neq$ 0 ist, so daß sich der Satz:

$$\det A \neq 0 \implies d(F_P X, F_P Y) < d(X, Y) \quad , \quad X, Y \in R^M \quad , \quad X \neq Y \tag{6}$$

formulieren läßt. Wegen der logischen Schlußrichtung ist das Kriterium
det A $\neq$ 0 hinreichend für die schwache Kontraktion in (6). Ist also
det A = 0, so folgt hieraus nicht notwendig, daß die Relation (6)
unwahr ist.

Faßt man die obigen Überlegungen zusammen, so erhält man den Satz:
Ist die Anzahl der nichtverschwindenden Beträge gleich der Anzahl der
unbekannten Sequenzelemente $B_0 = M-L$ und ist die Matrix A regulär, so
ist die Abbildung $(F^{-1}\theta FT)$ schwach kontrahierend

$$\det A \neq 0 \implies d(F^{-1}\theta FTX, F^{-1}\theta FTY) < d(X, Y) \quad , \quad X, Y \in R^M, \quad X \neq Y$$

__Die Konvergenz des iterativen Betragsrekonstruktionsverfahrens:__ Da je-
de abgeschlossene M-dimensionale Euklidische Kugel S^- einen vollständigen kompakten Metrischen Raum aufspannt, kann man sich des Fix-
punktsatzes (schwach) kontrahierender Abbildungen bedienen /2/;/6/.
Dieser Satz sichert die Konvergenz des Iterationsverfahrens
$X_{i+1} = F^{-1}\theta FTX_i$, $X_0, H \in S^-$, wenn man fordert, daß die System-Phasen-Matrix A, die die Phasen und Transformationsfunktionen verknüpft, regu-
lär ist.

__Anwendungen und Ausblick:__ Der verallgemeinerte fehlerreduzierende Al-
gorithmus kann zur Signalaufbereitung verwendet werden, wenn unvollständige oder teilweise gestörte Koeffizienten vorliegen. Dabei wirken
sich Fehler in der verallgemeinerten Phase weit stärker aus als im
verallgemeinerten Betrag. Der hohe Informationsgehalt der verallgemeinerten Phase legt es nahe zu untersuchen, wie die Aufteilung der Daten
in Betrag und Phase bei der Signalidentifikation und bei der Transfor-
mationscodierung zu berücksichtigen ist.

/1/ A. V. Oppenheim, "The Importance of Phase in Signals",
     Proceedings of the IEEE, Vol.69, No. 5., May 1981, pp. 529-541
/2/ V. T. Tom, T. F. Quatieri, M. H. Hayes and J. H. McClellan,
     "Convergence of Iterative Nonexpansive Signal Reconstruction
     Algorithms", IEEE Transactions, Vol. ASSP-29, No. 5, October
     1981, pp. 1052-1058
/3/ J.R. Fienup, "Phase Retrieval Algorithms: A Comparision" Applied
     Optics, Vol. 21, No. 15, August 1982, pp. 2759-2769
/4/ R.W. Gerchberg and W.O. Saxton, "A Practical Algorithm for the
     Determination of Phase from Image and Diffraction Plane Pictu-
     res", Optik, Vol. 35, No. 2, 1972, pp. 237-256
/5/ J. Wollnack, Ph.W. Besslich, "Die Bedeutung einer verallgemeiner-
     ten Phase in der Signalverarbeitung", DFG-Schwerpunktprogramm
     Digitale Signalverarbeitung 9. Kolloquium, Stuttgart, März 1986,
     pp. 91-94
/6/ G. Eisenack und C. Fenske, Fixpunkttheorie, Bibliographisches
     Institut, Mannheim, Wien, Zürich, 1978, Kapitel 1 und 2

Ein lichtmikroskopisches Verfahren zur zweieinhalbdimensionalen Auswertung von Oberflächen

J. Steurer[1], H. Giebel[2], W. Altner[3]

1: Lehrstuhl für Nachrichtentechnik, Technische Universität München,
Arcisstr. 21, D-8000 München 2,
2: Signum Computer für Signalverarbeitung und Mustererkennung,
Tegernseer Landstr. 135, D-8000 München 90,
3: Bayerische Motoren Werke, Postfach 40 02 40, D-8000 München 40.

Zusammenfassung

Aus einer Mikroskopbildserie mit veränderter Fokuseinstellung können dreidimensionale (3D) Informationen des betrachteten Objekts ermittelt werden. Hierzu wird die Fokusserie einer metallischen Oberfläche im Auflichtmikroskop aufgezeichnet. Durch ein Differenzverfahren wird für jeden Punkt in der Bildebene die Tiefe ermittelt und in einer Tiefenkarte eingetragen.

1. Einleitung

Zur Vermessung von Oberflächen existieren mechanische Verfahren (Perthometer-Abtastung), optische (/1/, /2/, /3/) und elektronenmikroskopische Verfahren.
Für das hier vorgestellte Verfahren wird folgende Tatsache benützt: ein 3D-Objekt wird durch ein Lichtmikroskop mit geringer Tiefenschärfe nur in einem kleinen Tiefenbereich scharf abgebildet. Aus einer Fokusserie (optische Schnittbilder mit veränderter Tiefeneinstellung) kann die räumliche Information der Oberfläche in Form einer Tiefenkarte (2 1/2 D) ermittelt werden. Hierbei ist eine Defokussierung durch Objektanteile zu berücksichtigen, die außerhalb der Fokusebene liegen.

2. Tiefeninformation aus einer lichtmikroskopischen Fokusserie

2.1 Die 3D-Abbildungsgeometrie eines Lichtmikroskops

Die lichtmikroskopische Abbildung eines isotrop reflektierenden 3D-Objekts $g(x,y,z)$ kann systemtheoretisch durch die Faltung mit der 3D-Punktantwort $s(x,y,z)$ des Mikroskops beschrieben werden:

$$b(x,y,z) = g(x,y,z) * s(x,y,z),$$

wobei $b(x,y,z)$ für das resultierende 3D-Bild steht. Vereinfacht hat die Punktantwort s des Mikroskops die Form eines Doppelkegels, wenn Abweichungen durch Linsenfehler und Beugung vernachlässigt werden dürfen (siehe Abb. 1). Dabei ist es unerheblich, ob diese Punktantwort durch den Abbildungsstrahlengang oder wie im vorliegenden Fall durch den Beleuchtungsstrahlengang entstanden ist. Die Lichtintensität nimmt innerhalb des Kegels (Öffnungswinkel α) mit wachsendem Abstand vom Ursprung quadratisch ab, außerhalb ist sie gleich Null:

$$s(x,y,z) = \frac{k}{x^2+y^2+z^2} \quad \text{für} \quad \sqrt{x^2+y^2} < z \cdot \tan\alpha$$

$$= 0 \quad \text{sonst.}$$

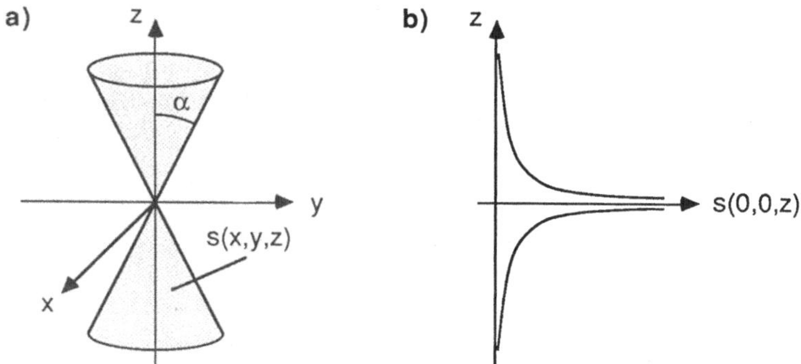

Abb. 1 a) 3D-Punktantwort s(x,y,z) des Lichtmikroskops
b) Helligkeitsverlauf s(0,0,z) in der Achse des Kegels

Die dreidimensionale Übertragungsfunktion S der lichtmikroskopischen Abbildung wurde von Zinser /4/ berechnet. Im vereinfachten Fall (Vernachlässigung von Linsenfehlern und Beugung) kann diese auch durch Anwendung einer einfachen Fourier-Korrespondenz ermittelt werden /5/: Eine Diraclinie im 3D-Raum besitzt als Fourier-Transformierte eine zu ihr senkrecht stehende Diracfläche gleichen Impulsintegrals, gleiche Orientierung der Koordinatensysteme im Ort und im Ortsfrequenzbereich vorausgesetzt. Man stellt sich vor, daß s(x,y,z) durch eine taumelnde Diraclinie entstanden ist. Die Systemfunktion $S(f_x,f_y,f_z)$ ist dann rotationssymmetrisch zur f_z-Achse. Sie füllt den gesamten Raum aus bis auf einen Doppelkegel des Öffnungswinkel $\pi/2-\alpha$ (siehe Abb. 2):

$$S(f_x,f_y,f_z) = \frac{k(\alpha)}{\sqrt{f_x^2+f_y^2+f_z^2}} \quad \text{für} \quad \sqrt{f_x^2+f_y^2} > f_z \cdot \tan\alpha.$$

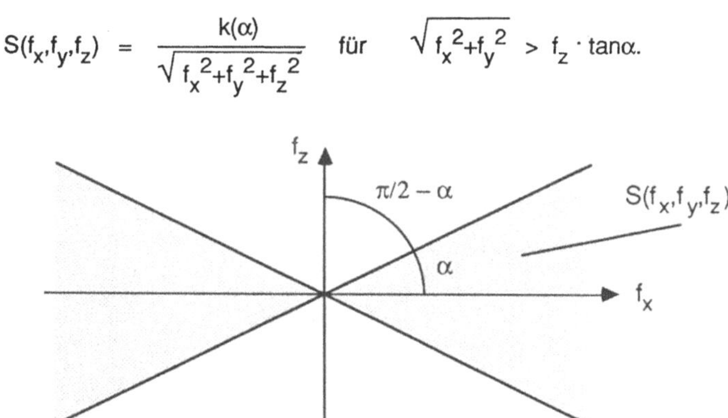

Abb. 2: Übertragungsfunktion $S(f_x,f_y,f_z)$ im Schnitt mit der Ebene $f_y=0$

Aus der Übertragungsfunktion lassen sich nun folgende Eigenschaften ablesen:
1. Ortsfrequenzen f_z treten nur in Abhängigkeit von f_x, f_y auf. Insbesondere ist die Übertragung von Tiefeninformation f_z schlecht für niedere f_x, f_y. Die Tiefe des Objekts kann also nur ermittelt werden, wenn genügend hohe f_x, f_y (=ausgeprägte Oberflächenstrukturen) vorhanden sind.
2. Vergrößert man den Winkel α des Lichtkegels, so wird die Übertragung von f_z verbessert. Bildlich gesehen entspricht dies einer Verkleinerung der Tiefenschärfe.
3. Mit wachsendem f_x,f_y,f_z nimmt der Betrag von S ab. Dies wird durch ein nicht-ideales Übertragungsverhalten des Mikroskops (begrenzte Apertur, Beugung) noch verstärkt.

Die Ermittlung der Objektfunktion g und damit der Tiefe z jedes Objektpunktes würde nun eine Filterung mit der inversen dreidimensionalen Systemfunktion S^{-1} erfordern. Anstelle dessen wird hier ein vereinfachtes Verfahren mit geringem Rechenaufwand vorgestellt.

2.2 Vereinfachtes numerisches Auswerteverfahren

Die Aufnahme einer Fokusserie in konstanten Abständen Δz entspricht einer Abtastung des 3D-Objekts in z-Richtung. Aufgrund der Übertragungsfunktion S des Mikroskops setzt sich jedes Schichtbild aus mehreren Tiefenschichten des Objekts zusammen und ist daher defokussiert. Bei undurchsichtigen Objekten kann für jeden Punkt (x,y) ein eindeutiger Tiefenwert z ermittelt werden. Er enthält jedoch nur einen Teil der dreidimensionalen Information des Objekts g, da nur die dem Betrachter zugewandte Objektoberfläche ausgewertet werden kann (2 1/2 D). Zur Ermittlung der Tiefe genügt die Untersuchung der Helligkeitswerte $b(x_0,y_0,z)$ an jedem Punkt (x_0,y_0) entlang der z-Achse (siehe Abb. 3). Im Spektrum entspricht dies einer Integration über Schichten konstanter Ortsfrequenz f_z. Bei einer Bandbegrenzung der Systemfunktion S werden dann Ortsfrequenzen f_z bis zum Maximalwert f_{zg} übertragen:

$$f_{zg} = \sin \alpha \cdot f_g.$$

Dies ist auch der Fall, wenn Bereiche niederer Ortsfrequenzen f_x, f_y z.B. zur Unterdrückung von Beleuchtungsschwankungen ausgefiltert werden.

Je nachdem, ob eine punktförmige Struktur der Oberfläche heller oder dunkler als ihre Umgebung ist, ergibt sich ein Maximum oder Minimum im Helligkeitsverlauf b(z). Störungen durch andere Punkte der Oberfläche geschehen vorwiegend mit kleiner Helligkeitsänderung, da der zugehörige Doppelkegel nicht in seiner Spitze durchschnitten wird. Die gesamten Störungen können aber in ungünstigen Fällen den lokalen Extremwert von b(z) überschreiten. Das Maximum der betragsmäßigen Helligkeitsänderung $|\delta b(z)/\delta z|$ erweist sich daher als ein brauchbares Maß, um die Tiefe z_0 des Objekts zu bestimmen.

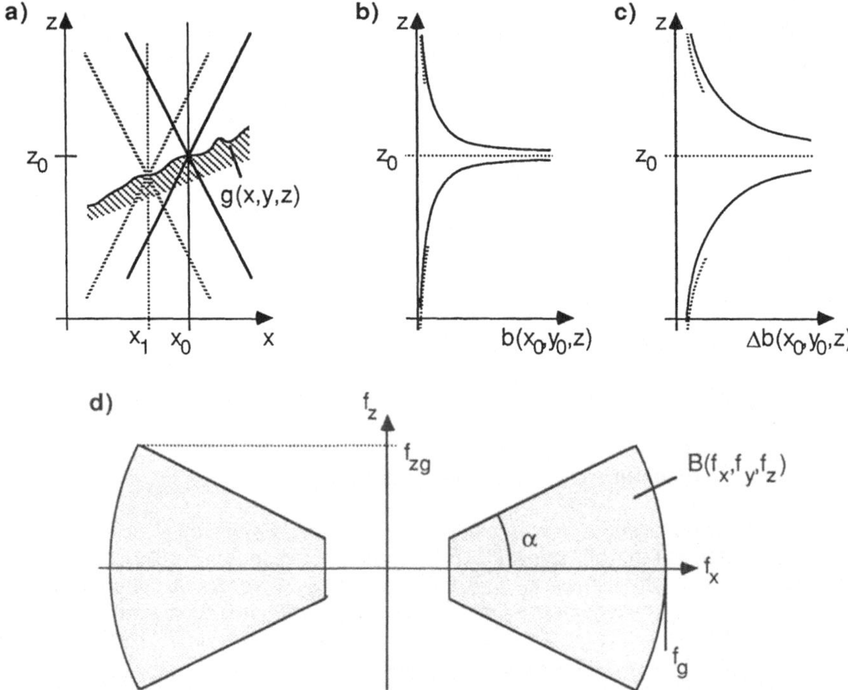

Abb. 3: a) Abbildung eines Objektpunktes $g(x_0,y_0,z_0)$, gestrichelt: Nachbarpunkt $g(x_1,y_1,z_1)$.
        b) Intensitätsverlauf $b(x_0,y_0,z)$ über der Tiefe z, mit Störung durch einen Nachbarpunkt.
        c) Betrag der Intensitätsänderung $|\delta b(x_0,y_0,z)/\delta z|$.
        d) Bildspektrum $B(f_x,f_y,f_z)$ im Schnitt mit der f_z-Achse.

Das Verfahren wurde in folgenden Schritten realisiert:

1. Aufnahme der Fokusserie $b(x,y,z_i)$, i=1,16 in festen Abständen $\Delta z = z_i - z_{i-1}$. Zur Verbesserung des Signal-Rausch-Abstandes wird jeweils über mehrere Videoframes integriert.
2. Berechnung des Differenzbetrages $\Delta b(z_i)$ aufeinanderfolgender Schichtbilder:
$$\Delta b(z_i) = |\, b(x_0,y_0,z_i) - b(x_0,y_0,(z_i - \Delta z))\,|.$$
3. Strukturmaskierung. Aus dem Schichtbild $b(x,y,z_i)$ werden die Bereiche mit höheren Ortsfrequenzen f_x, f_y durch eine Hochpaß-Filterung (3x3-Sobel) ermittelt und nach einer Schwellwertbildung zur Maskierung von $\Delta b(z_i)$ verwendet.
4. Suche des maximalen Differenzbetrages $\Delta b_m = \max(\,\Delta b(z_i)\,)$ und Eintragung des zugehörigen Wertes z_i in eine Tiefenkarte $z(x,y)$.
5. Interpolation nicht definierter Bereiche der Tiefenkarte. Die aufgrund der Strukturmaskierung unbekannten Tiefenwerte werden durch ein Region-Growing-Verfahren interpoliert. Der Tiefenverlauf wird durch eine selektive Tiefpaß-Filterung geglättet, die nur auf die interpolierten Bereiche wirkt.

3. Ergebnisse

Das Verfahren wurde bei der Firma Signum entwickelt und an metallischen Oberflächen für die Firma BMW erprobt. Ein CCD-Sensor wurde direkt am Tubus des Auflichtmikroskops angeflanscht. Für den Beleuchtungskegel wurde der größte einstellbare Öffnungswinkel α gewählt. Die geometrisch-optischen Maße betrugen :

Bildausschnitt (x * y):	150 * 120 µm
digitales Bildformat:	512 * 480 Pixel
Auflösung (x * y * z):	0.3 * 0.25 * 2 µm
Vergrößerung (Objekt-Sensor):	1 : 55

Die automatische Steuerung der Tiefenschritte Δz erfolgte mittels eines piezoelektrischen Abstandsgebers.

In Abb. 4 ist die Original-Fokusserie einer gehonten Metalloberfläche dargestellt. Der Tiefenumfang dieser Aufnahmeserie beträgt 32µm. Abb. 5 zeigt die Tiefenkarte, die mit dem vorgestellten Bildanalyseverfahren erzeugt wurde. In Abb. 6 und Abb. 7 sind schließlich zum Vergleich die Profilaufzeichnungen eines Oberflächennormals mittels Perthometerabtastung und dem vorgestellten Bildanalyseverfahren dargestellt.

4. Diskussion

- Das Verfahren arbeitet berührungslos, flächig und zerstörungsfrei.
- Es ist weitgehend unempfindlich gegen Beleuchtungsschwankungen.
- Der Einfluß von Verschmutzungen der Optik auf die Tiefenkarte ist gering.
- Der Algorithmus ist einfach und schnell.

Es bleibt jedoch zu bemerken:
- Bei Objekten mit geringer Oberflächenstruktur ist die Tiefenkarte nur dünn besetzt.
- Spielen ungenaue Justierung der optischen Achsen von Beleuchtungs- und Abbildungsoptik, Linsenfehler oder Beugung eine wesentliche Rolle, so ist das verwendete Abbildungsmodell nicht ausreichend. In diesem Fall wird durch "Schatten", die in unstrukturierte Bereiche der Objektoberfläche wandern, falsche Tiefeninformation vorgetäuscht.

Referenzen:

/1/ Abou-Aly, M.: Meßverfahren zur Beschreibung der Oberfläche mit Hilfe des Lasers. In: Metalloberfläche. München 31. Jahrgang, 1977. Heft 12.

/2/ Ahlers, R.-J.: Optische Verfahren zur Oberflächenprüfung. In: wt; Zeitschrift für industrielle Fertigung. Berlin 74. Jahrgang, 1983.

/3/ Brodmann, R.: Optisches Rauheitsmeßgerät für die Fertigung. In: Feinwerktechnik & Meßtechnik. München 91. Jahrgang, 1983. Heft 2. S.63-67.

/4/ Zinser, G. u.a.: Erzeugung und Rekonstruktion dreidimensionaler lichtmikroskopischer Bilder. In: Mustererkennung 1983, 5. DAGM-Symposium Karlsruhe, Oktober 1983. Hrsg. von H. Kazmierczak. Berlin: VDE-Verlag, 1983. S.294-299.

/5/ Diese Thematik wurde diskutiert in: Hauptseminar zur mehrdimensionalen Systemtheorie und Bildverarbeitung und Mustererkennung, WS 85/86. Lehrstuhl für Nachrichtentechnik der TU München.

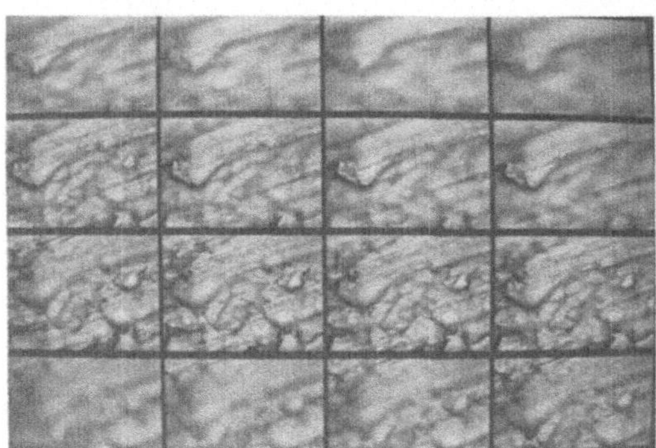

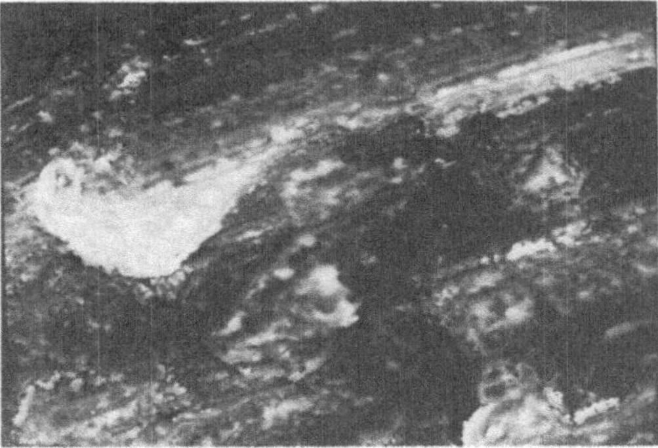

Abb. 4: Original-Fokusserie: 16 Schichtbilder einer metallischen Oberfläche in Abständen $\Delta z=2\mu m$.

Abb. 5: Tiefenkarte.

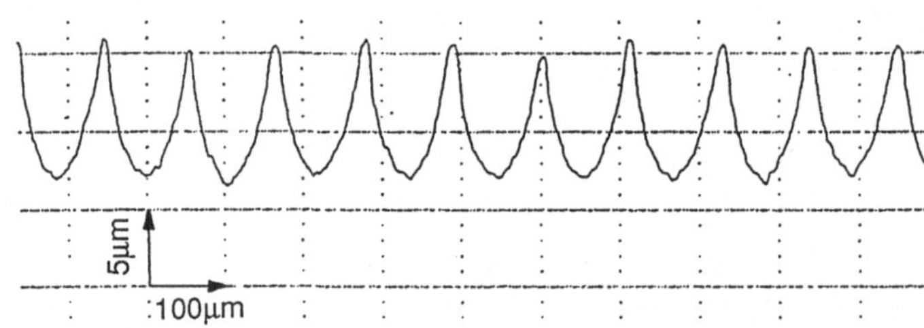

Abb. 6: Profilaufzeichnung eines Oberflächennormals mittels Perthometerabtastung.

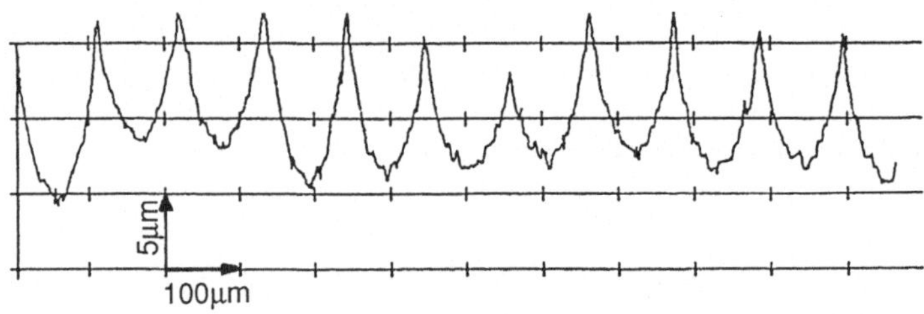

Abb. 7: Profilschnitt durch die errechnete Tiefenkarte des Oberflächennormals.

<u>HOCHAUFLÖSENDE DIGITALE BILDABTASTUNG MIT OPTISCH NUMERISCHER</u>

<u>SENSORORIENTIERUNG</u>

Thomas Luhmann und Wilfried Wester-Ebbinghaus
Institut für Photogrammetrie
und Ingenieurvermessungen
Universität Hannover

1. Einleitung

Die seit einigen Jahren verfügbaren Flächensensoren (als Festkörper
flächenhaft zusammengefaßte Blöcke von optoelektrischen Einzelsensoren)
bieten sich für den Einsatz im photogrammetrischen Abbildungssystem an,
in Digital-Wandlern für analoge Bildvorlagen ebenso wie unmittelbar in
Aufnahmekammern. Insbesondere dienen CCD-Videokameras zur Datenerfas-
sung in photogrammetrischen Realtime-Systemen.

Die handelsüblichen, für die Fernsehtechnik entwickelten Flächensensoren (CCD-Blöcke) sind jedoch kaum mehr als 100 mm² groß, und es werden
auch auf lange Sicht keine Festkörper-Sensoren zur Verfügung stehen,
deren Fläche den in der Photogrammetrie üblichen Bildformaten gerecht
werden könnte. Große Bildformate lassen sich mit verfügbaren Flächensensoren nur in Teilbildern erfassen, die nachträglich zu einem Gesamtbild zusammenzufügen sind. Dies kann einmal durch einen einzelnen Sensor
geschehen, der mechanisch über das Gesamtbild bewegt wird. Dieses Prinzip wird beispielsweise in mit Videokameras versehenen analytischen
Plottern oder digitalen Monokomparatoren angewandt [Pertl 1984, Cogan
und Hunter 1984, Fraser und Brown 1986]. Nach Albertz [1986] lassen
sich größere Bildformate simultan durch Gruppen von Einzelsensoren erfassen, die im Abbildungsraum einer digitalen photogrammetrischen Meßkammer angebracht sind. In beiden Fällen stellt die Orientierung der
Teilbilder im Abbildungsraum hohe Anforderungen an die optisch-mechanische Stabilität des instrumentellen Aufbaus.

Instrumentell wenig aufwendig und dabei hoch genau und sicher läßt sich
die Orientierung der Teilbilder optisch-numerisch durch Réseautechnik
verwirklichen [Wester-Ebbinghaus 1984]. Die Sensorflächen werden so im
Abbildungsraum angeordnet, daß mindestens eine Masche eines in den Abbildungsvorgang mit einbezogenen Réseaus (Glasplatte mit rasterartig
verteilten Punktmarkierungen) flächendeckend auf die Teilbilder abge-

bildet wird. Das Gesamtbild kann dann erhalten werden durch numerische perspektive Rücktransformation der Teilbilder in die entsprechenden Maschen des Réseausystems. Damit ist nicht nur die Raumlage des Sensors eindeutig bestimmt, sondern es wird auch das Bildbezugssystem der Sensoren für jedes Teilbild im Bildraum neu orientiert. Der optisch-mechanische Aufbau muß dabei nur gewährleisten, daß die gewählte Masche des Réseaus vom Teilbild vollständig getroffen wird.

Auf diese Weise läßt sich sowohl sequentielle Bildabtastung als auch flächenhaft simultane Gesamtbilderfassung verwirklichen und dies sowohl für die Digital-Wandlung analoger Bildvorlagen als auch unmittelbar für die digitale Objekterfassung.

Die Sensororientierung geschieht vollautomatisch durch Erkennung und präzise Bestimmung der Réseaupunkte im Teilbild. Dabei kommen Verfahren zur genauen Detektion linienhafter Elemente zur Anwendung, die eine Punktbestimmung im Subpixelbereich ermöglichen. Die gefundenen Réseaupunkte werden auf die Sollkoordinaten im System des Réseaus transformiert und liefern damit eine präzise Orientierung der Sensorflächen im Abbildungsraum.

Auf diesem Prinzip aufbauend ist ein réseau-abtastendes Monobild-Meßsystem zur Digital-Wandlung beliebiger analoger Bilder bis zum Luftbildformat entwickelt worden, das Bildelemente bis zu 2.5 µm x 4.0 µm bei einer geometrischen Genauigkeit im Mikrometerbereich auflöst.

Weiterhin ist eine digitale Meßkammer entstanden, die in der Bildebene einen positionierbaren Flächensensor besitzt und zur digitalen On-line-Vermessung von statischen Objekten geeignet ist [Luhmann und Wester-Ebbinghaus 1986].

2. Réseau-abtastende Systeme

Abb.1 zeigt das Prinzip der Orientierung eines Flächensensors im Abbildungsraum mit Hilfe eines Réseaus. Der Sensor kann wahlfrei an beliebige Stellen des Gesamtformates bewegt und positioniert werden, wenn mindestens eine Masche (vier Réseaupunkte) flächendeckend erfaßt wird. Die im lokalen Sensorsystem (Pixelsystem) gemessenen Koordinaten der Réseaupunkte können perspektiv mit Hilfe der Transformation

$$X = \frac{a_0 + a_1 \cdot x + a_2 \cdot y}{1 + c_1 \cdot x + c_2 \cdot y} \qquad\qquad Y = \frac{b_0 + b_1 \cdot x + b_2 \cdot y}{1 + c_1 \cdot x + c_2 \cdot y}$$

auf die kalibrierten Sollkoordinaten im System des Abtastréseaus transformiert werden und liefern somit Orientierungsparameter des Flächensensors im Abbildungsraum.

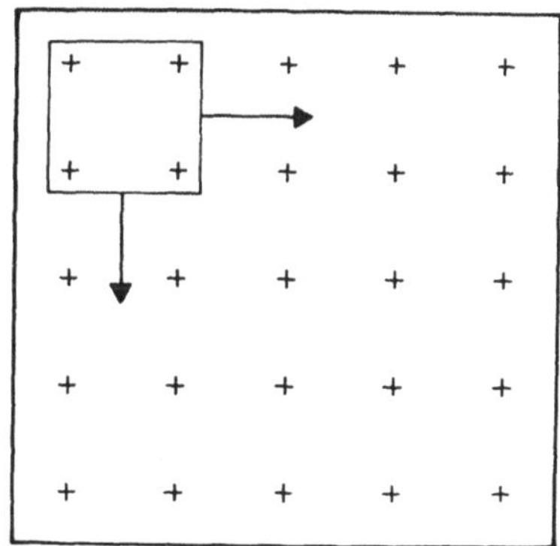

Abb.1: Prinzip der Réseau-Abtastung

Dieses Prinzip läßt sich zur Digital-Wandlung analoger Bilder einsetzen (Abb.2). Der abzutastende Film befindet sich dabei in Kontakt mit dem Abtastréseau und kann schrittweise selektiv vom Flächensensor erfaßt werden. Durch verschiedene optische Vergrößerungen lassen sich unterschiedliche Pixelgrößen, bezogen auf die analoge Vorlage, erzeugen. Abb.3 zeigt den Réseau-Scanner Rolleimetric RS 1, der aufbauend auf diesem Funktionsprinzip in Zusammenarbeit mit der Fa. Rollei Fototechnic, Braunschweig, entwickelt wurde. Das Gerät eignet sich zur Abtastung analoger Bilder bis zum Luftbildformat mit Pixelgrößen von ca. 2.5 μm x 4 μm bis 100 μm x 160 μm. Es wird durch einen mit einer Bildverarbeitungsanlage erweiterten PC gesteuert.

Abb.4 stellt die Anwendung der Réseau-Abtastung für eine digitale Online-Kamera dar. Dabei befinden sich Flächensensor und Abtastréseau in der Bildebene einer normalen Kamera. Ähnlich wie bei der Abtastung einer

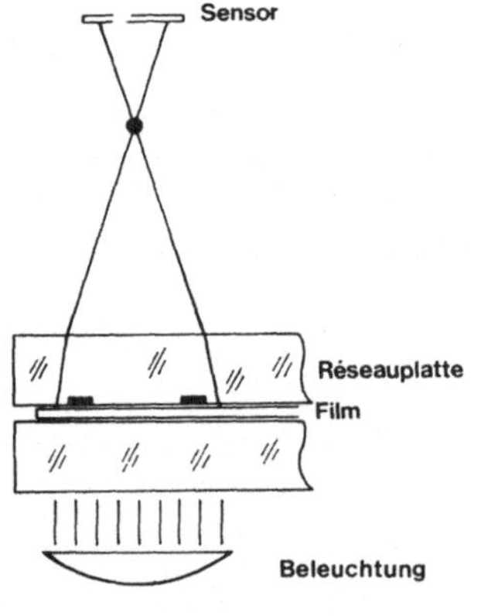

Abb.2: Abbildungsvorgang
in einem Analog-
Digital-Wandler

Abb.3: Réseau-Scanner Rolleimetric RS 1

analogen Bildvorlage kann nun ein Objekt schrittweise vom Sensor erfaßt
werden. Dazu zeigt Abb.5 die digitale Kamera Rolleimetric RSC 1, die
auf der Basis einer herkömmlichen Teilmeßkammer [Wester-Ebbinghaus 1983]
entstanden ist. Die Größe eines Sensorelementes beträgt ca. 20 µm. Mit
der Kamera können statische Objekte photogrammetrisch aufgenommen werden, wobei bei Verwendung geeigneter Punktsignale Genauigkeiten von weniger als 2 µm im Bildraum erreicht werden können.

In beiden Systemen wird eine sichere und genaue Bestimmung der Réseaupunkte dadurch gewährleistet, daß über eine separate Beleuchtungsein-
richtung ein zweites Bild erzeugt wird, in dem die gesamte Objektinfor-
mation unterdrückt wird und nur die Réseaupunkte sichtbar sind.

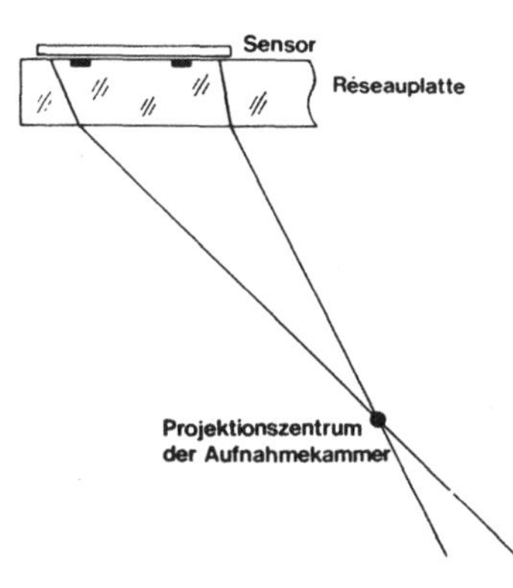

Abb.4: Abbildungsvorgang einer
réseau-abtastenden Kamera

Abb.5: Digitale Kamera Rolleimetric
RSC 1

3. Automatische Erkennung und Bestimmung der Réseaukreuze

Das zu jedem Teilbild erzeugte zweite Bild bildet die Réseaukreuze sehr
kontrastreich ab: Da keine Hintergrundinformation sichtbar ist, lassen
sich die Kreuze leicht lokalisieren. Dazu werden im Bild solche Bereiche gesucht, deren Grauwerte in Zeilen- und Spaltenrichtung zu einem
hohen Prozentsatz (z.B. 90 %) über einem gegebenen Schwellwert liegen,
während in den Diagonalrichtungen ein entsprechender Anteil unter dieser
Schwelle liegen muß. Dadurch ist eine sehr schnelle und für diesen Fall
ausreichend sichere Erkennung der Kreuze gegeben.

Die automatische Erkennung der Kreuzmuster liefert Näherungskoordinaten
für die anschließende präzise Punktbestimmung. Sie beruht auf einer
Kantenbestimmung im Subpixelbereich, die durch Faltung mit einem Gradien-
tenoperator und anschleißender Polynomapproximation der Nulldurchgänge
beruht.

Abb.6 zeigt das eindimensionale Grauwertprofil einer Kreuzseite, Abb.7

stellt das Ergebnis der Faltung mit der Maske

$$[\ 4 \quad 3 \quad 2 \quad 1 \quad 0 \ -1 \ -2 \ -3 \ -4 \ ]$$

dar. Die Größe des Faltungsoperators wirkt sich primär auf die Glättung der gefalteten Funktion aus, so daß größere Operatoren (z.B. 5 bis 9 Bildelemente) günstigere rauschmindernde Eigenschaften haben. Der bei Verwendung größerer Faltungsoperatoren entstehende Auflösungsverlust wirkt sich nicht signifikant auf die Position des Nulldurchganges aus.

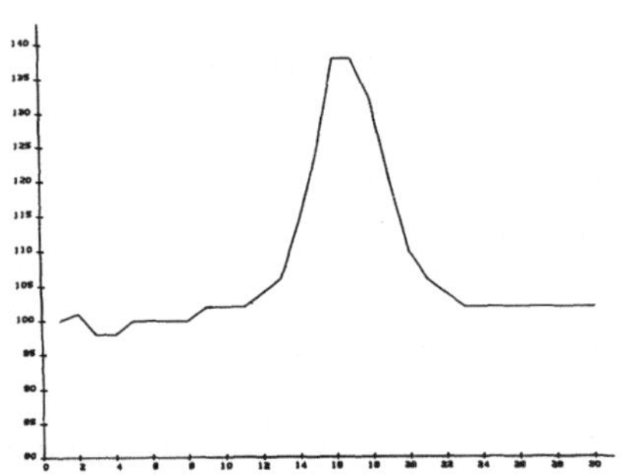

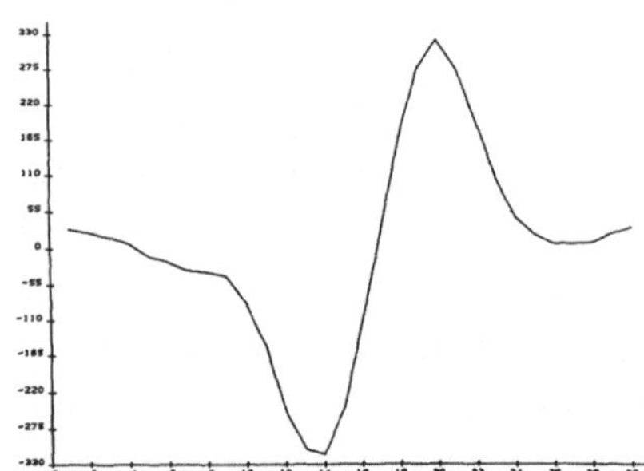

Abb.6: Eindimensionales Grauwert-
       profil einer Kreuzseite

Abb.7: Ergebnis der Faltung mit
       dem Operator
       [4 3 2 1 0 -1 -2 -3 -4]

Der Bereich um den Nulldurchgang kann durch ein zweidimensionales Polynom angeglichen werden, dessen Nullstelle dem gesuchten lokalen Maximum des Grauwertprofils entspricht. Da das Kreuz nicht gedreht ist, kann die Kantenextraktion getrennt in zeilen- und Spaltenrichtung durchgeführt werden. Alle zu einer Richtung gehörenden Kantenpunkte werden durch Regressionsgeraden ausgeglichen, deren Schnittpunkt den Kreuzmittelpunkt mit hoher Genauigkeit bestimmt.

4. Zusammenfassung

Mit Hilfe genauer Methoden zur Erkennung und Bestimmung linienhafter Muster ist es möglich geworden, das Prinzip der Réseau-Abtastung in leistungsfähige Bilderfassungssysteme umzusetzen.

Der zur Digitalwandlung analoger Vorlagen einsetzbare Réseau-Scanner ist gleichzeitig ein Bildmeßgerät höchster Präzision. Die automatische Messung einer kalibrierten Glasgitterplatte ergab einen mittleren Fehler für eine Punktmessung von

$$\sigma = \pm 1.5 \ \mu m$$

bei einer optischen Vergrößerung von 2:1. Bei der stärksten Vergrößerung von 4:1 ergibt sich eine geometrische Genauigkeit von besser als 1 μm.

Die réseau-abtastende digitale Kamera liefert eine um den Faktor 10 höhere Genauigkeit im Bildraum als herkömmliche CCD-Videokameras, da mit Hilfe der Réseau-Technik das Bildformat auf 6 cm x 6 cm vergrößert wurde. Die Kalibrierung der Kamera ergab einen Gewichtseinheitsfehler von

$$\sigma_0 = \pm \ 2.5 \ \mu m$$

wobei die Genauigkeit aus Doppelmessungen unter 2 μm lag.

Beide Bilderfassungssysteme sind rechnergesteuert und eignen sich zur automatischen Messung eines Objektes. Dabei ermöglichen spezielle Signale (Abb.8) eine automatische Punktbestimmung im Subpixelbereich, die der herkömmlichen Messung in analytischen Auswertegeräten und Komparatoren gleichwertig ist.

Abb. 8: Signalisierte Punkte

5. <u>Literatur</u>

Albertz, J.: Digitale Bildverarbeitung in der Nahbereichsphotogramme-
    trie - Neue Möglichkeiten und Aufgaben. Bildmessung und Luftbild-
    wesen 54, Heft 2, 1986

Cogan, L., Hunter, D.: DTM Collection and the Kern Correlator.
    Kern & Co. Ltd., Aarau, 1984

Fraser, C., Brown, D.C.: Industrial Photogrammetry - New Developments
    and Recent Applications. The Photogramemtric Record, 1986

Luhmann, T.: Ein Verfahren zur rotationsinvarianten Punktbestimmung.
    Bildmessung und Luftbildwesen 1986

Luhmann, T., Wester-Ebbinghaus, W.: Rolleimetric RS - A New System for
    Digital Image Processing. Symposium ISPRS Commission II, Balti-
    more 1986

Pertl, A.: Digital Image Correlation with the Analytical Plotter Plani-
    comp C100. Int. Arch. of Photogrammetry, Vol. 25-A3b, Rio de Ja-
    neiro 1984

Wester-Ebbinghaus, W.: Ein photogrammetrisches System für Sonderanwen-
    dungen. Bildmessung und Luftbildwesen 51, Heft 3, 1983

Wester-Ebbinghaus, W.: Opto-elektrische Festkörper-Flächensensoren im
    photogrammetrischen Abbildungssystem. Bildmessung und Luftbild-
    wesen 52, Heft 6, 1984

GRAUWERT- UND KURVENPYRAMIDE, DAS IDEALE PAAR

Walter G. Kropatsch

Institut für Digitale Bildverarbeitung und Grafik
Wastiangasse 6 , A-8010 GRAZ, Österreich

1 Einleitung

Ausgehend von einem Grauwertbild werden zwei parallele Pyramiden-
strukturen aufgebaut. Die Geometrie dieser zwei Pyramiden ist so
gewählt, daß zusätzlich zu den Übergängen in die jeweils höhere und
jeweils tiefere Ebene der Pyramide auch ein Übergang zur Ebene
gleicher Höhe in der Parallelpyramide möglich ist. Die Zelleninhalte
beider Pyramiden ergänzen einander: Die eine beinhaltet Grauwerte, die
andere Kurvenrelationen.

2 Die Kurvenpyramide

Das vorgestellte Konzept baut auf den Erfahrungen auf, die mit
der Kurvenpyramide /6/ gemacht wurden. Die geometrischen Eigenschaften
dieser Pyramide wurden in /5/ ausführlich beschrieben. Das Bildungs-
prinzip dieser Pyramidengeometrie beruht auf der Zusammenfassung eines
2 x 2 Blockes zu einer flächenmäßig doppelt so großen Zelle, die um 45
Grad gedreht über dem 2 x 2 Block liegt.

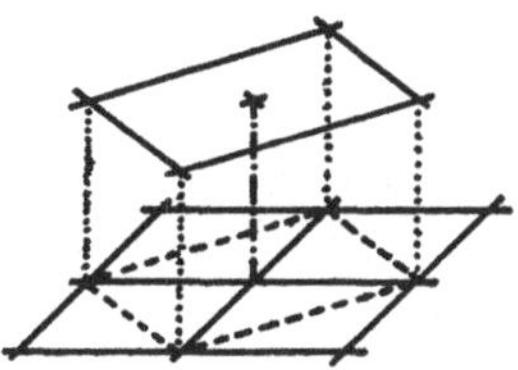

Durch die Rotation zwischen den Ebenen gelingt es, trotz des kleinen
2 x 2 Blockes, eine Überlappung an den Ecken herzustellen. Dies ist
notwendig, um Kurven in der Kurvenpyramide der Länge nach zu ordnen.
Dies wurde in /6/ für offene Kurven und in /7/ für die Darstellung von
geschlossenen Kurven bewiesen.

Da diese Darstellung pro Zelle mindestens 14 Bit benötigt, wurde
in der Implementation auf die Unterscheidung zwischen verschiedenen
binären und unären Kurvenrelationen verzichtet, indem die Kombination

zu ternären und quaternären Kurvenrelationen verschmolzen wurden. Beispiel: NO und NS in einer Zelle werden zu NOS verschmolzen, wobei in NOS nicht mehr feststellbar ist, ob SO ursprünglich auch in der Zelle war. Die dadurch erzielte Vereinfachung reduziert den benötigten Speicherplatz pro Zelle auf 4 Bit. Sie bringt zwar Nachteile, wenn viele Kurven auf engem Raum zusammentreffen, die Behandlung einzeln auftretender Kurven ist aber identisch mit ·der originalen Darstellungsform. Die Eigenschaft, Kurven der Länge nach zu ordnen, bleibt daher erhalten.

3 Ergänzung durch eine zweite Pyramide

Die in der Kurvenpyramide verwendeten Kurvenrelationen leiten sich aus einem Grauwertbild ab, auf das ein Kantenoperator angewandt wird. Die Idee bei der Erweiterung auf ein Pyramidenpaar versucht eine Kooperation zwischen der symbolischen Kurvendarstellung und dem Grauwert des Bildes auf allen Ebenen der Pyramide zu verwirklichen.

Die Beziehung zweier Ebenen auf gleichem Niveau kann als dual bezeichnet werden. Geometrisch entspricht je einem Zentrum eines 2 x 2 Blocks das Zentrum einer Zelle der anderen Pyramide.

Inhaltlich wird der Übergang von Grauwerten in Kurvenrelationen durch einen Operator erreicht, der aus den 4 Pixeln eines 2 x 2 Blocks eine Kurvenrelation der dualen Zelle bestimmt. Zwei Beispiele dafür mögen den allgemeinen Prozeß verdeutlichen: 1. Die 4 Pixel werden in 2 Klassen eingeteilt (z.B. durch einen Schwellwert). Die Kurvenrelation, die diese zwei Klassen trennt, wird in der dualen Zelle gespeichert. 2. Aus den 4 inneren Kanten des 2 x 2 Blocks werden jene zwei mit der grösseren Differenz ausgesucht. Die zwei ihnen entsprechenden Seiten werden zu einer Kurvenrelation zusammengesetzt.

4 Die Grauwertpyramide

Unter Verwendung der Geometrie einer Kurvenpyramide, wie in /5/ beschrieben, und den geometrischen Beziehungen zwischen Kurven- und

Grauwertpyramide ergibt sich für die Grauwertpyramide eine von der Kurvenpyramide leicht abweichende geometrische Beziehung zwischen benachbarten Ebenen. Die Größenverhältnisse zwischen den Zellen (1:2) und die Rotation um 45 Grad zwischen den Orientierungen der Raster bleiben gleich. Das Zentrum einer Zelle der oberen Schichte kommt aber im Unterschied zur Kurvenpyramide genau über dem Zentrum einer darunterliegenden Zelle zu liegen. In /8/ wurde diese Struktur formal aus der Bedingung abgeleitet, daß die Reduktionsfunktionen mit der horizontalen Transformation vertauschbar bezüglich der geometrischen Position der Zelle sein sollen. Das kleinste quadratische Fenster, das für die Reduktion geeignet ist, besteht aus 3 x 3 Pixeln:

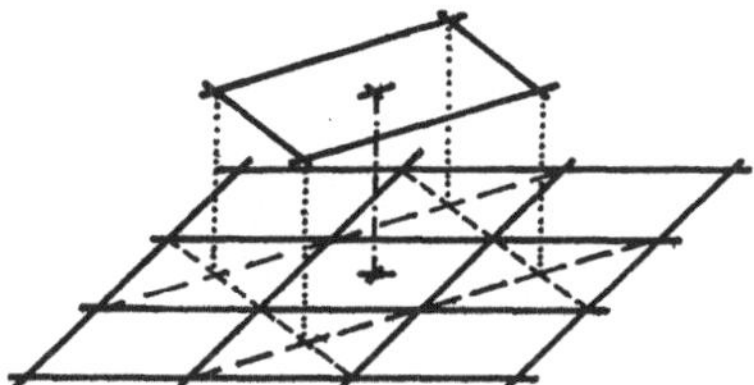

Die Reduktion der Grauwerte benutzt den als optimal (siehe /1/ und /10/) für diese Zwecke geeigneten Gaußfilter. Für ein 3 x 3 Fenster kann er durch den Filter

$$\frac{1}{16} \begin{pmatrix} 1 & 2 & 1 \\ 2 & 4 & 2 \\ 1 & 2 & 1 \end{pmatrix}$$

gut angenähert werden. Man beachte die günstige Realisierbarkeit in Hardware durch Faktoren, die nur Potenzen von 2 sind (keine Multiplikation, keine Division!).

5 Die Kooperation zwischen beiden Pyramiden

Zwei Fließrichtungen von Information können in einer Pyramide unterschieden werden. Der Aufwärtsfluß reduziert den Inhalt von Zellen feiner Auflösung, indem er sie zusammenfaßt und in einer Zelle gröberer Auflösung abspeichert. Bei der Abwärtsbewegung wird die in den größeren Zellen gespeicherte Information verfeinert. Für die in einer Pyramide auftretenden Informationsflüsse gibt es genügend Beispiele: Grauwertreduktion durch Gaußfilter /2/, Kurvenreduktion durch transitiven Abschluß von Kurvenrelationen /7/, Verfeinerung von Objektumrissen in der Grauwertpyramide /3/ und in der Kurvenpyramide durch Verifikation /6/. Das letzte Beispiel wurde in /8/ dazu verwendet, um aus allen Kurven eines Bildes die längeren herauszufiltern, wobei jene Kurvenrelationen, die keine Entsprechung auf höherer Ebene besitzen, gelöscht werden und dieser Prozeß von Schicht zu Schicht abwärts wiederholt wird.

Wie sich bei der Bildanalyse die Grauwert- und die Kurvenpyramide gegenseitig unterstützen können, zeigen einige weitere Beispiele.

5.1 Kontur-konservierende Grauwertreduktion

Wir verwenden bei der Zusammenfassung der Grauwerte eines 3 x 3 Blockes auch die Konturinformation der Kurvenpyramide. Diese segmentiert nämlich den 3 x 3 Block in Pixelklassen, die voneinander durch Kurven getrennt werden. Die gewichtete Mittelung erfolgt dann nur über die Pixel jener Klasse, in der auch das Zentrumspixel liegt. Dieses Verfahren ist ähnlich dem Edge Preserving Smoothing (/4/, /9/), mit dem Unterschied, daß die Kanteninformation nicht direkt aus den Grauwerten des Reduktionsfensters abgeleitet wird, sondern die trennende Kurve kann auch Ergebnis von Kurvenreduktionen sein.

5.2 Grauwertgestützte Konturverfeinerung

Es gibt verschiedene Kurven, deren Reduktion in der Kurvenpyramide identisch ist. Die Umkehr der Reduktion, also die Verfeinerung, ist daher nicht eindeutig. Innerhalb von begrenzten Verfeinerungsmöglichkeiten muß die beste gewählt werden. Als Entscheidungskriterien können die Eigenschaften der Kurve herangezogen werden, die verschiedene Verfeinerungen bewerten und damit die Auswahl der besten ermöglichen.

Eine Kurveneigenschaft besteht darin, daß Regionen verschiedenen Grauwerts getrennt werden. Mit der Grauwertpyramide kann ein Grauwertprofil quer zur Kurve berechnet werden. Dies geschieht lokal sowohl für das Originalkurvenstück, als auch für alle seine Verfeinerungen. Als Bewertungs- und Auswahlkriterium wird die Ähnlichkeit zwischen den Querprofilen von Original und Verfeinerung verwendet, und damit die beste Verfeinerung bestimmt.

6 Schluß

Zwei hierarchische Datenstrukturen standen bis jetzt unabhängig nebeneinander: die Kurvenpyramide zur Analyse von Kurven, die Grauwertpyramide zur Analyse von Regionen. Die Art der zu analysierenden Objekte bedingt unterschiedliche Darstellungsformen, daher bleibt die Notwendigkeit von zwei Pyramidentypen weiterhin bestehen.

Jede für sich hat Vor- und Nachteile; zwei Beispiele haben angedeutet, daß eine enge Kooperation zwischen den beiden Pyramiden Unzulänglichkeiten der einzelnen Pyramide reduziert und die Vorteile beider zu einem besseren Ergebnis vereinigt. Somit bilden Kurvenpyramide und Grauwertpyramide ein ideales Paar.

7 Referenzen

/1/ J. Babaud, A. P. Witkin, M. Baudin, R. O. Duda: "Uniqueness of the Gaussian Kernel for Scale-Space Filtering", IEEE Tr. on Pattern Analysis and Machine Intelligence, Vol.8, 1986, pp.26-33.

/2/ P. Burt: "Fast Filter Transforms for Image Processing", Computer Graphics and Image Processing, vol. 16, 1981, pp.20-51.

/3/ A.D. Gross: "Multiresolution Object Detection and Delineation", Univ. of Maryland, Computer Science Center TR-1613, January 1986.

/4/ D. Harwood, M. Subbarao, H. Hakalahti, L.S. Davis: "Edge Preserving Smoothing", University of Maryland, Computer Science Center TR-1397, May 1984.

/5/ W. G. Kropatsch: "A Pyramid that Grows By Powers of 2", Pattern Recognition Letters 3, 1985, pp.315-322.

/6/ W. G. Kropatsch: "Hierarchical Curve Representation in a New Pyramid Scheme", University of Maryland, Computer Science Center TR-1522, June 1985.

/7/ W. G. Kropatsch: "Kurvenrepräsentation in Pyramiden", 9. ÖAGM-Treffen: Bildverarbeitung in den Geowissenschaften, 8.-9. Nov. 1985, ÖCG-Schriftenreihe, Oldenbourg.

/8/ W. G. Kropatsch: "Complementary Pyramids", in S. Levialdi, V. Cantoni (Eds.): Pyramidal Systems for Image Processing and Computer Vision. NATO ASI Series ARW Springer-Verlag Berlin Heidelberg New York Tokyo 1985.

/9/ M. Nagao, T. Matsuyama: "Edge Preserving Smoothing", Computer Graphics and Image Processing 9, 1979, pp.394-407.

/10/ A. L. Yuille, T. A. Poggio: "Scaling Theorems for Zero Crossings", IEEE Transactions on Pattern Analysis and Machine Intelligence, vol. 8, 1986, pp.15-25.

Deklarative Merkmalsbeschreibung in Pyramidalstrukturen

H.-G. Zimmer

Institut für Mikroelektronik Stuttgart

Allmandring 30a, 7000 Stuttgart 80

Pyramidalstrukturen der Bilddaten erlauben die Beschreibung von Objekten in unterschiedlichen Auflösungsstufen. In Verallgemeinerung des üblichen Vorgehens, wo skalare Merkmale bei einer vorgegebenen Auflösung bestimmt und zwischen verschiedenen Auflösungsstufen hierarchisch verknüpft werden, werden hier vektorielle Merkmale definiert. Ihre Komponenten entstammen unterschiedlichen Ebenen von Laplace-Pyramiden. Die Klassifikation der Merkmale nach Abständen in einem Vektorraum erlaubt eine weitgehend bewegungsinvariante Beschreibung von Bildelementen.

Vektorielle Merkmale in Laplace-Pyramiden

Ein digitales Bild $I(x,y)$ sei gegeben durch $X*Y$ nichtnegative Intensitäten I für die ganzzahligen Koordinaten $0 \leq x < X$, $0 \leq y < Y$. Der Einfachheit halber sei $X = Y = 2^m$, den allgemeinen Fall kann man behandeln durch Einbettung eines gegebenen Bildes in ein quadratisches mit einer Zweierpotenz als Anzahl der Pixel pro Zeile. Die Intensitäten seien Abtastwerte eines bandbegrenzten Signals.

Die Laplace-Pyramide wird konstruiert durch Zerlegung der Bilddaten in Frequenzbereiche, wie es im Prinzip z.B. von BURT (1) oder CROWLEY (2) beschrieben wurde. Im Frequenzbereich ist das periodisch wiederholte Bild darstellbar durch sein zweidimensionales komplexes Spektrum, dessen Grenzen durch die Nyquist-Frequenz N gegeben sind (Fig. 1). Die Schicht LP_i ($0 \leq i \leq m$) der Laplace-Pyramide gewinnt man durch Rücktransformation des Spektrums aus dem winkelförmigen Teilgebiet i in den Ortsbereich. Die Schicht LP_0 entspricht der Frequenzkomponente null und ist konstant.

Die entsprechende Zerlegung in Ortbereich ist in Fig. 2 angedeutet. Die Schichten haben alle die Größe $X*Y$ des Originalbildes $I(x,y)$, das Gitter deutet die "Welligkeit" der Schichten an. Diese Zerlegung ist redundant. Tatsächlich reicht ein Abtastwert zur Darstellung der obersten (konstanten) Schicht, vier Abtastwerte können LP_1 darstellen usw. Zur Darstellung der untersten Schicht LP_m wird die volle Anzahl von $X*Y$ Abtastwerten benötigt. Eine Reduzierung der einzelnen Schichten auf die Minimalanzahl von Abtastwerten liefert die übliche Darstellung der Bildpyramide. Aber für das Folgende ist es begrifflich einfacher, sich alle Schichten in der Größe des Originalbildes vorzustellen.

Dieses Schichtmodell liefert eine kanonische Abbildung der Pixel in einen Vektorraum:
$$I(x,y) \longrightarrow (LP_0(x,y),LP_1(x,y),...,LP_m(x,y))^T = \bar{f}(x,y),$$
wobei T das Transponieren des Zeilenvektors bedeutet. Der Vektor $\bar{f}(x,y)$ wird das *vektorielle Merkmal* des Bildes I an der Stelle x,y genannt. Es hängt ab von der Art der Pyramiden-Darstellung (z.B. wenn zur Frequenz-Zerlegung lokale Filter statt der Fourier-Transformation benutzt werden) und von den Bilddaten. Aber für alle linearen Filterungen ist es eine *lineare Funktion* der Bilddaten.

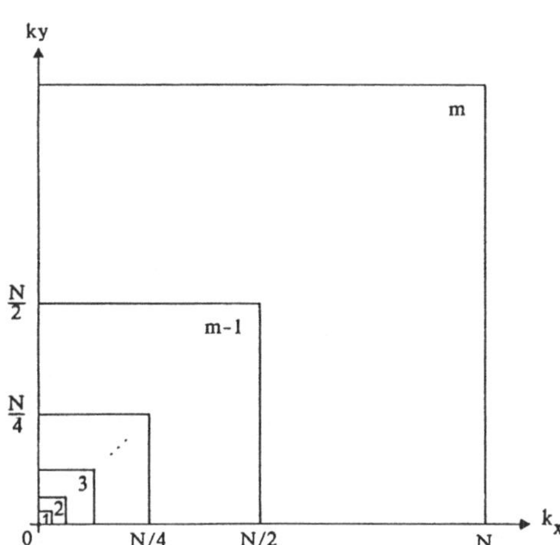

Fig. 1: Frequenz-Zerlegung im Spektralbereich eines Bildes. N ist die Nyquistfrequenz

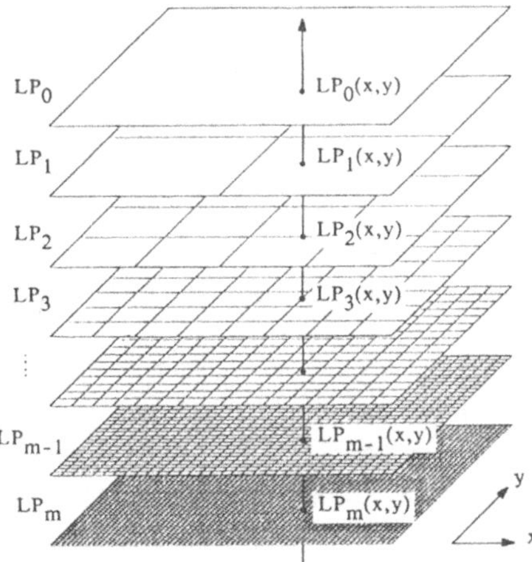

Fig. 2: Laplace-Schichten LP_i als örtliche Darstellung der Frequenz-Zerlegung liefern die Komponenten der vektoriellen Merkmale $\bar{f}(x,y)$

Eigenschaften vektorieller Merkmale

Nach Konstruktion der Zerlegung ist die Summe aller Komponenten $LP_i(x,y)$ eines vektoriellen Merkmals die Intensität $I(x,y)$ dieses Pixels. Die vektoriellen Merkmale sind also eine *vollständige, aber redundante Darstellung* des Bildes. Die Redundanz ist nicht unvernünftig, denn zu jedem Vektor gibt es ein Bild, das (abgesehen von der Komponente LP_0) an einem vorgegeben Ort dieses vektorielle Merkmal hat. Für den Beweis sei auf ZIMMER (3) verwiesen.

Wegen der örtlichen Homogenität der Bandfilter sind die vektoriellen Merkmale *translationsinvariant*. Wenn x'= x + a und y'= y + b eine Translation des periodisch wiederholten Bildes ist, dann ist $\bar{f}'(x',y')$ = $\bar{f}(x,y)$, denn in beiden Fällen gehen dieselben Intensitäten in die Berechnung der vektoriellen Merkmale ein. Bei der Verschiebung eines Bildteils relativ zu seiner Umgebung können sich die obersten Komponenten seiner vektoriellen Merkmale ändern, aber durch die Beschränkung auf die für diesen Bildteil relevanten Frequenzbereiche ergibt sich aus der Translationsinvarianz die praktisch wichtige *Positionsinvarianz*. Die Figuren 3 und 4 geben Beispiele dafür. *Rotationsinvarianz* läßt sich durch Filter mit Kreissymmetrie erreichen. Tatsächlich zeigen schon separable Filter in einem beschränkten Frequenzbereich eine für viele Anwendungen ausreichende *Orientierungsinvarianz*, vgl. Figur 3 und 4. Eine *Maßstabsinvarianz* ist im allgemeinen nicht gegeben. Bei Verdopplung oder Halbierung der linearen Dimensionen bewegen sich alle Komponenten eines vektoriellen Merkmals außer der ersten und der letzten um eine Stufe nach oben oder unten. Deshalb können die vektoriellen Merkmale in einem beschränkten Frequenzbereich sowohl *größeninvariant* (unempfindlich gegen kleine Maßstabsänderungen) als auch kennzeichnend für die Größenordnung sein, vgl. ZIMMER (3).

Ähnlichkeit von vektoriellen Merkmalen

Unter Benutzung eines gewichteten Euklidischen Abstandsmaßes wird die Ähnlichkeit $S(\bar{f}_1,\bar{f}_2)$ zweier vektorieller Merkmale $\bar{f}_1 = (f_{10},f_{11},...,f_{1m})^T$ und $\bar{f}_2 = (f_{20},f_{21},...,f_{2m})^T$ definiert durch

$$S(\bar{f}_1,\bar{f}_2) = SQRT(\sum_{i=0}^{m} w_i(f_{1i} - f_{2i})^2),$$

wobei w_i nichtnegative reelle Gewichtsfaktoren sind, mit deren Hilfe bestimmte Spektralbereiche betont oder unterdrückt werden. Da der Abstand nichtnegativ ist, ist die Ähnlichkeit zwischen allen vektoriellen Merkmalen eines Bildes und einem festen oder variablen vektoriellen Merkmal wieder ein Bild, in dem nun die Ähnlichkeit z.B. durch eine Schwellwert-Operation klassifiziert werden kann. Sind speziell $\bar{f}_2 = 0$ und alle $w_i = 1$, dann ist die Ähnlichkeit die Norm des Vektorraums und liefert für jedes Pixel die "integrierte lokale Energie". Ist nur ein $w_i \neq 0$, dann liefert die Ähnlichkeit die Energie des gewählten Frequenzbereichs, wie sie z.B. von ANDERSON *et al.* (4) benutzt wird.

Eine wichtige Eigenschaft der Ähnlichkeit ist ihre Fähigkeit, Strukturen oder Objekte in Bildern durch Vergleich mit einem gegebenen vektoriellen Merkmal und innerhalb eines ausgewählten Frequenzbereichs zu beschreiben. Die Segmentierung auf Grund der Ähnlichkeit ist so unabhängig von der Lage, Orientierung oder Größe wie die vektoriellen Merkmale. Im Gegensatz zu den üblichen Verfahren der Klassifizierung innerhalb einer Schicht der Pyramide ist dieses Verfahren im Prinzip homogen über unterschiedliche Auflösungsstufen. Beispiele in ZIMMER (3) zeigen, daß man zur Kennzeichnung komplexer Strukturen (z.B. Haus oder Fenster) Kombinationen mehrerer Ähnlichkeiten braucht. Die Grenzen des Verfahrens müssen noch untersucht werden.

Bildbeispiele

Figur 3 zeigt das Bild MUSTER, seine Normen und Ähnlichkeiten. a) Das Original, die Abtastung eines Diapositivs mit 512*512 Schritten zu 0,1mm. Die Zerlegung in Frequenzbänder erfolgte durch Differenzbildung gegen einen Tiefpaß in einem 3*3-Fenster, der separabel aus zwei eindimensionalen Filtern mit den Koeffizienten 1/4, 1/2, 1/4 zusammengesetzt wurde. b) Norm der Schicht 4, c) Norm der Schicht 7, d) Norm der Schichten 6 bis 8. Die Norm ist die Wurzel aus der Quadratsumme der Komponenten der vektoriellen Merkmale und zeigt, welche Bildstrukturen in der betreffenden Schichten große Komponenten haben. e) Ähnlichkeit mit dem vektoriellen Merkmal im Zentrum eines großen Kreises für die Schichten 3 und 4, f) dasselbe im Zentrum eines großen Quadrats für die Schichten 3 bis 5, g) Ähnlichkeit mit dem vektoriellen Merkmal in der Mitte eines dünnen Stabes für die Schichten 6 bis 9, h) dasselbe für einen dicken Stab und die Schichten 5 bis 9. Die Abbildungen e) bis h) zeigen die Selektivität der vektoriellen Merkmale und den geringen Einfluß von Position oder Orientierung.

Die Figur 4 zeigt das Bild BLUME mit starker Struktur im Hintergrund. a) Original mit 512*512 Abtastwerten. b) Ähnlichkeit eines vektoriellen Merkmals auf einem Bleisteg (Pfeil) für die Schichten 6 bis 8. c) Dasselbe am Rand einer dunklen Fläche (Pfeil) für die Schichten 6 und 7. d) Dieselbe Ähnlichkeit wie bei c), nur wurde hier die Frequenzzerlegung mit Hilfe der Fouriertransformation vorgenommen, während bei b) und c) wie für Figur 3 gefiltert wurde.

Literatur

(1) BURT, P.J.: The Pyramid as a Structure for Efficient Computation. In: ROSENFELD, A. (Editor): Multiresolution Image Processing and Analysis. Springer Berlin 1984, pp. 6 - 35

(2) CROWLEY, J.L.: Multiresolution Representation for Shape. In: ROSENFELD, A. (Editor): Multiresolution Image Processing and Analysis. Springer Berlin 1984, pp. 169 - 189

(3) ZIMMER, H.-G.: Vectorial Features in Pyramidal Image Processing. In: CANTONI, V., LEVIALDI, S. (Editors): Pyramidal Systems for Image Processing and Computer Vision, NATO ASI SERIES ARW, Springer Berlin (in press)

(4) ANDERSON, C.H., BURT, P.J., VAN DER WAL, G.S.: Change Detection and Tracking Using Pyramid Transform Techniques. In: Intelligent Robots and Computer Vision, Proc. SPIE Vol. **579**, 1985

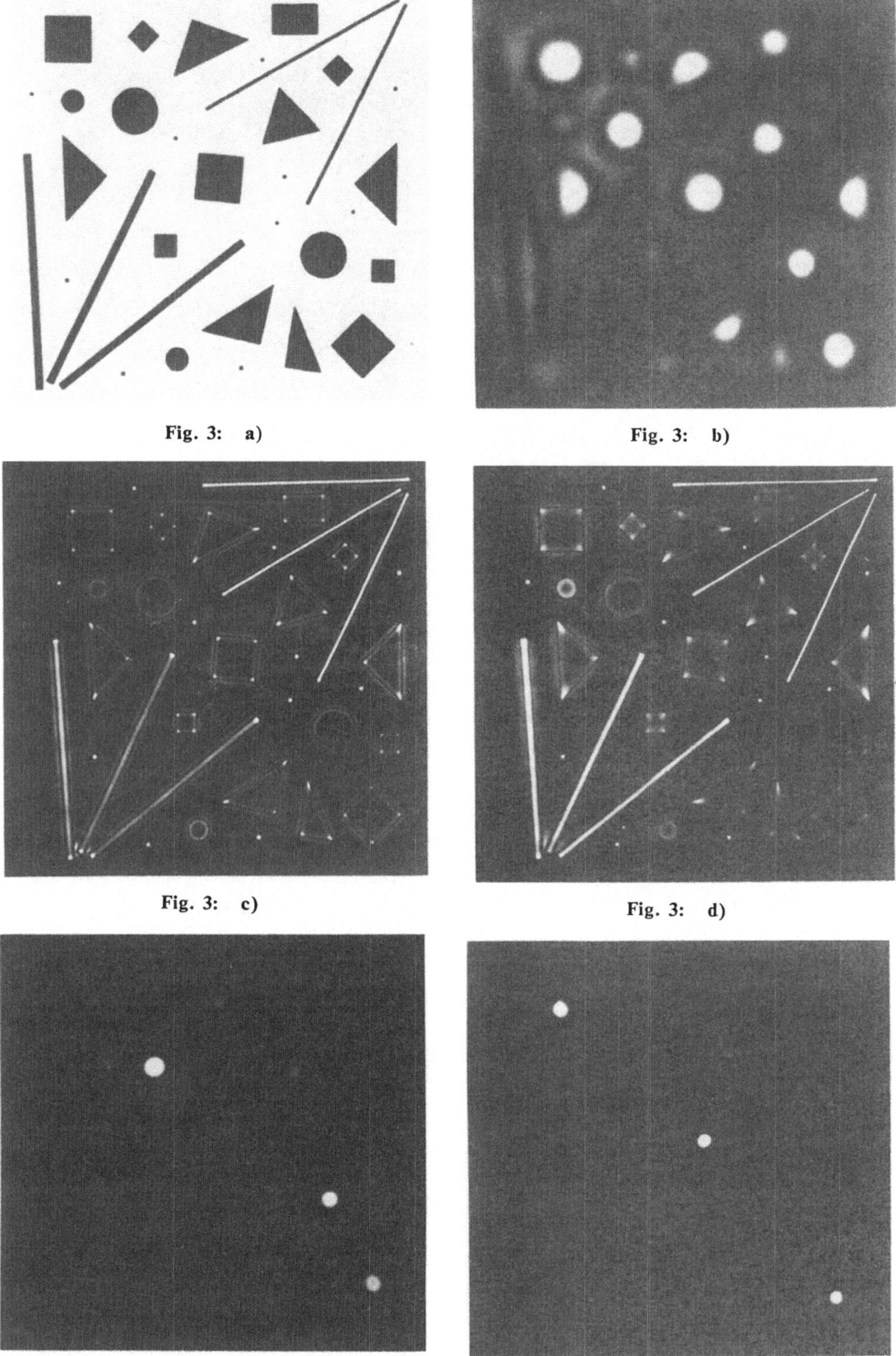

Fig. 3: a)

Fig. 3: b)

Fig. 3: c)

Fig. 3: d)

Fig. 3: e)

Fig. 3: f)

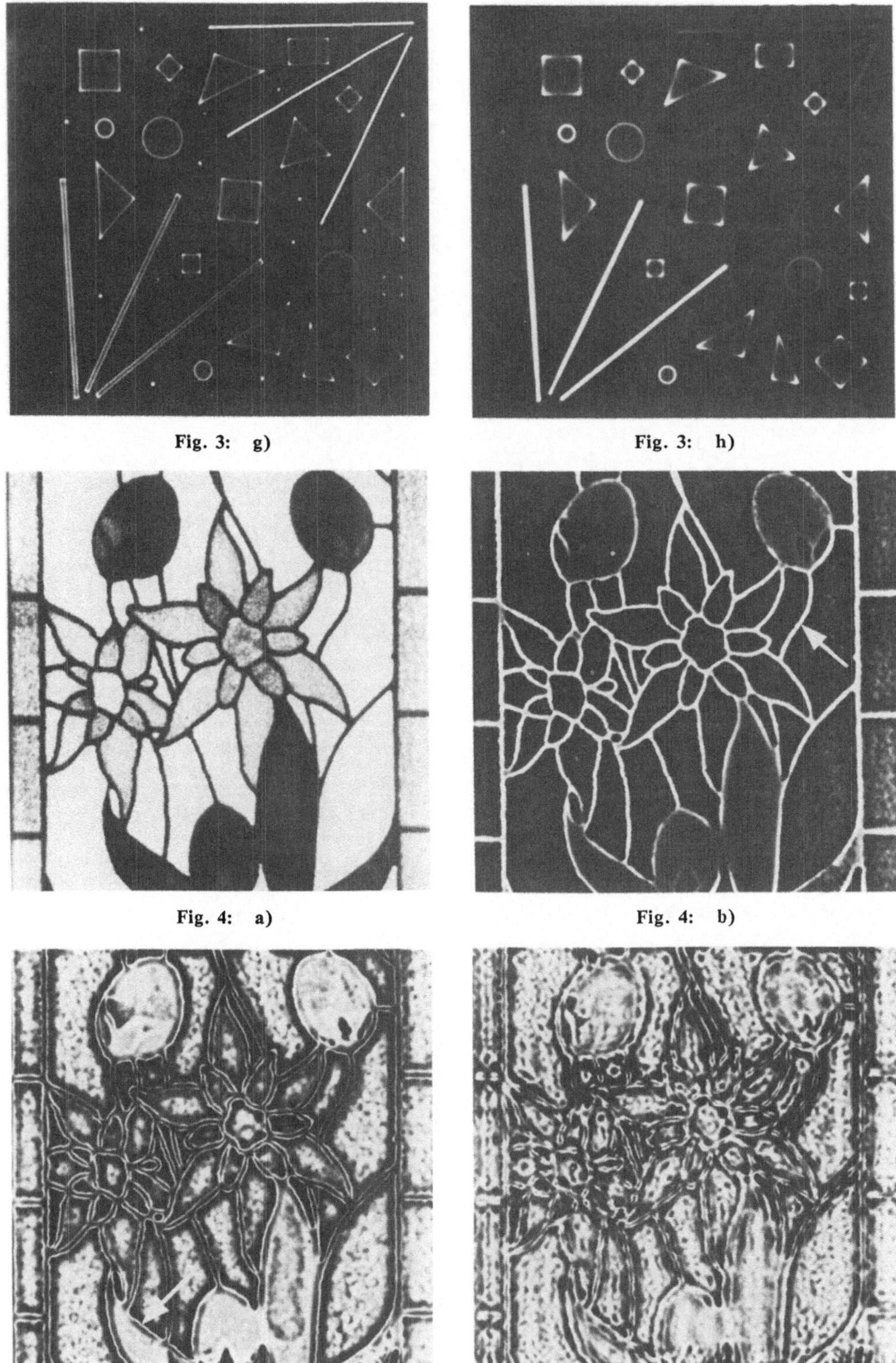

Fig. 3: g)

Fig. 3: h)

Fig. 4: a)

Fig. 4: b)

Fig. 4: c)

Fig. 4: d)

INVARIANTE FORMBESCHREIBUNG IN VERSCHIEDENEN AUFLÖSUNGSEBENEN

Axel Korn

Fraunhofer-Institut für Informations- und

Datenverarbeitung (IITB)

Sebastian-Kneipp-Str. 12 - 14, 7500 Karlsruhe 1

Zusammenfassung

In der vorliegenden Arbeit wird ein Verfahren zur Detektion
der Krümmungen von Objektkonturen beschrieben. Das Ziel ist
eine Repräsentation derjenigen Punkte von Konturlinien, die
für die Zuordnung zu Modellen der zugehörigen Objekte besonders geeignet sind. Ein wesentliches Problem besteht hierbei
in der Berücksichtigung von verschiedenen Auflösungsebenen.
Dieses Problem wird ganz analog zur Kantendetektion in Grauwertbildern durch Faltung einer Konturlinie mit dem Gradienten von verschieden breiten Gaußfunktionen gelöst. Merkmal-
punkte sind die Extremwerte nach einer solchen Faltung.

1. Einleitung

Da die örtliche Ausdehnung interessierender Bildstrukturen häufig un-
bekannt ist, müssen bei der Merkmalberechnung unterschiedliche Auflösungsebenen berücksichtigt werden. Dieses sogenannte Skalierungs-
problem ist in den letzten Jahren als ein zentrales Problem auf dem
Gebiet der automatischen Bildinterpretation erkannt worden (siehe z.B.
[1,2,3]), wobei meistens die Detektion von Grauwertkanten im Vordergrund stand. Dies gilt auch für den in [4] beschriebenen Lösungsan-
satz, mit dessen Hilfe die automatische Auswahl der Operatorgröße und
damit einer bestimmten Auflösungsebene möglich ist. Man erhält eine
Repräsentation von Konturpunkten aufgrund einer Optimierung von Grau-
wertunterschieden. In Analogie zu dem Begriff "primäre Skizze" [1]
wurde in [5] der Begriff p r i m ä r e   S k i z z e   f ü r   d i e
K r ü m m u n g (curvature primal sketch) für eine Darstellung von
Konturpunkten verwendet, bei welcher die Änderungen $\Delta\alpha$ der Normalen-
richtung α entlang einer Konturlinie die Auswahl von Merkmalpunkten
(K n i c k p u n k t e n) bestimmt. Das Problem des Findens charakteristischer Knickpunkte wird auf das Problem der Kantendetektion bei
verschieden geglätteten Konturlinien zurückgeführt, welche formal eindimensionalen Grauwertprofilen entsprechen.

2. Formbeschreibung von Konturen

Die Extraktion von Konturlinien erfolgt mit Hilfe des in [4] beschriebenen speziellen Gradientenverfahrens, das im folgenden kurz erklärt
werden soll. Der erste Schritt ist der Vergleich der mittleren Grauwerte von zwei benachbarten Bildbereichen durch eine geeignete Differenzbildung. Die Differenz der gewichteten mittleren Grauwerte einer
Grauwertverteilung $f(x,y)$ in zwei zueinander orthogonalen Richtungen
ergibt sich durch eine Faltung $*$ von $f(x,y)$ mit den Gewichtsfunktionen
XGG und YGG (x- bzw. y-Gradienten von Gaußfunktionen)

$$n_1 = -XGG*f \qquad\qquad n_2 = -YGG*f \qquad\qquad (1)$$

$$XGG = k(\sigma)\frac{\partial}{\partial x}G(x,y,\sigma) \qquad\qquad YGG = k(\sigma)\frac{\partial}{\partial y}G(x,y,\sigma) \qquad\qquad (2)$$

$$G(x,y,\sigma) = \frac{1}{2\pi\sigma^2}\exp[-(x^2+y^2)/2\sigma^2] \qquad\qquad (3)$$

Der Parameter σ, welcher die Maskengröße des Operators bestimmt, ist
nach Gl. 3 die Standardabweichung einer Gaußfunktion. $k(\sigma)$ wird mit
Hilfe der Normierungsforderung bestimmt, daß die Summe der positiven
bzw. der negativen Werte von XGG jeweils gleich $+1$ bzw. -1 beträgt.
Das gleiche gilt für YGG.

n_1 und n_2 sind die beiden Komponenten des Gradienten $\underline{n}$ in der Grauwertverteilung, dessen Betrag und Richtung definiert sind durch

$$|n| \quad = \sqrt{n_1^2+n_2^2} = A(x,y,\sigma) \qquad\qquad (4)$$

$$\cos\alpha = n_1/A(x,y,\sigma) \qquad\qquad \sin\alpha = n_2/A(x,y,\sigma) \qquad\qquad (5)$$

Wir gehen davon aus, daß die maximalen Änderungen der mittleren Grau-
wertdifferenz in Richtung α Kantenpunkte darstellen. Die Aufgabe besteht deshalb in der Suche nach Maxima von $A(x,y,\sigma)$ in Richtung des
durch Gl. 5 definierten Winkels α.

Wir verfolgen mit der Analyse von Konturlinien im wesentlichen zwei
Ziele. Es sollen charakteristische Merkmale von Konturen gefunden werden, welche die Lösung des Korrespondenzproblems beim Stereo- und Bewegungssehen erleichtern, und es soll eine Formbeschreibung von Silhouetten mit möglichst wenig Daten erreicht werden, entsprechend der

menschlichen Formwahrnehmung, unabhängig vom Maßstab und der Orientierung einer Silhouette. Zu diesem Zweck betrachten wir die Differenz $\Delta\alpha$ der Richtungen α aufeinanderfolgender Konturpunkte als Funktion der Bogenlänge s, wobei α nach Gl. 5 bereits Attribut eines Konturpunktes ist. Ähnlich wie bei Grauwertfunktionen ist nach dieser Differentiation eine Glättung der $\Delta\alpha$(s)-Darstellung zur Vermeidung irrelevanter Knickpunkte notwendig. Die Glättung (Tiefpaßfilterung) erfolgt durch Faltung mit einer eindimensionalen Gaußfunktion $G(s,\sigma)$, deren Varianz σ ein Maß für die Skalierung ist und damit die Auflösungsebene definiert. Die beiden Verarbeitungsschritte Differentiation und Tiefpaßfilterung lassen sich wegen der Vertauschbarkeit dieser Operationen durch eine Faltung mit der nach s differenzierten Gaußfunktion ersetzen [4].

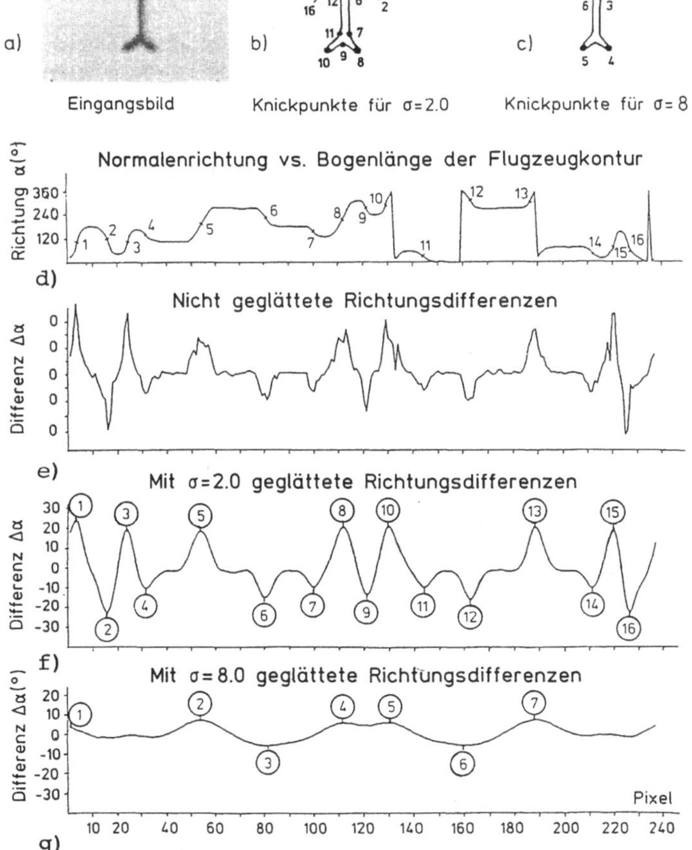

In Abb. 1 sind für das Beispiel der Flugzeugsilhouette in a) die einzelnen Schritte veranschaulicht. Vom Punkt A links oben ausgehend wird die Kontur im Uhrzeigersinn durchlaufen. Durch eine geeignete Winkel-Transformation läßt sich die 0°-360° Unstetigkeit beim Übergang von der α(s)-Darstellung in d) zur $\Delta\alpha$(s)-Darstellung in e) vermeiden. In f) und g) sind die mit $G(s,2)$ bzw. $G(s,8)$ geglätteten Richtungsdifferenzen dargestellt. Die durchnumerierten Extrema sind

Abb. 1:
Verarbeitungsschritte zur Detektion von Knickpunkten am Beispiel der Flugzeugsilhouette in a) (s.Text)

K n i c k p u n k t e , die in b) und c) den entsprechenden Punkten
der Silhouette zugeordnet sind. Durch Integration der geglätteten
Richtungsdifferenzen $\Delta\alpha(s,\sigma)$ über einen durch ein Abbruchkriterium
definierten Einzugsbereich um einen Knickpunkt läßt sich sehr einfach
die Krümmung an den einzelnen Knickpunkten bestimmen. Für die in f)
dargestellten Knickpunkte 1,2,3 und 4 ergeben sich beispielsweise die
Krümmungen 6.4,-4.9, 4.7 und -2.0.

Knickpunkte lassen sich nicht nur für die Konturen von Silhouetten
berechnen, sondern auch für beliebige Konturlinien innerhalb von Grauwertbildern. In Abb. 2 wurden für den in a) dargestellten Projektor
die in b) abgebildeten Knickpunkte berechnet, welche sich als geeignete Merkmale für den Stereovergleich erwiesen haben.

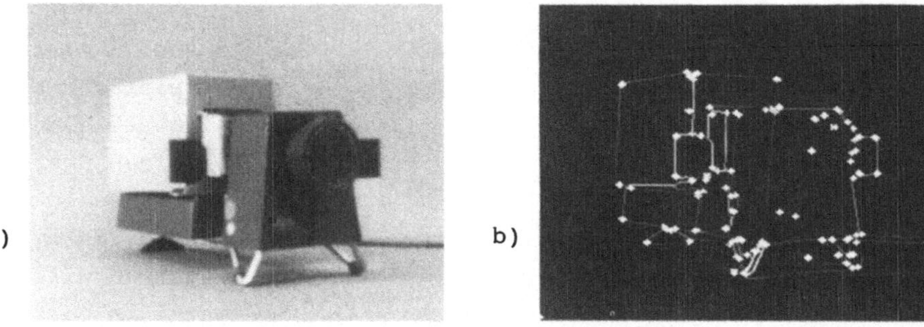

Abb. 2: Für den Projektor in a) ergeben sich die in b) dargestellten
Knickpunkte.

Beschränkt man sich auf Konturen $\alpha(s)$ von Flächen, dann hat die Darstellung $\Delta\alpha(s,\sigma)$ der Richtungsdifferenzen Invarianzeigenschaften gegenüber Rotationen und Dilatationen. Bei Rotationen ändert sich i.a.
nur der Anfangspunkt der Konturlinie, was zu einer gemeinsamen Verschiebung aller Funktionswerte gegenüber der s-Achse führt. Bei Dilatationen mit dem Faktor a ändert sich die Konturlänge um denselben
Faktor, was einer Maßstabstransformation der s-Achse entspricht. Zur
Bestimmung der Knickpunkte nach einer solchen Maßstabstransformation
ist die Varianz der zur Glättung verwendeten Gaußfunktion entsprechend
zu vergrößern.

Neben den Knickpunkten sind S y m m e t r i e a c h s e n von Flächen weitere charakteristische Formmerkmale, wobei zwischen lokalen
und globalen Symmetrieachsen zu unterscheiden ist [6]. Knickpunkte
bieten sich an als Anfangspunkte von Symmetrieachsen, welche aufgrund
der in [6] angegebenen Symmetriebedingung $\underline{r}_{AB}(\underline{t}_A-\underline{t}_B)=0$ berechnet werden. Die Bedeutung des Ortsvektors $\underline{r}_{AB}$ und der Tangentenvektoren $\underline{t}_A,\underline{t}_B$

geht aus Abb. 3a) hervor. Die Normalenrichtungen α_1 und α_2 liegen aufgrund von Gl. 5 bereits nach der Vorverarbeitung vor. Ist für zwei
Konturpunkte A,B die o.g. Symmetriebedingung erfüllt, dann ist der
Mittelpunkt des Verbindungsvektors $\underline{r}_{AB}$ ein Symmetriepunkt. Für den
Punkt P in Abb. 3a) ist die Symmetriebedingung nicht erfüllt. Die
wahrnehmungspsychologisch relevanten Achsen sind für die bereits verwendete Flugzeugsilhouette in Abb. 3b) dargestellt. Durch sukzessives
Abschneiden bereits verwendeter Kontursegmente werden Rumpfstrukturen
erzeugt, um globale Achsen berechnen zu können. In Abb. 3b) ist neben
dem Eingangsbild die Kontur mit Knickpunkten dargestellt, anschließend
die jeweils gefundenen Achsen und die sukzessive erzeugten Rumpfstrukturen. Das letzte Teilbild zeigt eine Überlagerung aller gefundenen
Symmetrieachsen.

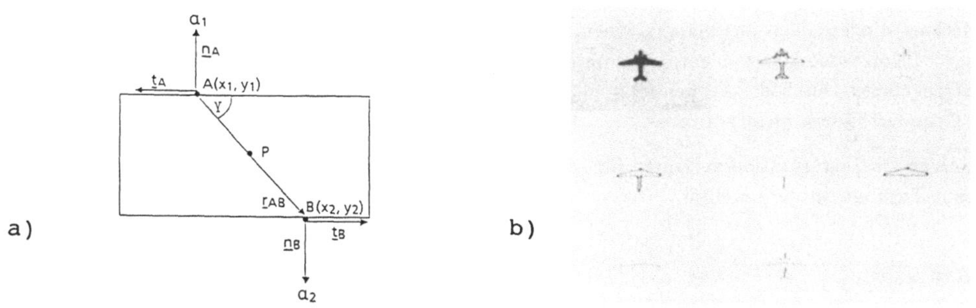

a)   b)

<u>Abb. 3</u>:   In a) Darstellung der für die Symmetriebedingung (siehe Text)
relevanten geometrischen Größen. In b) berechnete Konturen,
Knickpunkte und Symmetrieachsen für die Flugzeugsilhouette
links oben (siehe Text).

3. <u>Literatur</u>

[1] Marr, D.: Vision. W.H. Freeman and Comp., San Francisco, CA, 1982.

[2] Rosenfeld, A. (Hrsg.): Multiresolution Image Processing and
Analysis. Springer-Verlag, Berlin-Heidelberg, 1984.

[3] Nagel, H.-H.: Principles of (Low-Level) Computer Vision. Proc.
Fundamentals in Computer Understanding, 28.05.-07.06.1985 in
Versailles (J.P. Haton, Hrsg.) Cambridge University Press (im Druck).

[4]Korn, A. und Erdtel, C.: Kombination verschiedener Filterkanäle zur
Optimierung einer Merkmalrepräsentation im Bildbereich. Informatik-
Fachberichte Nr. 107, Springer-Verlag, Berlin-Heidelberg, 107-111
(1985).

[5] Asada, H. and Brady, M.: The curvature primal sketch. IEEE Trans.
Pattern Analysis and Machine Intelligence, PAMI-8, 2-14 (1986).

[6] Brady, M. and Asada, H.: Smoothed local symmetries and their
implementation. Intern. J. of Robotics Res. <u>3</u>, 36-61 (1984).

Diese Arbeit wurde vom Bundesminister der Verteidigung gefördert.

Merkmalsdetektion in Farbbildern
als Grundlage zur Korrespondenzanalyse in Stereo-Bildfolgen

Thomas Bartsch, Leonie S. Dreschler-Fischer und Carsten Schröder

Fachbereich Informatik der Universität Hamburg
Schlüterstraße 70, D-2000 Hamburg 13

Einleitung

Im Projekt SISSY (= Stereo Image Sequences SYstem) wird am Fachbereich Informatik der Universität Hamburg ein System zur Auswertung von Stereo-Farbbildfolgen entwickelt, dessen Konzeption in *Dreschler-Fischer + Haarslev 85* und *Dreschler-Fischer 86* vorgestellt wurde. Merkmalsgestützte Verfahren zur Korrespondenzanalyse verwenden im allgemeinen nur eine Klasse von Merkmalen. *Moravec 80, Barnard + Thompson 80* und *Dreschler + Nagel 82* benutzen markante Punkte, *Marr + Poggio 79* verwenden Kanten. Im Gegensatz dazu verwendet unser System als Merkmalsklassen Bereiche, Kanten und markante Punkte. Die Merkmalsfinder sollen unabhängig voneinander arbeiten und durch die Redundanz der Ergebnisse die Lösung des Korrespondenzproblems erleichtern. Alle Merkmale werden in einer relationalen Datenstruktur zusammengefaßt. Durch die Verwendung von Farbbildvorlagen können auch Strukturen erkannt werden, die in Grauwertbildern nicht auftreten, wie z.B. reine Farbkanten und Farbecken.

Hier werden ein Segmentationsverfahren für Farbbilder und zwei Verfahren zur Ermittlung markanter Bildpunkte in Farbbildern vorgestellt.

Segmentation

Unter Segmentation versteht man das Zerlegen von Bildern in Bereiche. Dabei ist ein *Bereich* eine Menge von zusammenhängenden Pixeln, die eine gemeinsame Eigenschaft haben. Ist man direkt an der Interpretation der Bilder interessiert, so muß versucht werden, eine Segmentation zu erreichen, bei der den Bereichen eine Bedeutung zugewiesen werden kann. Eine solche Segmentation ist jedoch ohne den Einsatz szenenspezifischen Wissens im allgemeinen nicht möglich. Im Projekt SISSY dient die Segmetation zur ersten Abschätzung der möglichen Korrespondenzen. Die Semantik der Bereiche spielt daher eine untergeordnete Rolle, ebenso wie die genauen Bereichsgrenzen.

Es gibt zwei klassische Ansätze zur Bereichszerlegung von Bildern — Verschmelzungsverfahren und Histogrammverfahren [*Zucker 76, Ohlander et al. 78*]. Beide Vorgehensweisen haben Vor- und Nachteile; den Verschmelzungstechniken fehlt die globale Übersicht, während Histogrammverfahren Schwierigkeiten wegen fehlender Ortsinformation haben. Wir schlagen deshalb ein Segmentationsverfahren durch Ballungsanalyse im fünfdimensionalen Farben-Orts-Merkmalsraum vor, das die Vorteile der beiden Ansätze kombiniert.

Jedes Pixel des Bildes wird durch einen Merkmalsvektor mit fünf Komponenten repräsentiert, der sich aus den drei Farbkomponenten und den beiden Bildkoordinaten zusammensetzt. Durch Hinzunahme der Bildkoordinaten wird erreicht, daß im Bild räumlich getrennte Bereiche im Merkmalsraum separate Ballungen bilden. Um das Verfahren möglichst allgemein zu halten und keine Einschränkungen bezüglich der Form und Anzahl der Ballungen machen zu müssen, haben wir uns für eine hierarchische Ballungsanalyse mittels des "minimalen spannenden Baumes" (MST) entschieden [*Zahn 71*].

Da ein Bereich als eine Menge *zusammenhängender* Pixel definiert ist, kann man sich darauf beschränken, im Merkmalsraum nur Verbindungen zwischen Pixeln zu berücksichtigen, die im Bild benachbart sind. Wir haben daher eine Abstandsfunktion gewählt, die für benachbarte Pixel (4-Zusammenhang) den Euklidschen Abstand der Merkmalsvektoren liefert und für alle anderen Paarungen unendlich ist. Diese Abstandsfunktion ist allerdings keine Metrik, da sie die Dreiecksungleichung nicht erfüllt.

Die Partition des Merkmalsraumes erfolgt durch Zerlegen des MST in Teilbäume. Da jeder Teilbaum einem zusammenhängenden Bildbereich entspricht, stellt diese Partition dann bis auf Schönheitskorrekturen, wie z.B. das Verschmelzen zu kleiner Bereiche, das Segmentationsergebnis dar.

Bei der Partition des Merkmalsraumes können globale Informationen des gesamten Bildes genutzt werden, die in der Struktur des MST enthalten sind. Es lassen sich grundsätzlich zwei Verfahren unterscheiden:

- Eine Kante wird entfernt, wenn sie länger ist als eine globale Schwelle.

  Der Unterschied zum klassichen Verschmelzungsverfahren liegt hierbei nur darin, daß die Schwelle nicht explizit vorgegeben werden muß, sondern aus den Kantenlängen des MST ermittelt werden kann.

- Eine Kante wird entfernt, wenn sie im Vergleich zu den Kantenlängen ihrer Umgebung im MST zu lang ist.

Mit dem zweiten Verfahren werden deutlich bessere Resultate erzielt. Durch den Vergleich von Kantenlängen im MST kann sich das Verfahren unterschiedlichen Kontrasten im Bild automatisch anpassen. Zu beachten sind auch die weißen Giebelränder des Hauses (Abb. 1). Dort betragen die Unterschiede von Pixel zu Pixel in jedem der drei Farbkanäle ca. 20 Intensitätsstufen (bei einer Auflösung von 256 Intensitätsstufen pro Farbkanal). Trotz dieser großen Differenzen werden die Pixel zu je einem Bereich zusammengefaßt (siehe Abb. 2).

Die Verwendung des "minimalen spannenden Baumes" zur Segmentation wurde schon von *Burr + Chien 76* vorgeschlagen. Sie arbeiten dabei auf Grauwertbildern und fassen Pixel zu Elementarbereichen zusammen, für die dann weitere Eigenschaften wie z.B. Textur berechnet werden. Das Verfahren beginnt auf diesen Elementarbereichen.

Im Gegensatz hierzu kann unser Verfahren direkt auf den Pixeln des Bildes beginnen, da durch die Verwendung von Farbe genügend Information zur Verfügung steht. Hierdurch bleibt die volle räumliche Auflösung erhalten und es ist möglich, feinen Strukturen "nachzulaufen" und Grauwertrampen als zusammenhängende Bereiche zu erkennen. Dies zeigt sich durch die ersten Ergebnisse bestätigt.

Markante Punkte

Markante Punkte sind Stellen im Bild, an denen sich die Bildfunktion in mehr als einer Richtung signifikant ändert. Kandidaten für markante Punkte sind Ecken, Endpunkte von Linien und isolierte Flecken wie Glanzlichter oder punktförmige Lichtquellen. Davon sollen *markante Objektpunkte* unterschieden werden, die Eckpunkte von Objekten in der 3D-Szene darstellen. Als Bildelemente verwenden wir *Farbvektoren* , die die drei Komponenten der RGB-Darstellung enthalten. Die Farbvektoren sind Elemente eines *Farbvektorraumes* , in dem die Euklidsche Metrik als Abstandsmaß verwendet wird.

Im Gegensatz zu Kanten, bei denen Verschiebungen in Richtung der Kante nicht erkannt werden können, sind bei markanten Punkten Verschiebungen in beliebiger Richtung feststellbar. Aus diesem Grund haben sie sich als hilfreich bei der Lösung des Korrespondenzproblems erwiesen. In der Analyse von Stereobildern ermöglichen markante Punkte die Berechnung von Kameraparametern [*Hannah 80*] oder bei bekannten Kameraparametern ein Netz von 3D-Referenzpunkten, das eine räumlich-konsistente Zuordnung von Kanten und Bereichen erleichtert. Die Verwendung markanter Punkte als Meßstellen für die 3D-Rekonstruktion stellt folgende Anforderungen an Verfahren zur Ermittlung markanter Punkte:

- Gute Reproduzierbarkeit von Punkten in statischen Szenenteilen (~ *Rauschunempfindlichkeit*)

- Hohe Wiedererkennungsrate von Punkten auf oder an bewegten Objekten

- Lokalisierung mit Subpixel-Genauigkeit

Bisher wurden Punktefinder nur für Grauwertbilder entwickelt – allein *Yam + Davis 81* geben an, daß sie auf Farbbildern arbeiten, beschränken sich dabei jedoch auf den Grünkanal. Da einerseits durch die zusätzliche Farbinformation eine Erleichterung des Korrespondenzproblems zu erwarten ist und andererseits in Farbbildern markante Strukturen sichtbar sein können, die in Grauwertbildern keinen oder nur geringen Kontrast aufweisen – wie reine Farbecken – haben wir untersucht, ob sich Punktefinder für die Auswertung von Farbbildern modifizieren lassen.

Uns kam es zunächst nur darauf an, zu klären, ob die Farbinformation wesentliche Beiträge liefert. Für die ersten Experimente wurde der Operator von *Moravec 80* verwendet, da er einfach zu implementieren ist und nur wenig Rechenaufwand erfordert. Darüber hinaus liegen für Grauwertbilder bereits Erfahrungen mit diesem Operator vor [*Dreschler 81*]. Um die Ergebnisse für Farbbilder mit denen für Grauwertbilder vergleichen zu können, werden die Farbbilder in Intensitätsbilder umgerechnet und für diese Grauwertbilder ebenfalls markante Punkte mit dem Moravec-Operator ermittelt.

Zwei Modifikationen des Moravec-Operators für Farbbilder wurden von uns entwickelt (Die Tupel (x, y) bezeichnen Bildkoordinaten):

- *Maximumsoperator:* Die Berechnung der Operatorsignalbilder (OSB) erfolgt separat für jeden Farbkanal. Anschließend werden die drei Operatorsignalbilder zu einem einzigen Bild gemischt, indem an jeder Bildposition das Maximum des Operatorsignals der drei Farbkanäle ausgewählt wird:

$$OSB_{farbe}(x, y) := max\{OSB_{rot}(x, y),\ OSB_{grün}(x, y),\ OSB_{blau}(x, y)\}$$

- *Farbvektoroperator:* Die Berechnung des Operatorsignalbildes erfolgt direkt auf dem Farbbild. Die Summation quadrierter Grauwertdifferenzen wird durch die Summation quadrierter Abstände im Farbvektorraum ersetzt. Für die horizontale gerichtete Varianz ergibt sich dann für die Bildfunktion $\vec{I}$:

$$\Delta_{0°}(x, y) = \frac{1}{20} \sum_{i=x-2}^{x+2} \sum_{j=y-2}^{y+1} \|\vec{I}(i, j) - \vec{I}(i, j + 1)\|^2$$

Die Berechnung der drei anderen gerichteten Varianzen in 45°, 90° und 135° erfolgt analog.

Reproduzierbarkeitsmessungen wurden an Farbbildern natürlicher Szenen vorgenommen. Ein markanter Punkt wurde als "reproduziert" gekennzeichnet, wenn er im Folgebild höchstens ein Pixel in Zeilen- und Spaltenrichtung entfernt wiedergefunden werden konnte. Die Schwelle, oberhalb derer ein lokales Maximum des Operatorsignalbildes als markanter Punkt akzeptiert wird, wurde als Vielfaches eines Schätzwertes für den Anteil des Rauschens im Operatorsignal gewählt. Unter dieser Bedingung konnten beim Farbvektoroperator 80 – 85% der Punkte im Folgebild reproduziert werden, beim Maximumsoperator und beim Operator für Grauwertbilder waren es 70 – 75%. Der Farbvektoroperator liefert den größten Anteil visuell markanter Punkte, die Lokalisierung auf Objektpunkten ist aufgrund schärfer ausgeprägter Maxima des Operatorsignales am besten. Ecken mit hohem Farbkontrast und geringem Intensitätskontrast kann der Operator für Grauwertbilder im Gegensatz zu dem Farbvektoroperator nicht finden.

Die Experimente mit dem Moravec-Operator haben unsere Erwartung bestätigt, daß die Farbinformation bei der Suche nach markanten Punkten einen signifikanten Beitrag leisten kann. Vor allem die guten Resultate mit unserem Farbvektoroperator haben uns dazu ermutigt, zu untersuchen, ob sich analytische Punktefinder [*Dreschler + Nagel 82, Kitchen + Rosenfeld 82*] für die Auswertung von Farbbildern adaptieren lassen, da unsere Anwendung eine höhere Ortsauflösung und eine bessere Reproduzierbarkeit erfordert. Auch der von *Zimmermann + Kories 84* vorgeschlagene Monotonie-Operator wird für weitere Untersuchungen in Betracht gezogen.

Berechnet man den Moravec-Operator separat für jeden Farbkanal, so fällt auf, daß markante Punkte oft in mehreren Farbkanälen gleichzeitig auftreten – ein Hinweis darauf, daß die Farbkanäle in der RGB-Darstellung korreliert sind. Es soll deshalb untersucht werden, wie sich andere Farbdarstellungen für die Farbbildanalyse eignen [*Ohta et al. 80*].

Das Projekt SISSY wird von der DFG im Schwerpunktprogramm "Modelle und Strukturen bei der Analyse von Bild- und Sprachsignalen" unter dem Titel Dr176/2-1 gefördert.
Wir danken den anderen Mitwirkenden im SISSY-Projekt, sowie Helmut Faasch und Volker Haarslev, die uns bei vielen Problemen hilfreich zur Seite gestanden haben. Besondere Anerkennung verdienen Ingeborg Heer-Mück und Hartmut Krüger, die mit ständigem Einsatz die Apparatur am Laufen halten.

Literatur

[**Barnard + Thompson 80**] : *Disparity Analysis of Images,* S.T. Barnard und W.B. Thompson, *IEEE Trans. Pattern Analysis and Machine Intelligence* **PAMI-2** (1980), 333–340.

[**Burr + Chien 76**] : *The minimal spanning tree in visual data segmentation,* D.J. Burr und R.T. Chien, Proc. 3rd Int. Joint Conf. Patt. Recogn., Nov. 8–11, 1976, Coronado/CA, 519–523.

[**Dreschler 81**] : *Zur Reproduzierbarkeit von markanten Bildpunkten bei der Auswertung von Realwelt-Bildfolgen,* L. Dreschler, 4. DAGM-Symposium Mustererkennung, Hamburg, Oktober 1981, B. Radig (Hrsg.), Informatik-Fachberichte Bd. 49, 76–82, Berlin - Heidelberg - New York: Springer-Verlag, 1981.

[**Dreschler + Nagel 82**] : *Volumetric Model and 3D-Trajectory of a Moving Car Derived from Monocular TV Frame Sequences of a Street Scene,* L. Dreschler und H.-H. Nagel, *Computer Graphics and Image Processing* **20** (1982), 199–228 .

[**Dreschler-Fischer + Haarslev 85**] : *Konzeption für ein Bildverarbeitungssystem zur Lösung des Korrespondenzproblems bei Stereo-Bildfolgen im Rahmen einer komfortablen ADA-HH Programmierumgebung,* L. S. Dreschler-Fischer und V. Haarslev, *Robotersysteme* **1** (1985), 29–34.

[**Dreschler-Fischer 86**] : *A Knowledge Based Approach to the Correspondence Problem in Sequences of Stereo Images,* L.S. Dreschler-Fischer, Proc. 2nd Int. Conf. on Artificial Intelligence, Methodology, Systems, Applications, Sept. 16–19, 1986, Varna, Bulgaria, Kurzvorträge (in Druck).

[**Hannah 80**] : *Bootstrap Stereo,* M.J. Hannah, in: L.S. Baumann (Hrsg.), Proc. Image Understanding Workshop 4/1980, Arlington/VA: Science Applications Inc. 1980, 201–208.

[**Kitchen + Rosenfeld 82**] : *Gray-Level Corner Detection,* L. Kitchen und A. Rosenfeld, *Pattern Recognition Letters* **1** (1982), 95–102,
siehe auch: Technical Report TR-887 (April 1980), Computer Science Center, University of Maryland, College Park/MD.

[**Marr + Poggio 79**] : *A theory of human stereo vision,* D. Marr und T. Poggio, Proc. Royal Society of London Ser. B **204** (1979), 301–328.

[**Moravec 80**] : *Obstacle Avoidance and Navigation in the Real World by a Seeing Robot Rover,* H.-P. Moravec, *Ph.D. Thesis,* Dept. Comp. Science, Stanford University, Stanford/CA 1980,
siehe auch: Report *CMU-RI-TR-3* (Sep. 1980), Robotics Institute, Carnegie-Mellon-University, Pittsburgh/PA,
und: Towards Automatic Visual Obstacle Avoidance, Proc. IJCAI-77, 584
und: Visual Mapping by a Robot Rover, Proc. IJCAI-79, 598–600.

[**Ohlander et al. 78**] : *Picture Segmentation using a Recursive Region Splitting Method,* R. Ohlander, K. Price, D.R. Reddy, *Computer Graphics and Image Processing* **8** (1978), 313–333.

[**Ohta et al. 80**] : *Color Information for Region Segmentation,* Y. Ohta, T. Kanade, T. Sakai, *Computer Graphics and Image Processing* **13** (1980), 222–241.

[**Yam + Davis 81**] : *Image Registration using generalized Hough Transforms,* S. Yam und L.S. Davis, Proc. Int. Conf. on Patt. Recogn. and Image Proc. PRIP-81, Aug. 3–5, 1981, Dallas/TX, 526–533.

[**Zahn 71**] : *Graph-Theoretical Methods for Detecting and Describing Gestalt Clusters,* C.T. Zahn, *IEEE Trans. on Computers* **C-20** (1971), 68–86.

[**Zimmermann + Kories 84**] : *Eine Familie von Bildmerkmalen für die Bewegungsbestimmung in Bildfolgen,* G. Zimmermann und R. Kories, 6. DAGM-Symposium Mustererkennung, W. Kropatsch (Hrsg.), VDE-Fachberichte, Berlin: VDE-Verlag, 1984, 147–153.

[**Zucker 76**] : *Region Growing: Childhood and Adolescence,* S.W. Zucker, *Computer Graphics and Image Processing* **5** (1976), 382–399.

Abb. 1 Originalbild (Blaukanal)

Abb. 2 Segmentationsergebnis (Bereichsgrenzen überhöht)

Abb. 3 Ergebnis des Punktefinders (Farbvektoroperator)

Ein leistungsfähiger Algorithmus zur Gewinnung
spektraler Texturmerkmale

U. Franke

Institut für Elektrische Nachrichtentechnik

RWTH Aachen

Zusammenfassung

Im vorliegenden Beitrag wird ein iterativer Algorithmus zur Spektralanalyse zweidimensionaler Funktionen (z.B. Texturen) vorgestellt, der
von der Form des bekannten Segmentes weitgehend unabhängige Ergebnisse
liefert.
Durch geeignete Extrapolation des Segmentes wird eine Schätzung des
Spektrums erzielt, die dominante Spektrallinien zuverlässig herausar-
beitet. Zusätzlich vorhandenes Wissen wie z.B. eine Begrenzung des
Wertebereiches oder des Spektrums kann einfach Berücksichtigung finden. Eine Texturklassifikation anhand der für die betrachtete Textur
als signifikant erkannten Spektrallinien erscheint vielversprechend.

1. Einleitung

Ein wesentliches Problem bei der Gewinnung spektraler Merkmale zweidi-
mensionaler Muster (Texturen) stellt die Tatsache dar, daß für die
Analyse häufig nur ein kleines Segment $s(m,n)$ mit beliebiger Form der
Berandung zur Verfügung steht. Dies kommt in

$$s(m,n) = t(m,n) \cdot w(m,n), \qquad 0 \le m < M,\ 0 \le n < N \qquad (1)$$

zum Ausdruck. Hierbei stellt $t(m,n)$ eine fiktive, örtlich unbegrenzte
Textur und $w(m,n)$ eine die Form des gegebenen Segmentes beschreibende
binäre Fensterfunktion dar.
Diskrete Fouriertransformation liefert

$$S(k,l) = T(k,l) \ast\ast W(k,l), \qquad 0 \le k < M,\ 0 \le l < N, \qquad (2)$$

wobei das Symbol $\ast\ast$ für die zweidimensionale Faltung steht.

In der Tatsache, daß das so gewonnene Spektrum $S(k,l)$ durch Faltung
des 'Originalspektrums' $T(k,l)$ mit dem Spektrum der Fensterfunktion
stark verfälscht ist, ist der Grund zu sehen, daß Ansätze zur Texturklassifikation im Spektralbereich in vergleichenden Untersuchungen
i.a. schlecht abschneiden /1/.
Von entscheidender Bedeutung für die Erfolgsaussichten einer Klassifikation im Spektralbereich ist jedoch die Genauigkeit und Aussagekraft
des DFT-Spektrums auch bei kleinen Segmenten.

Im Vergleich zu der bekannten Fenstermethode bessere Resultate lassen
sich mit der Methode der Maximum Entropy Spektralschätzung erzielen,

wie von Chen /2/ gezeigt wurde. Dieses für eindimensionale Signale
häufig verwendete Verfahren ist bei zweidimensionalen Signalen trotz
des von Lim und Malik /3/ angegebenen iterativen Algorithmus recht
aufwendig. Es stellt sich darüberhinaus das Problem, daß die implizit
getroffenen Annahmen über die Struktur des Leistungsdichtespektrums
des betrachteten Musters in vielen Fällen nicht zutreffend sind.

Verfahren der iterativen Entfaltung bei gegebenen Randbedingungen, die
z.B. in /4/ umfassend dargestellt sind, lassen sich auf das gestellte Problem nur in Spezialfällen anwenden.

2. Das Verfahren der selektiven Entfaltung

Geht man von der für Texturen häufig erfüllten Annahme aus, daß ihre
DFT-Spektren dominante Spektrallinien aufweisen, läßt sich das "Fenster" in Gl. (1) mittels des iterativen Verfahrens der selektiven Entfaltung (SD: Selective Deconvolution) in guter Näherung eliminieren.
Dieser Algorithmus wird in /5/ für eindimensionale Funktionen ausführ-
führlich beschrieben und soll im folgenden in seiner Anwendung auf
zweidimensionale Signale dargestellt werden.

Um die sich bei direkter Anwendung der DFT ergebenden extremen Verfäl-
schungen des Spektrums (vgl. Gl.(2)) zu reduzieren ist es naheliegend,
das bekannte Segment mit seinem Mittelwert fortzusetzen (zu extrapolieren) und so die Faltung des Mittelwertes $T(0,0)$ mit der Fouriertransformierten des Fensters zu eliminieren.
Die Extrapolation des gegebenen Segmentes mit Schätzwerten einzelner
Spektralkoeffizienten kann iterativ durchgeführt werden. Sie stellt
die Grundidee des SD-Algorithmus dar, dessen Ablauf in Abb. 1 dargestellt ist und dessen einzelne Schritte in Abb. 2 anhand eines Bei-
spieles verfolgt werden können.

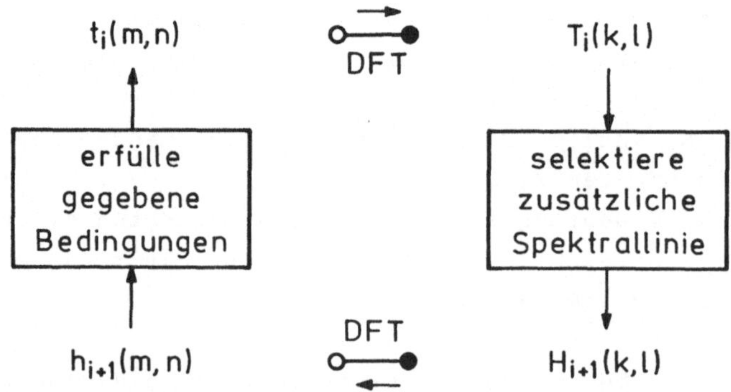

Abb. 1: Blockdiagramm der Iteration

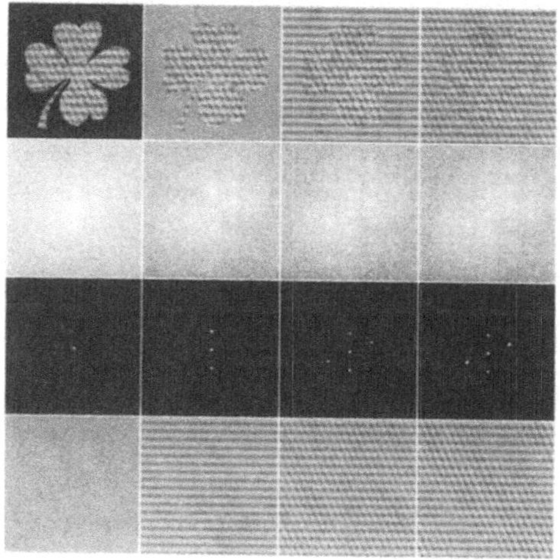

t_0	t_1	t_2	t_3
T_0	T_1	T_2	T_3
H_1	H_2	H_3	H_4
h_1	h_2	h_3	h_4

Betragsspektren
logarithmisch
dargestellt

Abb. 2: Beispiel für die ersten vier Iterationsschritte

Die Iteration beginnt mit

$$t_0(m,n) = s(m,n) \qquad 0 \leqq m,k < M \qquad (3)$$
$$H_0(k,l) \equiv 0 \qquad 0 \leqq n,l < N,$$

wobei $H(k,l)$ (vgl. Abb. 1) als 'akkumuliertes' Spektrum bezeichnet
wird.

Die einzelnen Iterationsschritte laufen wie folgt ab:
Nach der zweidimensionalen DFT $t_i(m,n) \, \circ\!\!-\!\!\bullet \, T_i(k,l)$ (vgl. Abb. 2) wird
nach einer noch festzulegenden Strategie ein geeignetes Spektrallini-
enpaar k_s, l_s selektiert und damit das neue akkumulierte Spektrum gemäß

$$H_{i+1}(k,l) = \begin{cases} \alpha \cdot T_i(k,l) & \text{falls } k,l = k_s, l_s \quad \text{oder} \\ & \qquad\quad k,l = M-k_s, N-l_s \quad (4) \\ H_i(k,l) & \text{sonst} \end{cases}$$

gebildet. Die Berücksichtigung eines Paares korrespondierender Spektrallinien ist erforderlich, um reelle Rücktransformierte $h_{i+1}(m,n)$ zu
gewährleisten.

Der aktuelle Iterationsschritt wird durch Einsetzen des bekannten Segmentes abgeschlossen:

$$t_{i+1}(m,n) = h_{i+1}(m,n) \cdot [1-w(m,n)] + s(m,n) \cdot w(m,n) \qquad (5)$$
$$0 \leqq m,k < M, \quad 0 \leqq n,l < N \ .$$

Drei Punkte bedürfen zusätzlicher Erläuterung:

1) Mit der Wahl von $\alpha \cdot T_i(k,l)$ nach Gl. (4) erhält man lediglich einen guten Schätzwert für $H_{i+1}(k_s,l_s)$. Diese Schätzung muß in einer Nachiteration verbessert werden, deren Ablauf mit der oben beschriebenen Iteration bis auf die Tatsache identisch ist, daß keine neuen Spektrallinien auf H(k,l) übertragen werden.
Die Geschwindigkeit dieser Nachiteration sowie ihre Konvergenz wird in /5/ untersucht bzw. bewiesen.

2) Der vorgestellte Algorithmus garantiert in jedem Schritt die Konsistenz des bekannten Segmentes mit der verbesserten spektralen Beschreibung. Offensichtlich hängt jedoch das Ergebnis der Extrapolation und damit das resultierende Spektrum von der Reihenfolge der Berücksichtigung der einzelnen Spektrallinien ab. Im Sinne der zugrundeliegenden Annahme des Vorhandenseins dominanter Spektrallinien sollte die Reihenfolge der Enfaltung so gewählt werden, daß die Konzentration des Betrages auf wenige Spektrallinien maximiert wird. Ein geeignetes Maß hierfür stellt die durch

$$H = - \sum_{k=0}^{M-1} \sum_{l=0}^{N-1} |T'(k,l)| \cdot \log|T'(k,l)| \tag{6}$$

$$\text{mit } T'(k,l) = T(k,l) \Big/ \sum_{k=0}^{M-1} \sum_{l=0}^{N-1} |T(k,l)|$$

definierte 'Entropie' dar, deren Wert zu minimieren wäre.
Aus Aufwandsgründen wird jedoch eine andere Strategie gewählt:
in jedem Schritt findet die betragsmäßig größte, noch nicht auf das akkumulierte Spektrum übertragene Spektrallinie Berücksichtigung.

3) Bei Texturen kann das zusätzlich immer vorhandene Wissen über den eingeschränkten Wertebereich von t(m,n) im Schritt von h_{i+1} auf t_{i+1} (vgl. Gl. (5)) durch entsprechende Begrenzung Berücksichtigung finden, ohne die Konvergenz des Verfahrens zu beeinflussen.

3. Anwendungen des SD-Algorithmus

Der beschriebene SD-Algorithmus ist sowohl in der ein- wie auch in der mehrdimensionalen digitalen Signalverarbeitung vielseitig einsetzbar. Neben Anwendungen im Rahmen von Extrapolation, Spektralanalyse und Bildkodierung bietet sich sein Einsatz bei Problemen der Texturklassifikation und Diskrimination an.

Die als signifikant erkannten Spektrallinien stellen nach ihrer Entfaltung von der Fensterfunktion aussagekräftige spektrale Merkmale dar. Hervorzuheben ist, daß das Resultat der Spektralschätzung von der Form des gegebenen Segmentes weitgehend unabhängig ist, solange die Struktur der betrachteten Textur(en) noch als klein gegenüber der Segmentgröße angesehen werden kann. Dies wird in Abb. 3 am Beispiel verschiedener Ausschnitte der Brodatz-Textur D53 verdeutlicht.

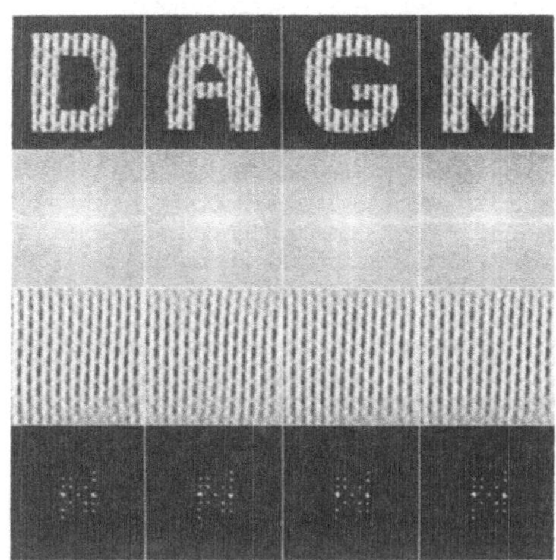

d_0	a_0	g_0	m_0
D_0	A_0	G_0	M_0
d_{16}	a_{16}	g_{16}	m_{16}
D_{16}	A_{16}	G_{16}	M_{16}

Betragsspektren
logarithmisch
dargestellt

Abb. 3: Einfluß unterschiedlicher Segmentformen auf
die 16 wichtigsten Spektrallinien einer Textur

Vielversprechend erscheint der Ansatz, verschiedene Texturen anhand ihrer signifikanten Spektrallinien zu unterscheiden. Auf dieser Idee basierende Verfahren der Texturdiskrimination sind Gegenstand laufender Untersuchungen.

Literatur

/1/ L. Van Gool et al., 'Texture Analysis Anno 1983', (Survey), Comp.
    Vision, Graphics and Image Processing 29, 1985, S. 336-357
/2/ C. H. Chen: 'A Study of Texture Classification using Spectral
    Features', Proc. of the 6th Intern. Conf. on Pattern Recognition,
    München, Oct. 1982
/3/ J. S. Lim, N. A. Malik: 'A New Algorithm for Two-Dimensional Maximum Entropy Power Spectrum Estimation', IEEE Trans. on ASSP,
    Vol. 29, No. 3, June 1981
/4/ R. W. Schafer, R. M. Mersereau and M. A. Richards, 'Constrained
    Iterative Restortion Algorithms', Proc. IEEE, Vol. 69, No. 4,
    Apr. 1981, S. 432-450
/5/ U. Franke, 'Spectral Analysis and Extrapolation of Discrete
    Signals by Selective Deconcolution', zur Veröffentlichung in der
    Zeitschrift Signal Processing eingereicht

Zur Messung der Leistungsfähigkeit von Sprach-erkennungssystemen

Helmut Mangold
AEG Forschungsinstitut
Ulm

1. Einführung

Benutzer und Hersteller von Systemen zur automatischen Spracherkennung benötigen eine gemeinsame Basis zur Definition und Messung der Leistungsfähigkeit
solcher Systeme. Nur dann lassen sich die Erwartungen der Benutzer und die
Möglichkeiten, welche die Systeme bieten können, annähernd in Einklang bringen.

In technischen Unterlagen von heute erhältlichen Spracherkennern wird zwar
meist eine Erkennungsrate zwischen 95 und 99 % richtig erkannter Wörter angegeben, doch wird üblicherweise nichts gesagt über die Art des verwendeten
Testvokabulars, wie das Vokabular gesprochen wurde, wie viele Testsprecher
verwendet wurden oder gar wie die Verteilung der Erkennungsleistung unter den
verwendeten Testsprechern war. In /1/ werden etwa 80 Faktoren zusammengestellt,
die auf die Erkennungsleistung eines Spracherkenners Einfluß haben.
Je nach Anwendungsfall können ganz unterschiedliche Aspekte für die Beurteilung
wichtig sein. Ein Erkenner für Steuerungsaufgaben in einem industriellen Prozeß
darf u.U. erheblich weniger Fehler machen als ein Erkenner in einem Telefon-
bestellsystem eines Versandhauses, der dafür aber sprecherunabhängig möglichst
alle vorkommenden Sprechertypen bei einem nur kleinen Vokabular erkennen
sollte.
Das bedeutet, daß die Spracherkennung immer als Teil eines größeren Anwendungs-
systems nur insgesamt beurteilt werden kann. Abb. 1 zeigt ein Prinzipbild der
Verarbeitungskette vom Benutzer bis zum Anwendungssystem. Hier spielen dann
auch noch andere als sprachliche Eingabekanäle eine Rolle, beispielsweise
Tasten. Aber auch die Art der Ausgabesysteme, beispielsweise sprachlich oder
optisch, ist für die Gestaltung des Gesamtdialogs entscheidend.

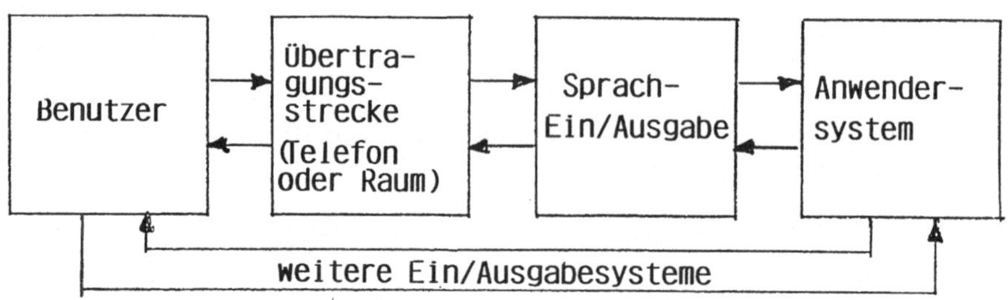

Abb. 1: Die Sprach-Ein/Ausgabe als Teil des Gesamtsystems.

Wesentliche Einflußfaktoren eines solchen Gesamtsystems sind:

* Die Stimmqualität des Sprechers, die charakterisiert ist durch Geschlecht,
  Alter, Dialekt, Sprechgewohnheiten, Stimmvariabilität, pathologische
  Besonderheiten, Motivation und Ermüdung.

* Die Eigenschaften der Übertragungsstrecke, die sowohl eine elektrische wie
  auch die akustische Schallübertragung einschließt und die im wesentlichen
  zu linearen und nichtlinearen Verzerrungen sowie zu Geräuschüberlagerungen
  führt.

* Die ergonomische und aufgabenorientierte Struktur des Sprachdialogs, im
  wesentlichen beeinflußt durch syntaktische Abläufe, Wahl eines möglichst
  natürlichen und leicht unterscheidbaren Vokabulars und einen Dialogablauf
  der Ermüdung verhindert. Dazu gehört auch die Behandlung von Erkennungs-
  fehlern im Dialogablauf.

* Die technischen Eigenschaften des verwendeten Spracherkenners, beispielsweise gekennzeichnet durch den Erkennungsalgorithmus mit all seinen
  Einzelheiten, die zulässige Sprechweise (isoliert oder verbunden), die
  Erkennungsgeschwindigkeit und schließlich die Erkennungsleistung,
  ausgedrückt in Fehler und Rückweisungsraten.

2. Technische Prinzipien von Erkennungssystemen

Praktisch einsetzbare Erkennungssysteme gibt es derzeit für isoliert gesprochene Einzelwörter und für verbunden gesprochene Wortfolgen/2,3/. Die Erkennung natürlicher und kontinuierlicher Sprache ist noch nicht anwendungs-
reif. Alle Erkenner arbeiten nach vergleichbaren und ähnlichen Prinzipien.
Abb. 2 stellt die wesentlichen und damit auch für die Bewertung der
Leistungsfähigkeit entscheidenden Stufen dar.

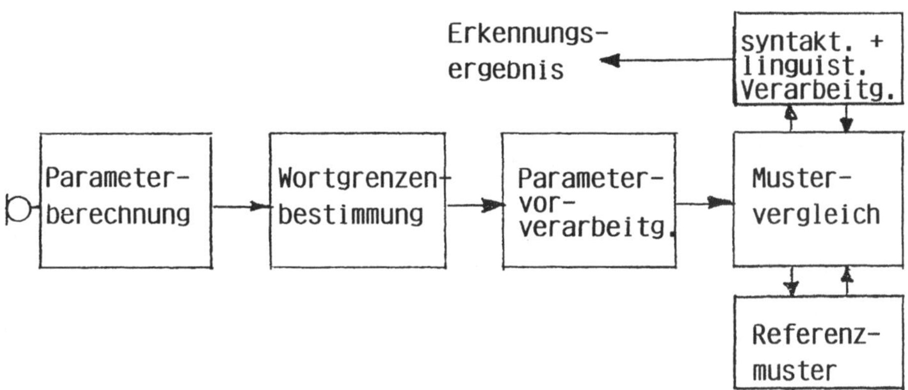

Abb.2: Die wichtigsten Stufen in einem Worterkennungssystem

In der ersten Stufe werden aus dem digitalisierten Sprachsignal geeignete
Parameter extrahiert, die eine noch genügend genaue Beschreibung des Sprach-
signals ermöglichen. Hier wird in der Regel eine Informationsreduktion um den
Faktor 10 vorgenommen.
Eine wichtige Quelle von Klassifizierungsfehlern liegt in der bei Isoliertworterkennern üblichen Wortgrenzendetektion. Hier wird durch eine Reihe von Ampli-
tudenschwellen Anfang und Ende eines Wortes bestimmt. Störsignale können hier
schlimme Fehler verursachen.
Die nachfolgende Parametervorverarbeitung soll Unterschiede im Amplituden- und
Zeitverlauf ausgleichen. Diese können sowohl bei unterschiedlichen Sprechern
wie auch innerhalb eines Sprechers auftreten, wenn sich das Verhalten beispielsweise nach einigen Stunden Erkennungsbetrieb wesentlich geändert hat.

Solche Normierungsoperationen tragen zwar im wesentlichen zur Verbesserung der
Erkennungsleistung bei, doch kann insbesondere eine lineare Zeitnormierung
kurze Laute fast unterdrücken. Am Ende der kompletten Vorverarbeitungskette
steht ein Muster zur Verfügung, das nach datenreduzierender Quantisierung Ausgangspunkt des eigentlichen Mustervergleichs ist. Diese Quantisierung ist
ebenso wie der Aufwand in der Vorverarbeitung immer ein Kompromiß zwischen
Erkennungsleistung und Rechen- bzw. Speicheraufwand.
Ähnliches gilt für den anschließenden Mustervergleich. Bei Ganzworterkennern
hat sich hierfür inzwischen die Technik der dynamischen Programmierung standardisiert, die zwar eine recht gute Anpassung der dynamischen Schwankungen des
Zeitablaufs an die Vergleichsmuster bietet, aber spektrale Schwankungen nicht
ausgleichen kann. Solche spektralen Unterschiede werden teilweise bei der
Berechnung der Referenzmuster, d.h. beim Training ausgemittelt /5/.
Im Prinzip haben wir es bei der Aufgabe der Klassifizierung mit einer Zuweisung
unbekannter Signalklassen zu unterschiedlichen, bereits bekannten Referenz-
klassen zu tun. Dabei können verschiedene Ergebnisse entstehen, die aus der
Abb. 3 anschaulich abgeleitet werden können.

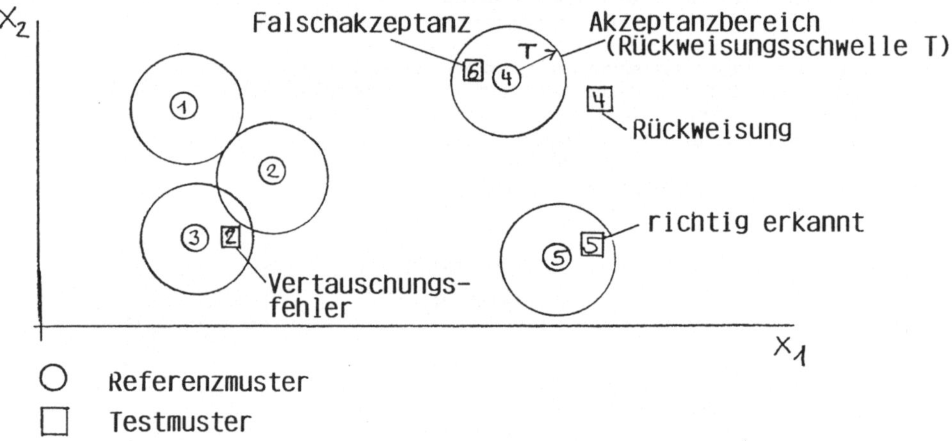

Abb.3: Beispiele unterschiedlicher Klassifizierungsergebnisse

In der zweidimensionalen Parameterebene sind die Mittelpunkte der zu erkennen-
den Klassen 1 bis 5 jeweils von einem Akzeptanzbereich umgeben, der durch die
Rückweisungsschwelle T gegeben ist.
Wir unterscheiden nun:

* Richtige Klassifizierung, d.h. die eingesprochene Wortklasse wird dem
  richtigen Referenzmuster zugeordnet.

* Falsche Klassifizierung, d.h. die eingesprochene Wortklasse ist zwar
  gültig, wird aber dem falschen Referenzmuster zugeordnet
  (Vertauschungsfehler).

* Falschakzeptanzen, d.h. eine im Prinzip zwar nicht gültige Wortklasse
  (z.B. ein Störsignal) wird einem gültigen Referenzmuster zugeordnet.

* Rückweisungen, d.h. ein gültiges oder ungültiges Eingabemuster wird nicht
  akzeptiert.

Eine Leistungsmessung von Spracherkennern sollte die Möglichkeit haben, zwischen diesen unterschiedlichen Systemantworten zu unterscheiden. Leider ist das für den Benutzer in der Regel nicht möglich, da er auf die für die Klassifizierung relevanten Abstandsmaße nicht direkt zugreifen kann. Falschakzeptanzen werden allerdings in der Regel nicht ausgewertet.

3. Kriterien für die Leistungsmessung

Bei der Auswahl eines Testverfahrens ist deutlich zu definieren, was mit dem Test gemessen werden soll, die technische Leistung des Erkenners, die Fähigkeiten des Benutzers oder die Leistung des Gesamtsystems. In der Regel sollen zunächst die technischen Leistungen des Spracherkenners bestimmt werden. Deshalb ist es entscheidend, die Einflüsse des Benutzers oder der Systemumgebung davon deutlich abzutrennen.

Technische Kriterien

Im Prinzip sollte die Leistungsfähigkeit eines Spracherkenners durch objektive Messungen zunächst eingegrenzt werden. Dazu wäre ein sprachähnliches synthetisches Testsignal erforderlich, dessen Eigenschaften entsprechend den natürlicherweise vorkommenden Variationen verändert werden könnten.

Wesentliche technische Parameter, die damit gemessen werden könnten wären:

* Der Dynamikbereich, d.h. maximaler und minimaler Lautstärkepegel, die ohne manuelle Pegelanpassung verarbeitet werden können.

* Zulässige Schwankungen im zeitlichen Ablauf, d.h. rhythmische Unterschiede bei der Aussprache des gleichen Wortes.

* Zulässige spektrale Schwankungen, d.h. Variationen in der Formantstruktur des Sprachspektrums.

Eine solche Bestimmung der Leistungsgrenzen legt zunächst die grundsätzlichen Möglichkeiten des verwendeten Erkennungsverfahrens fest. Sie kann allerdings nur dann genügend aussagen, wenn eine Zuordnung dieser Messung zu den in Wirklichkeit immer überlagerten Einflüssen des Sprechers und der Umgebung möglich ist.

Anwendungsabhängige Kriterien

Die Anwendung läßt sich nicht mehr präzise trennen von den durch den Sprecher verursachten Einflussen. Bestenfalls die aus der Umgebung kommenden Geräusche sind erfassbar und damit in ihren Auswirkungen auf die Erkennungsleistung auch meßbar.
Praktische Geräusche sind in der Regel stark instationär, so daß für eine genügend genaue Messung umfangreiche Simulationen nötig sind. Messungen mit stationären Geräuschen können andererseits gut für einen Vergleich mit den ausführlich untersuchten Erkennungsfähigkeiten des Menschen dienen.

Benutzerabhängige Kriterien

In diesem Bereich ist sicherlich eine Objektivierung der Tests am schwierigsten möglich, gleichzeitig sind aber die Variationen im Benutzerverhalten die stärksten Fehlerquellen. Das wird sehr deutlich, wenn beispielsweise durch Verkleinern

der Rückweisungsschwelle anhand des Anstiegs der Rückweisungen festgestellt
werden kann, wie stark die gesprochenen Wortmuster auch bei bewußt "unveränder-
ter" Sprechweise schwanken.
Kaum objektiv meßbar ist dagegen, wieweit Erkenner für verbunden gesprochene
Wortfolgen diese noch erkennen können wenn der Grad der Koartikulation zunimmt.

Schließlich soll noch die Messung der Sprecherunabhängigkeit eines Systems für
sprecherunabhängige Erkennung erwähnt werden. Auch dafür gibt es vorläufig nur
sehr grobe Vorschläge, wie Geschlecht, Alter und Dialektfärbung in
Untersuchungen einbezogen werden können.

4. Vorschläge für Testverfahren /8,9/

Die bisher vorgeschlagenen und teilweise auch praktisch verwendeten Verfahren
lassen sich im wesentlichen in zwei Kategorien einteilen, die nur statistisch
objektivierbaren Tests, bei denen mit Hilfe von umfangreichen, von Versuchs-
personen gesprochenen Wortlisten Erkennungsversuche gemacht werden und die
bisher nur marginal entwickelten Tests, bei denen objektiv definierbare Abstandsmaße zur Qualitätsmessung verwendet werden

Experimentelle Erprobung mit Worttestlisten

Der naheliegendste Test für Spracherkenner besteht darin, den Erkenner in
seiner Anwendungsumgebung und mit seiner Anwendungsaufgabe zu erproben. Da das
natürlich nicht für jede mögliche und denkbare Anwendung gemacht werden kann,
gibt es inzwischen Tests, die Wortlisten verwenden, die den potentiellen Anwendungen am ehesten entsprechen und mit denen versucht wird, die Erkennungsrate
unter möglichst wirklichkeitsnahen Bedingungen zu ermitteln. Solche Tests sollten standardisiert sein /9/. Nur dann sind Ergebnisse einigermaßen vergleichbar. Erste Ansätze zu einer solchen Standardisierung laufen seit einigen Jahren, haben jedoch bisher noch nicht zu endgültigen Ergebnissen geführt /10,11/.

Bisher existierende Testlisten sind in Tab.I zusammengestellt. Diese Listen
sind von Arbeitsgruppen oder Firmen erstellt und sind in der Regel unter gewissen Bedingungen verfügbar. Sie haben keinen verbindlichen Charakter. Die
meisten Listenersteller sind bereit, gegen Erstattung von Kosten auch fremden
Interessenten ihr Material zugänglich zu machen.

Tab. I zeigt ganz deutlich, daß durch die dort zusammengestellten Listen keine
auch nur einigermaßen repräsentative Abdeckung der in der praktischen Anwendung
vorkommenden Fälle gegeben ist. Vielmehr stellen die Listen jeweils nur Ausschnitte aus potentiellen Anwendungen dar, für die eben ein passender Test zu-
rechtgemacht wurde. Variationen der verwendeten Sprecher sind dabei ebenso wie
häufig auch die Aufnahmebedingungen mehr oder weniger zufällig.
Die umfangreichste Testliste für sprecherabhängige Erkennung ist neben der
japanischen Liste der JEIDA die vom englischen RSRE hergestellte Liste mit etwa
160 000 Proben. Dazu gibt es natürlich noch eine Fülle von Listen, die von
einzelnen Forschungsgruppen oder Firmen für ihre internen Zwecke zusammengestellt wurden, die jedoch nicht öffentlich bekannt und allgemein verfügbar
sind.
Seit einiger Zeit sind auch Bemühungen in Gang gekommen, ähnliches Testmaterial
für Erkenner für kontinuierliche Sprache bereitzustellen. Im Rahmen mehrere
Projekte wird in den USA derzeit eine Datenbasis erstellt, bei der von 630
Sprechern mit gezielt ausgewähltem Dialekt und Spracheigenheiten jeweils 10
Sätze gesprochen werden. Diese Sätze sind nach strengen phonetischen Gesichts-
punkten ausgewählt unter Benutzung der häufigsten Wörter der englischen Sprache. Eine zweite Testliste für kontinuierliche Sprache, ebenfalls in den USA

erstellt, enthält 2000 Sätze einer graphischen Datenbasis, gesprochen von 160 Sprechern für den Test der Sprecherunabhängigkeit und von 12 Sprechern zum Test sprecherabhängiger Systeme.

Manche der erwähnten Testlisten sind nur auf Tonbändern erhältlich. Das macht die automatische Auswertung von Tests sehr mühsam. Die in jüngster Zeit erstellten Listen werden jedoch durchweg sofort markiert und stehen dann als Computerbänder in einer Form zur Verfügung, die eine automatische Auswertung problemlos möglich macht. Die in der Tab. I teilweise angegebenen langen Zeiträume für die Erstellung der Listen sind einerseits dadurch bedingt, daß statistische Auswertungen über Stimmveränderungen mehrerer Monate oder gar Jahre untersucht werden sollten, sie sind aber auch durch den Arbeitsaufwand für die Markierung gegeben. So wurde beispielsweise für die Segmentierung und Markierung der erwähnten Testsätze für kontinuierliche Sprache eigens eine Arbeitsgruppe am Massachusetts Institute of Technology MIT eingerichtet.

Hersteller der Liste	Anzahl Sprecher	Vokabular, Testsetumfang	Aufnahmebedingungen, Besonderheiten
Federal Aviation Admin. FAA, USA	5000	78 Wörter, isoliert: Ziffern, int. Buchstabieralphabet, Steuerwörter, je 1 x	über gewählte Telefon-verbindungen
U.S. Postal Service (R & D) USA	10	20 Wörter, engl. verbunden u. isoliert: Ziffern, 10 Steuerwörter, je 80 x	in realistischer Umgebung, Postsortieramt, mit Geräusch-kompensationsmikrofon
NATO, Research Study Group on Speech Processing, RSG10	19	10 Ziffern, engl., franz., deutsch, isoliert u. ver-bunden, 9 600 Proben	in Laborumgebung
Texas Instruments USA	16	10 Ziffern und 10 Steuer-wörter, englisch, isoliert, 5 120 Proben	gute Qualität, Nahbesprechungs-mikrofon
	326	10 Ziffern u. "oh", engl., isoliert u. verbunden, 75 400 Proben	gute Qualität, Nahbesprechungs-mikrofon; Männer, Frauen und Kinder; für sprecherunabhängige Erkennung
	10	200 Wörter, Ziffern u. Kommandos, engl.	in hoher Geräuschumgebung, Teststichprobe für "robuste Spracherkenner
Signal Technology USA	2	52 Wörter, CVC-Wörter im Satz, 680 Proben	gute Qualität in ruhiger Umgebung
	17	36 Stunden, Wortlisten, Sätze und Umgangssprache, engl.	Tischmikrofon, Laborumgebung
Verbex USA	10	10 Ziffern und "oh", engl., 10 210 Proben	versch. Mikrofone und Geräusche
GRECO 39 Frankreich /12/	10	Universelle Testdaten mit isolierten, verbundenen und natürlichen Datensätzen, franz. 5 Frauen, 5 Männer	hohe Qualität, Studioaufnahme
Royal Signals and Radar Establishment RSRE, England /13/14/	15	96 Wörter, engl., isoliert: Ziffern, 26 Buchstaben, 60 häufigste Wörter, 160 Proben, 10 Männer, 5 Frauen	Studioaufnahmen je zur Hälfte in natürlicher und ver-änderter Sprechweise (+6 dB, - 6db, schnell/langsam, etc.) Aufn. über 6 Monate
JEIDA, Jap. Elekt. Industr. Development Ass., Japan /21/	150	323 Wörter, japanisch, je 75 Frauen und Männer, isoliert u. verbunden, Ziffern, Städtenamen, Funktionswörter, jap. 193 800 Proben	Aufnahmen in guter Qualität, über 4 Jahre aufgenommen

Tab. I: Verfügbare Wortlisten für den Test von Spracherkennern

Das wesentliche Problem bei der Anwendung von Worttestlisten besteht in dem
enormen Testaufwand, der nötig ist um auch nur einigermaßen vergleichbare und
aussagekräftige Ergebnisse zu erhalten. Das gilt auch dann, wenn bereits Einschränkungen hinsichtlich des Anwendungsbereichs und des Benutzerverhaltens
möglich sind.
Unter der Voraussetzung, daß über die Wahrscheinlichkeitsverteilung der Er-
kennungsraten Annahmen zulässig sind, läßt sich beispielsweise die Zahl der
Tests angeben, die für eine vorgegebene Sicherheit der Aussage zur Fehlerrate
nötig ist. So ist etwa bei einer zu erwartenden Fehlerrate von 0,1 Prozent und
einem Vertrauensintervall von 95 %, in dem die zu erwartende Fehlerrate mit
90-prozentiger Sicherheit liegt eine Teststichprobe von 400 000 Mustern erforderlich /15/. Es ist völlig klar, daß die Stichprobe umso größer sein muß, je
kleiner die zu erwartende Fehlerrate eines Erkennungssystems ist. Allein ein
Blick auf die Tab. I zeigt, daß keine der dort genannten Testlisten auch nur
annähernd den geforderten Umfang aufweist. Und auch wenn es Testlisten dieses
Umfangs gäbe, würde die Durchführung eines Tests damit einen Aufwand erfordern,
der wohl nur sehr selten zu erbringen wäre. Es ist also in der Regel nötig,
sich mit erheblich kleineren Teststichproben zu begnügen und ergänzende Untersuchungen einzubeziehen. Solche ergänzenden Untersuchungen können beispielsweise die Auswertung von Verwechslungsmatritzen bieten.

Verwechslungsmatritzen bieten recht gute diagnostische Hinweise auf problematische Erkennungsfehler. Dabei ist die Auswertung der Verwechslungsmatritzen
selbst wiederum nicht frei von Problemen. Abb.4 zeigt als Beispiel zwei einfache Verwechslungsmatritzen, die zu identischen mittleren Fehlerraten führen,
die aber in ihrer qualitativen Auswirkung auf die Leistung des Spracherkenners
völlig verschieden sind.

a)		erkannt				b)		erkannt		
		1	2	3			1	2	3
	1	0.33	0,33	0,33		1	0,9	0	0,1
gesprochen	2	0,33	0,33	0,33		2	0,1	0	0,9
	3	0,33	0,33	0,33		3	0	0,9	0,1

Abb.4: Verwechslungsmatritzen für drei Klassen mit den
Wahrscheinlichkeiten der Zuordnungen.

Die Fehlerwahrscheinlichkeit eines Erkennungssystems wird üblicherweise
berechnet zu

$$p(e) = \sum_{i,j} p(Yj/Xi)\, p(Xi) \qquad \text{für } i \neq j \qquad (1)$$

wo $p(Yj/Xi)$ die bedingte Wahrscheinlichkeit dafür ist, daß zu der Äußerung Xi
das Erkennungsergebnis Yj gehört. Diese Wahrscheinlichkeiten können in einer
Verwechslungsmatrix zusammengestellt werden. Danach ergibt sich in der Verwechslungsmatrix der Abb.4a eine Fehlerrate von 67 %, die besonders üble
Wirkungen hat, da keinerlei Tendenz der Falscherkennungen zu erkennen ist. In
der Matrix der Abb.4b ergibt sich zwar die gleiche Fehlerrate, doch ist hier
völlig deutlich, daß offensichtlich eine extreme Verwechslung zwischen den
Klassen 2 und 3 stattfindet. Solche typischen Fehler lassen sich dann auch
leichter beheben, während bei der Matrix nach Abb. 4a eine Abhilfe nicht leicht
möglich ist.

Wichtig ist zusätzlich noch, daß in dem Worst-Case-Fall von Abb.4a die Fehlerrate linear mit der Zahl der Klassen steigt.

Objektivierte Leistungstests

Fehlerraten sind also nur mit großem Aufwand zuverlässig zu messen, so daß
weitere Messungen sinnvoll sind. Vertauschungsmatritzen können dabei ein wertvolles Hilfsmittel sein. Der Benutzer hat in der Regel nur zu solchen Größen
Zugang, ein Hersteller kann jedoch auch Abstandsmaße auswerten und damit sehr
viel empfindlichere Tests durchführen, die bei geschickter Auswahl des Test-
materials sehr viel schneller zu zuverlässigen Aussagen führen.
Dabei spielen zwei Aspekte eine wesentliche Rolle: Eine bestimmte Fehlerrate
bedeutet bei einem größeren Vokabular eine höhere Erkennungsleistung und andererseits muß die Bewertung des Schwierigkeitsgrades eines bestimmten Vokabulars in die Beurteilung mit einbezogen werden.
Zu dem ersteren Aspekt wurde in /16/ mit dem Relative Information Loss RIL ein
Maß entwickelt, das von der Modellvorstellung ausgeht, daß ein Spracherkenner
letztlich wie ein Übertragungssystem behandelt werden kann, das am Eingang
Information erhält und am Ausgang irgendwelche veränderte Information ausgibt.

Die Information am Eingang ist dann durch die Entropie gegeben:

$$H(X) = - \sum_i p(Xi) \cdot \log p(Xi) \qquad (2)$$

Die Äquivokation des gedächtnisfreien Kanals

$$H(X/Y) = - \sum_{i,j} p(Xi,Yj) \cdot \log p(Xi/Yj) \qquad (3)$$

d.h. die Entropie des Kanaleingangs bei bekannten Ausgangswahrscheinlichkeiten
kann als Maß für den Informationsverlust auf dem Kanal interpretiert werden.
Der RIL ist dann die auf die Eingangsentropie normierte Äquivokation

$$RIL = H(X/Y) / H(X) \qquad 0 \leq RIL \leq 1 \qquad (4).$$

Sie stellt ein Maß dar, das unabhängig von der Vokabulargröße eine Leistungszahl für einen Erkenner liefert, wobei die in der Verwechslungsmatrix gemessene Daten ausreichen. Der RIL liegt für den schlechtesten Fall (Abb.4a) beim
Wert 1 und für ungestörte Erkennung bei 0.
Ein anderes, sehr wesentliches Problem ist die Beurteilung des Schwierigkeitsgrades der Erkennung eines bestimmten Vokabulars. Es ist sofort einzusehen,
daß etwa die Unterscheidung der Wörter "leben" und "heben" erheblich schwieriger ist als die der Wörter "leben" und "Natur". Der phonetische Abstand der
Wörter ist im zweiten Fall größer. Besonders wichtig ist es, bereits bei der
Zusammenstellung eines bestimmten Vokabulars für eine Erkennungsaufgabe eine
Vorstellung von den zu erwartenden Fehlermöglichkeiten, also eine
a-priori-Fehlerwahrscheinlichkeit zu definieren/17/.
Besonders wichtig ist eine solche Vorhersage bei großen Vokabularien, bei denen
eine angenäherte Abschätzung der möglichen Komplikationen auf Grund empirischer
phonetischer Betrachtungen kaum möglich ist. Das in /17/ angegebene Verfahren
beruht auf einer phonetischen Transkription der zu erkennenden Wörter. Mit
Hilfe der dynamischen Programmierung wird ein phonetisches Abstandsmaß bestimmt, das einen ersten Anhalt für mögliche Probleme gibt.
Auf einem menschlichen Worterkennungsmodell baut das in /18/ beschriebene
Verfahren auf. Im wesentlichen werden bei dieser Modellvorstellung zwei
Parameter ermittelt, der Signal-Störabstand der nötig ist, um eine vergleich-
bare menschliche Erkennungsleistung zu erreichen und die Abweichung der Ver-
wechslungsmatritzen von automatischem und menschlichem Erkenner. Es wird dabei
deutlich unterschieden zwischen der Erkennung der Vokale und derjenigen der
Konsonanten, so daß Abstandsmaße in einem Vokal -und einem Konsonantraum be-
stimmt werden. Anhand von Vergleichsmessungen wird ein Human Equivalent Noise
Ratio HENR gemessen. Hohes HENR bedeutet geringere Leistungsfähigkeit des
Erkenners. Das HENR ist für verschiedene Testvokabularien und den gleichen
Erkenner konstant, wenn vorausgesetzt werden kann, daß der Erkenner nach

ähnlichen Prinzipien arbeitet wie der menschliche Beobachter. Um diese Annahme
weiter zu verfizieren werden die Verwechslungsmatritzen von automatischem und
menschlichem Erkenner miteinander verglichen und daraus ein Korrekturfaktor
bestimmt.
Das Maß HENR stellt einen recht guten Ansatz zum Vergleich unterschiedlicher
Erkenner dar. Es gibt allerdings keinen Hinweis für die Bewertung von Systemen
zur sprecherunabhängigen Erkennung oder auch für verbundene Sprache. Der Vorteil gegenüber normalen Tests ist, daß die umfangreichen Tests mit Versuchs-
personen nur einmal zu machen sind.
Verschiedene experimentelle Ergebnisse zur Abhängigkeit der Erkennungsleistung
von Vokabularumfang, Störabstand, Zahl der Trainingsdurchgänge und der Vokabulargröße wurden in /19/ in ein statistisches Modell zur Bewertung von Spracherkennern eingebaut. Damit lassen sich unter Benutzung von Vokabularien mit
niedriger und hoher vorgegebener Verwechselbarkeit Angaben zur Beschreibung der
Leistungsfähigkeit von Erkennern machen.
In /20/ wird schließlich ein Wahrscheinlichkeitsmodell für die Abschätzung des
Fehlerverhaltens von Isoliertworterkennern entwickelt. Es beruht auf einer
Bestimmung der a priori-Verwechslungswahrscheinlichkeit, definiert durch Messung der Abstände der verwendeten Wörter, und zusätzlich der Bestimmung der
a posteriori-Verwechslungswahrscheinlichkeit, die sowohl die Verwechslung ver-
schiedener Wörter wie auch verschiedener Äußerungen des gleichen Wortes einbe-
zieht. Grundlage der a posteriori-Verwechslungswahrscheinlichkeit sind die im
Erkenner gemessenen Abstände. Die a priori-Wahrscheinlichkeit wird dagegen in
der Trainingsphase bestimmt.
Aus der Annahme, daß sich a priori-und a posteriori-Wahrscheinlichkeit als
Verbund-Binomialverteilung modellieren lassen, gibt das Modell recht brauchbare
Abschätzungen für die Fehlerraten bei verschiedenen Vokabularien. Abb. 5 zeigt
als Beispiel aus /20/ die Abhängigkeit der Fehlerrate von der Vokabulargröße
bei verschiedenen Rückweisungsschwellen T.

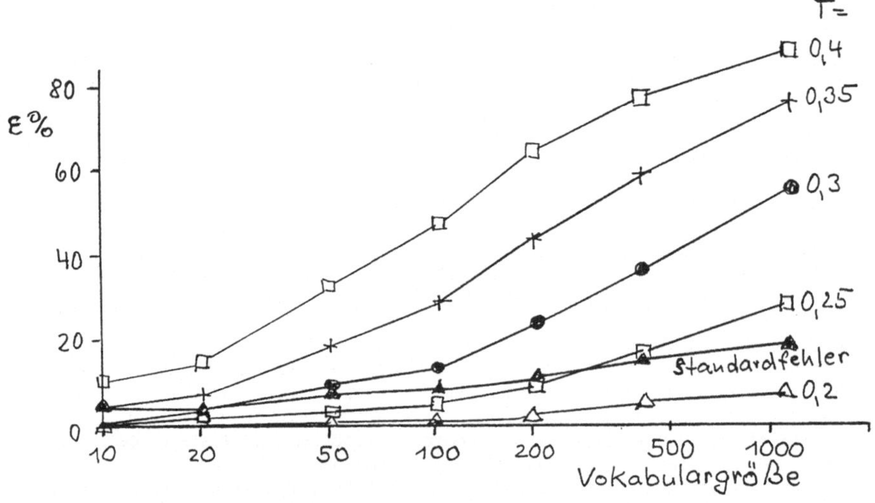

Abb.5: Mittlere Verwechslungsfehlerrate für verschiedene Rückweisungsschwellen und Standardfehler als Funktion des Vokabularumfangs

Vorschläge für objektive Meßverfahren sind in jüngerer Zeit vermehrt entstanden. Allen diesen Verfahren liegen aber Modellvorstellungen zugrunde, die sich
an möglichen Erkennungsprozeduren beim Menschen orientieren. Solche Modellvorstellungen müssen naturgemäß stark vereinfachende Annahmen machen. Es wird also
sowohl eine Verbesserung der Modelle wie auch eine Intensivierung der diesen
Modellen zugrunde liegenden Messungen nötig sein.

5. Ergebnisse bisheriger Tests

Fest vereinbarte und genormte Testverfahren für Spracherkenner sind derzeit
noch nicht vorhanden. Derzeit sind verschiedene intensive Bemühungen im Gange,
zu verbindlichen Standards zu kommen. In den USA unterhält das National Bureau
of Standards seit über fünf Jahren bereits eine spezielle Arbeitsgruppe und das
IEEE hat bereits vor einigen Jahren eine Working Group on Speech I/O Performance Assessment gegründet. In England wurde eine Speech Technology Assessment
Group STAG gebildet, an der die Industrie und verschiedene staatliche Stellen
beteiligt sind. Schließlich beschäftigt sich die COST in der Working Group 209
ebenfalls seit einigen Jahren mit der Leistungsmessung von Spracherkennern. Es
ist nur klar, daß die experimentelle praktische Messung der Leistungsfähigkeit
mindestens ebenso die Standards beeinflußt wie die Standards auch Einfluß auf
die Fortentwicklung der Spracherkennung haben. Es ist deshalb sicherlich
hilfreich, sich nun einige Ergebnisse von Leistungsmessungen an neueren
Spracherkennern anzusehen.
Wir wollen uns dabei auf sprecherabhängige Systeme zur Erkennung isoliert oder
verbunden gesprochener Wörter beschränken, da diese Systeme mit den heute verfügbaren Methoden recht gut zu testen sind und auch technisch recht gut be-
herrscht werden. Da Untersuchungen zu objektiven Meßzahlen bisher noch relativ
selten sind, sollen die meisten Ergebnisse nur in Form ihrer Fehlerraten
wiedergegeben werden, obgleich die statistische Signifikanz der meisten Tests
nicht ausreichend ist für eine abschließende Bewertung.
Ein grundsätzliches Problem solcher Tests stellt die Einbeziehung von statistischen Ausreißern dar. Bei den meisten Wortlisten – und auch bei praktischen
Erprobungen – konzentrieren sich die Erkennungsfehler auf relativ wenige, aber
problematische Sprecher. Ordnet man die Sprecher nach ihrer Fehlerrate, wie in
Abb. 6, so gibt es einen Bereich, in dem die Fehlerrate nur langsam ansteigt
und für wenige schlechte Sprecher gibt es dann einen erheblich stärkeren
Anstieg der Fehlerrate/2/.

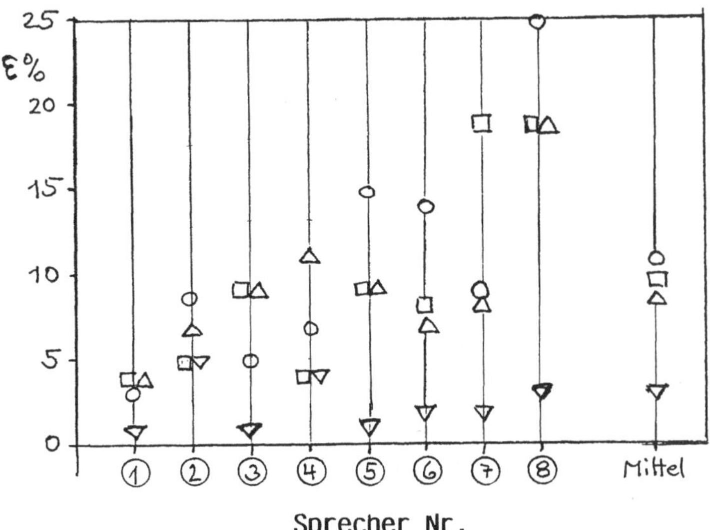

Abb.6: Verteilung der Erkennungsfehlerrate über der Sprecherpopulation
bei 4 verschiedenen Erkennungssystemen

Es gibt also Sprecher, die bewußt oder unbewußt das Ergebnis eines Leistungstests erheblich negativ beeinflussen können. Ob und in welchem Umfang solche
eigentlich unzulässigen Sprachmuster auftreten, wird mit durch die Aufnahmebedingungen beeinflußt. Die einzelnen Proben einer Teststichprobe sind deshalb
leider nicht statistisch unabhängig. In gewissem Umfang läßt sich das höchstens
für die Testsprecher vermuten. In praktischen Anwendungen wird man wohl auch
mit den nur bedingt brauchbaren Sprechern zurcht kommen müssen. Es ist deshalb
sinnvoll, bei der Messung einer Leistungszahl diese mit einzubeziehen.
In praktischen Anwendungen spielt die Frage, welche Erkennungsleistung für
einen bestimmten Preis zu erhalten ist eine sehr entscheidende Rolle. Eine
Preis-Leistungskurve neuerer Spracherkenner sieht durchaus konsistent aus. In
Abb. 7 ist das nach /7/ und eigenen Messungen dargestellt. Die untersuchten
Erkenner arbeiten durchweg nach vergleichbaren Grundprinzipien. Bessere Erken-
nungsraten erfordern jedoch höheren Verarbeitungsaufwand und damit höheren
Preis.

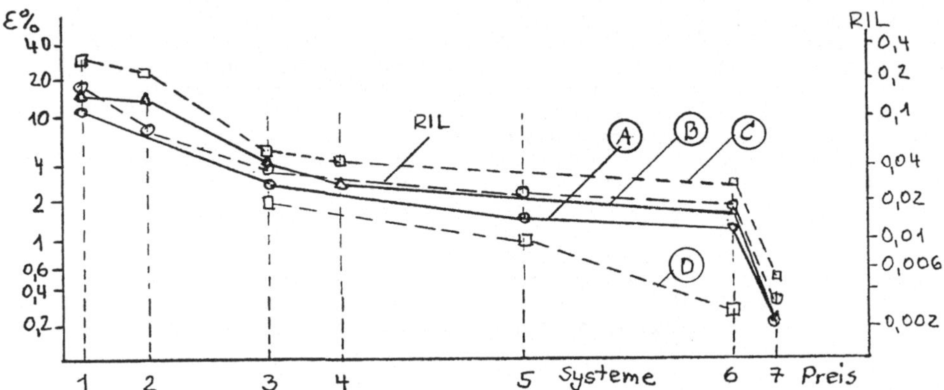

Abb.7: Fehlerrate in Abhängigkeit vom Systempreis

In die Abb.7 wurde zusätzlich das Maß RIL (Relative Information Loss) eingetragen /16/. Die Übereinstimmung mit dem Verlauf der Fehlerrate ist ausgezeichnet. Allerdings sollte einschränkend hinzugefügt werden, daß mit dem gleichen
Test gemessen wurde, der auch der Kurve in Abb.7 zugrundeliegt, die mit dem
Texas Instruments-Test bestimmt wurde. Aus diesem Grunde ist ein weitgehend
identischer Verlauf zu erwarten, da es sich in beiden Fällen um Maße handelt,
die auf der statistischen Auswertung des Erkennungstests beruhen.

Aus der Abb. 7 ist auch deutlich zu sehen, daß der Verbex-Test zu etwas höheren
Fehlerraten führt, obgleich dieser Test nur die 10 englischen Ziffern enthält,
während der TI-Test aus 10 Ziffern und 10 Steuerwörtern besteht. Dieser Unterschied kann einerseits durch die etwas höhere Geräuschbelastung beim Verbex-
Test bedingt sein, er kann aber auch durch die größere Variabilität der Sprecher verursacht sein. Die Kurven zeigen deutlich, daß solche Meßwerte immer
auch einen Bezug zu einer standardisierten Testvorschrift erfordern. Mit dem
NATO-Test wurden nur drei Geräte getestet, Das Ergebnis dieser Messung ist noch
etwas besser, zeigt jedoch im Prinzip die gleiche Tendenz.

Die teuersten Geräte in Abb. 7 sind Verbundworterkenner,die in dem vorliegenden
Fall jedoch nur mit isoliert gesprochenen Wörtern getestet wurden.
Der Test von Verbundworterkennern bereitet erheblich mehr Komplikationen. Um
die Vielfalt der Testmöglichkeiten etwas zu beschränken wird in der Regel mit
Gruppen verbundener Ziffern getestet. Dabei werden Verwechslungen, Auslassungen
und Einfügungen als Fehler gewertet. Eine Gruppe zählt dann als falsch erkannt,

wenn einer dieser Fehler aufgetreten ist. Abb. 8 zeigt den Verlauf der Gruppen-
fehlerrate für fünf derzeit auf dem Markt befindliche Verbundworterkenner. Für
die Messung wurde der in Tab. I aufgelistete NATO-Test verwendet, der jeweils
Gruppen von 1, 3, 4 und 5 Ziffern enthält.

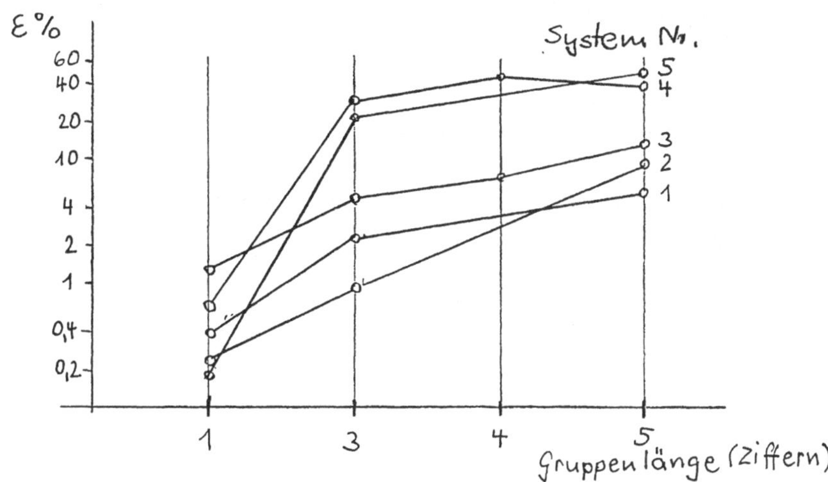

Abb. 8: Abhängigkeit der Erkennungsleistung von Verbundworterkennern
von der Länge der Wortgruppen beim Test mit Zifferngruppen
(nur englisch).

Auch bei diesem Test stellt man fest, daß die Mehrzahl der Fehler von nur
relativ wenigen der 17 verwendeten Sprecher erzeugt wird. Diese sprechen teilweise die Zifferngruppen außerordentlich flüchtig und damit stark koartiku-
liert, d.h. sie verschleifen benachbarte Silben und zerstören dadurch die
Wortmuster. Die getesteten Verbundworterkenner arbeiten aber alle nach dem
Prinzip der Ganzworterkennung und sind deshalb auf möglichst unversehrte
Wortmuster angewiesen.

6. Abschließende Bemerkungen

Die Messung der Leistungsfähigkeit von Spracherkennern ist nicht nur eine Frage
der Festlegung technischer Verfahren, sondern ganz wesentlich auch eine Aufgabe
für möglichst internationale Standardisierungen. Ganzworterkenner für isoliert
oder verbunden gesprochene Kommandos sind im Prinzip Musterklassifikatoren, die
sprachenunabhängig arbeiten. Vergleichende Tests mit europäischen Sprachen
zeigen, daß zumindest für diese Sprachen keine signifikanten Unterschiede in
der Erkennungsleistung feststellbar sind. Damit lassen sich prinzipiell Tests
angeben, die einen internationalen Vergleich von Spracherkennern erlauben.
Eine Reihe von bisher zumeist nationalen Standardisierungsgremien beschäftigt
sich inzwischen mit der Aufgabe, solche Tests zu definieren.
Für eine weitere Fortentwicklung der Erkennungstechnik sind solche Tests ebenso
unerläßlich wie für eine Beurteilung der Anwendungsmöglichkeiten. Im einzelnen
scheinen für die nahe Zukunft folgende Schritte wichtig:

* Es sind Tests zu entwickeln für Isoliertworterkenner und Verbundworterkenner, die nicht nur Fehlerratenmessungen erlauben, sondern auch
  gezielte diagnostische Hinweise auf Stärken und Schwächen eines
  Gerätekonzeptes erlauben.

* Ein besonders komplexes und ungelöstes Problem scheint die Beurteilung von sprecherunabhängigen Erkennern zu sein. Hier ist Grundlagenarbeit zu leisten.

* Die für praktische Anwendungen wichtigen Parameter sind systematisch zu untersuchen und ihrer Wichtigkeit nach in Empfehlungen für Systembeurteilungen zusammenzustellen.

* In der komplexen Aufgabenstellung der Mensch-Maschine-Kommunikation lassen sich der Erkenner und das Anwendungsumfeld recht gut beschreiben. Eine präzise Definition des Benutzerverhaltens ist jedoch nur schwer möglich. Hier sind weitere Grundlagenuntersuchungen erforderlich.

* Die Möglichkeiten von Verfahren zur objektiven Messung von Leistungskriterien für Spracherkenner sind weiter zu entwickeln. Diese Verfahren werden in Zukunft vermutlich unerläßlich sein zur Beurteilung von Erkennern für kontinuierliche Sprache und für sprachverstehende Systeme.

Literatur

/1/   Lea, W.A.: What causes speech recognizers to make mistakes. Proc. of ICASSP 1982, Paris, pp. 2030-2033

/2/   Doddington, G.R., Schalk, T.B.: Speech recognition: Turning theory to practice. IEEE spectrum, Sept. 1981, pp. 26-32

/3/   Rabiner,L.R., Levinson,S.E.: Isolated and Connected Word Recognition - Theory and Selected Applications. IEEE Trans. Commun., COM-29, (May 1981), pp.621-659

/4/   Ney,H.: The Use of a One-Stage Dynamic Programming Algorithm for Connected Word Recognition. IEEE Trans. on Acoust., Speech and Signal Proc., ASSP-32, no.2, April 1984, pp.263-271

/5/   Class,F., Katterfeldt,H.: Ein automatisches Lernverfahren mit dynamischer Zeitnormierung für sprecherabhängige Wortgruppenerkennung. NTG-Fachberichte, Bd. 94, 1986, S.43-48

/6/   Pallett, D.S.: Performance Assessment of Automatic Speech Recognizers. Journal of Res. Nat. Bureau of Standards, vol.90, no. 5, Sept./Oct. 1985, pp.371-387

/7/   Lea, W.A.: Selecting the Best Speech Recognizer for the Job. Speech Technology, Jan./Feb. 1983, pp.10-29

/8/   Andrews, R.J.: Beyond Accuracy - Tools for Evaluating Performance of Speech Recognition Systems. Speech Technology, Aug./Sept. 1984, pp.84-88

/9/   Rubinchek, B.: Toward Standards for Speech I/O Systems. Speech Technology, Jan./Feb. 1983, 40-42

/10/   Pallett, D.S.,ed.: Proceedings of the Workshop on Standardization of Speech I/O-Technology. Nat. Bureau of Standards, Gaithersburg, Md., 1982

/11/   Baker, J.M., Pallett, D.S., Bridle J.S.: Speech Recognition Performance Assessments and Available Data Bases. Proc. of ICASSP 1983, Boston, pp.527-530

/12/ Carre, R., Descout, R., Eskenazi, M., Mariani, J., Rossi, M.: The French Language Database: Defining, Planning and Recording a Large Database. Proc. of ICASSP 1984, Denver, pp.42.10.1-4

/13/ Deacon, J., et.al.: RSRE Speech Data Base Recordings 1983, Rep. 83010 Royal Signals and Radar Establishment, Dec. 1983

/14/ Peckham, J.B.: Speech Technology Assessment in the UK. Proc. of the Speech Tech 85, New York, pp. 165-169

/15/ Baker, J.M.: How to measure up: Testing speech recognisers. Proc. of the Workshop on Standardisation for Speech I/O- Technology. Nat. Bureau of Standards, Gaithersburg, 1982

/16/ Woodard, J.P., Lea, W.A.: New Measures of Performance for Speech Recognition Systems. Proc. of ICASSP 1984, Denver, pp.9.6.1-4

/17/ Lee, Y., Silverman, H.F., Dixon, N.R.: Preliminary Results for an Operational Definition and Methodology for Predicting Large Vocabulary DUR Confusability from Phonetic. Proc. of ICASSP 1984, Denver, pp.26.2.1-4

/18/ Moore, R.K.: Evaluating Speech Recognizers. IEEE Trans. Acoust. Speech and Signal Proc., ASSP-25, no. 2, April 1977, pp. 178-183

/19/ Clark, J., Collins, P., Lowerre, B.: A Formalization of Performance Specifications for discrete Utterance Recognition Systems. Proc. of ICASSP 1981, Atlanta, pp.753-757

/20/ Rosenberg, A.E.: A Probabilistic Model for the Performance of Word Recognizers. AT&T Bell Lab. Tech. Journal, Vol.63, No. 1, Jan. 1984, pp.1-32

/21/ Itahashi, S.: A Japanese Language Speech Database. Proc. of ICASSP 1986, Tokyo, pp.7.4.1-4

QUANTITATIVE EIGNUNGSANALYSE FÜR BILDAUSWERTESYSTEME

G. Winkler

Fraunhofer-Institut für Informations- und Datenverarbeitung

Karlsruhe

Zusammenfassung

Zur automatischen Lösung konkreter Bildauswerteaufgaben sind
konventionelle Rechner ungeeignet. Dafür werden zunehmend digital arbeitende Sichtsysteme angeboten, deren Architektur
sich von Allzweckrechnern deutlich unterscheidet. Die breite
Palette der verfügbaren Systeme macht es schwer, das zur Lösung einer Aufgabe am besten geeignete Gerät zu finden. Mit
dem Beitrag wird versucht, einen Systembenutzer besser in die
Lage zu versetzen, die visuellen Datenverarbeitungssysteme
hinsichtlich ihrer Eignung für spezielle Aufgaben zu beur-
teilen. Dies geschieht aufgrund einer Analysekette, bestehend
aus: Aufgabe-Verfahren-Operationen-Kennzeichen-Systeme. Über
ein quantitatives Eignungsmaß gelingt eine Zuordnung Aufgabe-
Systeme; dadurch wird eine quantitative Eignungsbeurteilung
möglich.

1. Einleitung

Aufgaben der Bildauswertung, die bisher von Menschen gelöst wurden,
werden zunehmend unter Zuhilfenahme digitaler Hilfsmittel automatisch gelöst. Dies geschieht, weil zum einen viele Bilder in kurzer
Zeit ausgewertet werden müssen, wobei relativ einfache Routineaufga-
ben (allerdings bei größtmöglicher Objektivität und Konsistenz) anfallen und weil zum anderen enorme technologische Fortschritte die
gerätetechnischen Voraussetzungen zur automatischen Lösung bieten.
Bildauswertung geschieht durch eine Zerlegung des komplexen Gesamt-
vorganges in einfachere Teilvorgänge und deren komponentenweise Realisierung in einem Gesamtsystem.

2. Systeme zur automatischen Bildauswertung

Der Bildauswertevorgang besteht aus den Teilvorgängen Bildaufnahme,
Bildvorverarbeitung, Datenreduktion und Aussagengenerierung. Für die
großen Datenmengen, hohen Datenraten und anspruchsvollen Operationen
ist ein Allzweckrechner wegen seines Flaschenhalses zwischen Zen-
traleinheit und Arbeitsspeicher ungeeignet. Zur Behebung dieses Man-
kos wurden hunderte von Systemen vorgeschlagen und realisiert; Dut-
zende von ihnen werden auch kommerziell angeboten, (ZIM et al. 83,

AN 84 und YAL et al. 85). Für einen Anwender stellt sich die Frage:
Für welche Aufgabe eignet sich welches System wie gut? Und: Wie findet man das am besten geeignete System? Vergleichende Systemübersichten (ZIM et al. 83) bemühen sich um eine Antwort. Ihr allzu vordergründiger Systemvergleich bedarf einer Ergänzung. Dies wird im
folgenden untersucht.

3. Allgemeine Eignungsanalyse

Um ein zur Lösung einer Aufgabe möglichst gut geeignetes System zu
finden, bietet sich die Analyse folgender Aktionskette an:
- Festlegung der Verfahren zur Lösung einer Aufgabe,
- Bestimmung der Operationen zur Durchführung eines Verfahrens,
- Auflistung der Kennzeichen der benötigten Operationen,
- Zusammenstellung der Anforderungen aufgrund der Kennzeichen,
- Auswahl des Systems, das die Anforderungen am besten erfüllt.
Bisher wurden nur Teile dieser Aktionskette und diese lediglich qualitativ untersucht (GEM 83 und ETCH 83).

3.1 Verfahrensanalyse

Ein Verfahren ist die planmäßige Vorgehensweise zur Lösung einer
Aufgabe. Beispiele: Filterung, Segmentierung, Parameterextraktion,
Korrelation, grammatikalische Analyse. Bezeichnen A_k, $k=1,...,K$ Aufgaben (Sichtprüfung, Handhabung, Prozeßsteuerung) und V_1, $l=1,...,L$
Verfahren, so gilt es als erstes Koeffizienten α_{kl} zu bestimmen, die
angeben, in welchem Maße man V_1 zur Lösung von A_k braucht.

3.2 Operationsbestimmung

Verfahren werden mit Operationen durchgeführt. Eine Operation ist
die Anweisung zur Ausführung einer logischen oder mathematischen
Vorschrift. Beispiel: Schwellwertoperationen, Faltungsoperationen,
Bildtransformationen, Suchoperationen. Bezeichnen B_m, $m=1,...,M$ die
Operationen, die zur Durchführung von Verfahren in Betracht kommen,
so müssen als zweites Koeffizienten β_{lm} bestimmt werden, die angeben, in welchem Maße man B_m für V_1 braucht. Der Ausdruck

$$b_{km} = \sum_l \alpha_{kl}\beta_{lm} \tag{1}$$

gibt an, in welchem Maße B_m zur Lösung von A_k gebraucht wird.

3.3 Kennzeichnung

Operationen für die Bildauswertung sind gemäß bestimmter Kennzeichen
typisierbar. Kennzeichnung ist die Auflistung charakteristischer
Eigenschaften. Beispiele: lokal, global, linear, nicht-linear, homogen, inhomogen, ikonisch, symbolisch. Bezeichnen C_n, $n=1,...,N$ die
Kennzeichen, die zur Charakterisierung der Operationen dienen, so
müssen als drittes Koeffizienten γ_{mn} bestimmt werden, die angeben,
in welchem Maße C_n für B_m charakteristisch ist. Der Ausdruck

$$c_{kn} = \sum_m b_{km}\gamma_{mn} \tag{2}$$

gibt an, in welchem Maße C_n zur Lösung von A_k in Erscheinung tritt.

3.4 Anforderungskatalog

An ein System zur Bildauswertung werden aufgrund der Kennzeichen
bestimmte Anforderungen gestellt. Beispiele: Auflösung, Speicherbe-
darf, Rechenbedarf, Geschwindigkeit. Bezeichnen R_p, $p=1,...,P$ die
Anforderungen, die die Kennzeichen stellen, so müssen als viertes
Koeffizienten δ_{np} bestimmt werden, die angeben, in welchem Maße R_p
von C_n gestellt wird. Der Ausdruck

$$d_{kp} = \sum_n c_{kn} \delta_{np} \tag{3}$$

gibt an, in welchem Maße R_p zur Lösung von A_k erfüllt werden muß.

3.5 Systemauswahl

Bildauswertesysteme sind komplette Einrichtungen zur maschinellen
Lösung von Bildauswerteaufgaben. Beispiele: Zellulare Automaten
(Diff3, Cytocomputer), Feldrechner (CLIP VII, MPP), Mehrprozeßrech-
ner (FLIP, GOP), busorientierte Systeme (IPS, VICOM). Bezeichnen S_q,
$q=1,...,Q$ die Systeme, die den durch eine Aufgabe gestellten Anforderungen gerecht werden, so müssen als fünftes Koeffizienten ε_{pq}
bestimmt werden, die angeben, in welchem Maße R_p von S_q erfüllt
wird. Der Ausdruck

$$e_{kp} = \prod_p \varepsilon_{pq}^{d_{kp}} \tag{4}$$

gibt schließlich an, in welchem Maße sich S_q zur Lösung von A_k eignet; Gl.(4) bringt die Eignung eines Systems zur Lösung einer Aufgabe quantitativ zum Ausdruck. Mit ihrer Hilfe wird ein Systemvergleich möglich.

3.6 Bestimmung der Koeeffizientensysteme

Um die für eine praktische Anwendung der Eignungsanalyse erforderli-
chen Koeffizientensysteme α_{kl}, β_{lm}, γ_{mn}, δ_{np} und ε_{pq} (allgemein ρ_{rs})
zu bestimmen, bieten sich mehrere Wege an:
- Aufgrund offensichtlicher Sachverhalte kommen in gewissen Fällen
  nur die Werte null oder eins in Betracht

$$\rho_{rs} = \{ \begin{matrix} 1 \\ 0 \end{matrix} \tag{5}$$

Beispiel: Die lineare Filterung im Ortsbereich erfordert die Faltung; der entsprechende β-Koeffizient ist eins. Die Graphenanpas-
sung ist keine lokale Operation, der entsprechende Koeffizient ist
null.

- Aufgrund einer Einschätzung durch den Anwender gelangt man in anderen Fällen zu einer feineren Abstimmung, z.B.

$$\rho_{rs} = \left\{ \begin{matrix} 4 \\ 3 \\ 2 \\ 1 \\ 0 \end{matrix} \right. \quad \text{mit den Bedeutungen} \begin{matrix} \text{sehr relevant} \\ \text{relevant} \\ \text{normal} \\ \text{wenig relevant} \\ \text{nicht relevant} \end{matrix}$$

Beispiel: Für lokale Operationen sind Feldrechner sehr gut geeignet; der entsprechende ε-Koeffizient wird zu vier gewählt. Zur
Durchführung symbolischer Operationen sind Fließbandrechner ungeeignet, der entsprechende ε-Koeffizient wird zu null gewählt.

4. Spezielle Eignungsanalyse

Die allgemeine Eignungsanalyse wird nachfolgend an einem speziellen Beispiel konkretisiert, ETCH 83. Dabei schränken wir uns auf die Teilkette Operationen-Kennzeichen-Systeme ein, wobei für das letzte Glied nur Systemklassen (beispielhaft durch einige Vertreter repräsentiert) betrachtet werden.

γ_{mn} — Kennzeichen

		C_1 lokal	C_2 global	C_3 linear	C_4 nicht-linear	C_5 kontextfrei	C_6 kontextabh.	C_7 speicherintensiv	C_8 rechenintensiv	C_9 objektorientiert	C_{10} koordinatenorient.	C_{11} ikonisch	C_{12} symbolisch
B_1	Schwellwert einfach	1	0	0	1	1	0	0	1	0	1	1	0
	adaptiv	1	0	0	1	0	1	0	1	0	1	1	0
B_2	Faltung einfach	1	0	1	0	1	0	0	1	0	1	1	0
	adaptiv	1	0	1	0	0	1	1	1	0	1	1	0
B_3	Ordnen	1	0	0	1	0	1	1	0	0	1	1	1
B_4	Histogrammerzeugung	0	1	1	0	1	0	0	1	1	1	1	0
B_5	Maskenoperation	1	0	1	0	0	1	0	1	1	1	1	0
B_6	Innenpunktbestg.	0	1	0	1	0	1	0	1	1	0	1	0
B_7	Linienerzeugung	0	1	0	1	0	1	1	1	1	0	1	1
B_8	Gestaltbeschreibg.	0	1	1	0	0	1	0	1	1	0	1	1
B_9	Graphenanpassung	0	1	0	1	0	1	1	0	1	0	0	1
B_{10}	Vorhersage	0	1	0	1	0	1	1	0	1	0	0	1

ε_{nq} — Systeme

		S_1 Feldrechner CLIP, MPP, DAP	S_2 Assoziative Proz. STARAN	S_3 Fließbandrechner CYTOCOMP., DIP-1	S_4 Systolische Proz.	S_5 Multiproz. Systeme ZMOP, PICAP II	S_6 Datenfließrechner
C_1	lokal	4	2	4	4	4	2
C_2	global	3	2	2	4	2	2
C_3	linear	4	2	3	4	2	2
C_4	nicht-linear	2	2	2	1	2	2
C_5	kontextfrei	3	2	3	4	3	2
C_6	kontextabh.	2	2	2	1	3	1
C_7	speicherintensiv	1	2	1	2	3	1
C_8	rechenintensiv	3	1	3	4	3	4
C_9	objektorientiert	1	1	1	1	2	1
C_{10}	koordinatenorient.	3	2	2	3	2	2
C_{11}	ikonisch	3	3	3	3	3	3
C_{12}	symbolisch	0	4	0	0	2	3

4:sehr geeignet, 3:geeignet, 2:normal, 1:wenig geeignet, 0:ungeeignet

$$e_{mq} = \prod_n \varepsilon_{nq}^{\gamma_{mn}}$$

		S_1 Feldrechner CLIP, MPP, DAP	S_2 Assoziative Proz. STARAN	S_3 Fließbandrechner CYTOCOMP., DIP-1	S_4 Systolische Proz.	S_5 Multiproz.Systeme ZMOP, PICAP II	
B_1	Schwellwert einfach	648	48	432	576	432	192
	" adaptiv	432	48	288	144	432	96
B_2	Faltung einfach	1296	48	648	2304	432	192
	adaptiv	864	96	432	1152	1296	96
B_3	Ordnen	0	384	0	0	864	72
B_4	Histogrammerzeugung	972	48	324	2304	432	192
B_5	Maskenoperation	864	48	432	576	864	96
B_6	Innenpunktbestg.	108	24	72	48	216	48
B_7	Linienerzeugung	0	192	0	0	1296	144
B_8	Gestaltbeschreibung	0	96	0	0	432	144
B_9	Graphenanpassung	0	64	0	0	144	12
B_{10}	Vorhersage	0	64	0	0	144	12

5. Literatur

AN 84
Anonym: Glasaugen machen noch keine Intelligenz. Roboter 4/84, 34-40

ETCH 83
Etchells, R.D. and Nudd, G.R.: Software Metrics for Performance
Analysis of Parallel Hardware. Proc. Joint Darpa IEEE Conf. on Image
Understanding, Washington, DC, 1983, 137-147

GEM 83
Gemmar, P.: Prozessoren und Systeme für die Bildauswertung.
VDE-Fachberichte 35, 179-196 (1983)

YAL et al. 83
Yalamachili, S.; Palem, K.V.; Davis, L.S.; Welch, A.J., and
Aggarwal, J.K.: Image Processing Architectures: A Taxomony and
Survey, in Progress in Pattern Recognition 2. L.N. Kanal and A.
Rosenfeld (Eds.), Elsevier Science Publishers B.V. (North-Holland),
1985, 1-37

ZIM et al. 83
Zimmermann, N.J.; van Boven, G.J.R., and Oosterlinck, A.: Overview
of Industrial Vision Systems, in Industrial Applications of Image
Analyse. N.J. Zimmermann and A. Oosterlinck (Eds.), D.E.B.
Publishers-Pijnacker-The Netherlands, 1983, 193-231

SYNCHRONER DATENFLUSSRECHNER
ZUR ECHTZEITBILDVERARBEITUNG
==============================

Toni Gunzinger
Institut für Elektronik,
Eidg. Tech. Hochschule, CH-8092 Zürich

Zusammenfassung:
Mit Hilfe eines an die Bildverarbeitung angepassten Datenflussrechner-
konzeptes kann dieselbe Verarbeitungsgeschwindigkeit wie mit Spezialhardware erreicht werden; zusätzlich steht aber ein programmierbarer
Rechner zur Verfügung, der in weiten Grenzen an unterschiedliche Algorithmen aus dem Gebiet der Bildverarbeitung/Bildanalyse angepasst
werden kann. Dieses Konzept wurde in einem Versuchsaufbau verifiziert.
Der Rechner soll in der Echtzeitbildverarbeitung wie z.B. Fahrzeugsteuerung und Robotertechnik eingesetzt werden können.

1. Einleitung

1.1 Echtzeitbildverarbeitung

Im Bereich Robotertechnik und Fahrzeugsteuerung besteht ein wachsendes
Bedürfnis nach optisch geführten Systemen. In einem solchen System
(Fig.1) liegt die Ausgangsinformation des Prozesses als optisches Signal vor (z.B. Abbildung der Fahrbahn). Dieses Signal wird im Bildver-
arbeitungsteil aufbereitet und daraus wird interessierende Information
extrahiert (z.B. die Position der Leitlinie).In einem Regler wird ein
Vergleich mit der Vorgabe durchgeführt und daraus ein Steuersignal für
den Prozess (z.B. Fahrzeug) berechnet. Das Steuersignal wird ebenfalls
an die Bildinterpretationsstufe weitergegeben um bei der Analyse des
nächsten Bildes mitberücksichtigt zu werden.

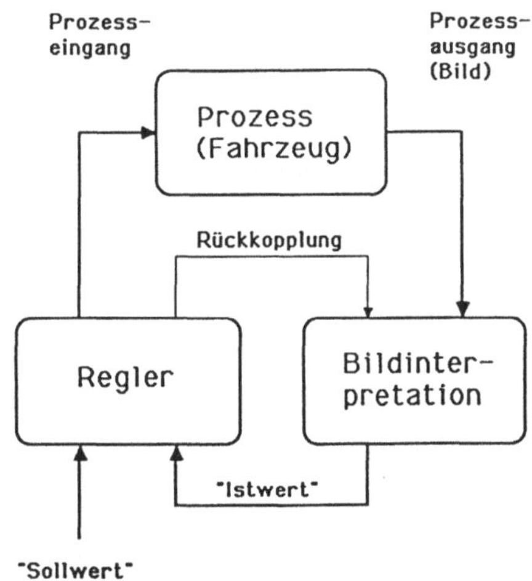

Fig.1
Regelung eines Prozesses
mittels Bildverarbeitung

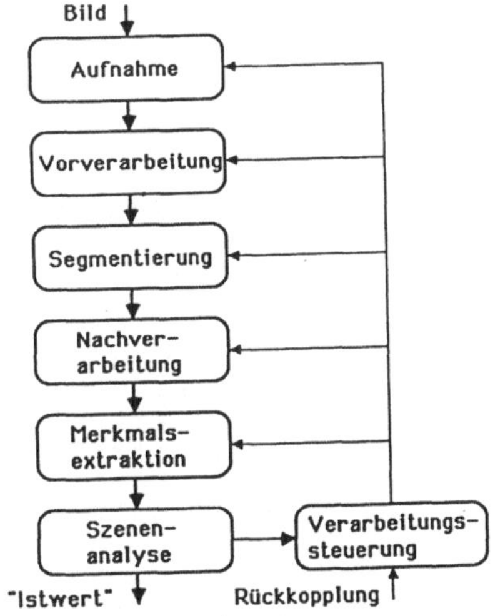

Fig.2
Typische Struktur eines
Echtzeitbildverarbeitungssystems

1.2 Struktur eines Echtzeitbildverarbeitungsystem

Nach der Bildaufnahme (Fig.2) werden die Daten im Vorverarbeitungsteil aufbereitet (Verbesserung des Datenmaterials, Normierung, Kodierung). In der Segmentierungsstufe wird das Bild in Gebiete mit "gleichen Eigenschaften" eingeteilt und zusammenhängende Gebiete werden bezeichnet ("Labeling"). Eine Nachverarbeitung kann Segmentierfehler teilweise auskorrigieren. Anschliessend werden statistische Merkmale berechnet, die eine Zuordnung der Teilgebiete zu vorgegebenen Klassen und eine Szenenalyse erlauben. Die systemrelevante Information dieser Analyse wird an das Regelsystem weitergegeben. Eine Steuerungsteil kann die Parameter sämtlicher Verarbeitungsstufen verändern, wobei die Parametersätze nur in den Verarbeitungspausen geändert werden.

1.3 Informationsfluss in einem Echtzeitbildverarbeitungsystem

Nach /1/ werden die Daten von bis zu 10 Mio. Abtastwerten/s bei der Aufnahme durch die Bildverarbeitung auf einige 1000 Abtastwerte/s für die nachfolgende Szenenanalyse reduziert. Die benötigte Rechenleistung beträgt bei der Aufnahme/Vorverarbeitung bis zu 1 GIPS (Giga Instruktionen pro Sekunde) und senkt sich für die Szenenanalyse/Klassifikation auf ca. 0.1 bis 1 MIPS (Millionen Instruktionen pro Sekunde).

1.4 Merkmale der Videobildverarbeitung

Die Videobildverarbeitung unterscheidet sich in einigen Punkten von der allgemeinen digitalen Signalverarbeitung. Einige Stichworte dazu:
- konstanter Datenstrom mit hoher Datenrate (10 bis 40 MByte/s).
- periodischer Datenstrom mit festem Format (Punkte, Zeilen, Bilder, Bildsequenzen).
- Interframeoperationen sind in der Regel lokal begrenzt.
- Intraframeoperationen.
- geringe Dynamik (1...8 Bit, ausnahmsweise 12 Bit).

1.5 Anforderungen an ein Echtzeitbildverarbeitungssystem

Mit heute gängigen Mikroprozessoren kann eine Rechenleistung von einigen MIPS erreicht werden. Hochleistungsrechner erbringen zwar eine grössere Rechenleistung, sie kommen aber aus Kostengründen für den Einsatz in diesen Applikationen nicht in Frage. Zudem stellt die extrem grosse Datenrate auch solchen Grossrechnern Probleme und an einen mobilen Einsatz ist infolge des hohen Leistungsverbrauchs nicht zu denken.
Die geforderte Rechenleistung für die Echtzeitbildverarbeitung kann heute nur mit Hilfe von Spezialhardware erbracht werden. Dabei verursacht der grosse Entwicklungsaufwand aber hohe Kosten. Ausserdem kann eine Beurteilung des gesamten Systemverhaltens in vielen Fällen erst nach der Fertigstellung der Hardware erfolgen. Einige Algorithmen können zwar simuliert werden; doch arbeiten Simulationen immer mit idealisierten Modellen. Dies kann bei Systemen mit optischen Komponenten zu Fehlaussagen führen.
Um die Entwicklungskosten klein zu halten ist ein universeller Rechner für die Echtzeitbildverarbeitung erwünscht. Ein solcher flexibler Rechner sollte einerseits dieselbe Rechenleistung erbringen wie eine Spezialhardware, andererseits in komfortabler Weise programmierbar sein (Hochsprache, Debugging) und damit an gängige Algorithmen aus dem Gebiete der Echtzeitbildverarbeitung anpassbar sein. Der Leistungsverbrauch und das Volumen sollten so gering sein, dass auch ein mobiler Einsatz möglich wird und die Systemkosten sollten gering gehalten werden. Diese letzten Forderungen lassen sich nur durch den Einsatz von VLSI-Schaltungen erreichen.

Im folgenden wird nun ein Konzept beschrieben, welches diese Anforderungen grösstenteils erfüllt.

2. Konzept

Wie aus dem vorangehenden Abschnitt hervorgeht, erfordert vorwiegend
die Vorverarbeitung, Segmentierung, Nachverarbeitung und Merkmalsextraktion eine hohe Rechenleistung. Deshalb wurde für diese Stufen ein
Rechnerkonzept mit den folgenden Eigenschaften entwickelt:
- die Instruktionen sind "fest" den Rechenelementen (ALU's) zugeordnet, nur die Daten werden verschoben. Alle Instruktionen sind
  immer aktiv. Pro Instruktion ist eine ALU vorhanden (Fig.3).
- Die Daten gelangen über ein universelles Vermittlungswerk von
  Rechenelement zu Rechenelement. Das Vermittlungsnetzwerk wird auf
  die einzelnen Prozessoren verteilt.
- Herkömmliche Bildsensoren liefern einen periodischen Datenstrom
  (Bildpunkt, Zeile, Bild, Bildsequenz). Dadurch lässt sich die
  Operandensynchronisation in den Rechenwerken durch eine fest vorgegebene Verzögerung erreichen.

Im Gegensatz zu dieser den Datenflussrechnern zuzuordnenden Struktur
kann die Klassifikation/Szenenanalyse durch einen "klassischen" Rechner
mit von Neumann-Struktur durchgeführt werden.

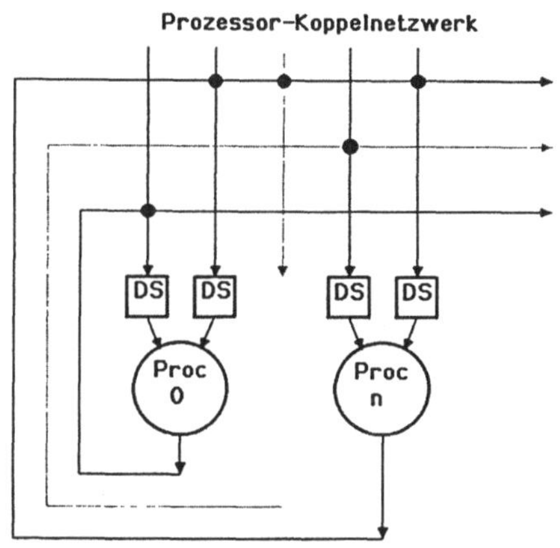

Fig.3
Rechnerkonzept

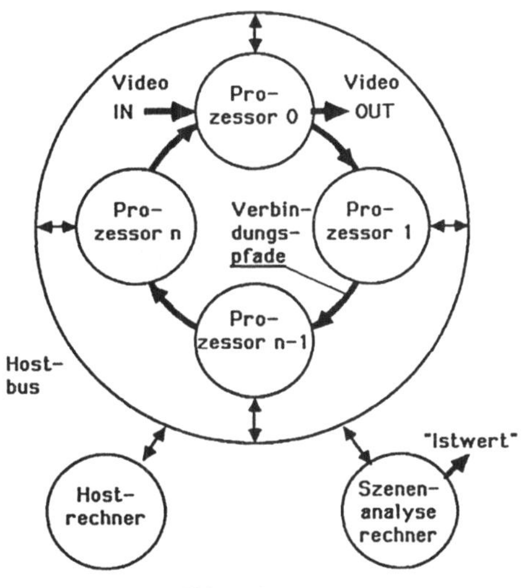

Fig.4
Struktur des realisierten System

3. Realisation

Bei der Realisation eines Rechnerkonzeptes muss zwischen den gewünschten Systemeigenschaften und den sich daraus ergebenden Systemkosten
optimiert werden.

In obigem Konzept ist der aufwendigste und damit der teuerste Teil das
Prozessorkommunikationsnetzwerk. Um die Initialkosten des Gesamtsystems
gering zu halten, sollte das Kommunikationsnetzwerk mit der Anzahl
Prozessorelemente linear wachsen. Das bedeutet, dass das Kommunikationsnetzwerk auf die einzelnen Prozessoren verteilt werden muss.
In einem ersten Ansatz liesse sich das Netzwerk direkt dezentral realisieren, indem jedem Prozessor ein bidirektionaler Bus zugewiesen wird.
Dadurch, dass das Netzwerk in diesem Falle für die maximal mögliche

Anzahl Prozessoren ausgelegt werden muss wird es sehr aufwendig. Die Leitungen können dabei sehr lang werden, was die mögliche Datenübertragungsrate stark begrenzt. Eine solche Realisation ist deshalb zu verwerfen.
In einer realen Applikation wird nie jeder Knotenpunkt des Netzwerks benötigt. In der Regel können die Instruktionen auf die einzelnen Prozessoren so verteilt werden, dass im wesentlichen nur die Knotenpunkte um die Diagonale des Kommunikationsnetzwerkes belegt sind. Wenn jeder Verbindungspfad durch jeden Prozessor unterbrochen werden kann, so kann dieser als Informationsträger mehrmals verwendet werden. Dieses Konzept wurde realisiert /4/ (Fig.5). Zusätzlich werden die Daten nur in eine Richtung übertragen, dies erlaubt eine Steigerung der Datenübertragungsgeschwindigkeit. Um trotzdem auch rekusive Algorithmen berechnen zu können, muss das Netzwerk zu einem Kreis geschlossen werden (Fig.4).

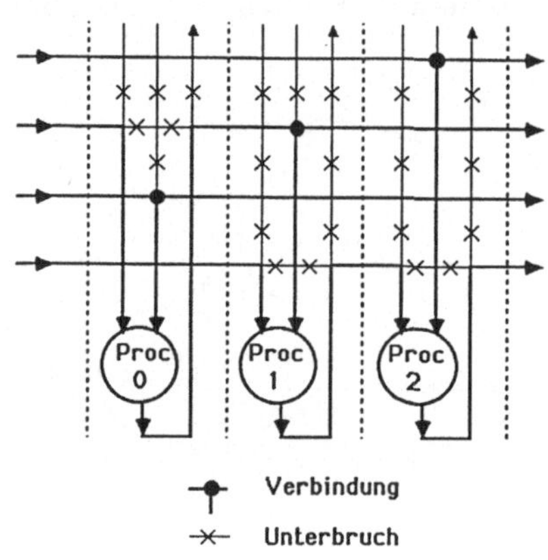

Fig.5
Prozessorkommuni-
kationsnetzwerk

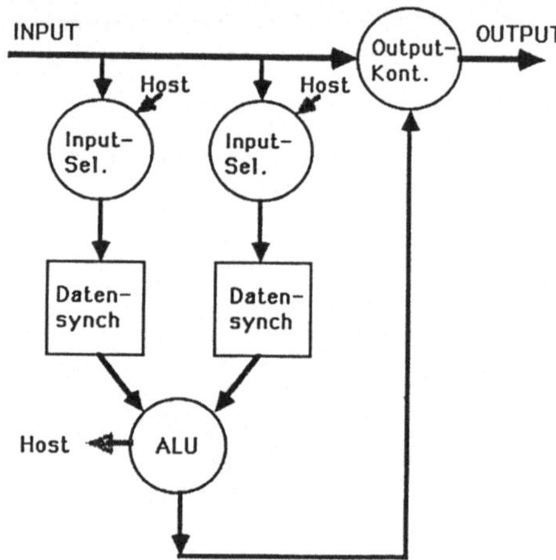

Fig.6
Blockschaltbild eines
einzelnen Prozessors

Die Struktur eines einzelnen Prozessors ist in Fig.6 wiedergegeben. Über einen Input-Selektor wird ein Datenbus ausgewählt. Die Daten werden anschliessend im Datensynchronisationsregister solange verzögert, bis alle Partneroperanden eingetroffen sind. Gemeinsam gelangen sie zum Rechenwerk (ALU) und werden dort verarbeitet. Das Resultat kann über einen Output-Kontroller wieder ins Kommunikationsnetzwerk eingespeist werden und/oder steht dem Hostrechner als numerisches Merkmal zur Verfügung.

Ohne den Einsatz von VLSI-Schaltungen ist es zu aufwendig, nur einen einzigen Prozessorelementtyp mit allen gewünschten Eigenschaften zu realisieren. Deshalb wurden verschiedene Prozessorelemente mit unterschiedlichen Rechenwerken gebaut; aber alle Prozessorelemente verfügen über dasselbe Businterface und über dieselben Datensynchronisationsmöglichkeiten.

Als Rechenelemente werden vorwiegend "Look-Up"-Tabellen verwendet; für alle möglichen Kombinationen der beiden Operanden (6 oder 8 Bit) wird das Ergebnis "off-line" ermittelt und in einer Tabelle abgespeichert /2/. Die eigentliche Verarbeitung beschränkt sich damit nur noch auf einen schnellen Tabellenzugriff. Um die Brauchbarkeit solcher Elemente

zu testen wurde in einem Vorprojekt ein Rechner mit 15 "Look-Up"-
Rechenelemente realisiert /3/. Die Rechenelemente waren in der Form
eines "binären Baumes" fest verdrahtet. Damit konnten einfache Vor-
verarbeitungsalgorithmen wie Sobel- und Robertsoperator in Echtzeit (50
Bilder/Sec., ca. 300 * 400 Bildpunkte) durchgeführt werden. Dies entspricht einer Rechenleistung von über 100 Mio. Instruktionen/Sec.

Die Erstellung der Tabellen erfolgt im jetzigen Stadium mit Hilfe von
Pascalprogrammen. Anschliessend können sie durch einen Monitor in die
Prozessorelemente geladen werden. Mit Hilfe dieses Monitors können auch
die Input-Selektoren, Output-Kontroller und Datenverzögerungselemente
auf die erforderlichen Werte für einen bestimmten Algorithmus gesetzt
werden.
In Zukunft wird diese Aufgabe einem Compiler übertragen (Fig.7); eine
entsprechende Sprache, die im wesentlichen parallele Prozesse beschreibt, ist in Entwicklung. Der Compiler erzeugt ein hardwareunab-
hängiges Programm, das im wesentlichen der Beschreibung durch Datenflussgraphen entspricht /6/. Falls genügend Rechenelemente vorhanden
sind wird das Programm durch einen Loader in die Hardware geladen;
andernfalls ist das Programm nicht ausführbar. Das Endziel ist die
Integration eines Debuggers in das System, damit der Anwender immer auf
der Ebene der Hochsprache bleiben kann.

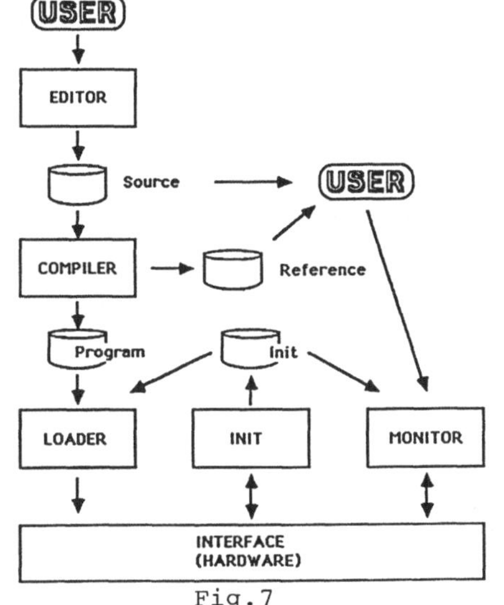

Fig.7
Softwareentwicklungsumgebung

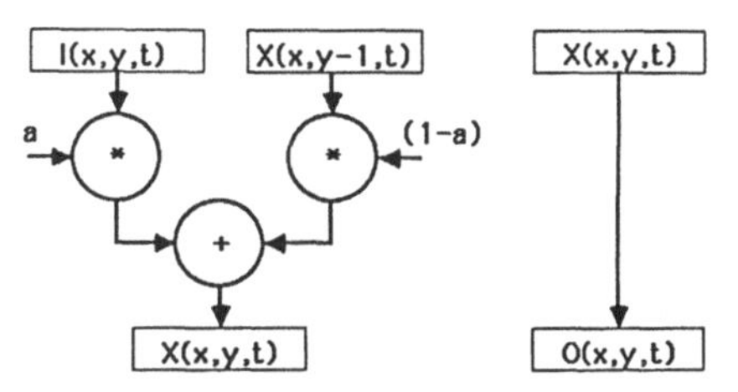

Fig.8
Anwendungsbeispiel:
vertikaler rekursiver Tiefpass

Das in Kapitel 2 vorgestellte Konzept ist von der Datenbreite und den
verwendeten Rechenwerken unabhängig. So liesse sich auch ein äusserst
leistungsfähiges System für 32 Bit Gleitkommaarithmetik realisieren.

Mit dem erarbeiteten Konzept lassen sich die Probleme der Prozessor-
kommunikation und Prozessorsynchronisation von Mehrprozessorsystemen
für viele Anwendungen aus dem Gebiet der Echtzeitbildanalyse effizient
mit modularen Hardwareelementen lösen.

Technische Daten des Systems:
-    Verarbeitungsleistung: 50 Bilder/ Sekunde, 256*256 Bildpunkte
-    Maximale Anzahl Prozessorelemente: 256
-    Kommunikationsnetzwerk: 12 Kanäle umlaufende Verbindungspfade mit
     8 Bit Auflösung, 10 MHz Datenrate

- Datensynchronisation: Verzögerung von 1 ... 4096 einstellbar;
  Damit können Daten die innerhalb von 16 Bildzeilen liegen miteinander verknüpft werden
- Prozessorelementtypen: A/D- und D/A-Wandler, Adressgenerator, LUT-Prozessor, Binärprozessor, Statistikprozessor (geplant), Segmentierungsprozessor (geplant)
- Klassifikationsrechner: Programmentwicklunssystem oder Signalprozessor TMS 320-20
- Programmentwicklungssystem: IBM-XT oder AT kompatibler Rechner
- Programmentwicklungsumgebung: Monitor, Compiler (geplant), Debugger (geplant)

4. Anwendungsbeispiele

Aus Platzgründen muss auf eine ausfürliche Beschreibung von Anwendungsbeispielen verzichtet werden.
Stellvertretend sei der Algorithmus eines rekusiven vertikalen Tiefpasses dargestellt (Fig.8). Der Compiler erzeugt die für Datenflussrechner /5/ übliche Darstellung in Datenflussgraphen /6/. Daraus muss der Loader anhand der vorhandenen Hardware die Verbindungen im Kommunikationsnetzwerk und die digitalen Verzögerungsleitungen einstellen und die Funktionen in die Rechenwerke laden.

Weitere mögliche Algorithmen sind:
- ortsabhängige Korrekturen (Shading)
- Lokaloperationen (linear/ nichtlinear)
- temporale Operationen (Filter)
- multispektrale Verarbeitung
- Erzeugung von Fensterfunktionen (Rechteck, Rahmen, Kreis, Kreisring)
- Erzeugung von Verteilungsfunktionen als Funktion des Ortes und der Zeit
- Bildsegmentierung
- Nachverarbeitung (Kantendetektion, Erosion, Dilatation, nichtlineare Rauschunterdrückung)
- Merkmalsextraktion (Fläche, Umfang, Momente 1. und 2. Ordnung, Histogramme)

5. Literatur

/1/ S.Yalamanchili et al., Image Processing Archidectures: A Taxonomy and Survey in L.N.Kanal and A.Rosenfeld: Progress in Pattern Recognition 2, North-Holland, 1985

/2/ A.Favre, A.Comazzi, Hj.Keller; VAP- A Video Array Prozessor using cascaded look-up tables, SPIE 397, April 19-22, 1983

/3/ P.Honegger, S.Sieber, P.Stierli; Real-Time Image Processing System, Diplomarbeit am Institut für Elektronik, ETH-Zürich, 1985

/4/ S.Ambühl, P.Erne, S.Nüesch; Bildverarbeitung mit Datenflussrechner, Diplomarbeit am Institut für Elektronik, ETH-Zürich, 1985/86

/5/ E.J.Lerner; Data-Flow Architectures, IEEE Spectrum, April 1984

/6/ A.L.Davis, R.M.Keller; Data Flow Program Graphs, IEEE Computer, February 1982

<u>EINE HARDWARE-ARCHITEKTUR ZU IKONISCHEN BILDVERARBEITUNG</u>

<u>AUF DER BASIS DER HIERARCHISCHEN FORMCODIERUNG</u>

Reiner A. Schmid

AEG Aktiengesellschaft, Fachbereich Optronik,
Entwicklung Bildverarbeitung
Industriestraße 29   2000 Wedel/Holstein

Zusammenfassung

Die hierarchische Formcodierung, wie sie beispielsweise in (1), (2) oder
(3) dargestellt wurde, hat sich als sehr effizientes Verfahren zur
Generierung von Objekten erwiesen die aus Konturen abgeleitet werden
können. Die dazu notwendigen im wesentlichen pixelbezogenen Rechen-
operationen bedingen unter der Maßgabe einer Verarbeitung im Kamera-
takt eine Hardwarelösung. Die Anforderungen an die Hardwarekomponente
zur ikonischen Bildverarbeitung innerhalb eines Mustererkennungssystems,
das auch für Szenen, die nicht durch Konturen charakterisiert sind,
einsetzbar sein soll, erfordern eine flexible Hardwarearchitektur. Die
hier vorgestellte Hardwarearchitektur sieht verschiedene und erweiter-
bare Funktionsmoduln vor die untereinander beliebig vernetzt werden
können. Wichtig hierbei ist, daß sowohl die Parameter der Funktionsmoduln als auch die Vernetzung der Ein- und Ausgänge, d.h. die Vernetzung der Datenquellen und Senken, von der Software vorgegeben und
von Bild zu Bild bzw. von Pixel zu Pixel geändert werden können.

Einleitung

Leistungsfähige Filter- und Segmentierungsalgorithmen sind, insbesondere
auch wegen der den Bereich der ikonischen Bildverarbeitung kennzeichnenden großen und ungeordneten Datenmengen, meist rechenintensiv und damit
langsam. Viele Probleme, auch aus dem industriellen Bereich, erfordern
jedoch einerseits solche Algorithmen, andererseits sind geringe Totzeiten
oft Voraussetzung für den Einsatz eines Mustererkennungssystems.
Aus dieser Problematik resultiert die Notwendigkeit ein in Hardware zu
realisierendes Codierungssystem aufzubauen das sich neben der Verarbeitungsgeschwindigkeit durch weitgehende Problemunabhängigkeit auszeichnet und darüberhinaus die zum Erkennungsvorgang notwendigen Bilddaten ohne Informationsverlust reduziert. Wesentliches Merkmal dieses
Hardwarekonzeptes ist, daß der Übergang von der Ikonik zur Symbolik
hier der Schnittstelle zwischen Hardware und Software entspricht und
in Form eines Zwischenspeichers vorgesehen ist, der einen datenorien-
tierten Rechnerzugriff erlaubt.
Grundlage dieser Hardwarerealisierung ist die hierarchische Formcodierung, deren starke Strukturierung und deren identischer Aufbau
der einzelnen Hierarchieebenen eine Kombination aus pipelineförmiger
und paralleler Hardwarestruktur vorgibt.
Der komplette Aufbau besteht im Kern aus Kombinationen zweier programmierbarer Module, die, innerhalb einer 5x5 Matrix, arithmetische Verknüpfungen realisieren, also lineare Filterfunktionen zulassen und
logische Verknüpfungen, d.h. nichtlineare Verknüpfungen, verwirklichen
und damit die Detektion von Formen bzw. Objekten verschiedenster Merkmale ermöglichen. Da insbesondere das Modul zur arithmetischen Datenmanipulation innerhalb der relativ großen Matrix sowohl der hohen Takt-
forderungen (50ns pro Pixel) als auch der großen handhabbaren Zeilen-

längen (<1024 Pixel) einen beachtlichen Aufwand bedingt, erscheint der
Aufwand für die Realisierung aller Hierarchieebenen indiskutabel. Diesem
Problem läßt sich jedoch durch eine Steuerung begegnen, die die Tatsache
ausnutzt, daß die Datenrate für die Summe aller Ebenen k+n>0 kleiner ist
als für die Ebene k+n=0.
Ein weiteres Modul beinhaltet den Ergebnisspeicher für die von der Vorverarbeitung erzeugten Daten. Dieser Speicher ist über eine VME-Bus-
Schnittstelle der Software zur symbolischen Bildverarbeitung zugänglich.
Da auf die von der Vorverarbeitung erzeugten Daten, d.h. Objekte verschiedenster Merkmale in unterschiedlichen Hierarchieebenen, ein
Rechnerzugriff über die Bildkoordinaten geradezu abwegig ist (wenn auch
einfach realisierbar), wurde der Speicher so konzipiert, daß ein ge-
zielter Zugriff, der die Spezifikation von Bildbereich, Hierarchie-
ebene, Objekt und Merkmal zuläßt, für die Software möglich wird. Die
Verwaltung dazu liegt bei der Hardware und garantiert kurze Zykluszeiten.

Realisierungsschritte zur hierarchischen Formcodierung

Die wesentlichen Schritte zur Codierung des Formensatzes zeigt Bild 1.

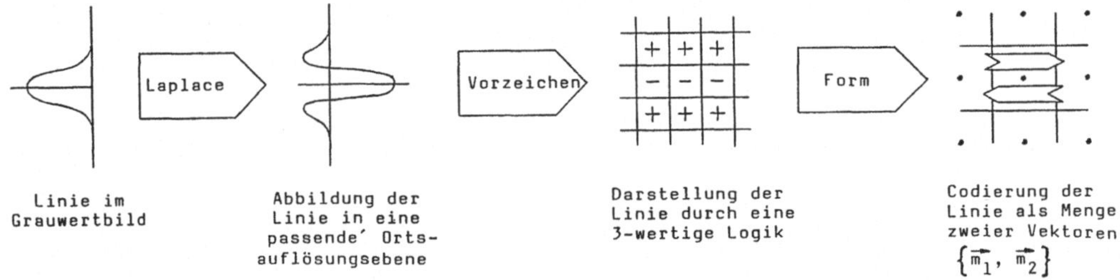

Bild 1: Verarbeitungsschritte vom Grauwertbild zum Formensatz

Ausgehend von einem monochromen Bild wird über eine geeignete Tiefpaß-
maske ein geglättetes Bild erzeugt dessen Konturen von einem mexican hat
Operator verstärkt werden. Aus dem Laplacebild läßt sich mit einer lokal-
adaptiven und sehr kleinen Schwelle ein Bild gewinnen das eine, den
Konturen im Ausgangsbild zuordenbare, Vorzeichenverteilung aufweist.

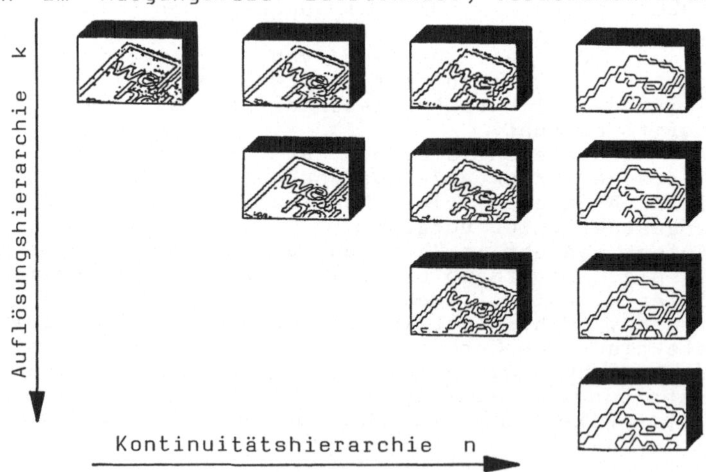

Bild 2: Hierarchieebenen der hierarchischen Formcodierung

Dieses Bild ist die Grundlage zur Formcodierung. Der Formensatz, eine vollständige Kombination von Vorzeichenverteilungen innerhalb eines 3x3 Fensters, wird auf jedes zweite Pixel dieses Bildes angewandt.
Die hierarchische Formcodierung basiert, wie aus Bild 2 hervorgeht, auf einer Doppelhierarchie aus Auflösungs- und Kontinuitätshierarchie.
Die verschiedenen Ebenen der Ortsauflösung, d.h. Laplacebilder für entsprechende Ebenen der Formcodierung können, wie in (4) dargestellt, berechnet werden. Der Prozeß zum Aufbau der Kontinuitätshierarchie ist auf einen Umcodierungsmechanismus zurückführbar.

Die Funktionsmodule

Die Funktionsmodule sind charakterisiert hinsichtlich des Datenpfades durch extrem einfache Schnittstellen (Datenleitungen + zentraler Takt) und bezüglich ihrer Steuerung durch den VME-Bus.
Grundidee ist, die Funktionsmoduln so miteinander zu vernetzen wie es der abzuarbeitende Algorithmus erfordert. Um dabei auf Zwischenspeicher verzichten zu können (abgesehen in Rückkopplungsschleifen) sind die Module auf eine Taktrate von 50ns hin ausgelegt.
Um die gesamte Steuerung zu vereinfachen sind Totzeiten, die bedingt werden durch Verarbeitungszeiten innerhalb einer Modulkette oder entstehen durch einen Versatz mehrerer Zeilen und Spalten zweier Operationen, kompensierbar. Dies hat für Rückkopplungen als auch parallele Verarbeitungszweige wesentliche Bedeutung.
Die Handhabung der von den Hardwaremoduln realisierten Funktionen, d.h. die Funktion selbst als auch deren Parameter, ist softwareinitialisierbar. Die Hardwaresteuerungen sind so ausgelegt, daß eine Schleifenbildung möglich wird. (Damit lassen sich beispielsweise innerhalb einer Rückkopplungsschleife während 4 Bildzyklen mit dem im Folgenden beschriebenen Modul Faltungen der Fenstergröße 10x10 Pixel bei beliebigen Koeffizienten realisieren.)

Ein Modul für arithmetische Matrixoperationen

Eine für die Bildvorverarbeitung typische lineare Operation ist die Faltung der Bildfunktion mit einer konstanten Funktion. Hierbei tritt die Forderung nach großen Arrays sowie der Wunsch auf auch den Output hochauflösender Sensoren verarbeiten zu können. Für die zugrunde gelegte Taktrate (Verarbeitungszeit der kompletten Operation) von 50ns stellt die Fenstergröße von 5x5 Pixeln ein Maximum bei realistischem Aufwand dar.

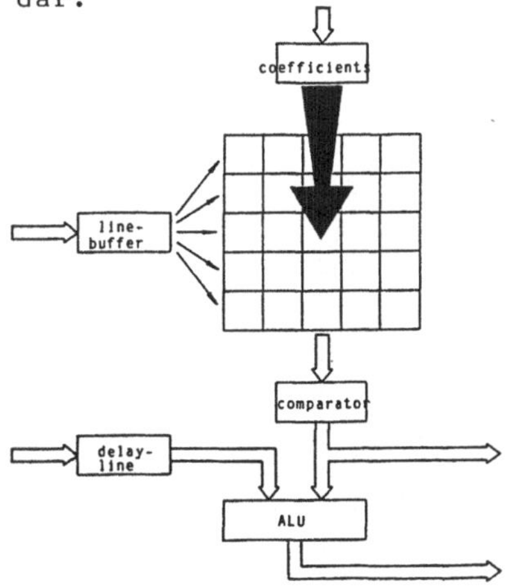

Bild 3:
Modul für arithmetische Matrixoperationen

Verarbeitungszeit: 50ns
Zeilenlänge: <1024 P

Das Konzept der Realisierung zeigt Bild 3. Ein 8 Bit breiter Zeilen-Speicher in Form einer FIFO-Kette stellt 5 Zeilen über eine look-up-Tabelle, in der die Koeffizienten der konstanten Funktion abgelegt sind einem Addierwerk zu Verfügung. Hier erfolgt die Addition von Bild-pixeln der Zeile mit doppelter Wortbreite sowie die anschließende Sum-mierung der Ergebnisse der fünf Zeilen.
Der Ausgang ist über einen einstellbaren Komparator geführt. Eine sich anschließende ALU erlaubt die Verknüpfung dieses Datenpfades mit einem zweiten Datenpfad in dem eine mehrzeilige und einstellbare Verzögerung liegt.

Der Ergebnisspeicher als Schnittstelle zwischen ikonischer und symbolischer Bildverarbeitung

Die Codierung der Formen bzw. deren Umcodierung zu Grundformen in höhere Verknüpfungs-, d.h. Kontinuitätsebenen, die Codierung von Formen dort sowie die Generierung von Objekten läßt sich sehr einfach über FPLA-Bänke erreichen.
Nachdem Objekte aus dem Bild extrahiert wurden und damit Prozessen zur symbolischen Bildverarbeitung zur Verfügung stehen gilt es, für aktuell zur Weiterverarbeitung benötigte Objekte, eine schnelle Zugriffsmöglich-keit der Software zu verwirklichen.
Die gesamte Menge aller Informationen die bei der hierarchischen Form-codierung erzeugt und der darauf aufbauenden Objektgenerierung gewonnen wird läßt sich sinnvollerweise nicht zwischenspeichern, ganz abgesehen davon, daß ein schneller Zugriff dabei nur mit sehr großem Aufwand realisiert werden kann.
Im Hinblick auf die Vorgehensweise beim Erkennungsvorgang (Ausgehend von Ebenen $k+n \gg 1$ und globalen Informationen über die Merkmale der ge-suchten Objekte hin zur Feinstruktur) ist es zweckmäßig die Ablage der Ergebnisse der Bildvorverarbeitung in den Übergabespeicher so vom Er-kennungsprozeß aus zu initialisieren, daß nur für darauf folgende Zu-griffe relevante Daten eingetragen werden. Beispielsweise sollen in ei-nem Zugriffszyklus nur gerade Linienstücke mit einem großen Kontrast aus einem bestimmten Bildbereich zugreifbar sein oder in einem anderen Zu-griffszyklus nur Kreuzungen bestimmter Eigenschaften. Der hierfür Vorge-sehene Übergabespeicher sieht, wie aus Bild 4 hervorgeht, ein UND/ODER-Netzwerk vor das über den VME-Bus initialisiert eine Verknüpfung der Datenpfade zuläßt. Daten die das Netzwerk durchlaufen sprechen eine Adresse des vor der Initialisierungsphase gelöschten Speichers an und markieren diese Adresse. Auf diese Weise wird der Übergabespeicher mit aktuell relevanten Daten (die die Adresse im Speicher repräsentiert) ge-

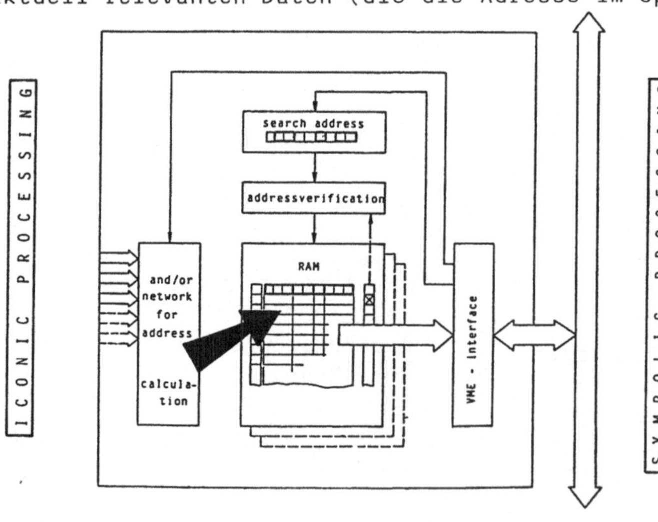

Bild 4:
Interfacespeicher zur Übergabe der von der Hardware aufbereiteten Daten über den VME-Bus an den Rechner.

füllt. Bei dem nun folgenden Zugriffsmodus kann der Rechner über den VME-
Bus eine Suchadresse vorgeben. Wird die Suchadresse (das gesuchte Objekt)
vollständig vorgegeben, so genügt ein Speicherzugriff für die   Aussage
ob die gesuchten Daten im Bild enthalten waren oder nicht. In der Regel
wird jedoch das Suchwort unvollständig sein (z.B. die Länge der gesuchten Linie wird nicht spezifiziert). In diesem Fall sorgt eine in
Hardware vorgesehene Adressverifikation dafür, daß alle gesuchten und
aufgetretenen Ereignisse zurückgegeben werden.

Die Vernetzung der Funktionsmodule

Die Vernetzung der Module in beliebiger Weise untereinander ist die
Voraussetzung hoher Flexibilität der Hardware bei gleichzeitig möglicher
Kamerataktrate. Es handelt sich hier wie bei den anderen Baugruppen um
ein Funktionsmodul mit einer Steuerung die über den VME-Bus initialisier-
bar ist. Während der Initialisierung, in der vom Rechner zu beliebigen
Zeitpunkten Steuerdaten übergeben werden können, d.h. die Verschaltung
als Funktion der Zeit festgelegt wird, ist der Datentransfer auf den
Datenpfaden nicht beeinflußt. Die Abarbeitung der Vernetzungsvorgaben
läßt sich in Schleifen vollziehen die durch verschiedene Taktsignale (z.B.
Bildwechsel) begründet sein können. Neben der Auslegung für eine Taktrate von 50ns sind bei dem als Rückwandverdrahtung ausgeführten   Ver-
netzungsmodul pro Steckplatz getrennte Eingangs- und Ausgangsleitungen
vorgesehen die jeweils mit einem beliebigen Datenpfad bei vorgebbarer
Wortbreite verschaltet werden können.

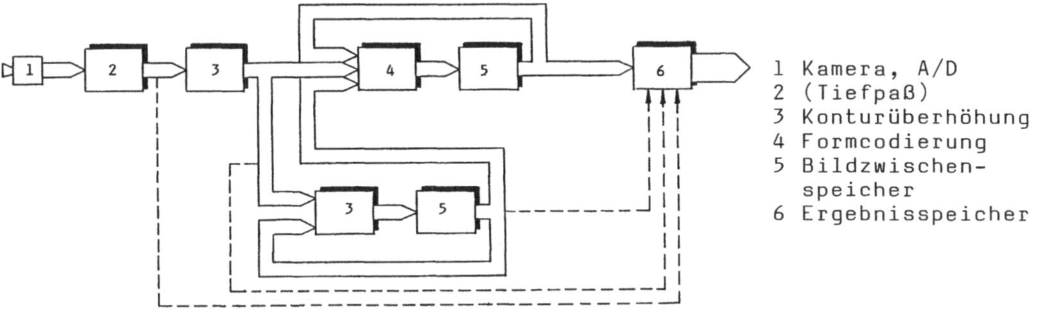

Bild 5: Verknüpfung der Funktionsmodule für die Berechnung des hierar-
        chischen Formcodes.

Literatur

(1)   Hartmann, G.
       Recognition of continuous line structures by a hierarchical system
       Proc. 6th ICPR Munich, 195-200 (1982)
(2)   Schmid, R.
       Realisierungsmöglichkeiten zur hierarchischen Konturcodierung von
       Bildern   Dissertation, Paderborn (1985)
(3)   Schmid, R.
       Hierarchical contour coding simpifies real time pattern recognition
       Proc. SPIE´s 30th annual international technical symposium
       San Diego, California USA (1986)
(4)   Hartmann, G., Krasowski, H., Schmid, R.
       Ein rekursives Linien- und Kantendetektionsverfahren
       Informatik Fachberichte 49, 343-349 (1981)

<u>EIN KONZEPT FÜR DIE NUTZUNG PROSODISCHER INFORMATION</u>
<u>BEI DER AUTOMATISCHEN SPRACHERKENNUNG</u>

J. Mudler
Institut für Nachrichtentechnik
TU Braunschweig

1. Einleitung

Das Ziel bei der automatischen Erkennung fließend gesprochener Sprache
ist die Ermittlung einer möglichst sicheren Hypothese über den Wortlaut der Äußerung aufgrund von Ergebnissen der Sprachsignalanalyse.
Unter allen denkbaren Hypothesen wird im Idealfall die sicherste Hypothese gesucht. Die Suche nach Hypothesen erfolgt i. allg. in einem
mehrstufigen Verfahren, in dessen Verlauf zahlreiche miteinander konkurrierende, bewertete Hypothesen über Wörter, Satzglieder und Sätze
aufgestellt, bereitgehalten und wieder verworfen werden, bis nur noch
solche Hypothesen übrig bleiben, die sich widerspruchsfrei zu Hypothesen über den gesamten Wortlaut der gesprochenen Äußerung zusammenfassen lassen. Selbst unter stark einschränkenden Bedingungen führt eine
solche Suche zu einer derartigen Flut von Hypothesen, daß der gesamte
Suchraum nicht vollständig nach der sichersten Hypothese abgesucht
werden kann. Die Bereitstellung und Verwertung umfangreichen Vorwissens gewinnt daher bei der automatischen Spracherkennung überaus große
Bedeutung. In Betracht kommt u.a. Vorwissen über grammatikalische und
syntaktische Regeln und semantische Zusammenhänge, aber auch Vorwissen
über prosodische Eigenschaften. Im vorliegenden Beitrag wird ein Konzept für die Nutzung prosodischer Information insbesondere bei der
Aufstellung von Hypothesen aufgrund von Vorwissen zur Wortstellung
vorgestellt.

2. Prosodieanalyse

Im Zusammenhang mit der Sprachsynthese wurden Verfahren zur Gewinnung
prosodischer Informationen untersucht /1,2/. Dort wird grob gesprochen
nach Ermittlung von wortbezogener formaler Aussprache und Betonung eines als Text vorliegenden Satzes diesem eine Prosodie überlagert, die
sich als Silbenbetonung und Satzmelodie ausdrückt. Dazu wurden prosodische Einheiten und Regeln erarbeitet, mit deren Hilfe die benötigten

Merkmale aus der syntaktischen und grammatikalischen Struktur des Satzes gewonnen werden. Prosodische Einheiten lassen sich im Deutschen vor allem durch den Verlauf der Sprachgrundfrequenz, den Verlauf des Pegels (bzw. der subjektiv empfundenen Lautheit) und die Dauer der Vokale kennzeichnen. Verfahren zur Bestimmung dieser Größen aus dem Sprachsignal sind bekannt. Zwei Gruppen prosodischer Regeln lassen sich unterscheiden, nämlich zum einen Regeln über die Wechselbeziehung zwischen prosodischen Einheiten und den bei der Signalanalyse feststellbaren physikalischen Merkmalen des Sprachsignals und zum anderen Regeln über das Zusammenspiel zwischen Inhalt und syntaktischer und grammatikalischer Form einer Äußerung und der Abfolge prosodischer Einheiten. Im Gegensatz zur Sprachsynthese geht es bei der automatischen Spracherkennung jedoch nicht darum, eine Prosodie für die Aussprache eines Satzes vorzuschlagen, sondern darum, aus den physikalischen Merkmalen eines Sprachsignals prosodische Einheiten zu extrahieren (Regeln Gruppe 1) und mit Hilfe dieser Einheiten Schlußfolgerungen über die linguistische Form des Satzes zu ziehen (Regeln Gruppe 2).

Für die Spracherkennung können den Ausgangspunkt für die Festlegung prosodischer Einheiten und für die Aufstellung von Regeln zur Gruppe 1 die Überlegungen bei der Sprachsynthese bilden. Es reicht jedoch bei der Sprachsynthese aus, für verschiedene prosodische Einheiten jeweils eine gültige Realisierungsform zu finden, während bei der Spracherkennung eine Vielzahl verschiedener Merkmalsmuster ein und dieselbe Einheit wiedergeben kann und verschiedene Einheiten möglicherweise durch ähnliche Muster repräsentiert werden. Die Extraktion physikalischer Merkmale aus dem Sprachsignal kann z.B. Informationen darüber liefern, wo starke, schwache oder gar keine Betonungen liegen, wo Pausen auftreten oder wo die Tonhöhe ansteigt und abfällt. Aufgrund dieser Kenntnisse lassen sich Teile des Signals nach den Regeln zu prosodischen Einheiten gruppieren. Eine solche Regel kann z.B. besagen, daß eine prosodische Gruppe durch Ansteigen und anschließendes Abfallen der Tonhöhe gekennzeichnet ist (Anfangsphase und Endphase) und nur eine starke Betonung enthält, die i. allg. die Endphase der Gruppe einleitet. Sind prosodische Einheiten festgelegt und Regeln zu ihrer Aufstellung definiert, dann würde ein idealer Prosodieanalysator alle in einer Äußerung vorkommenden prosodischen Einheiten nach Art und zeitlicher Lage fehlerfrei anzeigen. In der Praxis wird aber die Aufstellung prosodischer Einheiten nicht fehlerfrei erfolgen, so daß ein realer Analysator stattdessen konkurrierende bewertete Hypothesen über die vorkommenden prosodischen Einheiten im Sprachsignal liefern wird.

Mit der zweiten Gruppe prosodischer Regeln sollen nun ausgehend von
prosodischen Einheiten Schlußfolgerungen über Inhalt und syntaktische
und grammatikalische Form einer Äußerung gezogen werden. Die Untersuchungen bei der Sprachsynthese haben gezeigt, daß prosodische Gruppierungen syntaktisch i. allg. Satzgliedern wie Nominal-, Präpositional-
oder Verbalgruppen entsprechen. Innerhalb dieser Gruppen sind Wörter
bestimmter Wortklassen stark, andere schwach betont. Unterscheidet man
also die Wörter eines zugelassenen Wortschatzes nach Wortklassen, so
können auch Aussagen über die innere Struktur von prosodischen Gruppen
getroffen werden. Beispielsweise ist nach /1/ das Hauptwort einer
Gruppe stark betont, während Beschreibungswörter schwach betont werden. In der Präpositionalgruppe "mit seinem kleinen Boot" würde das
Hauptwort "Boot" stark betont, während das Beschreibungswort "kleinen"
eine schwache Betonung erhalten könnte. Existieren mehrere Hauptwörter
in einer Gruppe ("ein Kilo Mehl"), so erhält nur das letzte Hauptwort
eine starke Betonung ("Mehl").

3. Wortstellungsanalyse

Ausgehend von den Ergebnissen der Signalanalyse wird für die Ermittlung des Wortlautes einer Äußerung zunächst eine Vielzahl untereinander konkurrierender, bewerteter Hypothesen über die einzelnen gesprochenen Wörter betrachtet. Unter Verwendung umfangreichen Vorwissens
insbesondere über Grammatik und Semantik wird anschließend versucht,
durch Zusammenfassen von Worthypothesen bewertete Hypothesen über korrekte Satzglieder zu bilden. Die Grammatik reguliert i. allg. dabei
auch die Wortstellung, d.h. die zeitliche Reihenfolge der Wörter bzw.
Wortklassen innerhalb eines Satzgliedes. Alle zulässigen Satzglieder
des Sprachumfangs können durch die Abfolge von Wortklassen beschrieben
werden. Der Generierungsprozeß für Satzgliedhypothesen kann aufgrund
dieser Beschreibungen zunächst mit einer Wortstellungsanalyse beginnen, die noch unbestätigte, bewertete Satzgliedhypothesen mit zulässiger Abfolge von Wortklassen aufstellt. Erst dann folgen weitere, wesentlich aufwendigere Überprüfungen auf Korrektheit, die zum Bestäti-
gen oder Verwerfen der aufgestellten Hypothesen führen (Abb. 1).

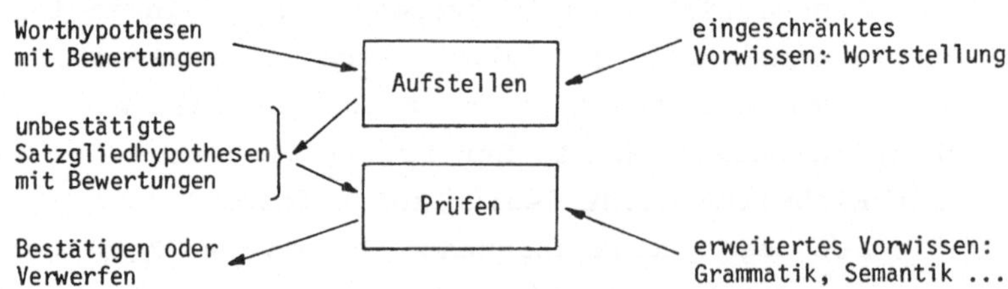

Abb. 1: Schema für die Generierung von Satzgliedhypothesen

4. Integration von Wortstellungsanalyse und Prosodieanalyse

Sowohl die Wortstellungsanalyse als auch die Prosodieanalyse laufen
letztlich auf eine Gruppierung von syntaktischen Einheiten (Satzgliedern) hinaus. Es liegt der Schluß nahe, daß prosodische Informationen
die Wortstellungsanalyse wirksam unterstützen können, wenn Regeln für
die Beziehung zwischen den Ergebnissen der Wortstellungsanalyse einerseits und der Prosodieanalyse andererseits aufgestellt und verwertet
werden können. Mit der Integration von Wortstellungsanalyse und Prosodieanalyse kann die Generierung von Satzgliedhypothesen nach einem modifizierten Schema ablaufen (Abb 2).

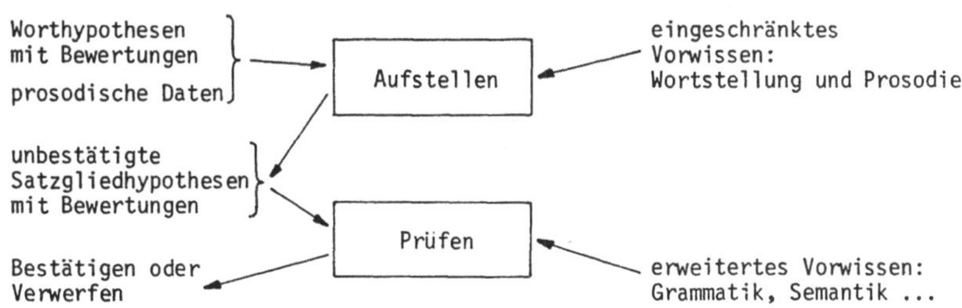

Abb. 2: Modifiziertes Schema nach Abbildung 1

Die unbestätigten Satzgliedhypothesen mit zulässiger Wortstellung werden nach diesem Schema zusätzlich im Lichte der prosodischen Daten,
die aus dem Sprachsignal extrahiert werden, einerseits und dem Vorwissen zur Prosodie (Regeln zur Gruppe 2) andererseits begutachtet. Setzt
man einen idealen Prosodieanalysator voraus, so ließen sich mit Hilfe
der Regeln direkt Schlußfolgerungen auf die zeitliche Lage der Satzglieder in der gesprochenen Äußerung ziehen. Mit diesen Informationen
könnten dann z.B. alle diejenigen von der Wortstellungsanalyse vorgeschlagenen Satzglieder verworfen werden, deren zeitliche Lage nicht
mit der prosodischen Gruppierung übereinstimmt. Darüber hinaus würden
die Regeln auch noch Anhaltspunkte über die innere Struktur der prosodischen Gruppen liefern, die gegebenenfalls zum Ausschluß weiterer
vorläufiger Satzgliedhypothesen führen könnten. Unter diesen idealen
Voraussetzungen würde die Prosodieanalyse also die Satzglieder und
auch einzelne Wortklassen innerhalb dieser Satzglieder in ihrer zeitlichen Lage fehlerfrei anzeigen.

Mit ziemlicher Sicherheit wird es aber diesen Idealfall nicht geben.
Der reale Prosodieanalysator wird nur konkurrierende bewertete Hypothesen über die vorkommenden prosodischen Einheiten aus dem Sprachsignal extrahieren. Die Anwendung prosodischer Regeln wird ebenfalls nur

konkurrierende bewertete Hypothesen über mögliche Gruppierungen prosodischer Einheiten zu syntaktischen Satzgliedern und über die Lage bestimmter Wortklassen innerhalb dieser Einheiten aufstellen können. Unter diesen Voraussetzungen kann die Begutachtung von vorläufigen Satzgliedhypothesen im Lichte der prosodischen Daten aber beispielsweise
zu einer Umbewertung der Hypothesen herangezogen werden, die zu mehr
Sicherheit im Spracherkennungsprozeß beitragen kann.

5. Zusammenfassung

Zweifellos können prosodische Informationen bei der Erkennung fließend
gesprochener Sprache von Nutzen sein. Allerdings liegen Erkenntnisse
über die Art und Weise, wie prosodische Informationen genutzt werden
können und welcher Effekt damit erzielt werden kann, zumindest für
Deutsch noch nicht vor. Hingegen gibt es im Zusammenhang mit der
Sprachsynthese Untersuchungen über die Generierung prosodischer Informationen für die Sprachausgabe. Die Erfahrungen hierbei legen den
Schluß nahe, daß die Prosodieanalyse im Zusammenhang mit der Spracherkennung vor allem die Wortstellungsanalyse wirksam unterstützen kann.

Das Zusammenspiel von Wortstellungsanalyse und Prosodieanalyse soll
näher untersucht und mit Hilfe des erwartungsorientierten Spracherkennungssystems /3,4/ beispielhaft demonstriert werden. Die Extraktion
physikalischer Merkmale aus dem Sprachsignal und die Schlußfolgerung
auf prosodische Einheiten soll zunächst nur unter verschiedenen Randbedingungen simuliert werden. Die zentralen Aufgaben werden darin bestehen, unter Berücksichtigung der Erfahrungen bei der Sprachsynthese
prosodische Einheiten festzulegen, Regeln über die Beziehungen prosodischer Einheiten zur Wortstellung zu formulieren und eine Strategie
für das Zusammmenwirken von Wortstellungsanalyse und Prosodieanalyse
zu entwickeln.

Literatur

/1/ CLASS, F.; STALL, D.S.; ZELINSKI, R.: Probleme bei der automatischen Erkennung und Synthese von gebundener Sprache. GMD-Spiegel
1/83, S. 32-37.
/2/ WOLF, H.E.: Informationsmotive zur Prosodiesteuerung nach Regeln
für die Sprachsynthese. Tagungsband der FASE/DAGA, Göttingen 1982,
S. 1031-1034.
/3/ MUDLER J.; PAULUS, E.: Entwicklung und Erprobung der erwartungsorientierten Analyse für die automatische Spracherkennung. Sprache
und Datenverarbeitung 8 (1984), Heft 1/2, S. 64-71.
/4/ MUDLER, J.: Verfahren zur Eindämmung und Bearbeitung der Hypothe-
senflut bei der erwartungsorientierten Spracherkennung. NTG-Fachberichte 94, VDE-Verlag, Berlin Offenbach 1986, S. 114-119.

SUCHSTRATEGIEN ZUR SYNTAKTISCHEN ANALYSE
IN DER AUTOMATISCHEN SPRACHERKENNUNG*

Astrid Brietzmann, Stefan Posch

Lehrstuhl für Informatik 5 (Mustererkennung)

Universität Erlangen-Nürnberg

Martensstr. 3

8520 Erlangen

Kurzfassung: Im vorliegenden Beitrag wird über Experimente im Rahmen des Erlanger Spracherkennungs- und Dialogsystems EVAR (vgl. /NI85/) berichtet, die verschiedene Strategien für die Suche nach Wortketten in einer Menge von Worthypothesen untersuchen (siehe /PO85/). Die Wortketten sollen die Äußerung zeitlich vollständig überdecken und bezüglich einer kontextfreien Grammatik syntaktisch sein.

1. EINLEITUNG

In einem System zur automatischen Erkennung kontinuierlich gesprochener Sätze ist stets mit Unsicherheiten bei der Laut- und Worterkennung zu rechnen. Dies hat zur Folge, daß an jeder Position einer sprachlichen Äußerung mehrere alternative Worthypothesen vorliegen. Zu einer ersten Entscheidung zwischen den Alternativen wird in EVAR syntaktisches Wissen eingesetzt. Dadurch erhält die grammatikalische Analysestufe neben ihrer eigentlichen Funktion, die grammatische Struktur einer Äußerung aufzudecken, die zusätzliche Aufgabe, möglichst viele Hypothesen von der weiteren Analyse auszuschließen.

Da die Verarbeitung der ATN-Grammatik, die für die syntaktische Strukturanalyse eingesetzt werden soll, sehr aufwendig ist, kann diese Analyse nicht mit allen möglichen Worthypothesenketten durchgeführt werden, zumal deren Anzahl exponentiell mit der Länge der Äußerung wächst. Im Rahmen eines mehrstufigen Verfahrens werden deswegen zunächst anhand von einfacheren Kriterien vielversprechende Ketten gebildet. Eine dieser Stufen ist die Suche nach Wortketten, die der ATN-Grammatik bezüglich ihres kontextfreien Kerns genügen, da für kontextfreie Grammatiken effiziente Analysealgorithmen bekannt sind. Diese Stufe ist Gegenstand der vorliegenden Arbeit.

Zur Suche der Wortketten wurden verschiedene heuristische Verfahren untersucht, die gut bewertete Ketten zuerst liefern sollen. Als Grundlage für Kettenbewertungen werden dabei die Bewertungen der Worthypothesen benutzt. Zusätzlich wird bereits beim Aufbau der Ketten grammatikalisches Wissen eingesetzt, um frühzeitig unplausible Ketten abzubrechen.

---

* Die Arbeiten wurden von der DFG (Deutsche Forschungsgemeinschaft) im Rahmen des Schwerpunktprogramms "Modelle und Strukturanalyse bei der Auswertung von Bild- und Sprachsignalen" unterstützt.

2. SYNTAKTISCHE ANALYSE

Für die syntaktische Analyse wurden zunächst kontextfreie Grammatiken aus den beiden ATN-Grammatiken für die deutsche Sprache abgeleitet, die in EVAR verwendet werden. Die kleinere der beiden Grammatiken ist auf einfache Hauptsätze beschränkt, mit der großen Grammatik können auch komplexe Sätze mit Nebensätzen und koordinierten Strukturen analysiert werden. Die erzeugte kontextfreie Grammatik akzeptiert jeweils eine Obermenge der Sprache der ATN-Grammatik.

Als Basis für die Syntaxanalyse wurde der Earley-Algorithmus gewählt, der sich beim praktischen Einsatz zum Parsen beliebiger kontextfreier Grammatiken bewährt hat. Er wurde in einer verbesserten Variante von Graham, Harrison und Ruzzo (siehe /GR80/) implementiert, auf die der look-ahead-Mechanismus, den Kilbury in /KI84/ für das Parsen von ID/LP-Grammatiken mit dem Earley-Shieber-Algorithmus vorschlägt, für den kontextfreien Fall übertragen wurde.

3. DAS SUCHPROBLEM

Für die Suche nach Wortketten wurden Graphsuchverfahren eingesetzt. Der Suchraum wird aus den Worthypothesen als Knoten und Kanten zwischen je zwei zeitlich aufeinanderfolgenden Worthypothesen gebildet. Da alle verwendeten Suchalgorithmen zu jedem Knoten höchstens einen Weg verfolgen, es aber möglich sein soll, mehrere Sätze mit einer gemeinsamen Worthypothese zu finden, wurde der Suchraum als Baum strukturiert. Entsprechend der Arbeitsweise des Earley-Algorithmus bildet dabei die zeitlich erste Worthypothese die Wurzel des Baumes, Worthypothesen am Ende der Äußerung die Blätter.

Eine Reduktion des Suchraums wurde durch zwei Maßnahmen erreicht. Worthypothesen mit gleicher grammatikalischer Funktion, also gleicher Wortart, werden zusammengefaßt, wenn ihre zeitliche Lage dies zuläßt. Außerdem werden Wortketten, die nicht Anfang eines syntaktisch korrekten Satzes sein können, aus dem Suchraum entfernt. Hierfür wird der Earley-Algorithmus in die Suchalgorithmen integriert. In die Bewertung von Wortketten, die die Suche im Suchraum steuert, gehen nur die Bewertungen ihrer Worthypothesen ein, die von den entsprechenden Moduln des Spracherkennungssystems geliefert werden.

Für die Suche von Wortketten in diesem Suchraum wurden sechs Suchverfahren implementiert: drei allgemeine Baumsuchverfahren (siehe /NI82/), die mit der aus der Literatur bekannten shortfall-, bzw. shortfall-density-Schätzfunktion (/WO77/) jeweils einen A*-Algorithmus liefern, mit der density-Schätzfunktion einen best-first-Algorithmus, sowie beam-search-Verfahren (/LO76/) mit jeder dieser drei Schätzfunktionen.

4. DIE EXPERIMENTE

Die beschriebenen Verfahren wurden experimentell unter folgenden Fragestellungen untersucht:

- Welche Reduktion der Wortketten kann durch die Berücksichtigung syntaktischen Wissens erreicht werden, und wie groß ist dabei der Einfluß der verschiedenen Grammatiken?

- Wie schnell kann der richtige Satz gefunden werden, abhängig von der Bewertung seiner Worthypothesen?
- Wie stark suchen die verschiedenen Verfahren in die Breite bzw. in die Tiefe, d.h. wie schnell finden sie überhaupt überspannende Ketten?

Für jeden Test sind eine Reihe von Einflußparametern einzustellen:

1. Welche Grammatik soll verwendet werden?
2. Wie lange soll die Suche fortgesetzt werden? Ein denkbares Abbruchkriterium für die Suche wäre eine vorgegebene Zahl von Ketten, die zu suchen sind. Da die Rechenzeiten hierfür in verschiedenen Sätzen stark variieren und mitunter in vertretbarer Zeit überhaupt keine Kette gefunden wurde, wurde stattdessen eine Zahl von 1500 zu expandierenden Knoten im Suchraum festgesetzt.
3. Wie sind die richtigen Worthypothesen zu bewerten? Die Bewertungen der richtigen Hypothesen wurden so variiert, daß sie unter den 10, 20, 30 oder 40% der besten Hypothesen waren.
4. Für das beam-search Verfahren: wie soll der Schwellwert eingestellt werden?

Unter Berücksichtigung dieser Parameter wurden an 10 Sätzen mit den Suchalgorithmen allgemeine Baumsuche und beam-search und mit den Schätzfunktionen density, shortfall und shortfall-density Tests durchgeführt.

4.1 Baumsuche mit density-Schätzfunktion

Die Tests mit diesem Verfahren zeigten, daß die Bewertung der richtigen Wörter in den meisten Sätzen großen Einfluß darauf hatte, wieviele vollständige Ketten gefunden wurden. Bei hohen Bewertungen lieferte die Suche meist zahlreiche Ketten, unter denen mit der kleinen Grammatik fast immer, mit der großen meist die richtige war. Die Tabelle 1 gibt einen Überblick über die Ergebnisse.

Satz	1	2	3	4	5	6	7	8	9	10
p										
10%	255/4	36/2	15	176/8	101/8	66/2	130/100	114/1	107/93	117/1
20%	246/50	32	4	96	129	65/7	98	97/43	87	139/1
30%	244/78	32	0	98	151	63/9	90	84	64	137
40%	210	48	0	107	151	63/10	74	76	60	113

Tabelle 1. Anzahl der gefundenen Sätze mit der kleinen Grammatik (density-Schätzfunktion). Falls der gesprochene Satz gefunden wurde, ist seine Position hinter dem Schrägstrich angegeben. p bezeichnet den Rang der richtigen Worthypothesen.

Mit sinkender Bewertung der richtigen Hypothesen sinkt entsprechend bei sechs Sätzen auch die Zahl der Ketten. In diesen Fällen sind offensichtlich die richtigen Wörter entscheidend für die Kettenbildung. Mit den falschen Worthypothesen führte die Suche entweder zu sehr in die Breite, sodaß mit 1500 Knoten kein vollständiger Pfad gefunden werden konnte, oder aber die Teilketten wurden schon vorher abgebrochen, weil sie keine grammatische Fortsetzung mehr fanden. Bei den Tests mit der großen Grammatik wurden für durchschnittlich 40 Prozent, mit der kleinen für 60 Prozent aller expandierten

Knoten wegen syntaktischer Unzulässigkeit keine Nachfolger erzeugt.

Wie erwähnt, liefert die Baumsuche mit density-Schätzfunktion kein zulässiges Verfahren, die beste Lösung wird also nicht immer als erste gefunden. Es zeigte sich aber, daß die Abweichungen relativ gering sind.

4.2 Baumsuche mit shortfall-Schätzfunktion

Auch bei der Baumsuche mit shortfall-Schätzfunktion zeigt sich deutlich der Einfluß der Bewertungen der richtigen Wörter und der Grammatik auf die Zahl der gefundenen Ketten. Allerdings wurden im Vergleich zum Verfahren mit density-Schätzfunktion deutlich weniger Ketten gefunden und die richtige seltener.

Daß das Verfahren mehr in die Breite sucht, liegt an der sehr optimistischen Schätzung, die die shortfall-Funktion besonders für kurze Ketten trifft. Sie nimmt ja über den Rest des Satzes immer das maximal Erreichbare an. Dadurch werden kurze Ketten bevorzugt weiterverarbeitet. Da andererseits kurze Ketten syntaktisch noch wenig eingeschränkt sind, können hier noch wenig Knoten aufgrund syntaktischer Kriterien ausgeschlossen werden. Tatsächlich waren bei der shortfall-Methode nach Abbruch der Suche noch dreimal soviel offene Knoten unbearbeitet als bei der density-Methode.

4.3 Baumsuche mit shortfall-density-Schätzfunktion

Die shortfall-density Schätzfunktion erwies sich für die Baumsuche als ungeeignet. Im Gegensatz zu anderen Erfahrungen, wo diese Funktion der shortfall Funktion überlegen war (/WO77/), suchte das Verfahren hier stärker in die Breite, da durch die Division durch die Länge kurze Ketten zu stark bevorzugt werden. Mit der vorgegebenen Anzahl von zu expandierenden Knoten wurde so keine vollständige Kette gefunden.

4.4 beam-search

Der Erfolg des beam-search Verfahrens hängt wesentlich von der richtigen Wahl der Schwelle für das Abschneiden der Knoten ab. Wird sie zu hoch gewählt, bleiben zu viele Knoten einer Schicht zu verarbeiten und der Aufwand wird unvertretbar hoch. Hierbei ist insbesondere zu berücksichtigen, daß mit fortschreitender Suche (d.h. wachsender Kettenlänge) die Zahl der Knoten exponentiell wächst. Eine niedrige Schwelle kann dagegen leicht dazu führen, daß die Suche mit lauter Teilketten endet, von denen keine eine Fortsetzung findet. Im Gegensatz zum HARPY-System, wo ein beam-search Verfahren erfolgreich eingesetzt wurde, gibt es im vorliegenden Suchraum viele Knoten, wo die Suche abbricht, weil keine zeitlich anschließende Worthypothese vorhanden ist, oder weil kein zeitlicher Nachfolger eine syntaktische Erweiterung der Teilkette ermöglicht. Im HARPY-Netzwerk dagegen hat jeder Zustand mindestens einen Nachfolger.

Tests mit dem beam-search Verfahren bestätigten, daß die Schwelle sehr genau eingestellt werden muß, damit es befriedigend arbeitet. Die Intervalle für sinnvolle Schwellwerte für die verschiedenen Sätze waren teilweise so verschieden, daß kein Schwellwert gefunden werden konnte, der für alle Sätze brauchbar wäre.

5. ZUSAMMENFASSUNG DER ERGEBNISSE

Von den verglichenen Verfahren lieferte der best-first Algorithmus die besten Ergebnisse. Er benötigt am wenigsten Rechenzeit und Speicherplatz und findet am häufigsten den richtigen Satz, bevor die Suche abgebrochen wird. Die Zulässigkeit der beiden A*-Algorithmen wird mit erheblich höherem Aufwand erkauft, da sie wegen der Bevorzugung kurzer Ketten durch die Schätzfunktionen stärker in die Breite suchen. Die Tests mit dem beam-search Algorithmus ergaben, daß kein Schwellwert für das Abbrechen von Pfaden gefunden werden konnte, der für alle Sätze zu brauchbaren Resultaten geführt hätte.

Die Bewertung der richtigen Hypothesen hatte einen deutlichen Einfluß auf die gefundenen Ketten. Wurden die richtigen schlechter bewertet, so wurde nicht nur die richtige Kette später gefunden, sondern in der Hälfte der Fälle mit best-first auch insgesamt weniger Ketten.

Die Beschränkung des Suchraums durch die Grammatik zeigte sich darin, daß etwa die Hälfte der Anfangsketten abgebrochen wurden, weil sie unsyntaktisch waren.

Eine nähere Betrachtung der Ketten zeigte, daß sehr viele Ketten sich nur geringfügig unterscheiden. Häufig ließe sich eine ganze Reihe von Ketten bereits abbrechen, bevor sie vollständig sind, wenn Teilketten frühzeitig durch andere Moduln, z.B. die Semantik-Komponente verifiziert werden könnten. Eine frühere Rückkopplung mit anderen Moduln wie auch die Tatsache, daß nicht immer alle gesprochenen Wörter hypothetisiert werden, spricht dafür, sich nun der Verarbeitung von Teilketten, beispielsweise syntaktischen Konstituenten, zuzuwenden.

Literatur

/GR80/ Graham S., Harrison M., Ruzzo W.: 'An improved context-free recognizer'. ACM Trans. on Programming Languages and Systems 2(1980).415-462

/KI84/ Kilbury J.: 'Earley-basierte Algorithmen für direktes Parsen mit ID/LP- Grammatiken'. Diplomarbeit. TU Berlin.1984.

/LO76/ Lowerre B.T.: 'The HARPY-Speech Recognition System'. PhD Thesis. Dept. Comput. Sci. Carnegie-Mellon-University. Pittsburgh.1976.

/NI82/ Nilsson N.: 'Principles of Artificial Intelligence'. Berlin: Springer.1982.

/NI85/ Niemann H., Brietzmann A., Mühlfeld R., Regel P., Schukat E.G.: 'The Speech Understanding and Dialog System EVAR'. In: De Mori R., Suen C.Y. (Hg.): 'New Systems and Architectures for Automatic Speech Recognition and Synthesis'. NATO ASI Series F16. Berlin: Springer.1985.271-302

/PO85/ Posch S.: 'Suchstrategien zur syntaktischen Analyse in der automatischen Spracherkennung'. Diplomarbeit. IMMD5 (Mustererkennung). Universität Erlangen-Nürnberg.1985.

/WO77/ Woods, W.: 'Shortfall and Density Scoring Strategies for Speech Understanding Control'. Proc. 5th IJCAI. Cambridge, MA.1977.18-26

Kontrollalgorithmen für ein wissensbasiertes System zum automatischen
Sprachverstehen

E.G. Schukat-Talamazzini, G. Sagerer
Lehrstuhl für Informatik 5 (Mustererkennung)
Universität Erlangen-Nürnberg
Martensstr. 3
8520 Erlangen

Kurzfassung: Mit zunehmender Komplexität von Musteranalysesystemen gewinnen immer
mehr Bewertungsverfahren für Verarbeitungshypothesen und Kontrollstrategien zur
Steuerung eines Analyseprozesses an Bedeutung. Im Rahmen dieses Artikels wird die
Frage von zulässigen Kontrollalgorithmen in Kombination mit mehreren Bewertungsfunktionen, z.B. Qualität, Unsicherheit sowie Priorität, diskutiert. Es wird
dabei ein System betrachtet, das aus mehreren weitgehend unabhängigen Moduln besteht, die in ihren Verarbeitungsergebnissen teilweise konkurrieren. Die Objekte,
welche die Kontrolle bewertet und erweitert bzw. den Systemmoduln zur Bewertung
vorlegt, werden mehrstufige Interpretationen sein, dürfen also Hypothesen unterschiedlicher Abstraktionsebenen beinhalten.

1. Systemstruktur und Kontrolle

Rahmenbedingung bildet das Spracherkennungssystem EVAR /1/, das mit einem Benutzer
einen Auskunftsdialog über einen begrenzten Aufgabenbereich führen soll. Die Eingabe
erfolgt über kontinuierlich gesprochene Sprache in sprecherunabhängigem Betrieb. Für
die Konversation sei die Benutzung von etwa 4000 Wörtern zugelassen; die grammatische Kompetenz erfasse die deutsche Umgangssprache unter Ausschluß von Dialek-
ten. Die Systemstruktur geht von einem geschichteten linguistischen Modell aus, das
durch unterschiedliche Module (Akustik-Phonetik, Worthypothetisierung und -verifika-
tion, Syntax, Semantik, Pragmatik, Dialog) realisiert wird. Diese Module sind in
ihren Verarbeitungsmethoden weitgehend unabhängig voneinander; Syntax, Semantik,
Pragmatik und Dialog bilden aber eine homogen Wissensbasis /2/ auf der Grundlage
eines assoziativen Netzwerks, wie es in /3/ beschrieben ist.

Die Struktur des Gesamtsystems als Summe weitgehend autonomer Wissensquellen, die
auf den unterschiedlichen linguistischen Abstraktionsebenen agieren, setzt zwei
Schwerpunkte: Optimierung der Komponenten sowie ihre kooperative Interaktion. Im
Rahmen des ARPA-SUR Projekts /4/ kamen die vier gebräuchlichsten Organisationsformen

zur Anwendung. Den einfachsten Aufbau besitzt das bottom-up Modell. Die Daten werden von Ebene zu Ebene beginnend mit dem Sprachsignal weitergereicht, bis eine Interpretation der Äußerung abfällt. Das generative Modell basiert im wesentlichen auf einer Verifikation auf allen linguistischen Ebenen. Während beim bottom-up Modell die Analysesteuerung ausschließlich auf den zugrundeliegenden Daten beruht, muß beim generativen die Steuerung weitgehend ohne Rückgriff auf diese Daten erfolgen. Hier werden intensiv Vorhersagen genutzt, die wiederum beim bottom-up Modell fehlen. Für eine heterarchische Organisation, bei der wechselseitige Kommunikation zwischen allen beteiligten Wissensquellen möglich ist, fehlen Vorschriften, die eine befriedigende Interaktion regeln. Eine vollständige Isolation der einzelnen Module kennzeichnet das Hypothesenbankmodell. Die Kommunikation findet ausschließlich über eine globale Datenbank statt. Eine implizite Regelung der Analysefolge nur durch den Inhalt der zentralen Hypothesenbank erscheint jedoch keine glückliche Lösung.

Einer blinden Suche soll eine Kontrolle entgegengestellt werden, die abhängig vom aktuellen Zustand der Analyse Systemkomponenten zur Verarbeitung vorliegender Teilergebnisse animiert. Ziel ist die Ermittlung einer überspannenden Interpretation des Sprachsignals, die

- syntaktisch akzeptable Formulierungen verkörpert
- Systemerwartungen in Form des semantischen und pragmatischen Wissens sowie des Dialogmodells genügt
- am besten zur akustischen Eingabe paßt

Systemerwartungen und syntaktische Akzeptanz sind dabei in Form eines assoziativen Netzwerks /2/ realisiert. Der dabei verwendete Formalismus /3/ fördert eine top-down Evaluation des Netzwerks mit anschließender bottom-up Analyse, die aber dann auf Vorerwartungen basiert. Hier ergeben sich Ansätze für eine flexible Steuerung, die diese beiden Teile des Analyseprozesses nicht strikt sequentiell durchführt, sondern im Wechsel Evaluationen des Netzwerks als Vorhersagen oder datenabhängige Analyse vornimmt und dabei Prioritäts- und Unsicherheitsbewertungen nutzt. Kriterium für die Qualität einer Interpretation, d.h. die Kompatibilität zum Signal, soll die differenzierteste Messung sein, die dem System möglich ist. Sie berücksichtigt im Idealfall etwa die Prosodie auf Satzebene, phonologische Inter- und Intrawortverschleifungsregeln sowie Koartikulation und diverse Sprecherspezifika.

2. Bewertungskombination

Die Strategie, solche Lösungen bei angemessenem Aufwand zu finden, besteht in einer Suche, die möglichst weitgehend auf die Berechnung von Approximationen des genauen Kriteriums stützt. Eine aufwendigere und genauere Analyse wird nur bei den jeweils besten Interpretationen durchgeführt. Die Voraussetzung eines solchen hierar-

chischen Meßvorgangs ist ein homogenes Bewertungsschema für die Qualität der Übereinstimmung einer Interpretation mit dem Sprachsignal. Die Bewertungen unterschiedlicher Abstraktionsebenen können dann durch Funktionalgleichungen zueinander in
Beziehung gesetzt werden, welche die Qualitätsbewertung für Hypothesen aus ihren
Untereinheiten näherungsweise kombinieren. Zur Quantifizierung der Verträglichkeit
einer Wortfolge mit einem Abschnitt des Sprachsignals stehen unterschiedlich aufwendige und akkurate Methoden zur Verfügunng, unter denen die Kontrolle zu wählen hat.
Ein Extrem ist die Wortkettenverifikation auf Signalebene, das andere die Konstruktion aus bereits vorliegenden Worthypothesen. Die Funktionalgleichungen sind
problemabhängig zu wählen; es ist nicht zu erwarten, daß Bewertungsmodelle wie
Fuzzy-Sets /5/ oder Dempster-Shafer-Theorie /6/ unmittelbar zum Erfolg führen.

3. Graphsuchverfahren

Angestrebte Eigenschaft des Kontrollalgorithmus ist neben hoher Effizienz heuristi-
scher Suchraumeinschränkung die Zulässigkeit, d.h. die Garantie für das Auffinden
einer optimalen Lösung. Da der Suchraum hier als bewerteter Graph repräsentiert
wird, bieten sich Verfahren wie der A^*-Algorithmus wie in /3/ oder eine Inselgetrie-
bene Suche /7/ an. Während beim A^*-Algorithmus Anfangsstücke eines Lösungspfades
betrachtet werden, können im anderen Fall beliebige Teilpfade betrachtet werden. Für
eine Betrachtung des Suchraums als Graph entlang des Sprachsignals sind für beide
Suchverfahren Schätzungen für den Restaufwand bekannt: Shortfall für A^* bzw. Density
für die Inselsuche /8/. Diese Schätzungen erfüllen jeweils die Forderungen, die für
die Zulässigkeit der Algorithmen gestellt werden:
   (A^*)   jeder Teillösung muß eine optimistische Schätzung der Güte möglicher Ver-
            vollständigungen zugeordnet werden
   (I^*)   für jede Dekomposition einer Lösung muß die Restschätzung für mindestens
            eine Komponente der A^*-Forderung genügen
Die Vorteile der Inselmethode (I^*), das harmlosere Zulässigkeitskriterium und die
Richtungsunabhängigkeit, werden aber mit einem drastisch vergrößerten Suchraum u.U.
teuer erkauft.

Wird der Suchraum jedoch nicht entlang des Sprachsignals aufgebaut, sondern in
Abhängigkeit der homogenen Wissensbasis /2/ generiert, so ist der A^*-Algorithmus mit
entsprechenden Bewertungsfunktionen zulässig, auch wenn in einem Suchraumknoten
nichtkonsekutive Teile des Sprachsignals interpretiert sind. Als Restschätzungen
kann auch bei dieser Betrachtungsweise von einem Zeitstrommodell ausgegangen werden,
da die Schranken für die Anzahl verbleibender noch zu interpretierender Segmente
sowie die Qualität ihrer Teilinterpretationen weiterhin zur Verfügung stehen. Die
vollständig interpretierten Bereiche können mit Hilfe einer Totalverifikation oder

über eine optimistische Schätzung ermittelt werden.

4. Multiple Bewertungen

Das Wechselspiel der Wissensquellen bei der Analyse einer Dialogäußerung wird sowohl von bottom-up Hypothesen, die aus dem Sprachsignal extrahierte Information tragen, als auch von Systemerwartungen in Form von top-down Hypothesen bestritten. Für interagierende Module spielen daher neben dem Qualitätsaspekt auch die Prioritäten und Unsicherheiten von Hypothesen, d.h. Suchraumknoten, eine Rolle. Prioritäten /9/ bringen dabei dynamisch die Dringlichkeit und die Erfolgschance von Analysschritten ein. Eine Hypothese trägt damit einen Bewertungsvektor. Die Menge aller Hypothesen unterliegt somit nicht mehr einer Total- sondern nur noch einer Halbordnung. Ist die Restschätzung für die Bewertungsvektoren aber optimistisch, so ist die Verallgemeinerung des A^*-Algorithmus auf halbgeordnete Suchräume eine zulässige Kontrolle. Der theoretische Nachweis der Zulässigkeit sagt aber wenig über die praktische Verwertbarkeit eines Algorithmus aus. So wird z.B. eine Hypothese hoher Qualität aber niedriger Unsicherheit einer solchen mit gegenteiligen Eigenschaften a priori weder vorgezogen noch nachgeordnet. Bewertungsvektoren sollten deshalb um zusätzliche Ordnungsbeziehungen angereichert werden, damit man zu einer zielgerichteten Suche gelangt.

5. Mehrschichtige Interpretationen

Die Suche nach den bestbewerteten Interpretationen über einem Sprachsignal erfordert mehr als nur den wiederholten Prozeß der Verkettung und Bewertung von Teilinterpretationen. Es ist zusätzlich ein hierarchischer Aspekt zu betrachten. Während des Analyseprozesses sollen Bewertungen für neue Interpretationen auf den Bewertungen vorhandener Hypothesen für kleinere Spracheinheiten basieren. Die aufwendiger Totalverifikation bleibt zielnahen Teillösungen vorbehalten bzw. wird erst dann angestoßen, wenn Entscheidungen aufgrund einer gröberen Analyse nicht mehr zu erzwingen sind. Zu bewertende Objekte lassen sich daher als gemischte Interpretationen charakterisieren. Betrachtet man das Beispiel in Abb.1, so behauptet die Hypothese den Satz "Auto und Bahn bieten gleichen Konfort". Die Hierarchie deutet an, daß
- die Satzbewertung aus jener zweier Phrasierungseinheiten,
- die erste Phrasenbewertung aus drei Wortbewertungen,
- die Bewertung für "Auto" aus vier Lautbewertungen,
- die Hypothese für /T/ aus Bewertungen noch kürzerer phonetischer Einheiten
kombiniert wird. Die Kontrolle sollte im wesentlichen zwei Operationen auf derartigen gemischten Interpretationen veranlassen können: die zeitliche Erweiterung bzw.

Verkettung sowie die Expansion in die Tiefe, d.h. die Verifikation immer größerer Spracheinheiten. Wenn die o.g. approximierende Funktionalgleichung eine optimistische Schätzung für die feinere Analyse liefert, dann ist der A^*-Algorithmus zulässig. Eine derartige Qualitätsbewertung ist in /10/ beschrieben.

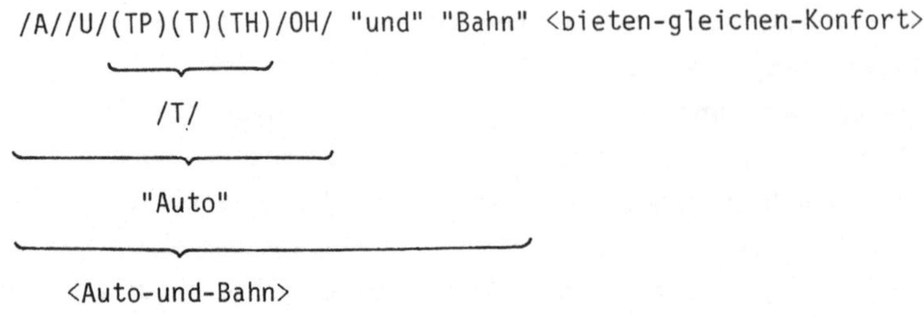

Abb.1: Beispiel für eine gemischte Interpretation

Literatur

/1/ H. Niemann, A. Brietzmann, R. Mühlfeld, P. Regel, G. Schukat: The Speech Understanding and Dialog System EVAR. in R. DeMori, C.Y. Suen: New Systems and Architectures for Automatic Speech Recognition and Synthesis. NATO ASI Series F. Springer Verlag, 1985, 271-302.

/2/ H. Niemann, A. Brietzmann, U. Ehrlich, G. Sagerer: Representation of a Continuous Speech Understanding and Dialog System in Homogeneous Semantic Net Architecture. in Proc. ICASSP 86, Tokio, 1986

/3/ G. Sagerer: Darstellung und Nutzung von Expertenwissen für ein Bildanalysesystem. IFB 104, Springer Verlag, 1985.

/4/ D.H. Klatt: Review of the ARPA Speech Understanding Project. in JASA 62, 1977, 1345-1366.

/5/ L. Zadeh: Fuzzy Sets. Information and Control 8, 1965, 338-353.

/6/ G. Shafer: A Mathematical Theory of Evidence. Princeton Univ. Press, 1975.

/7/ W.A. Woods: Optimal Search Strategies for Speech Understanding Control. Artificial Intelligence 18, 1982, 295-326.

/8/ W.A. Woods: Shortfall and Density Scoring Strategies for Speech Understanding Control. 5th IJCAI, 1977, 18-26.

/9/ F. Hayes-Roth, V. Lesser: Focus of Attention in aDistributed Logic Speech Understanding System. Proc. 5th IJCAI, 1977.

/10/ E.G. Schukat-Talamazzini: Generierung von Worthypothesen in kontinuierlicher Sprache. Dissertation, Technische Fakultät, Univ. Erlangen-Nürnberg, 1986.

Bemerkung: Diein diesem Artikel vorgestellten Arbeiten werden von der Deutschen Forschungsgemeinschaft (DFG) gefördert.

<u>MOTORDIAGNOSE UNTER ANLAUFBEDINGUNGEN</u>
<u>MIT HILFE VON MUSTERERKENNUNGSVERFAHREN</u>

Dieter Barschdorff [*]
Wojciech Moczulski
Günter Pfläging
Elektrische Meßtechnik
Universität-GH Paderborn

Mustererkennungsverfahren erweisen sich bei der Fehlererkennung an technischen Systemen als sehr leistungsfähig. Die Untersuchung beschreibt ein neues wissensbasiertes Verfahren zur Betriebsüberwachung und Qualitätskontrolle für Elektromotoren, mit dem während der Hochlaufphase die Klassifikation typischer Fertigungs- und Laufzeitfehler nach sehr kurzer Meßzeit möglich ist.

Problemstellung

Die Methoden der Fehlererkennung und der Maschinenüberwachung haben zum Ziel, die sichere Arbeitsweise technischer Systeme zu garantieren und bei Fehlern, die während des Betriebes auftreten, die Art, den Ort und die Ursache einer Störung so schnell wie möglich festzustellen. Werden derartige Methoden bei der Fertigungsendkontrolle eingesetzt, dann muß ebenfalls nach möglichst kurzer Prüfzeit eine sichere Klassifikation der am häufigsten auftretenden Fertigungsfehler erfolgen. Die Prüfzeiten sind durch die Taktzeiten der Fertigungseinrichtung oder durch die Leistungsfähigkeit von Prüfpersonen vorgeschrieben. Gerade für typische Massenprodukte wie Elektroantriebsmotoren sind geeignete, automatisch arbeitende Prüfverfahren von großer Bedeutung.

Berichtet wurde über Diagnoseverfahren zur Motorprüfung, die bei stationärem Betrieb typische Fertigungsfehler erkennen. Sie stützen sich teils auf Mustererkennungsverfahren /1/, teils auf Verfahren der Modellbildung und Parameterschätzung /2,3,4/. In dieser Untersuchung werden zwei neue Mustererkennungsansätze diskutiert, die eine Fehlerdiagnose schon während der instationären Anlaufphase eines Systems ermöglichen und damit zu sehr kurzen Prüfzeiten führen. Das Verfahren kann zur Produktendkontrolle sowie zur Betriebsüberwachung eingesetzt werden.

1. Testmethode

Bei den zur Diskussion stehenden Systemen kann man ein lineares Verhalten voraussetzen /5/. Systemtechnisch gesehen werden die Sprungantworten verschiedener, gleichzeitig gemessener physikalischer Zustandsgrößen und ihre Abweichungen bei technischen Fehlern untersucht. Soll der gesamte Fehlertest während der Hochlaufphase abgeschlossen sein, dann ist es aus Gründen der Rechenzeit vorteilhaft, sich auf Merkmale im Zeitbereich zu beschränken. Aus den gewählten Meßgrößen (Strom, Drehzahl, Drehmoment sowie Körperschall) lassen sich aufgrund von a-priori-Kenntnissen Zuordnungen zu bestimmten Fehlerklassen ableiten. Die Merkmalwerte für die folgende Klassifikation werden zum einen aus den Meßgrößen segmentweise ermittelt, wobei sich durch eine

[*] Humboldt-Stipendiat, TH Politechnika Slaska, Gliwice, Polen

Mittelwertbildung der Einfluß betriebsbedingter Signalschwankungen
verringern läßt. Zum anderen werden die Parameter der Systemübergangs-
funktionen mit einem Schätzverfahren ermittelt und ein Klassifika-
tionsvergleich durchgeführt, Bild 1.

2. Merkmalgewinnung

2.1 Modellgestützte Merkmalgewinnung

Das dynamische Verhalten elektrischer Antriebe läßt sich mit wenigen
mathematischen Modellen beschreiben. Bei der Diagnose eines bestimmten
Motortyps ändert sich die Struktur des Modells nicht. Lediglich die
Modellparameter variieren in Abhängigkeit von vorliegenden Fehlern
oder Fertigungstoleranzen. Die Aufgabe der modellgestützten Merkmalgewinnung besteht daher darin, die Modellparameter zu schätzen, die sich
dann direkt als Merkmale für die folgende Klassifikation verwenden
lassen.

Eine fremderregte Gleichstrommaschine mit konstanter Erregung kann
durch das in Bild 2 dargestellte lineare Modell beschrieben werden
/5/. Ankerstrom $i_a(t)$ und Drehzahl $n(t)$ sind demnach im Bildbereich
Linearkombinationen der unabhängigen Anregungsgrößen Ankerspannung
$u_a(t)$ und Widerstandsmoment $m_w(t)$. Für das System gelten dann die
Beziehungen /5/

$$N(p) = \frac{U_a(p) - (T_a \cdot p + 1) \cdot M_w(p)}{T_a \cdot T_{mk} \cdot p^2 + T_{mk} \cdot p + 1}$$

$$I_a(p) = \frac{T_{mk} \cdot p \cdot U_a(p) + M_w(p)}{T_a \cdot T_{mk} \cdot p^2 + T_{mk} \cdot p + 1}$$

Bei einer sprungförmigen Anregung ergeben sich die zugehörigen
Sprungantworten w durch Rücktransformation in den Zeitbereich. Be-
stimmt wird das System bei vorliegender Struktur durch die beiden
Zeitkonstanten T_a, T_{mk} und die Normierungsgrößen u_o, i_o, n_o und m_o.

Diese Modellparameter lassen sich aus den Meßdaten y_i z.B. mit der Methode der kleinsten Fehlerquadrate schätzen. Man fordert also

$$\overline{e^2} = \frac{1}{n} \sum_n (y_i - w_i)^2 \overset{!}{=} \text{Min}$$

Berechnet man mit den ermittelten Modellparametern jeweils die über-
gangsfunktionen, so zeigen sich gute Übereinstimmungen zwischen dem
Modell und den Meßdaten, Bild 3. Vorteilhaft ist hier, daß sich die
große Meßdatenmenge auf 6 Merkmale reduziert. Eine Beschränkung auf
die Messung des Ankerstroms bei konstanter Nennankerspannung u_o bewirkt eine weitere Reduktion auf 3 Merkmale (T_a, T_{mk}, i_o). Das Klassifikationsverfahren wird dadurch ohne größere Einschränkung besonders
schnell.

Die Parameter lassen sich direkt bestimmten Motorkomponenten zuordnen,
wodurch sich die Klassifikation vereinfacht und eine gezielte Fehler-
simulation aufgrund physikalischer Kenntnisse ermöglicht wird. Mit
Hilfe geeigneter Schätzalgorithmen lassen sich die Merkmale des Objektes schon nach 20 % der Hochlaufzeit extrapolieren. Entscheidend für
die Leistungsfähigkeit dieses Ansatzes ist neben einem guten Schätz-
verfahrens ein hinreichend genaues Systemmodell.

2.2 Direkte Merkmalgewinnung

Im Sinne einer top-down Methode wurde außerdem ein weiterer Ansatz untersucht, bei dem eine möglichst große Anzahl physikalischer Meßgrößen eine entsprechende Anzahl abgeleiteter Merkmale liefert. In der vorliegenden Untersuchung wurden dazu im Zeitbereich der Effektivwert, die Standardabweichung, der gemittelte Absolutwert, der Anfangswert usw. verwendet. Die Merkmalwerte wurden in äquidistanten oder zeitnormierten Intervallen ermittelt. Diese Merkmale lassen sich durch einen Vorprozessor sehr effektiv in Echtzeit gewinnen. Die nachfolgende Digitalisierung kann daher mit geringer Abtastfrequenz erfolgen. Als Ergebnis jeder i-ten rechnergestützten Messung erhält man eine Matrix

$$\underline{c}_i = (\, c_{i,1} \,,\, \ldots \,,\, c_{i,M} \,),$$

wobei jeder Merkmalvektor $c_{i,m}$, $m = 1, \ldots, M$ im entsprechenden Zeitintervall gewonnen wird und M die Anzahl der Intervalle bedeutet.

3. Klassifikation

Experimentell wurde verifiziert, daß sich bei den verschiedenen Produktions- und Betriebsfehlern jeweils charakteristische Änderungen der gewonnenen Merkmale ergeben. Dabei lassen sich (K+1) Klassen unterscheiden, wobei Ω_0 eine Rückweisungsklasse und Ω_1 die Klasse der intakten Objekte darstellt, während $\Omega_2, \ldots, \Omega_K$ den untersuchten Fehlerklassen der Motoren entsprechen. In der Lernphase wurden für die Klassen Ω_k, $k = 1, \ldots, K$ die Referenzmuster $\underline{r}_1, \ldots, \underline{r}_K$ ermittelt, wozu eine Stichprobe der von den Experten klassifizierten Muster verwendet wurde (sog. Lernen mit Hilfe des Lehrers). Bild 4 zeigt in der Merkmalebene (Strom, Drehzahl als Beispiel) die gewonnenen Referenzmuster für zwei Klassen (durchgezogen) sowie ein unbekanntes, zu klassifizierendes Muster (punktiert).

Zur Klassifikation dienen das Euklidische und das Hamming'sche Abstandsmaß. Das folgende Rückweisungskriterium wurde für eine gewählte Konstante α, $0 < \alpha \leq 1$, definiert:

$$d_\lambda < \alpha * d^*.$$

Dabei gilt für die Abstände d_λ und d^*

$$d_\lambda = \varrho(\, r_{\lambda,m} \,;\, c_m \,) = \min \varrho(\, r_{k,m} \,;\, c_m \,), \quad k=1,\ldots,K$$

und $\quad d^* = \min \varrho(\, r_{k,m} \,;\, c_m \,), \quad k=1,\ldots,K \,;\, k\neq\lambda,$

$r_{\lambda,m}$ ist ein Merkmalvektor des λ-ten Referenzmusters, ϱ ist das Abstandsmaß und c_m ein Merkmalvektor des zu klassifizierenden Musters im m-ten Intervall. Um das Muster $\underline{c}$ in diesem Zeitintervall der Klasse Ω_λ zuzuordnen, muß die obige Bedingung erfüllt sein, sonst wird $\underline{c}$ zurückgewiesen.

Der untersuchte Motor wird in die Klasse Ω_λ eingeordnet, falls das folgende Kriterium erfüllt ist:

$$F_\lambda \geq F_{kr}.$$

Dabei stellt F_λ die Häufigkeit der Zugehörigkeit zu Ω_λ dar und F_{kr} ist eine Konstante.

Vergleichend wird der Nächste-Nachbar-Klassifikator benutzt /6/, bei dem gefordert wird, daß mindestens m' der m nächsten Nachbarn eines zu

klassifizierenden Musters zur Klasse Ω_λ gehören, damit keine Rück-
weisung erfolgt. Die vorher erwähnten Konstanten α und F_{kr} sowie m und
m' lassen sich durch Versuche optimieren.

Zusammenfassung

Das entwickelte Diagnoseverfahren erlaubt es, fertigungs- oder lauf-
zeitbedingte Fehler einer rotierenden Maschine während der Hochlaufphase schon nach sehr kurzer Meß- und Rechenzeit zu ermitteln. Neben
einer automatischen Fehlerdiagnose kann man damit bei kritischen Vorgängen Informationen über den Systemzustand gewinnen und gegebenenfalls gefährliche Betriebsarten vermeiden. Die verwendeten Meßgrößen
stellen noch nicht die endgültige Auswahl dar. So ließen sich bei den
untersuchten Gleichstrommotoren verschiedene elektrische und mechanische Fehlerklassen sicher unterscheiden, auch nachdem die Anzahl der
Meßgrößen reduziert wurde.

Es zeigte sich, daß die Modellparameter eine zu geringe Empfindlich-
keit für einige der mechanischen Fehler besitzen. Ziel weiterer Untersuchungen ist daher festzustellen, ob eine Verfeinerung des Modells
eine Leistungssteigerung des Mustererkennungsverfahrens bewirkt. Des-
weiteren ist eine Ausdehnung auf geregelte Antriebe bei verschiedenen
Anregungen geplant. Ergänzende Untersuchungen befassen sich außerdem
mit den Möglichkeiten der Meßdaten-Parallelverarbeitung /7,8/ und der
übertragbarkeit auf andere Maschinen mit rotierenden Teilen.

Literatur:

/1/ Meyer, H.-E.: Objektive akustische Güteprüfung durch Musterer-
    kennung und Signalanalyse. Diss. Universität Karlsruhe, 1980.

/2/ Metzger, K., Filbert, D.: Quality Test of Systems by Parameter
    Estimation. Acta IMEKO, 9th World Congress, Berlin, May 1982.

/3/ Filbert, D., Dreetz, E.: Ein rechnergestütztes Prüfsystem für
    elektrische Kleinmotoren nach dem Prinzip einer neuartigen,
    modell-gestützten Meßtechnik. Ber. Inst. Allg. Elektrotechn., TU
    Berlin, Juni 1986.

/4/ Filbert, D.: Fault Diagnosis in Nonlinear Electromechanical Sys-
    tems by Continuous Time Parameter Estimation. ISA Transact. Vol.
    24, No. 3, 1985, p. 23 - 27.

/5/ Leonhard, W.: Regelung in der elektrischen Antriebstechnik.
    Teubner Verlag, Stuttgart 1974.

/6/ Niemann, H.: Klassifikation von Mustern. Springer Verlag, Berlin
    1983.

/7/ Barschdorff, D., Dressler, T., Nitsche, W.: Real-time Failure
    Detection on Complex Mechanical Structures via Parallel Data
    Processing. Computers in Industry, 7 (23) 1986.

/8/ Barschdorff, D., Nitsche, W.: Parallel Processor System for Fail-
    ure Diagnosis on Technical Components, angenommen für IMEKO-
    Symposium on Techn. Diagnostics, Dubrovnik, Oktober 1986.

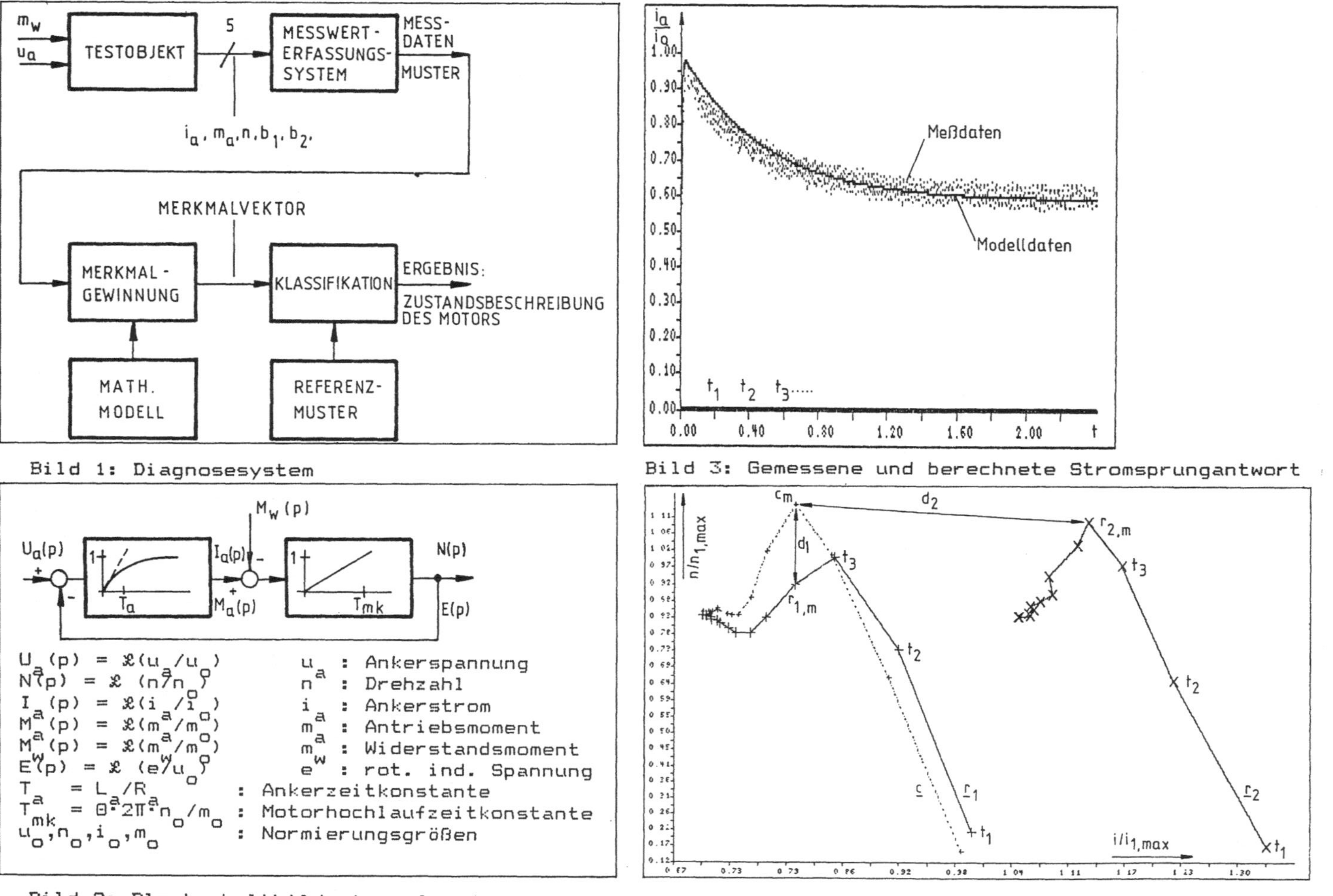

Bild 1: Diagnosesystem

Bild 3: Gemessene und berechnete Stromsprungantwort

$U_a(p) = \mathcal{L}(u_a/u_o)$ u_a : Ankerspannung
$N(p) = \mathcal{L}(n/n_o)$ n : Drehzahl
$I_a(p) = \mathcal{L}(i_a/i_o)$ i_a : Ankerstrom
$M_a(p) = \mathcal{L}(m_a/m_o)$ m_a : Antriebsmoment
$M_a(p) = \mathcal{L}(m_a/m_o)$ m_a : Widerstandsmoment
$E(p) = \mathcal{L}(e_w/u_o)$ e_w : rot. ind. Spannung
$T_a = L_a/R_a$: Ankerzeitkonstante
$T_{mk} = \Theta \cdot 2\pi \cdot n_o/m_o$: Motorhochlaufzeitkonstante
u_o, n_o, i_o, m_o : Normierungsgrößen

Bild 2: Blockschaltbild einer fremderregten Gleichstrommaschine

Bild 4: Zeitlicher Verlauf der Merkmale in der Merkmalebene

Query-by-Structure-Example:

Objektorientierter Datenbankzugriff für bildbeschreibende Strukturen

Wolfgang Benn[1]
Universität Hamburg, Fachbereich Informatik
Schlüterstraße 70, D-2000 Hamburg 13

Einleitung

Bildbeschreibende Symbolstrukturen stellen gegenüber primärem, ikonischem Bildmaterial Sekundärdaten dar, die zur automatischen Interpretation von Bildern oder Bildfolgen verwendet werden können. Bildsymbole beschreiben hierbei Bildcharakteristika, diese wiederum Bildobjekte, deren Teile sowie ihre Beziehungen zeitlicher und räumlicher Art. Notwendigerweise entstehen in der Beschreibung eines Gesamtbildes oder einer Bildfolge Netz- bzw. Baumstrukturen, deren horizontale Schichtung Beschreibungshierarchien entspricht. Diese gestatten eine Betrachtung verschiedener Detailstufen der Bildbeschreibung und stellen vertikal aufsteigend eine objektorientierte Generalisierung dar, wie sie auch aus semantischen Netzen oder generischen Schemata – frames – bekannt ist. Mathematische Grundlage solcher symbolischen Beschreibungsstrukturen können Relationengebilde sein [RADIG 84]. Mit ihnen ist es möglich, durch Abbildungen formal exakte Vergleiche bildbeschreibender Strukturen durchzuführen und aus den so entstehenden Morphismen Rückschlüsse auf Bildinhalte zu ziehen.

Erhebliche Datenmengen erfordern auch bei der Bild- und Bildfolgenbeschreibung eine organisatorische Unterstützung in der Datenverwaltung durch den Einsatz von Datenbanken. Die formale Nähe von Relationengebilden und relationalem Datenmodell bietet daher den Einsatz einer relationalen Datenbank an. Gleichfalls spricht hierfür die mehrfach bewiesene Adaptionsfähigkeit des relationalen Modells an Datenmodellierungsforderungen: Molekulare Aggregation verbindet heterogene Tupelkomplexe zu objektbezogenen Einheiten im CAD-Bereich, sogenannten *complex objects* [LORIE 81]. Das NF^2-Modell [SCHEK+SCHOLL 84] ermöglicht es, Relationengebilde derart zu modellieren, daß einer bildinterpretierenden Datenbankanwendung komplexe, bildbeschreibende Strukturen in problemnaher Form angeboten werden [BENN+RADIG 84A]. Strukturvergleiche lassen sich in diesem Datenmodell unter Verwendung einer erweiterten relationalen Algebra derart als Datenbankanfragen formulieren, daß die Anfrage-Ergebnisse in weiten Teilen den Morphismen entsprechen [BENN+RADIG 84B]. Das NF^{2D}-Modell ist eine Erweiterung des NF^2-Modells um dynamisch generierbare Attributvarianzen zur formalen Repräsentation von Generalisierungen und Datenvarianzen [BENN 85]. Mit diesem Modell ist es möglich, Bildsymbole trotz unterschiedlicher Symbolstruktur – und damit Bildobjekte, Objektprototypen und Situationsmodelle – einheitlich relational modelliert in eine Datenbank einzubringen: Generische Schablonen und ihre individuellen Ausprägungen sind in Modellkonstrukten, dynamischen Relationen, zusammenzufassen. Klassenrelationen repräsentieren Objektklassen, deren Tupel in der Beschreibungsstruktur differierende Bildobjekte darstellen. Situationsrelationen enthalten generische Situationsbeschreibungen, indem standardisierten Objektbezügen Objektprototypen zugeordnet sind.

Eine relationale NF^{2D}-Datenbank stellt also ein Werkzeug dar, mit dessen Hilfe als Einheit empfundene, aus Bildern extrahierte Objekte auf relationaler Basis modelliert, verwaltet und verarbeitet werden können. Hierdurch wird ein objektorientiertes, problembezogenes Arbeiten gefördert. Eine adäquate Methode des Datenbankzuganges für die Bildanalyse zu finden, bedarf jedoch weiterer Entwicklungen: Während im formalen Bereich durch die relationale Algebra Datenbankanfragen formulierbar sind, eignet sich diese Form weniger zur Verwendung im problembezogenen Arbeitsbereich.

Eine Adaption des Beispielprinzips an die derzeit wenig interaktive, automatische Bild- und Bildfolgenanalyse von Realweltszenen ist "Query-by-Structure-Example", kurz QSE. Strukturen aus der aktuellen Bild- und Bildinhaltsbeschreibung werden als Beispiel für Anfragen an eine unterstützende NF^{2D}-Datenbank ver-

---

[1]Neue Anschrift:
SCS Organisationsberatung und Informationstechnik GmbH, Oehleckerring 40, D-2000 Hamburg 62

wendet. Hierbei kann es sich um vernetzte Tupelgebilde der aktuellen Bildanalyse handeln, die im klassischen Sinne durch Fremdschlüssel referenziert sind, oder um bereits aggregierte Teilbeschreibungselemente in NF^2- oder NF^{2D}-Form. Der Einsatz von GKS oder GKS/3D als Oberfläche einer interaktiven Komponente kann weiterhin komfortable graphische Unterstützung leisten, die menschlichen Bedienern ein objektorientiertes Arbeiten ermöglicht und die interne Beschreibungsstruktur von Objekten weitgehend verdeckt, wenn es die Abstraktionsebene der aktuellen Bildinterpretation erlaubt.

Objektrepräsentation

Betrachten wir zunächst die Repräsentation von Bildinhalten, deren Form für den unterstützenden Einsatz von Datenbanken geeignet ist und rekapitulieren einen möglichen Ablauf:

Ikonisches Bildmaterial, beispielsweise eine Grauwertmatrix, wird durch geeignete Basisoperationen – etwa Filterung, Segmentation, Kantenverfolgung – in Bereiche gegliedert, die für eine Bildanalyse von Bedeutung sind. Geometrie, Eigenschaften und beigeordneter Sinngehalt einzelner Bereiche kann durch Bildsymbole repräsentiert werden. Beispielsweise beschreibt ein Symbol vom Typ *KREIS* die Geometrie einer runden segmentierten Fläche, deren Ausdehnungseigenschaft durch Symboleigenwerte wie Radius, Umfang, Flächeninhalt und den Sinngehalt durch eine Namenszuordnung, etwa *Ball*. Relationengebilde als mathematische Beschreibungsform von Bildsymbolen ermöglichen die exakte Formalisierung symbolisch beschriebener Bildinhalte, deren relationaler Beziehungen und in Bildfolgen auch deren Veränderung über die Zeit der Sequenz.

An dieser Stelle ist ein Grad der Formalisierung erreicht, der den Einsatz eines Datenbanksystems zur Verwaltung der vielfältigen und zahlreichen Beschreibungsdaten gestattet. Versucht man, eine weitergehende Anpassung der subjektiven Begriffsvergabe *Ball* und der damit verbundenen Begrifflichkeit eines realen Objektes unserer Welt mit Techniken der Datenmodellierung für relationale Datenbanken zu erreichen, stellt sich der Vorgang wie folgt dar:

Eine Relation werde erzeugt, deren Attribute genau die Symboleigenwerte eines Bildsymbols aufnehmen. Jedes Bildsymbol wird damit zu einem Teil dieser Relation, zu einem Tupel. Für unser Beispiel erhielte die Relation den Namen *Bälle* und hätte beispielsweise das Relationenschema

$$\text{Bälle } (Name;\ Radius;\ Umfang;\ Fläche);$$

Hierin könnten alle in Realweltszenen erkannten und nach diesem Schema modellierten Bälle gespeichert und mit einfachen Anweisungen einer relationalen Datenbankanfragesprache angefordert werden. Für einfache, grob modellierte Objekte ist dadurch bereits ein akzeptabler Unterstützungsgrad erreicht.

Schwierig wird die Modellierung, wenn sich die Exaktheit der Repräsentation steigert und beispielsweise verschiedene Bälle mit unterschiedlichen Nahtmustern modelliert werden sollen: Zum Beispiel hat ein Fußball mit schwarz-weißem Fünfeckmuster eine andere Darstellung als ein Handball, der meist einfarbig ist und ein parallelogrammartig verlaufendes Nahtmuster aufweist. Ein Musterattribut in der Relation *Bälle* zur Beschreibung dieser Tatsache hätte stets eine andere, dem jeweiligen Ball- bzw. Nahtmuster angepaßte Modellierung – entsprechend der unterschiedlichen Musterrepräsentation aus dem Bildanalyseprozeß.

Im Gegensatz zum traditionellen eins-normalisierten und zum NF^2-Datenmodell läßt sich dieser Umstand in einer NF^{2D}-Datenbank berücksichtigen. Dem Musterattribut sind verschiedene Varianzen zugeordnet. Diese sind den Mustern entsprechende Ausprägungen der Attributwerte, die wiederum eine interne Struktur besitzen dürfen. Nicht ein einheitliches Schema beschreibt daher alle Muster sondern deren Unterschiedlichkeit kommt in den Attributvarianzen der ballbeschreibenden Tupel zum Ausdruck. Benennt man die Varianzen nach dem charakterisierenden Sinngehalt der Musterdarstellung – in unserem Beispiel also *Fußball, Handball* –, so kann aus der Varianzbenennung bereits auf die Objektsemantik geschlossen werden ohne die Beschreibungsstruktur analysieren zu müssen.

Durch die Datenmodellierung in einer NF^{2D}-Datenbank ist also ein hoher Feinheitsgrad in der Objektrepräsentation erreicht worden; Bildobjekte können ihrer Bedeutung entsprechend benannt werden. Repräsentationsdetails unterliegen der Anwendungsabstraktion, was bedeutet, daß eine einmal erreichte Repräsentationsfeinheit nicht für jede Anwendung bindend ist und es können die Standardmechanismen der Datenverwaltung in einer relationalen Datenbank genutzt werden.

Objektzugriff durch Query-by-Structure-Example

Nachdem wir nun zu einer adäquaten Repräsentation von Bildobjekten gefunden haben, stellt sich die Frage nach dem Zugriff auf diese Daten und deren weiterer Verarbeitung. Die relationale Algebra hat sich, obgleich mächtig genug, nicht als praktikabel erwiesen, den Umgang mit einem Datenbanksystem in akzeptabler Form zu unterstützen. Daher sind vielfältige Anfragesprachen, sogenannte Datenmanipulationssprachen entstanden, die für unterschiedliche Anwendungen geeignet sind und oft für spezielle Applikationen adaptiert wurden.

Hier existieren unterschiedliche Ansätze, graphisch unterstützt und objektorientiert Anfrageformulierungen zu realisieren. Beispielsweise ist "Query-by-Pictorial-Example" (QPE) [CHANG+FU 80] eine Adaption der bekannten Anfragesprache "Query-by-Example" (QBE) [ZLOOF 74], die flächenorientierte Anfrageoperatoren und graphische Ein-/Ausgabemöglichkeiten enthält. G-WHIZ (Grids With Hierarchies, Imitating Zloof), ebenfalls dem QBE-Stil nachempfunden, bietet für CAD-Objekte eine Verarbeitung hierarchischer Objektkompositionen und gestattet interaktiv und graphisch unterstützt *in ein Objekt vorzudringen* [HEILER+ROSENTHAL 85]. "Fill-in-the-Form" dagegen ist eine Methode zur interaktiven Erzeugung von Datenbankanwendungen, bei der generische Formular- und Menürahmen den Anwender auffordern, individuelle Ausprägungen der Formen zu erzeugen. Besonderheit dieser Methode ist die Zuordnung von Operationen und Darstellungsweisen zu den als Datenbankobjekten aufgefaßten Rahmen [ROWE 85]. Insbesondere muß hier auch auf die Möglichkeiten zur Manipulation nicht-normalisierter Relationen hingewiesen werden [PISTOR+ 83], [PISTOR+TRAUNMÜLLER 85]. Derartige Erweiterungen für NF^{2D}-Datenbanken wären durchaus denkbar, ergäben aber keine ganzheitliche Systemsicht eines Bildverarbeitungssystems. Bildverarbeitung und Datenbank blieben bis an die Benutzeroberfläche eigenständige Arbeitseinheiten. Ein solches System sollte jedoch als komplexes Ganzes angesehen werden, das von einem menschlichen Benutzer komfortabel und dem Abstraktionsgrad seiner Arbeitszielsetzung entsprechend benutzt werden kann.

Query-by-Structure-Example (QSE) ist ein Ansatz, der unterschiedlichen Abstraktionsanforderungen gerecht werden kann und auf der Grundlage einer NF^{2D}-Datenbank realisiert werden soll. QSE adaptiert das Prinzip, der Datenbank ein Beispiel für das zu suchende Datenobjekt vorzugeben an die Anforderungen einer objektorientierten Arbeitsweise. Betrachten wir hierzu eine Beschreibungshierarchie aus der Bild- oder Bildfolgenanalyse.

Einzelne primitive Bildsymbole, zum Beispiel ORT-Symbole, wie sie in einer unteren Beschreibungsebene erzeugt, durch Relationengebilde formalisiert und in einer relationalen Datenbank als Tupel von Relationen modelliert werden können, lassen sich noch mit gewöhnlichen Anfragesprachen verarbeiten. Ihre Modellierung entspricht den Forderungen des eins-normalisierten relationalen Modells von Codd, für welches die traditionellen Anfragesprachen konzipiert sind.

Komplexer werden Anfragen bereits bei Bildsymbolen, die aus mehreren primitiven Symbolen aufgebaut sind – auch wenn sie selbst noch zu den einfachen zählen – etwa $LINIE$-Symbole, die ORT-Symbole enthalten. Während in herkömmlichen Anfragesprachen mehrere Einzelanfragen notwendig wären, die dem Anfragenden Kenntnisse über den internen Aufbau des Symbols abverlangen, bietet Query-by-Structure-Example die Möglichkeit mit einer Anfrage das ganze zusammengesetzte Symbol zu erhalten. Metainformationen im konzeptuellen Datenbankschema, dem zentralen Informationsverzeichnis über den strukturellen Aufbau aller Relationen in einer Datenbank, assoziieren Symbole, die Teile übergeordneter Einheiten sind. Diese Art der Einheitenbildung entspricht in vereinfachter Form dem Grundgedanken der durch Referenzen zusammengefügten komplexen Objekte aus dem CAD-Datenbankbereich. Ein vom Datenbankbenutzer für Anfragen vorzugebendes Strukturbeispiel kann nun neben der traditionellen eins-normalisierten noch weitere Ausprägungen haben:

1. Werden Daten aus der Datenbank benötigt, die zur Verifikation direkt im Bildanalysevorgang erhaltener Daten dienen sollen, können diese vernetzten, zumeist aus einzelnen primitiven Symbolen bestehenden Daten direkt als Beispielstruktur für die Datenbankanfrage verwendet werden. Ein Beispiel: Liefert ein Kantenfinder die Beschreibung einer Geraden, werde erst ein $\mathcal{LINIE}$-Symbol erzeugt, welches zwei Referenzen auf $\mathcal{ORT}$-Symbole enthält. Es ist ein Netz aus drei primitiven Bildsymbolen entstanden, das die vom Kantenfinder gelieferte Information über die Kanteneigenschaften enthält. Dieses Netz kann der Datenbank als spezielle Beispielvorgabe dienen, in einem vorangegangenen Bild einer Bildfolge nach dieser Kante zu suchen. Sollen jedoch alle Kanten aus einem Bild von der Datenbank geliefert werden, würde es ausreichen, das Netz ohne Kanteninformationen als Beispiel vorzugeben, da aus den Netzreferenzen, der Symbolstruktur, eindeutig geschlossen werden kann, um welche Datenbankobjekte es sich bei der Anfrage handelt. Dies wäre die allgemeinste Form eines Strukturbeispiels.

2. Die Daten können in nicht-normalisierter Form vorliegen. Das bedeutet, die $\mathcal{ORT}$-Symbole sind strukturierte Attribute des $\mathcal{LINIE}$-Symbols. In diesem Fall liegt kein explizites Netz von Symbolen vor und die Anfrage könnte auch mit einer gewöhnlichen Anfragesprache für NF^2-Relationen durchgeführt werden. Gleiches gilt für die NF^{2D}-Form.

Der Übergang zwischen der einen und der anderen Darstellungsform ist fließend und sicherlich den Applikationsanforderungen angepaßt. Ersteres wird im allgemeinen bei der Beschreibung unbekannter Bildobjekte in der nicht interaktiven Analysephase auftreten, letzteres bei der Verfahrensoptimierung anhand bekannter Objektbeschreibungen sowie bei der Formulierung attribut- und strukturtoleranter Beschreibungsvergleiche. Betrachtet man außerdem den fortschreitenden Interpretationsgang bei der Bild- und Bildfolgenanalyse, der durch Gruppierung einfacher Strukturen zur Beschreibung komplexer Bildinhalte führt, ist zu erkennen, daß jede Interpretationsstufe eine Kombination aus vernetzten, als NF^2- oder NF^{2D}-Tupel modellierten Bildsymbolen der vorangegangenen Stufe sein kann. Hierin ist die Annahme enthalten, daß der Aufbau der Bildsymbole aus vorangegangenen Interpretationsstufen für die aktuelle nicht unbedingt von Bedeutung ist.

Vollständig als NF^2- oder NF^{2D}-Tupel modellierte Bildsymbole beschreiben in höheren Interpretationsstufen Bildsymbole oder Teile davon, die zur weiteren Analyse des Bildes oder der Bildfolge als Einheit, als Objekt betrachtet und in der beschriebenen Modellierung auch so angesprochen werden können. Die Assoziation untergeordneter Symbolteile als strukturierte Attribute des aktuellen Bildsymbols und die Akzeptanz einer vernetzten Beispielstruktur aus komplexen Tupeln bieten also einen an den Verarbeitungsobjekten, den Bildobjekten orientierten Zugriff auf bildbeschreibende Daten in einer Datenbank an.

Um den objektorientierten Zugriff auch in die intermaschinelle Anfrage-Ebene zu tragen, basieren Anfragen zu gleichen Teilen auf der geforderten Analogie der Beispielbeschreibung mit im Datenbestand enthaltenen Beschreibungsstrukturen und einer assoziativen Suche über die exemplarisch im Beispiel vermerkten Objekteigenschaften. Intermaschinell ist in diesem Kontext als Sammelbegriff für den Bildanalysebetrieb in verteilten Systemen – etwa unter Einsatz von Datenbankmaschinen ("Back-End-Prinzip") – als auch für die derzeit wenig interaktive, automatische Bildanalyse zu verstehen, deren Datenanfragen als Austausch zwischen Analyse- und Datenbankprozeß zu verstehen sind.

Letztlich bleibt die Frage, in welcher Form ein Bildverarbeitungssystem diesen objektorientierten Zugriff ausnutzen kann. Hierzu existieren Ansätze, zur objektorientierten Modellierung einzelner Bildanalysekomponenten in komplexen Verarbeitungssystemen, die eine Datenbank zur Verwaltung bildbeschreibender Symbolstrukturen durchaus einschließen [HAARSLEV 86], [FAASCH 86]. Auch die Diskussion, wie ikonisches Bildmaterial vorgehalten werden soll gehört in diesen Kontext.

Bildformate unterliegen zumeist einem durch Aufnahmeapparaturen und speziellen Speichermedien vorgegebenen Standard. Sie können durch Datenbankverweise auf Einzeldateien ebensogut zugänglich sein wie mit einem direkten Datenbankzugriff. Originalbilder müssen also nicht in einer Datenbank enthalten sein. Besondere Techniken sind dagegen für die Darstellung der Bilder auf verschiedenen Geräten einzusetzen. Normierungsansätze wie etwa GKS oder GKS/3D bieten dazu Schnittstellen, die in eine entsprechende Benutzeroberfläche von Query-by-Structure-Example integriert sein können. Insbesondere sind Konzeptionen zu betrachten, die sich mit der Verwendung graphischer Methoden zur Modellierung von Benutzerschnittstellen und Benutzerführungen beschäftigen (siehe auch IEEE-Computer vom August 1985, wo verschiedene Ansätze zur Animation oder graphischen Programmierung beschrieben wurden).

Schlußbemerkung

Query-by-Structure-Example ist ein Konzept, in dem der Begriff *Beispielgebung* auf das Arbeiten mit objektorientiertem Datenzugriff abgestimmt ist. Bildbeschreibungen repräsentieren durch ihren Aufbau, ihre Struktur, wichtige Eigenschaften und einen Teil des Sinngehaltes von Bildobjekten, der zu Zwecken der Bildinterpretation verwendet wird. Eine Beispielgebung, die sich an diesen Strukturen orientiert gibt einem Bildverarbeiter die Möglichkeit ohne sein gewohntes Gedankengebäude verlassen zu müssen das ordnende und systematisierende Werkzeug einer Datenbank nutzen zu können. QSE kann sowohl interaktivem als auch automatischem Anfrageverkehr angepaßt werden.

Literatur

[BENN 85] W. Benn: *Symbolische Bildbeschreibung mit dynamischen, nicht-normalisierten Relationen*, Universität Hamburg, Fachbereich Informatik, Dissertation, 12/85 – auch als "Dynamische nicht-normalisierte Relationen", Informatik-Fachberichte , Springer-Verlag, Berlin Heidelberg New York Tokyo, (in Vorbereitung)

[BENN+RADIG 84A] W. Benn, B. Radig: *Retrieval of Relational Structures for Image Sequence Analysis*, Proc. 10th Conf. on Very Large Data Bases, Singapur, 8/84, pp. 533–536

[BENN+RADIG 84B] W. Benn, B. Radig: *Symbolische Bildbeschreibungen mit nichtnormalisierten Relationen*, 6. DAGM/ÖAGM-Symposium, Graz, 10/84, W. Kropatsch (Hrsg.), "Mustererkennung 1984", Informatik-Fachberichte 87, Springer-Verlag, Berlin Heidelberg New York Tokyo, 1984, pp. 92–99

[CHANG+FU 80] N.S. Chang, K.S. Fu: *Query-By-Pictorial-Example*, IEEE Transactions on Software Engineering, 11/80, pp. 519–524

[FAASCH 86] H. Faasch: *Systemgestaltung einer Experimentalumgebung für die Bildverarbeitung in Ada*, Universität Hamburg, Fachbereich Informatik, Dissertation, (in Vorbereitung)

[HAARSLEV 86] V. Haarslev: *Interaktion in Systemen zur Bildfolgenauswertung basierend auf einem objektorientierten Ansatz*, Universität Hamburg, Fachbereich Informatik, Dissertation, 7/86

[HEILER+ROSENTHAL 85] S. Heiler, A. Rosenthal: *G-Whiz, A Visual Interface for the Functional Model with Recursion*, Proc. 11th Conf. on Very Large Data Bases, Stockholm, 8/85, pp. 209–218

[LORIE 81] R.A. Lorie: *Issues in Database for Design Applications*, IBM Research Laboratory, RJ 3176, San Jose, California, 10/81

[PISTOR+ 83] P. Pistor, B. Hansen, M. Hansen: *Eine SEQUELartige Sprachschnittstelle für das NF^2-Modell*, J.W. Schmidt (Hrsg.), Sprachen für Datenbanken, Fachgesprach auf der 13. GI-Jahrestagung, Hamburg, 10/83, Informatik-Fachberichte 72, Springer-Verlag, Berlin Heidelberg New York Tokyo, 1983, pp. 134–147

[PISTOR+TRAUNMÜLLER 85] P. Pistor, R. Traunmüller: *A Data Base Language for Sets, Lists, and Tables*, IBM Heidelberg Scientific Center, TR 85.10.004, 10/85

[RADIG 84] B. Radig: *Image Sequence Analysis Using Relational Structures*, Pattern Recognition Vol. 17, No. 1, pp. 161–167

[ROWE 85] L.A. Rowe: *"Fill-in-the-Form" Programming*, Proc. 11th Conf. on Very Large Data Bases, Stockholm, 8/85, pp. 394–404

[SCHEK+SCHOLL 84] H.J. Schek, M.H. Scholl: *An Algebra for the Relational Model with Relation-Valued Attributes*, Technische Hochschule Darmstadt, Fachbereich Informatik, Technical Report DVSI-1984-T1, 1984

[ZLOOF 74] M.M. Zloof: *Query-By-Example*, IBM Research Center, RC 4917, Yorktown Heights, New York, 7/74

WISSENSBASIERTE MUSTERERKENNUNG IN GESTÖRTEN LINIENBILDERN
GESTÜTZT AUF VERFAHREN DER GRAPHENTHEORIE, DER GANZZAHLIGEN
OPTIMIERUNG UND DES PRÄDIKATENKALKÜLS

Peter Kuner, Birgit Ueberreiter, Ewald Hahn, Gerd Maderlechner
Zentralbereich Forschung und Technik
Siemens AG München

Das Prinzip der Teilgraphenisomorphie wurde verallgemeinert und damit eine
fehlertolerante Symbolerkennung für gestörte Linienbilder erreicht. Die Erkennung
wird auf die Lösung eines Ganzzahligen Optimierungsproblems zurückgeführt. Dem
Optimierungsprozess folgt ein wissensbasiertes rekursives Regelvergleichsverfahren,
das die Elimination widersprüchlicher Zuordnungen funktionaler Attribute (z.B.
Anschlüsse an Schaltsymbolen) erreicht. Zuverlässigkeit und Effizienz dieser
Strategie wurden in einer Testreihe an handgezeichneten, zum Teil erheblich
gestörten Schaltplänen nachgewiesen.

Wir haben die Symbolerkennung in ungestörten Linienbildern durch Teilgraphenisomorphie gelöst /1/. Voraussetzung hierfür ist die Beschreibung sowohl des Bildes
als auch des Referenzsymbols durch Graphen /2,3/:

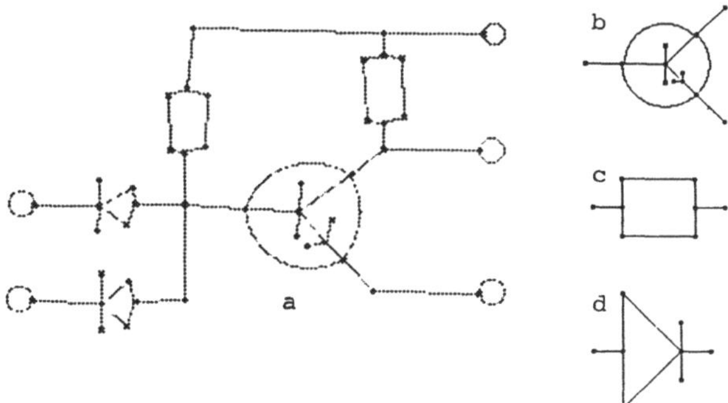

Fig. 1: Vier Graphen ohne Störungen; a) Bildgraph, b-d) Referenzgraphen

Sei G=(V,E) der Referenzgraph, H=(W,F) der Bildgraph mit Knotenmengen
$V = \{v_1, \ldots, v_P\}$ bzw. $W = \{w_1, \ldots, w_Q\}$ (siehe Fig. 1).
Sei M eine Boolesche PxQ-Matrix.
Die Elemente m_{ik} von M werden zu Beginn der Suche zu 1 oder 0 gesetzt:
$m_{ik}:=0$, falls das Finden einer Isomorphie $\mu: G \rightarrow H$, die v_i auf w_k abbildet,
von vornherein auszuschließen (oder unerwünscht) ist, $m_{ik}:=1$ sonst.

Ein Algorithmus, der das Teilgrapheninsomorphieproblem löst, reduziert für jede Lösung μ des Problems die Matrix M zu einer Matrix X dergestalt, daß gilt:

$$x_{ik} = 1 \iff \mu(v_i) = w_k \quad \text{und} \quad m_{ik} = 1 \qquad (x_{ik} = 0 \text{ sonst})$$

Hieraus ergeben sich in der Folge zwei Fragen:

(1) Wie lässt sich dieser Ansatz zu einer fehlertoleranten Mustererkennung erweitern?

(2) Wie lassen sich bei mehrdeutigen Ergebnissen korrekt erkannte Komponenten von Fehlinterpretationen trennen?

Zu (1): Ullmann /1/ gibt eine interressante Definition der Teilgraphenisomorphie in Form einer Matrizenungleichung mit Nebenbedingungen:

Sei A die Adjazenzmatrix von G, B die von H.

X beschreibt eine Teilgraphenisomorphie genau dann, wenn gilt:

$$\forall_{i,j=1,\dots,P} \quad a_{ij} \leqslant c_{ij} \; , \quad (c_{ij}) = C = XBX^T \quad \text{mit} \quad \sum_{i=1}^{P} x_{ik'} \leqslant \sum_{k=1}^{Q} x_{i'k} = 1$$

Durch äquivalente Umformung lässt sich hieraus das Teilgraphenisomorphieproblem als Quadratisches Zuordnungsproblem (QZOP) formulieren:

$$\sum_{i=1}^{P} \sum_{j=1}^{P} \sum_{k=1}^{Q} \sum_{n=1}^{Q} a_{ij} m_{ik} x_{ik} b_{kn} x_{jn} m_{jn} \overset{!}{=} \max \; , \quad \sum_{i=1}^{P} x_{ik'} \leqslant \sum_{k=1}^{Q} x_{i'k} = 1$$

Der Wert der Zielfunktion muß mit $\sum_{i=1}^{P} \sum_{j=1}^{P} a_{ij}^2 \overset{\triangle}{=} 100\%$ übereinstimmen (= 100%-Forderung). Dieses aus dem Operations Research bekannte Problem der Ganzzahligen Optimierung wird durch Anwendung einer Heuristik /4/ oder eines modifizierten Branch-and-Bound- Verfahrens /5/ gelöst.

Fordert man aber für den Optimalwert eine kleinere Schranke als 100%, so besteht die Aufgabe jetzt nur darin, den Referenzgraphen möglichst strukturgetreu und mit dem geforderten Mindestmaß an Übereinstimmung auf den Bildgraphen abzubilden. Exakte Übereinstimmung im ungestörten Fall ist nach wie vor gewährleistet, aber zur Erkennung nicht mehr zwingende Voraussetzung. Hierdurch erreichen wir eine leistungsfähige Symbolerkennung auch in gestörten Bildern.

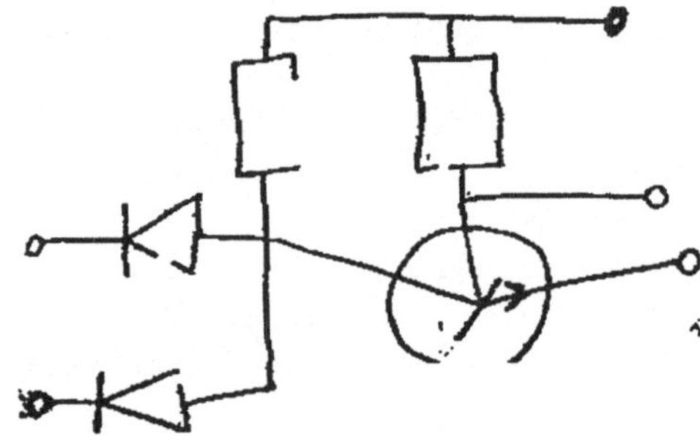

Fig. 2: Erheblich gestörtes Bild einer NAND-Schaltung

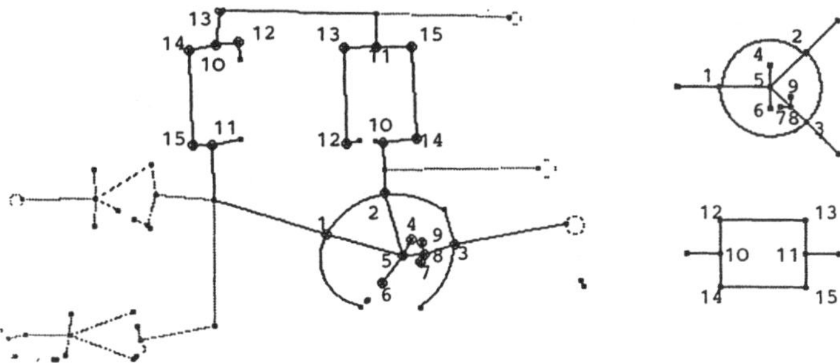

Fig. 3: Bildgraph von Fig. 2 mit 3 korrekt interpretierten Symbolen

Die Startzuordnung, die wir für das Lösen des QZOP benötigten, ermitteln wir durch ein in /6/ beschriebenes iteratives Verfahren. Die so erhaltene Ausgangslösung ist i.a. bereits eine recht gute Näherung. Damit verringern wir den zur Lösung des QZOP benötigten Rechenaufwand erheblich.

Zu (2): Eine fehlertolerante Mustererkennung führt nicht in jedem Fall zu einer eindeutigen Interpretation. Die Zahl der mehrdeutigen Interpretationen wächst prinzipiell mit der Störungstoleranz des Erkennungsverfahrens und mit dem Umfang der Symbolbibliothek (Fig. 4). Um mehrdeutige Interpretationen zu vermeiden, wird zunächst für jeden Referenzgraphen eine zusätzliche logische Beschreibung von dessen geometrischem und topologischem Aufbau erzeugt. Sie wird durch Regeln repräsentiert, welche auf dem Prädikatenkalkül basieren, und automatisch aus dem Referenzgraphen generiert. Widersprüchliche Interpretationen werden durch einen rekursiven Regelvergleich eliminiert. Implementierungssprache ist Prolog. Das Prinzip wird am Beispiel eines Transistors deutlich:

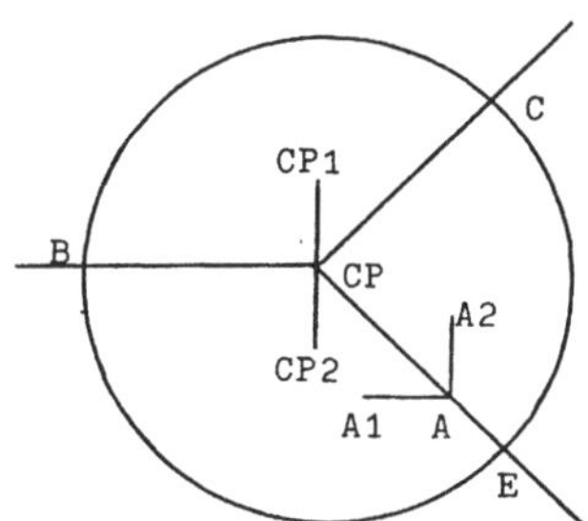

functional components: base
collector, emitter

```
transistor (B,C,E):-base (B), collector (C), emit-
                    ter (E),
base (B): - (collector (C) ,
          (cycle (B,E,C), cycle (B,CP,C),
           cycle (B,CP,C,E), cycle (B,CP,A,E,C),
           cycle (B,E,A,CP,C))),
          (emitter (E),
          (cycle (B,E,C), cycle (B,E,A,CP),
           cycle (B,CP,C,E), cycle (B,CP,A,E,C),
           cycle (B,E,A,CP,C))),
          (path (A,A1), path (A,A2),
           path (CP,CP1), path (CP,CP2)).
collector (C):- ... .
emitter   (E):- ... .
```

Für die Anwendung bedarf es keiner vollständigen Verifikation dieser Regeln, sondern es genügt, wenn die von der Symbolerkennung gelieferten Fakten eine definitive Schlußfolgerung ermöglichen, welche Bildgraphkomponenten korrekt als funktionale Attribute interpretiert wurden. Dazu leiten wir abgeschwächte Regeln ab:

o   Ersetze zwischen den Zyklus-Anweisungen von Beschreibungen funktionaler Kompo-
    nenten das logische "und" durch "oder".

oo Wandle Zyklus-Anweisungen in Weg-Anweisungen um.

Wenn nun beim Vergleich des erkannten Symbols mit diesen Regeln keine logischen Widersprüche   auftreten,   so   wird   die   Erkennung   als   korrekte   Interpretation akzeptiert.   Dagegen können wir in unserem Beispiel sofort die Interpretation   "FET"

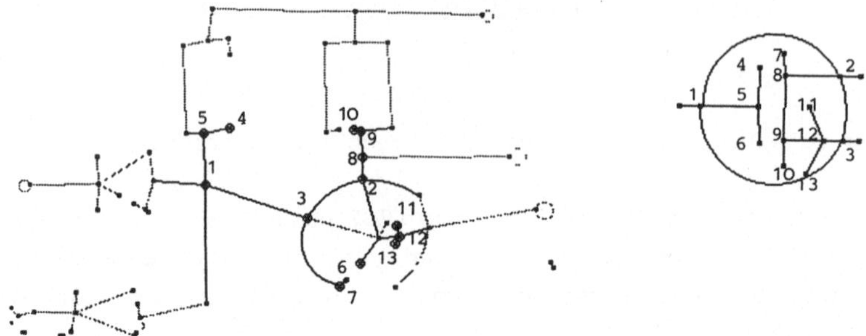

Fig. 4: Bildgraph von Fig. 2 mit Fehlinterpretation FET

als nicht kompatibel mit unserem zusätzlichen topologischen und semantischen Wissen zurückweisen, da für die Knoten 2 und 3 (= funktionale Komponenten Source und Drain) kein verbindender Zyklus korrekt realisiert werden kann.

In sehr ungünstigen Fällen können sich trotzdem Interpretationen überlappen.   Hier schafft ein graphentheoretischer Ansatz Abhilfe:
Für jeden Überlappungsbereich wird ein Konfliktgraph erzeugt.   Jede Interpretation bildet einen Knoten, für jeden Konflikt wird eine Kante zwischen den zugehörigen Knoten erzeugt.   Die Knoten werden mit dem durch das QZOP ermittelten Prozentwert gewichtet.

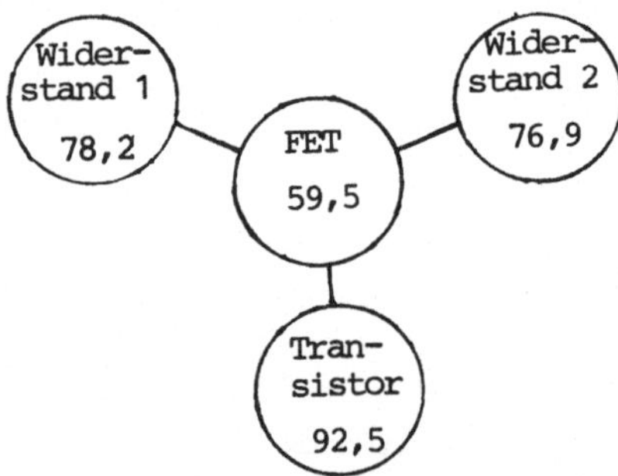

Fig. 5: Konfliktgraph zu den Interpretationen nach Fig. 3 und Fig. 4

Für jeden Konfliktgraphen wird jetzt dessen stabile Menge maximalen Gewichts gesucht.   Das ist diejenige Menge von Knoten, die untereinander keine verbindenden Kanten besitzen und deren Gewichtssumme maximal ist. In unserem Beispiel sind das die beiden Widerstände und der Transistor (Fig. 5): Das FET würde hier auch eliminiert werden.   Algorithmisch lösen wir das Problem, indem wir im

Komplementgraphen des Konfliktgraphen die Clique maximalen Gewichts ermitteln.

Auf diese Weise haben wir drei zuverlässige und flexible Werkzeuge, mit denen wir das komplexe Aufgabengebiet relationale Bildbeschreibung, fehlertolerante Mustererkennung und funktionale Interpretation von elektrischen oder sonstigen Schaltplänen effizient bearbeiten können: Graphentheoretische Beschreibung, Ganzzahlige Optimierung und Regelvergleich auf Prädikatenlogikbasis, ggf. mit Cliquendetektion, zur Konsistenzüberprüfung.

Literatur:

/1/ J. R. Ullmann: "An Algorithm for Subgraph Isomorphism", Journal of the ACM, Vol. 23, No. 1, 1976, pp. 31-42
/2/ P. Kuner: "Efficient Techniques to Solve the Subgraph Isomorphism Problem for Pattern Recognition in Line Images", Proc. 4th Scandinavian Conf. on Image Analysis, Trondheim, 1985, pp. 333-340
/3/ P. Kuner, J. Kreich, G. Maderlechner: "Fehlertolerante Mustererkennung in Linienbildern durch Teilgraphenisomorphie und Diskriminierende Graphen", Proc. 7. DAGM-Symposium Erlangen, 1985, pp. 37-41
/4/ J. Zorn: "Die optimale Layoutplanung für gemischte Fertigungen" in: K. Bussmann, P. Mertens (Hrsg.), Operations Research und Datenverarbeitung bei der Produktionsplanung, Stuttgart, 1968
/5/ R.E. Burkhard, U. Derigs: "Assignment and Matching Problems: Solution Methods with FORTRAN-Programs", Springer-Verlag, 1980
/6/ P. Kuner, B. Ueberreiter: "Knowledge-Based Pattern Recognition in Disturbed Line Images Using Graph Theory, Optimization, and Predicate Calculus", Proc. 8th ICPR, Paris, 1986

BPI: Ein Blackboard-basiertes Produktionssystem
für die automatische Bildauswertung

K. Lütjen
Forschungsinstitut für Informationsverarbeitung
und Mustererkennung (FIM/FGAN)
Eisenstockstr. 12, D-7505 Ettlingen 6

Zusammenfassung

Für die Objektidentifikation in Luftbildern wurde ein Produktionssystem
entwickelt, dessen Wissensquellen über ein Blackboard Informationen austauschen. Im Blackboard sind Teilobjekte und Referenzobjekte, die Attributwerte der Objekte sowie deren Bewertungen und Kontextinformation abgespeichert. Alle noch nicht bearbeiteten Teilobjekte werden bewertet.
Dem jeweils bestbewerten Teilobjekt werden Wissensquellen zur Überprüfung komplexerer Teilobjekte zugeordnet, in die das ausgewählte Teilobjekt integriert werden soll. Auf diese Art und Weise entsteht ein parallel ablaufender Syntheseprozess: die jeweils bestbewerteten Teilobjekte
werden weiter zusammengesetzt, bis vorgegebene Referenzobjekte gefunden
sind. Für diesen Ansatz wurde ein Simulationssystem implementiert, mit
dem mehrere Referenzobjekte in einer Serie von Bildern gesucht und positioniert wurden. Die Referenzobjekte wurden in allen Bildern sicher wiedergefunden. Fehlte das Referenzobjekt, so wurde es in keinem Fall unzulässigerweise zugeordnet.

1. Einleitung

Für die Objektidentifikation in Luftbildern wurde ein Ansatz zur Bildauswertung entwickelt, mit dem symbolisch beschriebene Objekte, für die
keine Referenzaufnahmen vorliegen, in Luftbildern wiederzufinden und zu
positionieren sind. Die Aufnahmen entstanden senkrecht nach unten
blickend und es wird angenommen, daß die Objekte in erster Näherung
zweidimensional interpretiert werden können /1/. Die Bildobjekte wie
z.B. Kreuzungen, Brücken und Häuser sollen derart beschrieben und im
Bild gesucht werden, daß sie weitgehend unabhängig von Beleuchtungs- und
sonstigen Einflüssen (z.B. Wetter, Vegetationsstand) wiedergefunden werden. Perspektivische Verzerrungen und geringfügige Beschreibungsfehler
sollen ebenfalls toleriert werden.

2. Das Blackboard-basierte Produktionssystem BPI

Der entwickelte Ansatz simuliert Assoziationsabläufe /2/ für Wahrneh-
mungsaufgaben: Das jeweils beste Teilobjekt wird bestimmt, für das weitere passende Teilobjekte gesucht werden, so daß aus ihnen komplexere
Teilobjekte aufgebaut werden können. Abb. 1 demonstriert diese Assoziationsabläufe anhand von drei Aufnahmen, die nach 30 Sekunden, 60 Sekunden und 150 Sekunden Rechenzeit aufgenommen wurden. Sie zeigen die zu
den jeweiligen Zeitpunkten vorliegenden zusammengesetzten Streifen und
Autobahnstücke. Ein verwandter Ansatz ist der PANDEMONIUM-Ansatz, der
von Selfridge 1953 /7/ für lernende Systeme entwickelt wurde. Bei diesem
Ansatz warten "Demonen" auf Kommandos, die ihnen von anderen Demonen zu-
gerufen werden. Hat ein Demon genügend viele der von ihm erwarteten Kommandos mit ausreichender Intensität gehört, so ruft er sein Kommando
nachgeordneten Demonen zu.

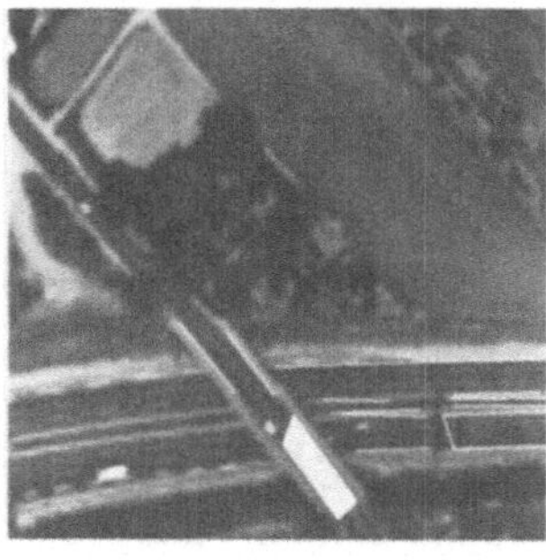  

Abb. 1: Synthese komplexerer Teilobjekte
       a) nach 30 Sekunden Rechenzeit zusammengesetzte Objekte, b) nach
       60 Sekunden, c) nach 150 Sekunden

2.1 Ablaufzyklus

Abb. 2 stellt den entwickelten Datenfluß dar: Vorverarbeitungsprogramme
generieren aus Grauwertbildern Basisobjekte, die in einen Blackboarddatenspeicher /6/ und eine Warteschlange eingetragen werden. Jeder Verar-

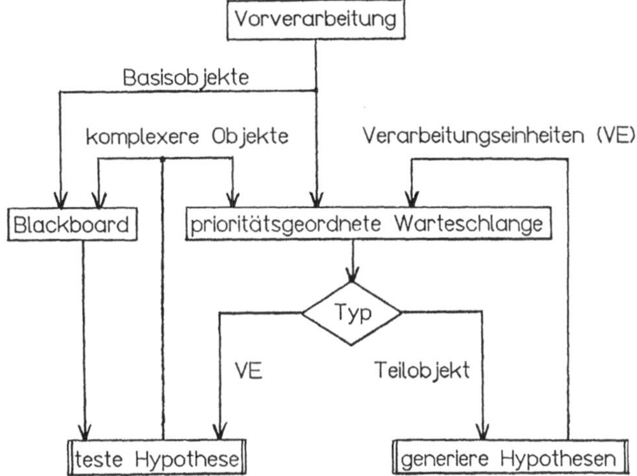

Abb. 2: Ablaufzyklus

beitungsschritt wird eingeleitet, indem aus der Warteschlange der derzeit bestbewertete Eintrag ausgelesen wird.

Ist der ausgelesene Warteschlangeneintrag ein Teilobjekt, so werden ihm
Wissensquellen zur Überprüfung möglicher komplexerer Teilobjekte zugeordnet. Dadurch entstehen sogenannte Verarbeitungseinheiten (VE), die
neue Hypothesen repräsentieren, z.B. die Hypothese, daß ein Streifen
vorliegt, der das zugeordnete Teilobjekt (im Beispiel eine Linie) als
Begrenzungslinie verwendet. Die Verarbeitungseinheiten werden wieder in

die Warteschlange eingetragen.

Ist der Warteschlangeneintrag eine Verarbeitungseinheit, so wird die zugehörige Wissensquelle ausgeführt und die repräsentierte Hypothese überprüft. Dazu liest die Wissenquelle aus dem Blackboarddatenspeicher die für die Hypothese noch fehlenden Teilobjekte aus, die an das zur Verarbeitungseinheit gehörende Teilobjekt anzulagern sind. Wurde beispielsweise einer Linie eine Wissensquelle zur Streifenüberprüfung zugeordnet, so könnte die Wissensquelle aus dem Blackboard alle Elemente auslesen, die vom Typ Linie sind und den richtigen Abstand zur zugeordneten Linie haben und so die beiden Streifen überprüfen, die die zur Verarbeitungseinheit gehörende Linie als Begrenzungsline einbauen. Wurden keine passenden Teilobjekte gefunden, so werden keine neuen komplexeren Teilobjekte generiert. Passende Teilobjekte werden mit dem in der Verarbeitungseinheit eingetragenen Teilobjekt verglichen. Entsprechend der Anordnung und den Attributwerten der gefundenden Teilobjekte wird das zumsammengesetzte komplexere Teilobjekt bewertet und in das Blackboard und die Warteschlange eingetragen.

2.2 Blackboarddatenbank und Warteschlange

Das Blackboard ist die Datenbank, über die alle Wissensquellen ihre Daten austauschen. Es ist als relationale Datenbank implementiert, die mit invertierten Indexlisten arbeitet, die in Bitfeldern abgelegt sind /3/.

Diese Bitfelder können mit sogenannten Basismengen BM(i) kodiert werden, die für jedes Attribut eingerichtet werden und alle Elemente enthalten, in deren Attributwert $w = (x0*2**0 + x1*2**1 + ...)$ xi gesetzt ist /4/. Beispielsweise sind alle Elemente mit dem Wert $w = 3 = (1*2**0 + 1*2**1 + 0*2**2 + ...)$ in den Basismengen BM(0) und BM(1) enthalten. Ihre Indexmenge ist der Durchschnitt der Basismengen BM(0), BM(1), Komplement(BM(2)), ... Daher müssen die Indexmengen der Datenbasis, –ihre Sekundärdaten– nicht in Speichern abgelegt werden, sondern können bei Bedarf aus den Attributwerten der Primärdaten abgeleitet werden.

Zur gerätetechnischen Realisierung des Blackboards wurde ein spezieller VLSI-Bausteinen konzipiert, in dem die Attributwerte bzw. die Basismengen abspeichert werden. In jeder Speichermatrix-Zeile des VLSI-Bausteins wird ein Bitfeld abgespeichert, so daß mit einem Zyklus eine vollständige Basismenge oder Indexmenge, verarbeitet werden kann, ohne daß das Bitfeld aus den VLSI-Bausteinen ausgelesen werden muß /4/. Bei z.B. 32 Bausteinen mit 1k*1k Speichermatrizen können 32768 Teilobjekte eingetragen werden, für die je Element maximal 64 Attributwerte zu je 16 Bit abgespeichert werden. Die Elemente mit ihren 64 Attributwerten werden spaltenweise adressiert, die Basismengen, aus denen Indexmengen abgeleitet werden, zeilenweise. Suchvorgänge in Datenstrukturen können so durch Verknüpfungen von Indexmengen bzw. Basismengen ersetzt werden, die im u-Sekunden-Bereich ausgeführt werden.

Zur Bearbeitung von Kontextinformation wurden sogenannte Kontexträume eingeführt, denen ebenfalls Indexmengen zugeordnet werden, in denen alle Teilobjekte enthalten sind, die bestimmte Eigenschaften haben. Mit ihnen wird u.a. die Bewertung der Teilobjekte durchgeführt /4/.

Die Warteschlange wird ebenfalls mit Indexmengen realisiert und in den Blackboardspeicher integriert. Die Indexmengen für die Warteschlange enthalten allerdings nur die noch nicht bearbeiteten Elemente. Für alle Bewertungsgrößen wird jeweils ein Satz von Indexmengen bereitgestellt, so daß zu jedem Zeitpunkt die Mengen aller Teilobjekte vorliegen, die bezüglich lokaler Bewertungsgrößen am besten bewertet sind. Beispielsweise können Indexmengen für Elemente mit der Bewertung "Instanz repräsentiert Konzept sehr gut", "... gut", usw. oder auch "Element mit hoher Erwartung", "... mittlerer ...", usw. eingerichtet werden.

2.3 Globale Bewertung der Objekte

Um das zu einem bestimmten Zeitpunkt global am besten bewertete Teilobjekt der Warteschlange zu finden, werden die Indexmengen jeder Bewertungsgröße, die die bezüglich dieser Bewertungsgröße jeweils besten Teilobjekte enthalten, geeignet miteinander verknüpft, indem sie z.B. geschnitten oder vereinigt werden.

Um eine zeitunabhängige Bewertung zu erhalten, wird als weitere Bewertungsgröße die Generierungsfolge der gefundenen Referenzobjekte eingesetzt. Beispielsweise wird durch die Generierungsfolge und die Repräsentationsgüte eine Bewertungsebene aufgespannt, in der gut repräsentierte und/oder früh generierte Objekte nahe der Koordinatenachsen liegen. Diese Objekte passen entweder genau zum Objektmodell oder wurden aus global gut bewerteten und daher früh generierten Teilobjekten aufgebaut und sind global besser bewertet als andere Objekte.

3. Vorverarbeitung

In der implementierten ersten Systemversion werden die bearbeiteten 128*128 großen Bildausschnitte aus FMP-Material der DFVLR /5/ auf 512*512 Punkte vergrößert und tiefpaßgefiltert. Die Bilder werden 4 bis 20 mal mit unterschiedlichen Schwellen binärisiert. Die entstandenen Randverläufe der Binärisierungsflächen (Höhenlinien) werden anschließend durch Geradenstücke, Kreissegmente und Ecken approximiert /1/, die als Basiselemente in das Blackboard und die Warteschlange eingetragen werden. Diese werden dann zu verlängerten Geraden und Kreissegmenten, zu Streifen, Straßen, Rechtecken und den Referenzobjekten Kreuzung, Autobahnbrücke, Wendehammer und Häuser zusammengesetzt.

4. Verarbeitungsergebnisse

Mit dem implementierten System wurden mehrere Objekte erfolgreich in ungestörten, gestörten und überlagerten Bildern gesucht und positioniert. War das zu suchende Objekt nicht im Bild enthalten, so wurde es in keinem Fall unzulässigerweise zugeordnet. Aus Abb. 3 a) und d) wurden Geradenstücke extrahiert, mit denen die Ausgangsbilder rekonstruiert wurden. Abb. 3 b) und e) sind die rekonstruierten Bilder. In Abb. 3 c) und f) sind die generierten Teilobjekte und die Position des wiedergefundenen Wendehammers eingetragen. Wobei Abb. 3 d) durch Überlagerung von Abb. 3 a) mit einem zweiten Bild entstand, in dem eine Autobahnbrücke abgebildet ist.

5. Literaturverzeichnis

/1/ Lütjen, K.   Ein wissensbasierter Ansatz zur Wiedererkennung
                      von symbolisch beschriebenen Objekten für die
                      bildgestützte Navigation, FIM-Bericht Nr. 157,
                      FIM-FGAN, Ettlingen, 1986

/2/ Wessells, M.G.   Kognitive Psychologie,
                      Harper and Row, New York, 1984

/3/ Schlageter, G.   Datenbanksysteme: Konzepte und Modelle, Teubner,
                        Stuttgart, 1983

/4/ Lütjen, K.   Automatische Bildauswertung mit einem Ansatz der
                        künstlichen Intelligenz (in Vorbereitung),
                        FIM-FGAN, Ettlingen, 1986

/5/ Alberts, J.   Bericht zum Symposium Flugzeugmeßprogramm,
    Schröder, M.   BMFT — FBW, 1978

/6/ Hayes-Roth, B.   A Blackboard Architecture for Control,
                        Artificial Intelligence 26 (1985), 251–321

/7/ Selfridge, O.G.   PANDEMONIUM: A Paradigm for Learning,
                        in Proc. Symp. on the Mechanization of Thought
                        Processes, National Physical Laboratory,
                        HMSO London, 1953, 511–529

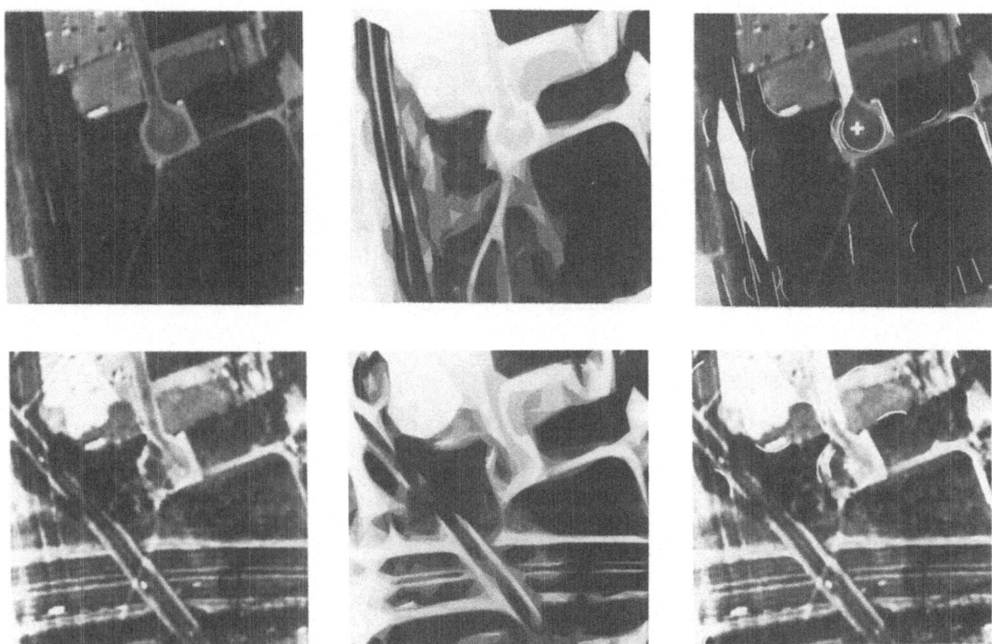

Abb. 3: Verarbeitungsergebnisse
        a) und d) Grauwertbild, b) und e) rekonstruiertes Grauwertbild,
        c) und f) Position des wiedergefundenen Referenzobjektes

Konzept einer universellen Programmiersprache für Bildverarbeitungsanwendungen

W. Eckstein, S.J. Pöppl

Institut für Medizinische Informatik und Systemforschung der GSF,
Ingolstädter Landstraße 1, D-8042 Neuherberg

Zusammenfassung
Beschrieben wird die Programmiersprache PSIWAG (Picture Segmentation and Interpretation With Attributed Graphs), die als Werkzeug für verschiedene Ansätze der Bildanalyse entwickelt wurde. Gekennzeichnet ist sie durch einen regelorientierten Programmaufbau, wobei einzelne Regeln Prozeduren repräsentieren, über die die Datenbasis manipuliert wird. Konzipiert ist das System als Interpreter, der erweitert und automatisch konfiguriert werden kann, zusammen mit einem Kommandosystem für Programmentwicklung und Anwendung.

Einführung
Eine Großzahl von Untersuchungen in der Bildverarbeitung beschäftigen sich mit Techniken zur Wissensrepräsentation[1,2]. Dies umfaßt sowohl Methoden der Programmierung als auch der Darstellung und Modellierung von Daten. Dabei wurden Vorgehensweisen aus anderen Fachrichtungen übernommen und auf die Bedürfnisse der Bildverarbeitung angepaßt (z.B. Syntax-Analyse, Logikprogrammierung, Datenbanken, Techniken der KI). Vorteil hierbei ist, daß größtenteils fundierte Theorien zur Verfügung stehen. Als Problem erwies sich jedoch unter anderem, daß manche Konzepte schlecht miteinander verträglich sind und außerdem der Datenumfang der Bilddaten eine effiziente Umsetzung nicht erlaubte. Dies führte zu einer Reihe unterschiedlicher Systeme, die nur Anwendungen für bestimmte Aufgabengebiete zulassen.
PSIWAG wurde entwickelt, um verschiedene Ansätze der Bildanalyse gleichzeitig realisieren zu können. Dies ermöglicht es, in einem Programm sowohl klassische Ansätze der Bildverarbeitung (z.B. Filterung, Segmentation), als auch weitergehender Techniken (z.B. abstrakten Bildbeschreibung, Syntaxanalyse, semantische Netze usw) in einem einheitlichen Konzept realisieren zu können.

Daten und Prozeduren
Für ein einheitliches Programmkonzept ist ein universeller Datentyp (Bildobjekt genannt), der die Repräsentation von Informationen auf verschiedenen Abstraktionsebenen (Graubild, Objektbereich, Attribut usw) zuläßt, sinnvoll:

Def.: Ein Bildobjekt o ist ein Tupel: $o = (T,G,A,I)$ mit

$$T \subset (1 \,..\, Format)^2$$
$$G : ((1 \,..\, Format)^2 \rightarrow 1 \,..\, 255) + \bot$$
$$A : (N^+ \times ID) \rightarrow (VAL \cup \{\bot\})$$
$$I \in N^+$$

wobei:

Format: maximale Anzahl von Zeilen, bzw. Spalten eines Bildes

VAL: Menge von Werten

ID: Menge von Bezeichner

Dabei liegt den 4 Komponenten folgende Interpretation zugrunde:

T ist die "Ausdehnung" eines Objektes, die im Fall eines Bildes alle Pixel umfaßt, ansonsten eine beliebige Teilmenge davon sein kann.

G ist die Grauwertzuordnung, die jedem Bildpunkt aus T einen Grauwert zuweist. G kann auch die undefinierte Funktion sein, d.h. daß den Bildpunkten keine Grauwerte zugeordnet sind. Ein Objekt besitzt dann nur eine Ausdehnung, aber keine Grauwerte (vergleichbar mit einem Binärbild).

A ist eine Attributierungsfunktion, mit der dem Objekt beliebige Werte (z.B. ganze Zahlen, Listen, Felder usw) über einen Bezeichner zugeordnet werden können.

I dient zur Identifizierung von Objekten.

Def.: Sei O die Menge aller Bildobjekte o. Ein Variablenbereich D ist definiert als die Potenzmenge von O:

$$D := P(O).$$

D ist der Variablentyp in PSIWAG. Die Elemente von D sind Mengen von Bildobjekten.

Def.: Eine PSIWAG - Prozedur p ist gekennzeichnet durch:

$$p : D^+ \rightarrow D^+$$

Aus der Definition für Prozeduren ergibt sich die einfachste Form einer Anweisung, die sich als eine Regel darstellt. Sei $E_1, \,..\, ,E_n$ die Menge der Eingabevariablen und $A_1, \,..\, , A_m$ die Menge der Ausgabevariablen und P ein Prozedurname, so ergibt sich folgende Form:

$$A_1 \,|..|\, A_m \; :- \; E_1 * \,..\, * E_n > P.$$

Standardoperationen

Zum Aufbau einfacher Ausdrücke stehen drei Standardoperationen zur Verfügung. Diese beziehen sich auf die Ausdehnung der Objekte (im mengentheoretischen Sinn). Seien A, A_1, A_2 Ausdrücke:

A_1 , A_2 Durchschnitt von A_1 und A_2

$A_1 ; A_2$ Vereinigung von A_1 und A_2

$\neg A$ Komplement von A

Für die Standardoperationen wurden wegen der besseren Lesbarkeit eine Infix-, bzw. Präfix-Schreibweise verwendet.

Def.: Seien V_1, V_2 Variable von Typ **D** und T_1, T_2 die Menge der zugehörigen Ausdehnungen. Man definiert eine Relation $\equiv_P$ (pixelidentisch) wie folgt:

$$V_1 \equiv_P V_2 := \quad \cup\, T_1 = \cup\, T_2$$

$\equiv_P$ ist Äquivalenzrelation.

Die Äquivalenzklassen von $\equiv_P$ verhalten sich bezüglich der Operationen Durchschnitt, Vereinigung und Komplement wie ein boolscher Verband mit Ausdrücken über zwei Variablen (Koordinaten). Dies erlaubt es, auf einfache Weise die Komposition von Bildern und Beziehungen von Objekten zu beschreiben:

Bsp.1   Bauteile eines Schaltplans:

Halbleiter :- Transistoren ; Dioden ; ICs ; Tyristoren .

"Halbleiterbauelemente sind: Transistoren, Dioden, ICs und Tyristoren."

Bsp.2   Natürliche Szene:

Hintergrund :- Himmel ; $\neg$ (Haus ; Baum ; Auto) .

"Der Hintergrund auf dem Bild ist gekennzeichnet durch die Objektklasse Himmel und den Bereich, auf dem kein Haus, Baum oder Auto steht."

<u>Prozeduren</u>

Prozeduren operieren, indem sie die Bildobjekte der Eingabevariablen verarbeiten und das Ergebnis der Berechnung in Form neuer Bildobjekte in den Ausgabevariablen ablegen. Verändert werden dabei nur die ersten drei Komponenten des Objekt Tupels, die Indizierung **I** wird automatisch vom System übernommen. Eine PSIWAG Prozedur P mit Eingabestelligkeit n und Ausgabestelligkeit m wird durch folgende Funktionalgleichung beschrieben:

$$T: \; ([P((1..\,\text{Format})^2)]^n \times [P(((\,1\,..\,\text{Format})^2 \to 1..255) + \bot)]^n \times [P((\mathbb{N}^+ \times \text{ID}) \to (\text{VAL} \cup \{\bot\}))]^n) \to$$

$$([P((1..\,\text{Format})^2)]^m \times [P(((\,1\,..\,\text{Format})^2 \to 1..255) + \bot)]^m \times [P((\mathbb{N}^+ \times \text{ID}) \to (\text{VAL} \cup \{\bot\}))]^m)$$

Dabei werden in der Regel zwei der drei Komponenten identisch aufeinander abgebildet. Prozeduren lassen sich aufgrund der zugehörigen Transformationen kennzeichnen und in Klassen zusammenfassen. Einige der Bekannten seien hier beschrieben. Sei E eine Eingabevariable, $A, A_1, .., A_n$ Ausgabevariable.

Segmentation S	Sei o $\in E$, o $=$ (T,G,A,I) und S eine Segmentationsprozedur. S ist Äquivalenzrelation auf T und es gilt: $\forall$ t $\in$ T , $\exists$ genau ein o' $\in A$ derart, daß o' $= ([t]_S$,G,A,I')
Filter F	$\forall$ o $\in E$, o $=$ (T,G,A,I), $\exists$ o' $\in A$ derart, daß o' $=$ (T, F(G),A,I') mit F: $[P(((1 .. \text{ Format})^2 \to 1 .. 255) \perp)] \to [P(((1 .. \text{ Format})^2 \to 1 .. 255) + \perp)]$
Klassifikator K	Sei K Klassifikator. K ist Äquivalenzrelation auf den Elementen von E, deren Klassen die Ausgabevariablen $A_1, .., A_n$ enthalten
Prädikat P	Sei P Prädikat. $\forall$ o $\in E$: P(o) $\Leftrightarrow$ $\exists$ o' $\in A$ mit o $=$ o'
Attributierung A	$\forall$ o $\in E$, o $=$ (T,G,A,I), $\exists$ o' $\in A$ derart, daß o' $=$ (T, G,A(A),I') mit A: $[P((\mathbb{N}^+ \times \text{ ID}) \to (\text{ VAL } \cup \{\perp\}))] \to [P((\mathbb{N}^+ \times \text{ ID}) \to (\text{ VAL } \cup \{\perp\}))]$

Die Ergebniszuweisung erfolgt als Vereinigung der berechneten Objekte mit den Elementen der Ausgabevariablen. Diese Art der Zuweisung hat zur Folge, daß Daten während eines Programmlaufes nicht überschrieben werden und der Datenumfang mit fortschreitendem Verarbeitungsprozess zunimmt. Vorteil dieses Verfahrens ist, daß Zwischenergebnisse nach beendigter Berechnung kontrolliert werden können. Das Problem der größeren Speicherkomplexität wurde durch eine objektangepaßte Datenstruktur gelöst.

Programmablauf

Beim Programmstart werden alle Variablen, mit Ausnahme der Eingabevariablen, die mit Bilder belegt werden, mit der leeren Menge vorbesetzt. Der Berechnungsaufruf erfolgt, indem eine Variablenmenge angegeben wird, für die Bildobjekte berechnet werden sollen. Aufgabe des Systems ist es nun, passende Anweisungen zu finden, die zur Ermittlung der Ergebnisdaten führen. Berechnet werden kann jede Prozedur, deren Eingabeattribute erfüllt sind. Die Auswahl aus der Konfliktmenge erfolgt nach verschiedenen Strategien (z.B. depth first, least expense, first arc usw.), die über Kommandos vom Benutzer gesteuert werden können. Die wichtigsten Strategien wurden so gewählt, daß Programmiertechniken, wie Syntaxanalyse und Logik-Programmierung angewand werden können.

Programmbeispiel

Zur Veranschaulichung der Programmiertechnik in PSIWAG sei im Folgenden ein Programm zur Erkennung eines Hauses beschrieben. Das Beispiel soll zur Verdeutlichung der syntaktischen und semantischen Besonderheiten von PSIWAG dienen. Der gesamte Programmablauf teilt sich in vier Bestandteile auf:

1. Segmentation
2. Erkennung der Bildbestandteile
3. Objektorientierte Segmentationsoptimierung
4. Syntaktische Analyse

Vereinfachte Teile des Programms werden exemplarisch herausgegriffen und kurz beschrieben:

ad. 1: *seg :- rot * grün * blau > Farbsegmentation*
         > hat_Fläche (10, 100000).

"*seg* enthält die Teile des Bildes, die bei einer Farbsegmentation gewonnen wurden und
eine Mindestgröße von 10 Pixel haben."

ad. 2: *Tür :- seg > ist_Rechteck*
         > liegt_hochkant
         > hat_Fläche (100, 500).
      Fenster :- seg > ist_quadratisch
         > hat_Fläche (50, 300).
         :

"Eine Tür setzt sich aus Teilen der Rohsegmentation zusammen, ist rechteckig mit
definierter Lage und hat eines bestimmte Größe."

ad. 3: *nicht_zugeordnet :- ¬ (Tür ; Fenster ; Wand ; Dach ; ..).*
      Dach_verbessert :-
         *(Dach * nicht_zugeordnet * rot * grün * blau > gleiche_Farbe),*
         *(Dach * nicht_zugeordnet > umfaßt_Objekt).*
         :

"*nicht_zugeordnet* enthält die Objekte, die keiner der übrigen Klassen zugeordnet
werden konnten. Die verbesserte Berechnung des Daches besteht aus den Teilen des
'alten' Daches und den nicht zugeordneten Teilen, die innerhalb des 'alten' Daches
liegen und ähnliche Farbeigenschaften haben."

ad. 4: *Dach :- Dach * Schornstein > liegt_auf.*
      *Wand :- Wand * Fenster > liegt_in.*
      *Wand :- Wand * Tür > liegt_in.*
      *Haus :- Wand * Dach > liegt_auf.*
"Syntaktische Beschreibung des Hausmodells".

Systemaufbau

Das PSIWAG - System umfaßt mehrere Module, wobei der Programminterpreter, das
Kommandosystem, die Datenverwaltung und die Ablaufsteuerung die wichtigsten sind.
Der Interpreter umfaßt die Verwaltung des Quellcodes (Editor), die Umsetzung in Regeln
und deren Verwaltung. Das Kommandosystem stellt die Verbindung zwischen Benutzer
und System her und erlaubt Eingriff und Kontrolle über Daten und Regeln und stellt
Verbindungen zu externen Geräten (Plotter, Bildschirm etc.) her. Die Ablaufsteuerung ist
das Kernstück des Systems, das mit Hilfe vorgegebener Strategienen aus Regeln und Daten
die Ergebnisse berechnet und anfallende Ergebnisse verwaltet.

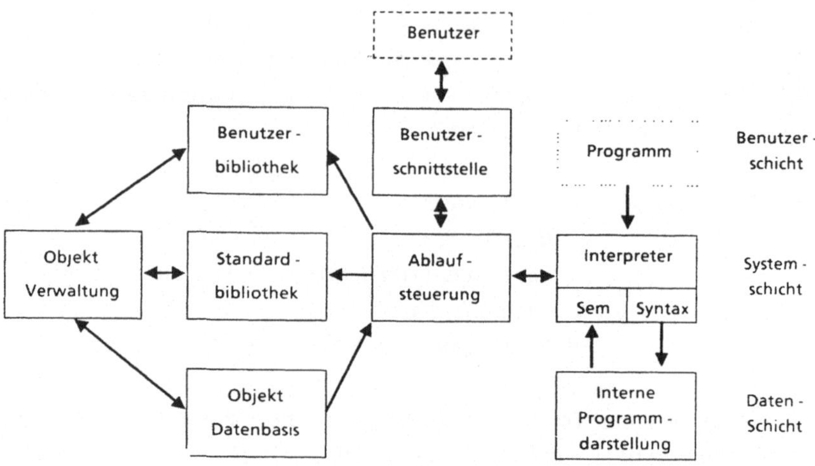

Module eines PSIWAG - Systems

Je nach Anwendungsgebiet, kann das System um weitere (Benutzer definierte) Prozeduren erweitert werden. Hierfür steht eine Standardbibliothek zur Kommunikation mit der Datenverwaltung zur Verfügung, die es erlaubt, konventionelle Bildverarbeitungsprozeduren schnell an das System anzupassen.
Generiert wird PSIWAG, indem man eine formale Beschreibung der zu verwendenden Prozeduren angibt. Daraus wird automatisch ein Pascal Programm (als Zwischencode) erzeugt, das übersetzt und mit der Bibliothek und den Benutzerprozeduren zu einem Gesamtsystem zusammengebunden werden kann.

Ergebnisse

Obwohl PSIWAG für die Analyse von Luftbildern entwickelt wurde [4], hat sich gezeigt, daß es auch in anderen Bereichen der Bildanalyse erfolgreich eingesetzt werden kann. PSIWAG hat sich bisher durch eine schnelle Programmentwicklung und durch ein gutes Laufzeitverhalten ausgezeichnet. Da die Implementierungssprache Pascal ist, währe eine Portierung auf andere Rechnersysteme (bisher VAX 11/780) realisierbar.

Literatur

[1] N.V. Findler, "Associative Networks - Representation and Use of Knowledge by Computers", Academic Press, New York San Francisco London 1979.
[2] C. Brown, "Some Mathematical and Representational Aspects of Solid Modelling", IEEE Trans. PAMI, vol. 3, no. 4, July 1981, pp 444 - 453.
[3] W. Eckstein, S. Haenel, "Segmentation und Interpretation von Bildern mit Hilfe attributierter Graphen", Procedings 7. DAGM Symposium, Erlangen 1985, p. 335.
[4] S. Haenel, "Automatische forstliche Luftbildanalyse zur Waldschadenserhebung". IMA - Statusseminar: "Zustandserfassung: Methoden der Schadenserfassung, Symptomatologie", PEF und EVA, Kernforschungszentrum, Jan 1986.

Bild 1.) Hausszene (Rotauszug)

Bild 2.) Rohsegmentation

Bild 3.) Objektorientierte Segmentationsoptimierung

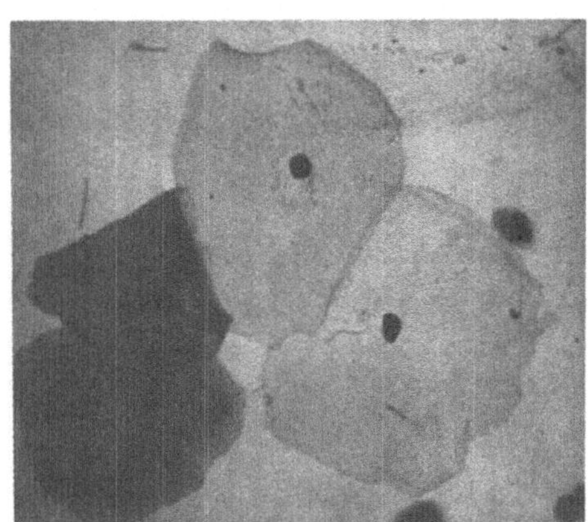

Bild 4.) Zellbild

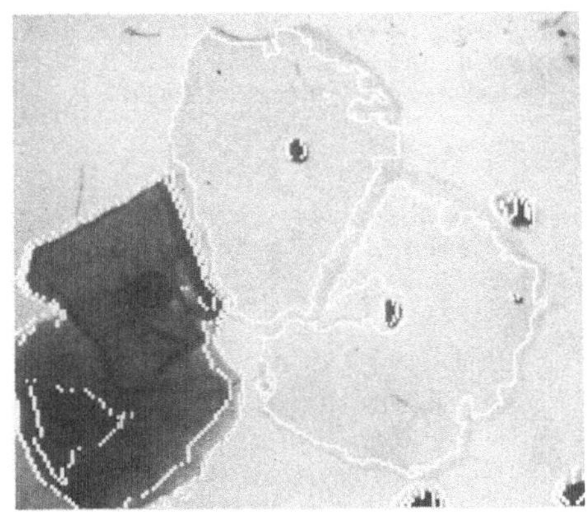

Bild 5.) Rohsegmentation

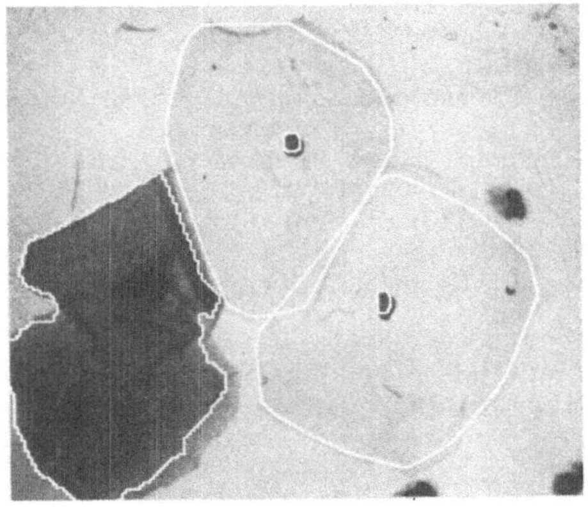

Bild 6.) Modellorientierte Objekterkennung

Ein Verfahren zur Erkennung des Straßenverlaufs im Fahrerdisplay durch
Texturanalyse

Jörg Moebius
Technische Universität Berlin
Fachgebiet Regelungstechnik und Systemdynamik
Wissenschaftliche Leitung: Prof. Dr. I. Hartmann

Kurzfassung

Ein Teilproblem der Informationsgewinnung aus dem Fahrerdisplay zur
Regelung autonom-mobiler Systeme ist die Schätzung des Straßenverlaufs.
Der vorliegende Beitrag beschreibt ein Verfahren zur Segmentierung des
Bildes in die Bereiche "Straße" und "Nicht Straße" durch Auswertung
von Texturmerkmalen.

1.0 Einleitung

Gegenwärtig beschäftigen sich verschiedene Forschungseinrichtungen mit
Projekten aus dem Gebiet autonom-mobiler Systeme. Nachdem sich diese
Projekte zunächst u.a. mit Binnenschiffen, spurgebundenen Straßenfahr-
zeugen und innerbetrieblichen Transportsystemen beschäftigt haben,
sind in letzter Zeit auch Überlegungen zum autonom-mobilen Kraftfahr-
zeug einbezogen worden. Hier sei nur das von der Deutschen Automobil-
industrie initiierte und inzwischen als Gemeinschaftsprojekt zwölf
europäischer Automobilfirmen geplante Projekt "Prometheus" genannt.

Ein möglicher Sensor zur Informationsgewinnung eines solchen Systems
ist eine Videokamera.
Aus dem Bildsignal müssen alle für die Regelung des autonom-mobilen
Systems erforderlichen Informationen gewonnen werden. Die Aufgabe zer-
fällt im wesentlichen in die beiden Punkte

- Straßenerkennung
- Hinderniserkennung

Der vorliegende Bericht befaßt sich mit dem ersten dieser Teilpunkte.

2.0 Lösungsansätze

Ein möglicher Ansatz zur Segmentierung des Bildes ist die Bestimmung
der Straßenkanten durch Auswertung von Grauwertsprüngen. Auswertbare
Grauwertsprünge im Bild sind sicher dann vorhanden, wenn die Straße
durch weiße Linien begrenzt ist, wie dies bei Autobahnen und neueren
Landstraßen der Fall ist.
Bei einer Vielzahl der denkbaren Straßensituationen sind diese Rand-
markierungen aber keinesfalls vorhanden. In diesen Fällen führen Kan-
tenerkennungsverfahren nicht zu brauchbaren Ergebnissen.
Ausgangspunkt für den hier beschriebenen Ansatz ist die Überlegung,
daß jeder Straßenbelag eine charakteristische Textur aufweist, die von
derjenigen des Bereichs "Nicht Straße" abweicht.
Im Gegensatz zum oben beschriebenen Verfahren wird das Gesamtbild jetzt
dadurch segmentiert, daß jeder Bereich des Bildes einer der Klassen
"Straße" oder "Nicht Straße" zugeordnet wird. Die Straßenkanten folgen
als Trennungslinien zwischen den Bereichen.

3.0 Ansatz mit Texturanalyse

Da der Begriff der Textur als Eigenschaft einer Umgebung von Bildpunkten zu verstehen ist, können nur "Texturzellen" (etwa 8*8 oder
16*16 Bildpunkte) betrachtet werden. Da nur diese Texturzellen einer
der Klassen zugeordnet werden können, ist die Segmentierung nur mit
einer Ungenauigkeit in der Größenordnung einer Texturzelle möglich.

Das Problem läßt sich bei diesem Ansatz in die Teilbereiche Merkmals-
gewinnung und Klassifikation jeder einzelnen Texturzelle aufteilen.

Diese Vorgehensweise erfordert Kenntnisse über die Merkmalsverteilung
in den einzelnen Klassen, die in einer Lernphase gewonnen werden müssen
Unter der Annahme, daß sich das Fahrzeug auf der Straße befindet, läßt
sich ein fester Bereich für eine Lernstichprobe der Klasse "Straße"
im Fahrerdisplay angeben. (vgl. Abb. 1: Schraffierter Bereich).
Aus diesem Bereich können zu jedem Zeitpunkt die Merkmale der Straße
geschätzt und damit wechselnden Verhältnissen angepaßt werden. Merkmale
für die Klasse "Nicht Straße" zu schätzen erscheint problematisch, da
der Hintergrund schon in einem Bild stark differieren kann. Es sind
daher beim Klassifikatorentwurf besondere Überlegungen erforderlich.

4.0 Merkmalsgewinnung

Von Rosenfeld (/2/,/3/) und anderen Autoren (/1/,/4/) werden diverse
Merkmale für Texturen vorgeschlagen.
Die genannten Merkmale lassen sich in Merkmale aus dem Frequenzbereich
und Merkmale aus dem Ortsbereich unterteilen. Verschiedene Veröffent-
lichungen (z.B. /4/) sowie eigene Untersuchungen lassen den Schluß zu,
daß Merkmale im Ortsbereich in den meisten Anwendungsfällen besser geeignet sind als Merkmale im Frequenzbereich. Im Rahmen dieser Untersuchung wurden daher der Veröffentlichung /1/ folgend Merkmale im
Ortsbereich verwendet.

Dieser Ansatz geht von der Matrix der Übergangshäufigkeiten (spatial-
dependence-matrix, SDM) aus, deren Element SDM (i,j) die Häufigkeit
dafür angibt, daß einem Bildpunkt mit dem Grauwert i im Abstand $d(r,\rho)$
ein Bildpunkt mit dem Grauwert j folgt. Sinnvollerweise wird an dieser
Stelle nur von einem in wenige Graustufen (etwa in der Größenordnung
4 bis 20) diskretisierten Bild ausgegangen.

Bestimmt werden müssen Werte der Parameter r und ρ des Abstandes d.
Ein Kriterium für die Wahl von ρ können Vorzugsrichtungen in den Texturen sein. Da im hier beschriebenen Anwendungsfall keine a-priori
Annahmen über Vorzugsrichtungen in den auftretenden Texturen gemacht
werden können, wurde ρ=0 gewählt. Für den Betrag des Abstandes r wurde
mit Werten im Bereich von 1 bis 4 experimentiert.

Aus der SDM wurden die in /1/ angegebenen Merkmale berechnet und anhand
von repräsentativen Testbildern diejenigen ausgewählt, die eine möglichst gute Klassentrennung ermöglichen.

Die zur Berechnung verwendeten Texturzellen sollen möglichst klein sein,
da ihre Größe den Rechenaufwand und die Ungenauigkeit der Segmentierung
bestimmt. Sie muß andererseits so groß sein, daß eine sichere Klassifikation möglich ist. Eine Dimension von 8*8 Bildpunkten stellte sich
als ausreichend heraus.

5.0 Klassifikation

Um Stützstellen einer Segmentierung des Gesamtbildes oder Informationen
über den Straßenverlauf in einer bestimmten Vorausschaudistanz zu erhalten, wurden Reihen von Texturzellen in vertikaler bzw. horizontaler
Richtung (vgl. Abb. 1) klassifiziert.

Wie bereits oben angeführt, ist es nicht möglich, durch eine Lernstichprobe Merkmale der Klasse "Nicht Straße" zu schätzen. Bei dem hier be-
handelten Zweiklassenproblem ist die Klassifikation trotzdem möglich.
Die folgenden Ansätze wurden untersucht.

5.1 Abstandsklassifikator

Zunächst wurde ein modifizierter Abstandsklassifikator erprobt. Ein
normaler Abstandsklassifikator würde ein Objekt derjenigen Klasse zuordnen, bei der der Abstand zwischen dem Erwartungswert der Merkmale
und den Merkmalen des zu klassifizierenden Objekts am kleinsten ist.

Da der Erwartungswert der Merkmale für die Klasse "Nicht Straße" nicht
vorliegt, kann nur ein Schwellwert für den Abstand bestimmt werden.
Ist der Abstand kleiner als dieser Schwellwert, wird ein Objekt der
Klasse "Straße" zugeordnet.

Hierbei zeigte sich, daß im allgemeinen kein Schwellwert zu bestimmen
ist, der alle Texturzellen einer Reihe richtig klassifiziert.Speziell
im Bereich des Hintergrundes wurden Zellen der Klasse "Straße" zugeordnet.

Bei den vorhandenen a-priori Information erscheint daher der folgende
Weg sinnvoller.

5.2 Abstandsklassifikator mit Straßenmodell

In Richtung der untersuchten Reihen von Texturzellen in horizontaler
oder vertikaler Richtung läßt sich jeweils ein Modell für den Sollverlauf angeben (siehe Abb. 2).

Für die Segmentierung sind dann nur noch die Parameter a1 und a2 bzw.
a1 zu bestimmen. Werden den Klassen im Modell Sollabstände zugeordnet
(siehe Abb. 3), so können die Parameter optimal im Sinne

eines Gütekriteriums bestimmt werden. Verwendet wurde hier der quadratische Abstand zwischen dem Sollverlauf und den ermittelten Abstandswerten der Texturzellen der realen Straßenszene.

6.0 Beurteilung der Ergebnisse

Das beschriebene Verfahren beruht auf der Auswertung von Texturunterschieden zwischen der Straßenoberfläche und dem Hintergrund. Es ist daher sehr stark von der jeweiligen Straßensituation abhängig. Es brachte für eine große Klasse realer Straßenszenen zufriedenstellende Ergebnisse.

Die Abbildungen 4 und 5 zeigen Ergebnisse. Hierbei wurden vertikale Streifen von 8*8 Pixel großen Texturzellen verarbeitet und jeweils die als optimal bestimmte Grenze zwischen den Bereichen eingeblendet. Die dabei auftretenden Fehlklassifikationen ließen sich durch Auswertung von a-priori-Annahmen über den möglichen Straßenverlauf korrigieren.

Abschließend läßt sich sagen, daß sich das Verfahren sehr gut als Ergänzung zu Verfahren eignet, die über Kantenerkennungsalgorithmen arbeiten. Die bei dem beschriebenen Texturverfahren als Problemfälle zu nennenden Situationen (z.B. durch Betonspundwände begrenzte Autobahn) lassen sich damit gut verarbeiten, da Fahrbahnmarkierungen deutlich auswertbare Grauwertsprünge darstellen. Umgekehrt ist für die dort sehr problematischen Situationen (z.B. Landstraßen, Waldwege) das hier vorgestellte Verfahren gut geeignet.

Literaturhinweise

/1/ R.M. Haralick, K. Shanmugam, I. Dinstein
    Textural Features for Image Classification
    IEEE Transactions SMC-3, No. 6, Nov. 1973

/2/ A.Rosenfeld, A.C. Kak
    Digital Picture Processing
    Academic Press, New York, 1976

/3/ A. Rosenfeld, J.S. Weszka
    Picture Recognition
    in: Digital Picture Recognition, Edited by K.S. FU
        Springer Verlag, 1976

/4/ J.S. Weszka et al.
    A comparative study of texture measures for terrain
    classification
    IEEE Transactions SMC-6, April 1976, pp. 269-285

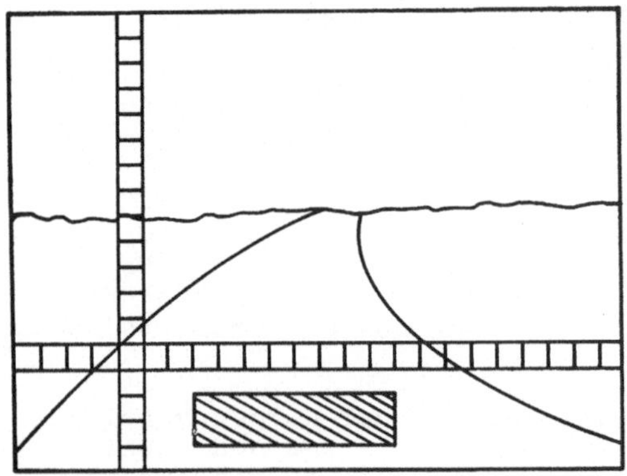

Abbildung 1

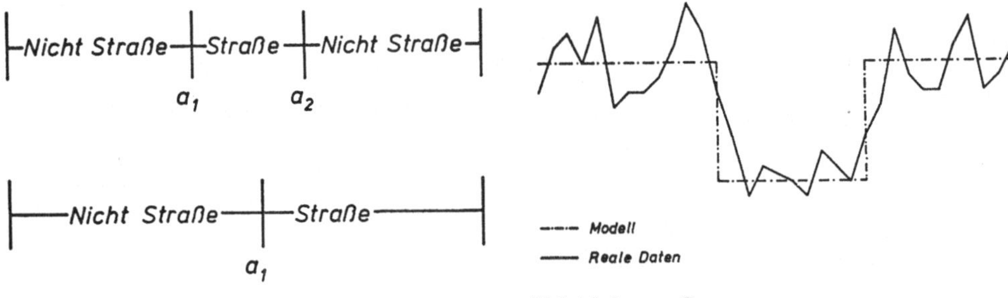

Abbildung 2

Abbildung 3

Abbildung 4

Abbildung 5

DETEKTION UND VERFOLGUNG MEHRERER OBJEKTE
IN BILFOLGEN
C.-K. Sung, G. Zimmerman
Fraunhofer-Institut für Informations- und
Datenverarbeitung (IITB), Sebastian-Kneipp-Straße 12-14,
7500 Karlsruhe 1

1. Einleitung und Zusammenfassung

Bei der automatischen Überwachung und Analyse des Straßenverkehrs werden Informationen benötigt, z. B. die Anzahl der Fahrzeuge, deren Geschwindigkeit, die Besetzungsdichte der Fahrspuren, die mittlere Geschwindigkeit auf den Spuren, die Häufigkeit von Spurwechseln, die Anzahl der PKW und LKW. Diese Informationen können von den bekannten Meßmethoden wie Induktionsschleifen und Lichtschranken z. T. nur mit großem Aufwand erhalten werden. Im vorliegenden Beitrag wird deshalb eine Methode zur Auswertung von TV-Bildfolgen des Verkehrsgeschehens vorgeschlagen, mit der diese Informationen zu einem großen Teil gewonnen werden können. Für eine Übersicht über Methoden der Bildfolgenverarbeitung siehe /1/.

2. Methode

In dem Verfahren werden zunächst aus der Bildfolge Verschiebungsvektorfelder extrahiert. In den Vektorfeldern wird dann noch Ballungen von Vektoren gesucht, die als Kandidaten für bewegte Objekte gelten können. Die Ballungen werden durch einen Rahmen markiert. In aufeinanderfolgenden Vektorfelder werden zuletzt korrespondierende Rahmen gesucht. Das Ergebnis ist eine Beschreibung der Bildfolge mit den verketteten Positionen der Objektkandidaten in jedem Bild.

Bildmaterial

Mit einer stationären Kamera wurde von einem ca. 35 m hohen Gebäude eine belebte Straßenkreuzung aufgenommen. Aus dem Material wurde ein zeitlicher Ausschnitt von 130 Bildern ausgewählt, digitalisiert (512*512 Bildpunkte mit 8 Bit Grauwertauflösung) und auf einer digitalen Bildplatte (VTE) im Videotakt gespeichert. Die Szene (Abb. 1) zeigt eine Straßenbahn, die von links nach rechts im Bild fährt, in der Gegenrichtung bewegen sich PKW's, Kleinlastwagen und Zweiradfahrer. Im oberen Bildbereich halten Fahrzeuge vor einer Ampel an.

Bestimmung von Verschiebungsvektorfeldern

Aus jedem Fernsehbild werden Strukturen extrahiert, die als Kuppen und Senken im Grauwertgebirge aufgefaßt werden können. Diese Strukturen werden über 5 aufeinanderfolgende Bilder verfolgt, wobei ihre Positionen einen lokalen Verschiebungsvektor definieren. Einzelheiten des Verfahrens finden sich in /2/. Die nachfolgenden Analysen stützen sich nur auf diese Verschiebungsvektorfelder (Abb. 2).

Ballungsanalyse der Verschiebungsvektorfelder

Benachbarte Verschiebungsvektoren, die ähnliche x- und y-Komponenten haben, werden zu einer Ballung zusammengefaßt. Zur Weiterverarbeitung werden nur Ballungen verwendet, die mindestens drei Verschiebungsvektoren enthalten. Einzelheiten des Verfahrens sind in /3/ beschrieben. Auf diese Weise gelingt die Trennung der bewegten Teile der Szene vom stationären Hintergrund, wobei in der vorliegenden Aufnahme mit einer stationären Kamera als zusätzliche Information verwendet werden kann, daß sich der Hintergrund auch im Bild nicht bewegt. Aus den Vektoren einer Ballung wird die mittlere Verschiebung geschätzt und parallel bzw. senkrecht zur Verschiebungsrichtung ein Rahmen durch diejenigen Vektoren der Ballung gezogen, die am weitesten voneinander entfernt sind. Die geometrische Mitte dieses Rahmens (Rahmen-Position) wird als Repräsentant des bewegten Objekts in der Bildebene angesehen. In Abb. 1 sind die Rahmen für die bewegten Objekte eingetragen, in jedem Rahmen ist mit einem stilisierten Pfeil die Verschiebungsrichtung angegeben.

Korrespondenzlinien der Rahmen-Positionen

Die Rahmen-Positionen werden in jedem Vektorfeld neu geschätzt. Zwei Rahmen in aufeinanderfolgenden Vektorfeldern werden dann einander zugeordnet, wenn ihre Bewegungsrichtung innerhalb eines bestimmten Sektors übereinstimmt und ihr räumlicher Abstand kleiner als der doppelte Bewegungsbetrag ist. Bei noch verbleibender Mehrdeutigkeit wird der Zuordnungskandidat mit dem kleinsten räumlichen Abstand genommen. Der Betrag der Verschiebung wird bei der Zuordnung nicht verglichen, da auch Beschleunigungen der Objekte gemessen werden sollen.

Geometrische Bildfolgenbeschreibung

Das Ergebnis der Korrespondenzsuche der Rahmen-Positionen ist eine verkettete Liste der bewegten Bereiche in jedem Bild: die geometrische Bildfolgenbeschreibung. Sie enthält die Rahmenpositionen mit einer in jedem Bild neu vergebenen Nummer. Außerdem wird die Geschwindigkeit nach Betrag und Richtung angegeben und falls vorhanden, die Nummer des korrespondierenden Rahmens im vorhergehenden Bild.

Es zeigt sich, daß die bewegten Fahrzeuge in der Szene gut verfolgt werden können, sofern sie einen ausreichend großen Abstand von den Nachbarfahrzeugen haben (in Abb. 1 oben und Mitte links) oder ausreichend verschiedene Geschwindigkeiten bei enger Nachbarschaft (Abb. 1 Mitte rechts). Schwierigkeiten bei der Trennung treten auf, wenn Fahrzeuge in geringem Abstand mit nahzu der gleichen Geschwindigkeit fahren. Die zugehörigen Rahmen werden dann manchmal verschmolzen (Abb. 1 Bildmitte). Umgekehrt brechen manchmal Rahmen, die zu einem großen Fahrzeug gehören (Straßenbahn) in Teilrahmen auf. Die Korrespondenzlinien sind dann unterbrochen.

Detektion der Bewegungsbahnen

In den Verschiebungsvektorfeldern sind Informationen enthalten, die auch ohne Ballungsanalyse oder Lösung des Korrespondenzproblems für Rahmen-Positionen ausgewertet werden können. Eine dieser Informationen besteht darin, daß von Null verschiedene Vektoren nur in den Bildbereichen auftreten, in denen sich die abgebildeten Objekte vorzugsweise bewegen. In der vorliegenden Szene sind dies die Fahrbahnen. In einer einfachen Auswertung werden dazu alle Vektoren der gesamten Szene in ein Bild eingetragen. Wie in Abb. 3 deutlich zu erkennen ist, treten die Fahrbahnen durch eine dichtere Schwärzung hervor. Es ist zu erwarten, daß mit verfeinerten Auswertemethoden, die auch die Länge der Vektoren mit einbeziehen, die mittlere Geschwindigkeit auf den Spuren ermittelt, die Fahrbahnen von Fußgängerwegen getrennt und durch Auswertung von längeren Sequenzen Ampelphasen und Anhaltezonen detektiert werden können.

3. Diskussion

Die vorgestellte Methode erlaubt es, durch Analyse von Verschiebungsvektorfeldern in einer Verkehrsszene Fahrbahnen zu detektieren und einzelne Fahrzeuge zu verfolgen, wenn sie einen ausreichenden Abstand bzw. Geschwindigkeitsdifferenz zum Nachbarn haben. Die Probleme, die bei parallel mit ähnlicher Geschwindigkeit fahrenden Fahrzeugen auftreten, bestehen im Aufbrechen und Verschmelzen der Markierungsrahmen. Dieses Problem kann dadurch angegangen werden, daß in der Stufe der Bildung der Verschiebungsvektorfelder über eine längere Zeit beobachtet wird. Dadurch fallen instabile Vektoren heraus und die Ballungsbildung wird zuverlässiger.

Diese Arbeit wurde zum Teil von der Deutschen Forschungsgemeinschaft im Rahmen des Sonderforschungsbereichs 314 'Künstliche Intelligenz' gefördert.

4. Literatur

/1/ Analyse und Interpretation von Bildfolgen, Teil 1, H.-H. Nagel, Informatik-Spektrum 8, Springer-Verlag, (1985), 178-200.
Analyse und Interpretation von Bildfolgen, Teil 2, H.-H. Nagel, Informatik-Spektrum 8, Springer-Verlag, (1985), 312-327.

/2/ Eine Familie von Bildmerkmalen für die Bewegungsbestimmung in Bildfolgen, G. Zimmermann, R. Kories, DAGM/ÖAGM Symposium, Graz, 2.-4. Oktober 1984, W. Kropatsch (Hrsgb.), Mustererkennung 1984, Informatik-Fachberichte 87, Springer-Verlag Berlin Heidelberg New York Tokyo 1984, pp. 147-153.

/3/ Maschinelles Bewegungssehen in natürlichen Szenen: Die Auswertung von Bildfolgen gestützt auf Bildmerkmale, R. Kories, Dissertation (Januar 1985), Fachbereich Biologie, Universität Mainz.

Abb. 1
Erstes Bild der Originalszene mit ein-
gerahmten bewegten Objekte. Die in
jedem Rahmen stilisierten Pfeile ver-
anschaulichen die Verschiebungsrichtung der Objekte.

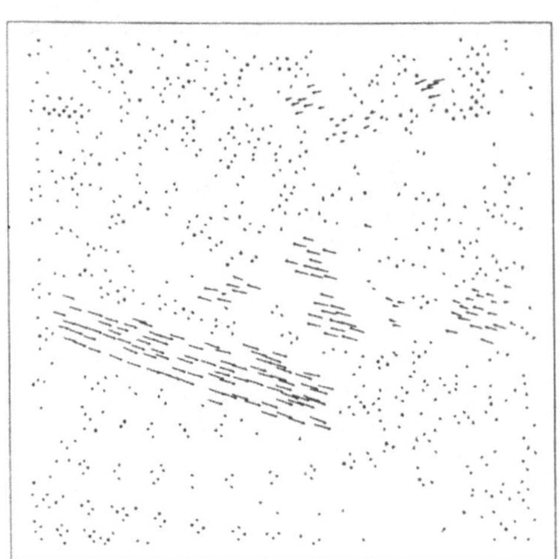

Abb. 2
Verschiebungsvektorfeld aus 5 aufeinanderfolgenden Bildern der Szene in Abb. 1.

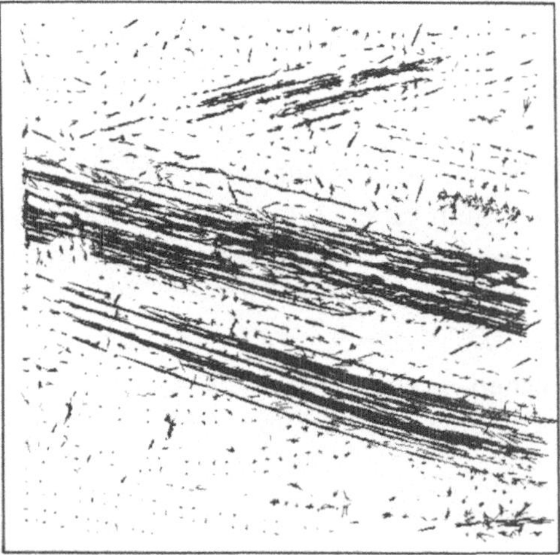

Abb. 3
Überlagerung aller aus 130 Bildern ge-
wonnenen Verschiebungsvektoren. Der
Fahrbahnverlauf ist daraus klar zu erkennen.

LOKALISIERUNG UND VERFOLGUNG VON OBJEKTEN IN ECHTZEIT

H. Ernst, K. Grude, U. Zirkel und J. Petzold

GRUDE Elektronik GmbH, Trausnitzstr. 8, D-8000 München 80

Eine logische Weiterentwicklung der Interpretation statischer Bilder ist die Verarbeitung von Bildfolgen, wobei man sowohl zeitliche - etwa die Verfolgung eines bewegten Objektes - als auch räumliche Bildfolgen - beispielsweise tomographische Aufnahmen - betrachten kann. Eine Übersicht wird in /1/ gegeben. Bei der Lokalisierung, Erkennung und Verfolgung von Objekten über eine zeitliche Bildfolge ist einer der Schwerpunkte gegenwärtiger Entwicklungstätigkeit die Problematik der schritthaltenden Verarbeitung. Man benötigt hierzu im allgemeinen spezielle Rechnerstrukturen und Algorithmen. In diesem Beitrag stellen wir eine Anlage vor, welche die Erkennung und Bahnverfolgung von einfachen Objekten mit Videogeschwindigkeit erlaubt.

Ausgangspunkt dieser Arbeit war die Forderung, in einem Halbbild mit 256 Zeilen zu jeweils 512 Bildpunkten Schwerpunkt, Umfang und Fläche von bis zu etwa 5 Objekten zu bestimmen und diese Objekte von Bild zu Bild zu verfolgen. Während der in CCIR-Norm 20msec dauernden Aufnahme eines Halbbildes wird das zuvor abgespeicherte Halbbild ausgewertet. Dazu wurde ein dem Problem angepaßter Prozessor entworfen, der eine dreistufige Vorverarbeitung der Bildinformation durchführt und über zwei Mikroprozessoren vom Typ Intel 80188 verfügt. Nach der Digitalisierung in 256 Graustufen wird eine Segmentation des Graubildes mit Hilfe eines Schwellwertverfahrens unter Verwendung eines softwaremäßig einstellbaren Digitalkomparators durchgeführt, d.h. das Graubild wird auf ein Binärbild reduziert, dessen Bildpunkte nur die Werte 0 (schwarz) und 1 (weiß) annehmen können. Die weitere Verarbeitung beschränkt sich auf die so erzeugten Binärbilder. Im nächsten Schritt wird eine Unterdrückung des Untergrundes vorgenommen, um die anschließende Auswertung auf die relevanten Bereiche einzuschränken. Man erhält das resultierende Bild aus dem vorhergehenden Halbbild und dem aktuellen Halbbild nach der hier als Gleichung und in Tabellenform wiedergegebenen Vorschrift:

$$g_{i,j}^{(n)} = \neg f_{i,j}^{(n-1)} \wedge f_{i,j}^{(n)}$$

$g_{i,j}^{(n)}$	$f_{i,j}^{(n-1)}$	$f_{i,j}^{(n)}$
0	0	0
1	0	1
0	1	0
0	1	1

Der Index i gibt dabei die Zeilennummer an, der Index j die Pixeladresse in der i-ten Zeile und n die Bildnummer in der zeitlichen Folge. Mit dieser Operation wird einem Bildpunkt g genau dann der Wert f des aktuellen Bildes zugeordnet, wenn der entsprechende Bildpunkt im vorhergehenden Bild den Wert 0 hatte; es werden also nur Änderungen der Bildinformation von Dunkel nach Hell registriert und weiterverarbeitet. Aufgrund statistischer Prozesse verbleibt an den Rändern eliminierter Flächen jedoch stets eine Anzahl weißer, isolierter Bildpunkte. Diese Störungen werden in einem weiteren Vorverarbeitungsschritt unter Verwendung der folgenden einfachen Filterfunktion gelöscht:

$$h_{i,j}^{(n)} = g_{i,j}^{(n)} \wedge (g_{i-1,j}^{(n)} \vee g_{i+1,j}^{(n)})$$

Ein Bildpunkt behält also nur dann den Wert 1, wenn mindestens einer der beiden nächsten Nachbarn in der gleichen Zeile ebenfalls den Wert 1 hat. Isolierte weiße Punkte werden somit eliminiert. Eine aus mindestens zwei unmittelbar benachbarten Bildpunkten bestehende Störung bleibt allerdings erhalten. Im Idealfall bleiben jedoch selbst von einer komplexen Szene nach diesen Vorverarbeitungsschritten nur die relevanten Objekte als weiße Flächen erhalten. Dies ist in Abb. 1 skizziert.

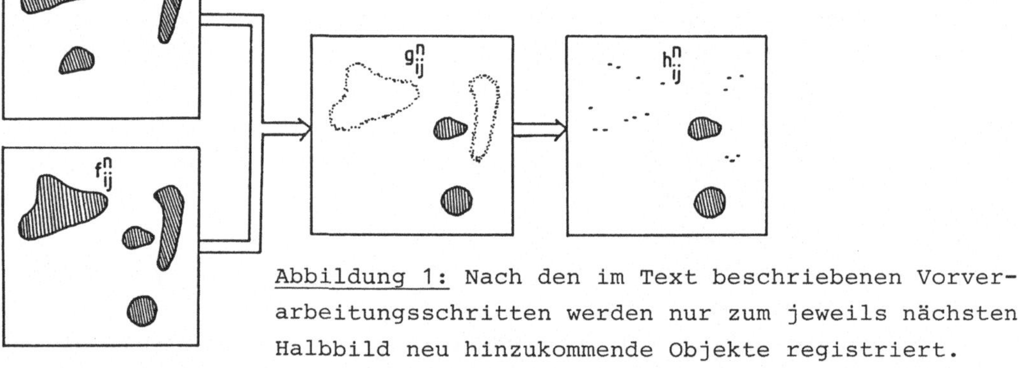

Abbildung 1: Nach den im Text beschriebenen Vorverarbeitungsschritten werden nur zum jeweils nächsten Halbbild neu hinzukommende Objekte registriert.

Nach dieser weitgehenden Reduktion des Untergrundes erfolgt vor der mit Hilfe von Mikroprozessoren durchgeführten Auswertung ein weiterer Vorverarbeitungsschritt. In zwei als Ereignisspeicher 1 und Ereignisspeicher 2 bezeichneten Speichern werden für jede Zeile, in der mindestens ein Ereignis registriert worden ist, die Adresse i dieser Zeile, die Anzahl n der Ereignisse und die Anzahl m der Dunkel/Hell-Übergänge in dieser Zeile gespeichert. Ein Ereignis ist dabei als das Auftreten eines Bildpunktes definiert, der heller ist als die gerade eingestellte

Schwelle und daher im Binärbild den Wert 1 erhält. Abb. 2 verdeutlicht
die Belegung von Bildspeicher und Ereignisspeicher.

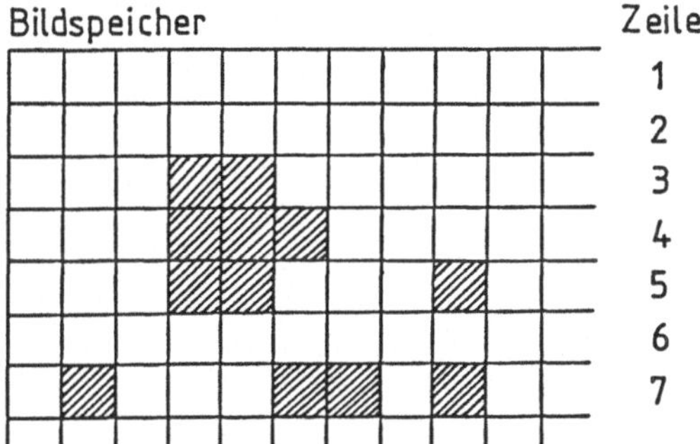

Abbildung 2: Es ist ein Ausschnitt eines Bildspeichers und des zugehörigen Ereignisspeichers dargestellt. Ereignisse (d.h. der entsprechende Bildpunkt hat den Wert 1) sind schraffiert gezeichnet.

Die Auswertung des vorverarbeiteten Bildes durch die beiden Mikroprozessoren wird dadurch ganz erheblich beschleunigt, daß bei der Objektsuche gezielt nur diejenigen Zeilen betrachtet werden müssen, deren Adressen bei der Vorverarbeitung im Ereignisspeicher abgelegt worden waren, da nur in diesen überhaupt ein Ereignis registriert worden ist. Zusätzlich wird durch drei Bedingungen von vornherein eine Mindestgröße der Objekte gefordert: (1) Es muß eine voreinstellbare Anzahl s von Ereignissen unmittelbar aufeinander folgen, d.h. es muß $n-m \geq s$ gelten; (2) in der auf die betrachtete Zeile unmittelbar folgenden Zeile muß ebenfalls mindestens ein Ereignis registriert worden sein; (3) es wird nur jede zweite Zeile im Ereignisspeicher betrachtet. Die Mindestausdehnung gültiger Objekte wird in horizontaler Richtung durch diese Bedingungen auf s Bildpunkte und in vertikaler Richtung auf 2 bzw. 3 Bildpunkte festgelegt. Wurde ein Objekt gefunden, welches die oben spezifizierte Mindestgröße überschreitet, so werden nun mit Standardmethoden /2/ Schwerpunkt, Umfang und Fläche dieses Objekts bestimmt und an den zweiten Mikroprozessor des Systems übergeben. Dieser nimmt parallel zur im ersten Mikroprozessor ablaufenden Objektsuche die Klassifizierung der Objekte nach ihrer Größe und ihrer Form unter Verwendung des Formfaktors vor und ordnet korrespondierende Objekte in der Bildfolge einander zu. Auf diese Weise können schließlich alle in dem betrachteten Halbbild vorhandenen Objekte identifiziert werden.

Der prinzipielle Aufbau des Bildverarbeitungssystems geht aus dem in Abb.3 dargestellten Blockschaltbild hervor.

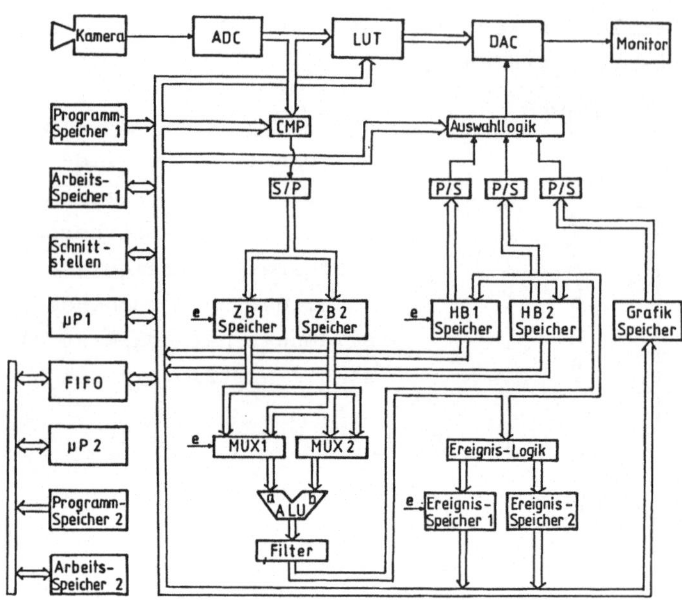

Abbildung 3: Block-schaltbild des Pro-zessors

Das Video-Signal in CCIR-Norm wird mit einem 8-Bit Analog-Digital-Wand-ler (ADC) bei einer Abtastfreuquenz von 10 MHz gewandelt. Die digitale Bildinformation wird zur Segmentation und Erzeugung eines Binärbildes einem von Mikroprozessor 1 programmierbaren Digitalkomparator (CMP) zugeführt, sowie einer Look-up-Table (LUT), die ebenfalls von Mikro-prozessor 1 beschrieben werden kann. Der Ausgang der LUT ist mit einem Digital-Analog-Wandler verbunden, der mit einer zusätzlichen 1-Bit-In-formation hell getastet werden kann. Auf diese Weise ist es möglich, das - eventuell mit Hilfe der LUT modifizierte - Graubild mit überlager-ten Einblendungen des binären Inhalts des HB1-, HB2- oder des Grafik-Speichers am Monitor darzustellen. Das Ausgangssignal des Komparators wird mit einem 100ns-Takt in einem 8-Bit Schieberegister (S/P) in paral-lele Information umgewandelt. Gesteuert durch das Even-Signal der Kame-ra werden die Bilddaten im Zwischenbildspeicher für das erste Halbbild (ZB1) bzw. für das zweite Halbbild (ZB2) gespeichert. Jedes Halbbild belegt dabei 256 Zeilen zu jeweils 512 Bildpunkten in einem statischen RAM mit 16 kByte. Die oben beschriebene Verknüpfung der Bildpunkte von ZB1 und ZB2 geschieht in der Arithmetik-Logik-Einheit (ALU). Da die ver-wendete Operation nicht kommutativ ist, muß die Zuordnung der Speicher ZB1 und ZB2 zu den Eingängen a und b der ALU synchron zum Halbbild-Wech-sel zwischen den beiden Zuordnungsmöglichkeiten ZB1-a, ZB2-b und ZB1-b, ZB2-a umgeschaltet werden; dies wird durch die beiden durch das Even-Signal geschalteten Multiplexer MUX1 und MUX2 erreicht. Das Ergebnis der Verknüpfungen wird nun in einem Hardware-Filter weiter aufbereitet

und im Halbbildspeicher HB1 bzw. HB2 abgelegt. Parallel dazu werden in
der Ereignis-Logik die in Abschnitt 2 definierten Größen i, n und m abgeleitet und im Ereignisspeicher 1 bzw. Ereignisspeicher 2 gespeichert.

Die beschriebene Anlage kann überall da eingesetzt werden, wo es um
die schnelle Erkennung und Verfolgung einfacher Objekte geht, die sich
deutlich vom Untergrund abheben. Die Hardwarekonfiguration kann wechselnden Anforderungen, beispielsweise Übergang zu einer anderen Takt-
zeit oder Änderung der in der ALU durchgeführten Operationen, angepaßt
werden.
Da die Anlage sensitiv auf Änderungen des Bildinhaltes zweier aufeinanderfolgender Bilder ist und Änderungen nicht nur registriert, sondern auch lokalisiert werden, bietet sich der Einsatz in Überwachungs-
einrichtungen an. Unter anderem kann ein Bild der Alarmsituation sehr
schnell dokumentiert werden.
Ein weiteres Einsatzgebiet ist die Messung von Augenbewegungen. Durch
Bestimmung des Pupillenschwerpunkts lassen sich ohne für die Testper-
son unangenehme Begleiterscheinungen Pupillenbewegungen sehr genau ermitteln. Hierbei sind allerdings noch schnellere Taktzeiten als 20 msec
wünschenswert.
Als letztes Beispiel sei die Vermessung von Flaschen oder Dosen genannt, die im industriellen Bereich bei der Herstellung sowie beim Ab-
füllen, Verschließen, Sortieren und Verpacken eine Rolle spielt /3/.
Für viele Anwendungen, beispielsweise der Sortierung nach Flaschentyp,
der Feststellung von erheblichen Beschädigungen, der Messung der Maß-
haltigkeit etc. reicht die Bestimmung von Schwerpunkt und Querschnitten
an verschiedenen Stellen, bzw. der Vergleich mit dem gespeicherten Bild
eines Gutmusters aus. Weitergehende Analysen, wie die Erkennung von
Sprüngen, Abnutzung und Verschmutzung sind durch Auswertung der in den
Ereignisspeichern abgelegten Informationen über die Anzahl der Ereignisse pro Zeile und über die Anzahl der Nulldurchgänge pro Zeile möglich, denn diese Größen sind ein Maß für die mittlere Lauflänge heller
und dunkler Bereiche, die wiederum typisch für bestimmte Arten von
Fehlern sind.

/1/ Nagel,H.-H.: Analyse und Interpretation von Bildfolgen;
    Informatik-Spektrum 8, 178 (1985)
/2/ Pratt, W.K.: Digital Image Processing; John Wiley and Sons (1978)
/3/ Giebel, H., H. Gutschale and F. Wahl: A system for automatic in-
    spection of glass bottles using texture analysis procedures;
    IEEE Conference Proceedings, 1068 (1982)

<u>**Experimente zur Bestimmung kinematischer Parameter aus dem optischen Fluß
basierend auf einem robusten Verschiebungsschätzverfahren**</u>

R. Kories*, G. Zimmermann*, H. Zinner**

* Fraunhofer-Institut für Informations-
und Datenverarbeitung
Sebastian-Kneipp-Str. 12-14
D-7500 Karlsruhe 1

** MBB Apparate
Postfach 80 11 49
D-8000 München 80

<u>Kurzfassung</u>

Es wird eine Methode zur Bestimmung des optischen Flusses aus Bildfolgen vorgestellt, die sich insbesondere bei der Auswertung natürlicher Szenen bewährt hat. Der
Zusammenhang zwischen den kinematischen Parametern der Kamerabewegung und dem daraus
resultierenden optischen Fluß wird dargestellt. Die Invertierung dieser Gleichungen
erlaubt die Bestimmung der Bewegungsparameter.

Es wird eine kalibrierte Bildfolge ausgewertet, bei der die Bewegung der Kamera a
priori bekannt ist. Es zeigt sich in diesem Experiment, daß die Ermittlung der Bewegungsparameter aus der Bildfolge mit guter Näherung möglich ist. In einem zweiten
Experiment werden Fernsehbilder einer dreidimensional stark strukturierten Szene
ausgewertet. Zum Vergleich werden die optischen Flußvektoren mit einem Korrelationsverfahren ermittelt. Die daraus abgeleiteten kinematischen Parameter stimmen bei
beiden Methoden gut überein.

<u>Einleitung</u>

In der Vergangenheit wurde sehr viel Arbeit auf dem Gebiet der Bestimmung von optischen Flußvektoren aus Bildfolgen geleistet /1/. Sehr viele Publikationen befassen
sich zudem mit dem Problem der Interpretation des optischen Flusses. Nagel gibt in
/2/ dazu einen aktuellen Überblick. Nur in begrenztem Maße jedoch ist bisher die
Kombination solcher Methoden an realistischen Szenen demonstriert worden.

Wir beschreiben eine Methode zur Bestimmung des optischen Flusses, die sich bei der
Auswertung natürlicher Szenen bewährt hat /3/. In zwei Experimenten werden die kinematischen Parameter einer sich ohne Einschränkung bewegenden Kamera bestimmt. Der
Aufbau und ein Vergleich mit einem Korrelationsverfahren erlauben die Abschätzung
der Genauigkeit der Ermittlung der Bewegungsparameter.

<u>Beziehung zwischen optischem Fluß und Bewegungsparameter</u>

Im folgenden wird der Zusammenhang zwischen den kinematischen Parametern der Kamerabewegung und dem daraus resultierenden optischen Fluß dargestellt. In weitergehendem
Rahmen findet sich eine Darstellung in /2/ und der dort zitierten Literatur.

Eine Kamera bewege sich relativ zu einer dreidimensionalen Umgebung. Die Umgebung
sei optisch strukturiert, bestehe aus festen Objekten mit undurchsichtigen Oberflächen und werde durch die Gesetze der Zentralprojektion auf die Bildebene abgebildet.
Zur Beschreibung der Bewegung definieren wir ein Koordinatensystem OXYZ, das fest
mit der Kamera verbunden ist (Abb. 1). Die Bildebene befinde sich im Abstand f vom
Ursprung senkrecht zur Z-Achse, die mit der optischen Achse zusammenfalle. Der Um-

weltpunkt P mit den Koordinaten $X = (X,Y,Z)^T$ wird in den Bildpunkt $p = (x,y)^T$ abgebildet. Die Bewegung des Punktes P läßt sich in eine Translationsgeschwindigkeit T
entlang der Koordinatenachsen und in eine Rotationsgeschwindigkeit Ω

$$T = (T_x,\ T_y,\ T_z)^T \qquad\qquad \Omega = (w_x,\ w_y,\ w_z)^T$$

um die Koordinatenachsen zerlegen. Damit lautet die Geschwindigkeit von p im bewegten System

$$V = -\,T - \Omega \times X \tag{1a}$$

oder in Komponentenschreibweise

$$\begin{pmatrix} \dot{X} \\ \dot{Y} \\ \dot{Z} \end{pmatrix} = -\begin{pmatrix} T_x \\ T_y \\ T_z \end{pmatrix} - \begin{pmatrix} w_y Z - w_z Y \\ w_z X - w_x Z \\ w_x Y - w_y X \end{pmatrix} . \tag{1b}$$

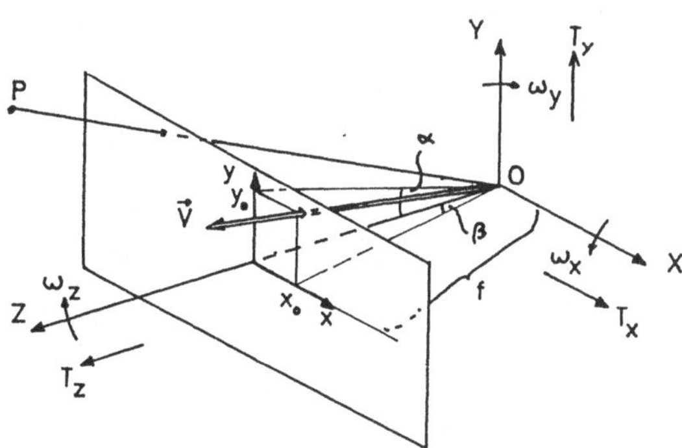

<u>Abb. 1:</u> Koordinatensystem für die optische Abbildung

Die Koordinaten des Bildpunktes werden durch die Weltkoordinaten ausgedrückt:

$$p = \begin{pmatrix} x \\ y \end{pmatrix} = f \cdot \begin{pmatrix} X/Z \\ Y/Z \end{pmatrix} . \tag{2}$$

Dieser Punkt bewegt sich mit der Geschwindigkeit

$$v = \begin{pmatrix} v_x \\ v_y \end{pmatrix} = \begin{pmatrix} \dot{x} \\ \dot{y} \end{pmatrix} , \tag{3}$$

die sich wie folgt durch die externen Koordinaten und Geschwindigkeiten beschreiben
läßt (s. z.B. Nagel /2/):

$$v_x = \frac{1}{Z}\,(-T_x \cdot f + x T_z) + w_x\,\frac{xy}{f} - w_y\left(f + \frac{x^2}{f}\right) + w_z \cdot y,$$

$$\tag{4}$$

$$v_y = \frac{1}{Z}\,(-T_y \cdot f + y T_z) + w_x\left(f + \frac{y^2}{f}\right) - w_y\,\frac{xy}{f} - w_z \cdot x.$$

Dabei ist Z die Entfernung der abgebildeten Objektpunkte und damit eine unbekannte Funktion von x und y.
Zur Vereinfachung werden dimensionslose Koordinaten und Geschwindigkeiten eingeführt

$$\xi = \frac{x}{f} \ , \ \eta = \frac{y}{f} \ , \ \dot{\xi} = \frac{v_x}{f} \ , \ \dot{\eta} = \frac{v_y}{f} \ , \tag{5}$$

woraus mit (4) folgt:

$$\begin{pmatrix} \dot{\xi} \\ \dot{\eta} \end{pmatrix} = \frac{1}{Z} \begin{pmatrix} -T_x + \xi T_z \\ -T_y + \eta T_z \end{pmatrix} + w_x \begin{pmatrix} \xi\eta \\ 1+\eta^2 \end{pmatrix} - w_y \begin{pmatrix} 1+\xi^2 \\ \xi\eta \end{pmatrix} + w_z \begin{pmatrix} \eta \\ -\xi \end{pmatrix} \tag{6}$$

Das Vektorfeld $(\dot{\xi}(\xi,\eta), \dot{\eta}(\xi,\eta))$ wird "Optischer Fluß" genannt. Der Optische Fluß ist also die örtliche Verteilung der Winkelgeschwindigkeiten der Projektionsstrahlen. Information über die Entfernung der abgebildeten Objektpunkte und die Bewegungsrichtung der Kamera läßt sich nur aus dem translatorischen Anteil des optischen Flusses, also dem ersten Term auf der rechten Seite von (6), ableiten.

$$t = \frac{1}{Z} \begin{pmatrix} -T_x + \xi T_z \\ -T_y + \eta T_z \end{pmatrix} \tag{7}$$

Der rotatorische Anteil ist

$$r = w_x \begin{pmatrix} \xi\eta \\ 1+\eta^2 \end{pmatrix} - w_y \begin{pmatrix} 1+\xi^2 \\ \xi\eta \end{pmatrix} + w_z \begin{pmatrix} \eta \\ -\xi \end{pmatrix} \ . \tag{8}$$

Also ist der translatorische Anteil des optischen Flusses

$$t = \begin{pmatrix} \dot{\xi} \\ \dot{\eta} \end{pmatrix} - r \ (w_x, w_y, w_z) \tag{9}.$$

Der Durchstoßpunkt (x_0, y_0) des Translationsvektors $T = (T_x, T_y, T_z)^T$ durch die Bildebene wird als Expansions- oder Kontraktionspunkt bezeichnet. Für diesen Punkt gilt:

$$\begin{pmatrix} x_0 \\ y_0 \end{pmatrix} = f \cdot \begin{pmatrix} T_x/T_z \\ T_y/T_z \end{pmatrix} \tag{10}.$$

Mit (7) ergibt sich daraus
$$t_x = (\xi - \xi_0) \cdot T_z/Z$$

$$\tag{11}$$

$$t_y = (\eta - \eta_0) \ T_z/Z$$

und damit

$$\frac{t_y}{t_x} = \frac{\eta - \eta_0}{\xi - \xi_0} = \frac{\dot{\eta} - r_y(w_x, w_y, w_z)}{\dot{\xi} - r_x(w_x, w_y, w_z)} \ . \tag{12}$$

Jetzt ist die unbekannte Größe Z eliminiert. Kennt man den Geschwindigkeitsvektor $(\dot{\xi}, \dot{\eta})$ an mindestens fünf Bildpunkten, so können die Projektionsgleichungen invertiert und damit die Drehbewegung der Kamera ("Rollen, Nicken, Gieren") und die Richtung der Translationsbewegung ("Expansionspunkt") bestimmt werden. Die Formel (12) gilt natürlich nicht für die Bewegung in einer Ebene senkrecht zur optischen Achse.

Das nichtlineare Gleichungssystem (12) besteht aus Polynomgleichungen 2. Grades für
die fünf Unbekannten der Bewegung und kann deshalb maximal $2^5 = 32$ Lösungsquintupel
haben. Eine exakte Aussage über die Zahl der reellen Lösungen ist für diese Form des
Gleichungssystems nicht möglich.

Experimente

Kalibrierte Laborszene

Die erste Bildsequenz zeigt eine Kamerafahrt auf eine Modellandschaft im Maßstab
1 : 89 (Abb. 2). Die Kamera (Vidicon, 512 x 512 Pixel mit 256 Graustufen, Brennweite
= 2554 Pixel $\hat{=}$ 11°) war auf einer optischen Bank befestigt. Die Drehbewegungen konnten auf ± 0.1°, die Translationsbewegungen auf ± 0.1 mm reproduzierbar eingestellt
werden.

Die Bildsequenz bestand aus acht Bildern, wobei Translation und Rotation des Sensors
überlagert war. Ausgewertet wurden die Verschiebungen vom 1. zum 5., vom 2. zum 6.,
vom 3. zum 7. und vom 4. zum 8. Bild. Die dazu verwendete Methode (Monotonie-Operator) ist in /3/ dargestellt.

Die Verschiebungsvektorfelder wurden folgendermaßen ausgewertet:
In dem Vektorfeld (Abb. 2 rechts) wurden visuell willkürlich 15 Aufpunkte bestimmt.
Dabei wurde auf eine gleichmäßige Verteilung der Vektoren über das Bild geachtet;
die linke untere und rechte obere Ecke wurde ausgespart, weil dort wegen der großen
Verschiebung nur wenige Vektoren gemessen wurden. Für diese 15 Punkte wurde die Eigenbewegung der Kamera berechnet durch Lösen der Gleichung (12) mit einem numerischen Verfahren von Nash /4/.

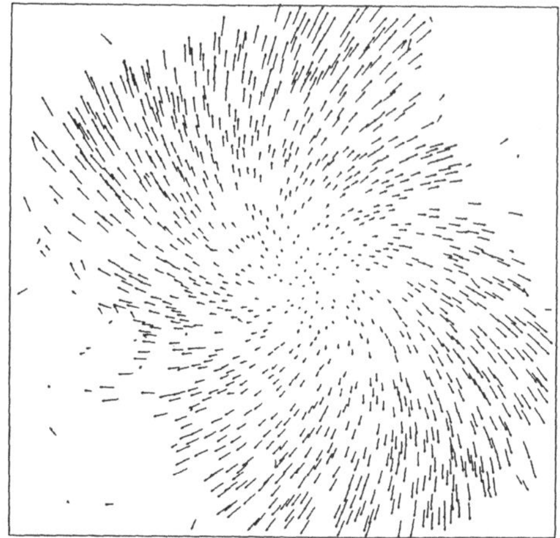

<u>Abb. 2:</u> Kalibrierte Laborszene, Kamerafahrt auf eine Modellandschaft.
Daneben die daraus berechneten optischen Flußvektoren

Zum Vergleich wurden an den fünfzehn Aufpunkten mit Hilfe der Kreuzkorrelationsme-
thode die Verschiebungsvektoren bestimmt. Dabei wurden Referenzmasken der Größe
31 x 31 Pixel verwendet. Die Maskengröße war unkritisch, wie sich in einem Kontroll-
experiment bestätigte. Bis herab zur Maskengröße 15 x 15 ergaben sich die gleichen
Verschiebungsvektoren.
Abschließend wurde die Eigenbewegung der Kamera aus sämtlichen vom Monotonie-Operator gewonnenen 1100 Vektoren berechnet. Das Ergebnis ist in Tabelle 1 dargestellt.

TABELLE 1. AUSWERTUNG DER KALIBRIERTEN SZENE MIT DEN BEIDEN VERFAHREN,
KAMERABRENNWEITE = 2554 $\pm$ 3 PIXEL $\hat{=}$ 11 ^{0}

		MECHANISCH GE- MESSENE WERTE	KORRELATION 15 VEKT.	MONOTONIE 15 VEKT.	MONOTONIE 1100 VEKT.	
NICKEN	ω_x	0.0	0.4± 0.3	-0.8± 0.1	0.1± 0.1	
GIEREN	ω_y	0.0	-0.3± 0.3	0.4± 0.3	-0.4± 0.1	} MRAD/BW
ROLLEN	ω_z	-9.0	-7.9± 0.4	-9.4± 0.5	-8.0± 0.1	
ANSTELLWINKEL α		0.0	-23.2±17.9	37.4± 4.0	-10.7± 1.4	} MRAD
SCHIEBEWINKEL β		0.0	-6.1±18.9	20.7±16.6	-25.4± 1.8	
s^2			0.0010	0.0013	0.0057	

Spalte 1 zeigt die mechanisch bestimmten Werte. In der Spalte 2 sind die kinematischen Größen zusammengestellt, wie sie aus den mittels <u>Korrelation</u> bestimmten Vektorfeldern gewonnen wurden. In der Spalte 3 und der Spalte 4 sind die Ergebnisse des Monotonieoperators zusammengestellt, und zwar für 15 ausgewählte Vektoren und für das gesamte Vektorfeld. Die Winkelgeschwindigkeiten beziehen sich auf einen Bildwechsel.

Dreidimensional strukturierte Szene

In einem zweiten Experiment wurde eine Bildfolge ausgewertet, die einen Blick in unser Rechenzentrum zeigt (Abb. 3). Die abgebildeten Objekte haben stark unterschiedliche Entfernung zur Kamera. Sie war bei der Aufnahme auf einen Wagen montiert und wurde etwa entlang der optischen Achse rückwärts gefahren. Das resultierende Vektorfeld ist rechts in Abb. 3 dargestellt. Es zeigt die charakteristische, zentral orientierte Struktur, die man bei translatorischer Bewegung erwartet. Der Kamera nähere Objekte führen zu betragsmäßig längeren Vektoren. Die genauen Bewegungsparameter waren bei dieser Szene nicht bekannt.

In Analogie zur ersten Szene wurden aus dem Verschiebungsvektorfeld die kinematischen Parameter bestimmt unter Verwendung von 15 willkürlich ausgewählten Vektoren des Monotonie-Operators, von 15 mit der Korrelationsmethode gewonnenen Vektoren und mit allen vom Monotonie-Operator produzierten Verschiebungsvektoren. Die Ergebnisse sind in Tabelle 2 dargestellt.

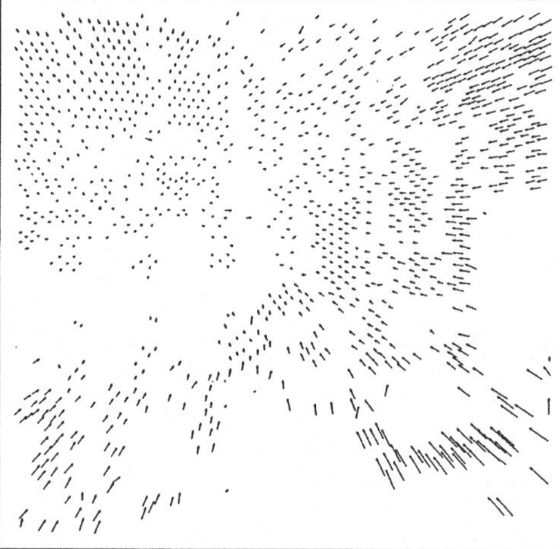

<u>Abb. 3:</u> Dreidimensional strukturierte Szene und das mit dem Monotonie-Operator gewonnene Vektorfeld

TABELLE 2. AUSWERTUNG DER RECHENRAUMSZENE MIT DEN VERSCHIEDENEN VERFAHREN. KAMERABRENNWEITE = 623 ± 9 PIXEL ≙ 45 °. DIE VEKTOREN WURDEN VON BILD 1 ZU BILD 5 SOWIE VON BILD 2 ZU BILD 6 BESTIMMT

		BILD 1 → BILD 5			BILD 2 → BILD 6			
		KORRELATION 15 VEKT.	MONOTONIE 15 VEKT.	MONOTONIE 560 VEKT.	KORRELATION 15 VEKT.	MONOTONIE 15 VEKT.	MONOTONIE 560 VEKT.	
NICKEN	ω_X	-0.2± 0.4	-0.6± 0.4	0.5± 0.1	0.0± 0.1	0.3± 0.2	0.0± 0.1	MRAD/BW
GIEREN	ω_Y	-1.1± 0.4	-1.6± 0.3	-1.1± 0.1	-1.2± 0.3	-0.6± 0.2	-0.3± 0.1	
ROLLEN	ω_Z	0.5± 0.3	0.4± 0.3	0.5± 0.1	-0.2± 0.3	0.6± 0.1	0.5± 0.1	
ANSTELLWINKEL	α	34.2±41.6	-12.2±40.2	20.2± 5.6	21.8±31.5	53.2±16.1	45.5± 6.6	MRAD
SCHIEBEWINKEL	β	13.6±47.8	62.7±35.3	28.7± 6.3	65.6±39.0	15.7±19.3	-15.7± 7.0	
s^2		0.05	0.03	0.04	0.04	0.01	0.05	

Diskussion

Die Experimente belegen, daß es möglich ist, mit dem vorgestellten Verschiebungsschätzverfahren (Monotonie-Operator) Bewegungsparameter der Kamera mit guter Genauigkeit zu bestimmen.

Größere Fehler treten bei der Schätzung des Anstell- und Schiebewinkels auf, weil
die Fehlerfunktion zur Minimierung des Gleichungssystems nur schwach von diesen Größen abhängt. Anhand der kalibrierten Laborszene zeigte sich, daß die Messung mit dem
Monotonie-Operator und einem Korrelationsverfahren zu vergleichbaren Bewegungspara-
metern führt. Für die komplexere, stark dreidimensional strukturierte Szene waren
die Bewegungsparameter nicht bekannt. Da aber beide Verfahren zu vergleichbaren Pa-
rameterschätzungen führen, kann vermutet werden, daß sie den wahren Parametersatz
bestimmen.

Wir sind uns im klaren darüber, daß die zwei beschriebenen Experimente noch keine
weitgehenden Rückschlüsse auf die generelle Genauigkeit der kinematischen Parameter-
bestimmung zulassen. Wir glauben aber, damit wertvolle Daten für den Entwurf von
durch Maschinensehen geführten mobilen Robotern zu geben.

Wir danken Herrn Dr. Neumann für die Überlassung des Korrelationsalgorithmus.

Literatur

/1/   R. Kories: Bildzuordnungsverfahren für die digitale Auswertung von Bildfolgen. 40. Photogrammetrische Woche, Stuttgart, Oktober 1985.

/2/   H.-H. Nagel: Analyse und Interpretation von Bildfolgen. Informatik Spektrum
(1985), 8, Teil 1: S. 178-200, Teil 2: S. 312-327.

/3/   G. Zimmermann, R. Kories: Eine Familie von Bildmerkmalen für die Bewegungsbestimmung in Bildfolgen, DAGM/ÖAGM-Symposium Graz 1984, Informatik-Fachberichte 87, pp. 147-153.

/4/   J.C. Nash: Compact Numerical Methods for Computers: Linear Algebra and
Function Minimisation. Adam Hilger Ltd., Bristol, 1979.

EIN DATENMODELL FÜR DIE EXTRAKTION VON EPISODEN AUS BILDFOLGEN

Ingrid Walter
Fakultät für Informatik, Universität Karlsruhe
Postfach 6980, 7500 Karlsruhe

Kurzfassung: Bei der Analyse von Bildfolgen auf der Abstraktionsebene von Episoden benötigt man Repräsentationen der physikalischen Objekte, der einfachen und komplexen Abläufe (Episoden), sowie des Ableitungs- und Kontrollwissens. Eine Systemstruktur, die diese Teile integriert, wird vorgestellt. Als Repräsentationsmittel werden KL-ONE und ATN verwendet. Notwendige Erweiterungen konventioneller Datenmodelle werden aufgezeigt.

1. Einleitung

Im Rahmen der Auswertung von Bildfolgen hat es sich gezeigt, daß die Beschreibung der Inhalte allein auf geometrischer Basis für den menschlichen Betrachter nicht ausreicht. Repräsentationsformen auf höheren Abstraktionsstufen sind notwendig. Ausgehend von der in [Nagel 83] vorgeschlagenen Abstraktionshierarchie Ereignis - Geschichte wird als weitere Zwischenstufe die Episodenebene eingeführt [Walter et al. 86a], wobei sich die Bedeutung der Begriffe Ereignis, Episode, Geschichte an der umgangssprachlichen Verwendung orientiert. Der hier beschriebene Ansatz beschäftigt sich mit der Episodenebene.

Episoden lassen sich für die Zwecke dieser Arbeit durch die folgenden Eigenschaften charakterisieren:
- Episoden setzen sich aus Vorgängen zusammen. Vorgänge beziehen sich auf zeitliche Veränderungen und sind entweder aus anderen Vorgängen zusammengesetzt oder aber elementar, d.h. sie bauen direkt auf einer geometrischen Bildfolgenbeschreibung auf.
- Episoden bestehen aus einer Mindestanzahl von Elementarvorgängen.
- Zur Zusammenfassung von Vorgängen zu Episoden wird Umweltwissen benötigt.
- Plausible Fortsetzungen von Episoden in Vergangenheit und Zukunft sind ableitbar.
- Episoden sind bezüglich der beteiligten Vorgänge variabel.

Die angeführten Eigenschaften findet man schon bei Verben wie einkaufen, suchen usw. Solche Verben werden vom Sprachgefühl her noch als Episoden angesehen. Wir beschränken uns hier auf diese einfachen Episoden.

Die bei der Bildfolgenauswertung anfallenden Datenmengen lassen es sinnvoll erscheinen, Datenbanksysteme zur Verwaltung der Daten und zur Unterstützung der Auswertung dieser Daten einzusetzen. Allerdings legen Arbeiten etwa aus dem Bereich der Entwurfsdatenbanken ([Dittrich et al. 85]) die Vermutung nahe, daß die bei konventionellen Datenbanken vorhandenen Ausdrucksmittel zur Definition von Datentypen, d.h. die vorhandenen Datenmodelle, zu einer auf natürliche Weise interpretierbaren Darstellung von Daten nicht ausreichen, wie sie bei der Bildfolgendeutung anfallen. Die Entwicklung eines geeigneten Datenmodells für die Episodenextraktion ist somit ein wesentlicher Teil unserer Arbeit.

Das Datenmodell muß Möglichkeiten zur Beschreibung sehr verschieden gearteter Daten enthalten. Zunächst müssen die geometrischen Ergebnisse der Bildfolgenauswertung modellierbar sein. Dazu kommt die Darstellung des Bildfolgeninhalts auf verschiedenen höheren Abstraktionsstufen bis hin zur Episodenebene. Schließlich müssen noch die zur Abstraktion benötigten Regeln sowie allgemeines Wissen über den Diskursbereich mit dem Datenmodell beschrieben werden können.

Im folgenden werden die Zusammenhänge innerhalb der eben angeführten Datenarten sowie zwischen den Arten analysiert. Darauf aufbauend wird eine Systemstruktur entwickelt. Die Beschreibung der Daten erfolgt mit Techniken der Wissensrepräsentation, insbesondere KL-ONE [Brachman und Schmolze 85]. Für den Erkennungsprozeß werden Erweiterte Übergangsnetze (ATN [Woods 70]) benutzt. Notwendige Erweiterungen konventioneller Datenmodelle werden am Entity-Relationship Modell [Chen 76] aufgezeigt.

<u>2. Bestandteile eines Systems zur Episodenextraktion</u>

Wir gehen davon aus, daß eine Bildfolge bereits so weit ausgewertet ist, daß die Bilddaten in Form der sogenannten <u>Geometrische Szenenbeschreibung</u> (GSB [Neumann 84]) vorliegen. Die GSB ist somit Ausgangspunkt der Episodenextraktion aus Bildfolgen. Sie enthält die Beschreibung aller tatsächlich in der Bildfolge vorkommenden Objekte. Solche Objektbeschreibungen bestehen aus Informationen, die aus der Bildfolge extrahierbar sind, wie z.B. Objekttyp, Koordinaten und Größe. Wichtig ist dabei, daß Beschreibungen einzelner Objekte nicht konstant sein müssen, sondern sich im Laufe der Zeit ändern können. Dies betrifft in erster Linie die Koordinaten beweglicher Objekte, aber auch Eigenschaften wie Ampelfarbe fallen in diese Kategorie. Zusätzlich zur GSB benötigt man jedoch noch allgemeine Information über die potentiell in einer Bildfolge vorkommenden Objekte, beispielsweise daß PKWs beweglich sind, Häuser dagegen nicht. Die Gesamtbeschreibung aller Objekte wird <u>Objektwelt</u> genannt.

Diese angesprochene Zweiteilung der Daten wurde auf dem Gebiet der Wissensrepräsentation untersucht. [Brachman 79] verwendet als Basisbegriff den des <u>Konzepts</u> (concept). Konzepte sind formale Einheiten, die Elemente der Diskurswelt mit ihren Eigenschaften beschreiben. Konzepte werden unterschieden in <u>Individual-Konzepte</u> und <u>generische Konzepte</u>. Ein Individual-Konzept repräsentiert ein <u>Individual-Element</u>, das ist z.B. ein konkretes Objekt mit seinen Eigenschaften. Generische Konzepte repräsentieren die aus vielen gleichartigen konkreten Individual-Elementen extrahierten Eigenschaften, die allen Individual-Elementen eigen sind. Es wird sozusagen ein Durchschnittsobjekt gebildet. Individual-Konzepte stehen in der <u>Individuierungsbeziehung</u> zu generischen Konzepten. Die Verbindung eines tatsächlich in der Realität vorkommenden Individual-Elements mit seinem generischen Konzept wird <u>Ausprägung</u> genannt, die Beziehung eines Individual-Konzepts zu einem solchen Individual-Element <u>Denotation</u>. Der geschilderte Zusammenhang wird in Bild 1 am Beispiel eines PKW dargestellt.

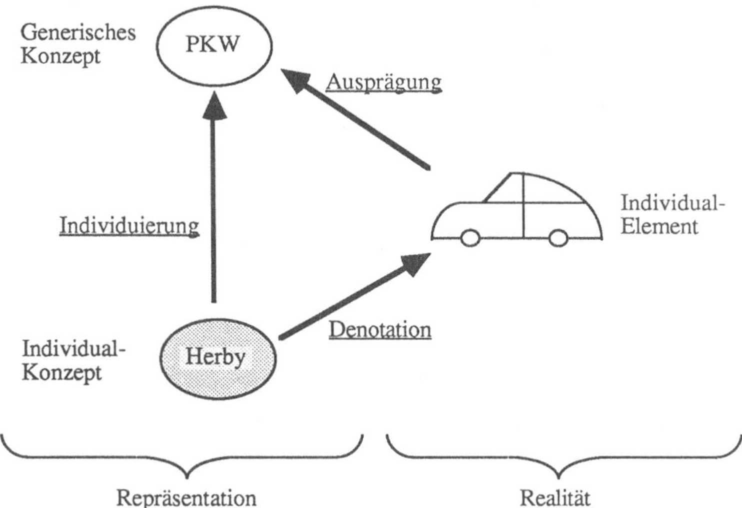

Bild 1: Begriffsdefinition

Überträgt man diese Begriffe auf die Objektwelt, so wird jedes potentiell mögliche Objekt durch ein generisches Konzept dargestellt, jedes tatsächlich in der Bildfolge vorkommende Objekt durch ein Individual-Konzept. Die einzige Beziehung zwischen Individual- und generischen Konzepten ist die Individuierung.

Wichtige Beziehungen zwischen generischen Objekt-Konzepten sind: die <u>Generalisierung</u>, z.B. "Maus → Nagetier → Säugetier → Wirbeltier", und die <u>Aggregation</u>, z.B. "Nahrungsmittel produzierendes Tier = (Kuh, Huhn, Biene)". Außerdem können generische Objekt-Konzepte andere generische Objekt-Konzepte als Bestandteile haben. Solche Beziehungen werden <u>Rollen</u> genannt. Beispielsweise können die Konzepte

Auto und Rad durch die Rolle "Vorderrad" miteinander verbunden sein. Insgesamt bilden die generischen Konzepte zusammen mit den vorhandenen Beziehungen ein semantisches Netz [Brachman 79].

Aufbauend auf den Daten der Objektwelt sollen Episoden extrahiert werden. Wir beschränken uns im Moment auf solche Episoden, die in der natürlichen Sprache in der Regel mit Hilfe von Verben ausgedrückt werden. Diese Verben bauen auf den z.B. bei [Neumann 84] benutzten Bewegungsverben auf. Einfache Bewegungsverben und "Episodenverben" werden im folgenden zusammengefaßt und durch den Begriff Ablauf ausgedrückt.

Analog zur Objektwelt existiert eine Ablaufwelt. Alle potentiell möglichen Abläufe werden wiederum durch generische Konzepte, die konkret ableitbaren Abläufe durch Individual-Konzepte beschrieben. Zwischen den generischen Ablauf-Konzepten existieren ebenfalls Beziehungen wie Generalisierung, z.B. "rasen → fahren → bewegen", und Aggregation, z.B. "räumliche-Distanz-überwinden = (gehen, fahren, reiten, fliegen, segeln)".

Die interne Struktur generischer Ablauf-Konzepte besteht aus zwei Bereichen. Zum einen muß festgelegt werden, welche Objekte an einem Ablauf (≈ Verb) beteiligt sind und von welcher Art diese Beteiligung ist. Für diese Darstellung wurden in der natürlichen Sprachverarbeitung Kasusrahmen [Fillmore 68] entwickelt. Rollen, die generische Ablauf-Konzepte mit generischen Objekt-Konzepten verbinden, entsprechen den einzelnen Kasus des Kasusrahmens. Zum anderen können Abläufe aus anderen Abläufen bestehen. Rollen verbinden somit auch generische Ablauf-Konzepte miteinander.

Ziel des Projekts ist es, Abläufe aus den Daten der Objektwelt zu extrahieren. Dies bedeutet, daß die Individual-Ablauf-Konzepte nicht als gegeben angesehen werden, im Gegensatz zu den Individual-Objekt-Konzepten (= GSB). Die Ablaufextraktion erfordert neben der Ableitung von Individual-Konzepten auch die Erzeugung der Individuierungsbeziehung zwischen Individual- und generischem Konzept. Zur Durchführung dieser Aufgaben benötigt man Regeln, die im wesentlichen ausdrücken, wie sich Abläufe aus anderen Abläufen bzw. aus den GSB-Daten zusammensetzen und welche Bedingungen an die beteiligten Daten zu stellen sind. Zusätzlich benötigt man Kontrollwissen, das angibt, wann eine Regel angewandt werden soll.

Die in Abschnitt 1 angeführten Episodeneigenschaften wirken sich direkt auf die Regeln aus. So erfordert etwa die Variabilität Ausdrucksmittel zur Formulierung von Alternativen. Dazu gehört auch, daß man Angaben darüber machen kann, was mindestens in einem vollständigen Ablauf vorkommen muß und was höchstens innerhalb dieses Ablaufs vorhanden sein darf. Da Bildfolgen zeitlich begrenzt sind, kann es außerdem vorkommen, daß Abläufe nur unvollständig extrahierbar sind. Für diesen Fall muß man modellieren können, welche Teilabläufe für welche Ablauffragmente noch als Fortsetzungen in Frage kommen. Beschreibungsmittel für die genannten Eigenschaften stellen Erweiterte Übergangsnetze (Augmented Transition Networks: ATN) [Woods 70] zur Verfügung. Außerdem erlauben sie die Integration von Regeln und Kontrollwissen.

Objektwelt, Ablaufwelt und das zur Ablaufextraktion benötigte Regelwissen bilden die Hauptbestandteile des Systems zur Episodenextraktion. Dazu kommt noch ein Regelinterpretierer und eine Benutzeranfrage-schnittstelle. Die Zusammenhänge zwischen den einzelnen Systemteilen werden in Bild 2 dargestellt.

3. Auswahl eines Datenmodells

Ausgehend von der im letzten Abschnitt erarbeiteten Systemstruktur wird nun versucht, geeignete Beschreibungsmittel für die verschiedenen Systemteile bereitzustellen. Als geeignet werden solche Konstrukte betrachtet, die die als notwendig erachteten Eigenschaften der ausgewählten Diskurswelt präzise und einfach darstellen. Im Bereich der Datenbanken spricht man in diesem Zusammenhang von Datenmodellen. Ein Datenmodell umfaßt Mittel zur Beschreibung der beteiligten Daten (Datendefinition) und Mechanismen zur Auswertung und Veränderung dieser Daten (Datenmanipulation).

Datenmodelle, die nicht auf einer konkreten Datenbankschnittstelle aufsetzen, werden als semantische Datenmodelle bezeichnet. Ein wichtiger Vertreter dieser Richtung ist das Entity-Relationship Modell (ERM) [Chen 76]. In seiner ursprünglichen Form bietet dieses Modell zwei grundlegende Elemente an: Gegenstand (entity) und Beziehung (relationship). Gegenstände sind strukturierte Elemente, die diejenigen Vorkommnisse der Welt modellieren, die für die Anwendung von Interesse sind. Beziehungen existieren zwischen zwei oder mehreren Gegenständen. Gegenständen und Beziehungen werden mittels Attributen

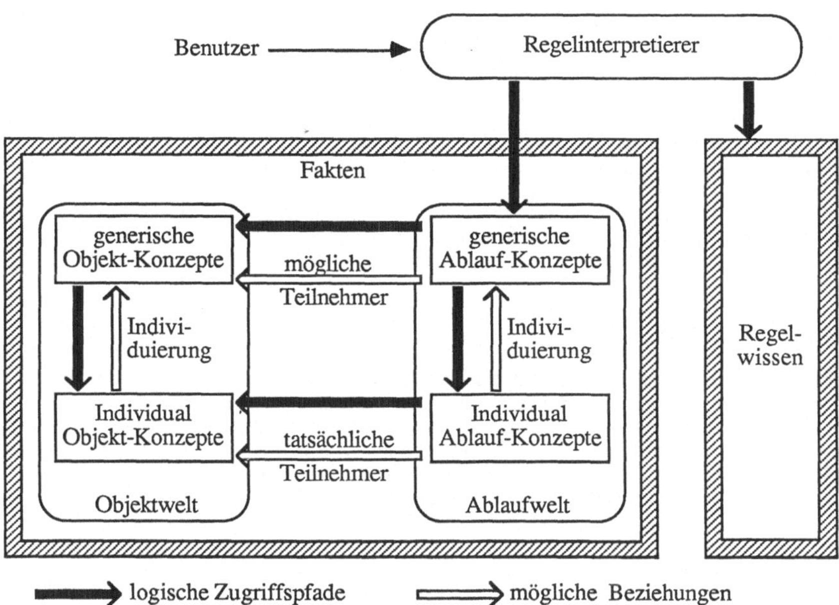

Bild 2: Zusammenhang der einzelnen Systemteile

Werte zugeordnet. Gegenstände sind Entitäten von Gegenstandsklassen, Beziehungen sind Entitäten von Beziehungsklassen. Die Beschreibungen der Gegenstands- und Beziehungsklassen bilden zusammen das ERM-Schema, das selbst nicht Bestandteil der Datenbasis ist.

Viele der in Abschnitt 2 angesprochenen Eigenschaften der Objekt- und Ablaufwelt sind im ursprünglichen ERM nicht direkt modellierbar. Erweiterungsansätze wie die von [Smith und Smith 77] zur Darstellung von Generalisierung und Aggregation oder von [Klopprogge und Lockemann 83] zur Darstellung von zeitveränderlichen Attributen stellen einige für unsere Zwecke notwendige Konstrukte zur Verfügung. Neuere Datenmodellentwicklungen unterstützen auch die objektorientierte (bzw. ablauforientierte) Modellierung [Batory und Buchmann 84]. Erste Versuche, Regeln zu integrieren, werden unternommen [Feldman und Fitzgerald 85].

Vergleicht man die ERM-Strukturierungsmittel mit der in Abschnitt 2 entwickelten Struktur der Objekt- und Ablaufwelt, könnte man zunächst annehmen, daß Entitäten den Individual-Konzepten, Klassen den generischen Konzepten entsprechen. Dies würde zutreffen, wenn bei der Extraktion von Abläufen nicht auf Informationen, die ausschließlich in den generischen Konzepten vorhanden sind, zugegriffen werden müßte. Eine Manipulation der Schemainformation ist aber, wie erwähnt, während der Datenauswertung im ERM nicht möglich.

Ein Datenmodell, das die Zweiteilung in generische und Individual-Konzepte unterstützt und auch die Auswertung generischer Information während der Extraktion von Abläufen erlaubt, bietet die Wissensrepräsentationssprache KL-ONE [Brachman und Schmolze 85]. KL-ONE basiert auf der Idee des semantischen Vererbungsnetzes und stellt Konstrukte zur Definition von Konzepten und Beziehungen zwischen ihnen zur Verfügung. Die objekt- bzw. ablauforientierte Modellierung wird in KL-ONE unterstützt. Auch Subkonzeptstrukturen sind in KL-ONE auf einfache Art vorhanden, während sie im ERM erst durch eine Erweiterung eingeführt wurden. Ebenso ist der Anschluß von Regelwissen durch prozedurale Anknüpfung vorgesehen.

Allerdings löst auch KL-ONE nicht sämtliche hier vorkommenden Modellierungsprobleme. So ist die Darstellung von zeitabhängigen Rollen nicht vorgesehen. Außerdem sind die Mittel zur Definition von Rollen durch Rollendeskriptoren nicht flexibel genug. Insbesondere ist die Angabe von Standardwerten nur auf sehr umständlichem Wege möglich.

KL-ONE wie auch ERM stellen Konstrukte zur Verfügung, mit denen man die statische Struktur der betrachteten Welt beschreiben kann. Konkrete Aussagen über die zur Auswertung der vorhandenen Beschreibung benötigten Manipulationsmöglichkeiten sind in keinem der beiden Modelle vorhanden. Diese Manipulationsfunktionen müssen auf jeden Fall neu entwickelt werden.

Sowohl KL-ONE als auch erweiterte ERM scheinen als Ausgangspunkt für die Entwicklung eines Datenmodells geeignet, das die hier vorhandenen Anforderungen erfüllt. Da KL-ONE die in Abschnitt 2 entwickelte zweigeteilte Struktur von Objekt- und Ablaufwelt beinhaltet und uns die anderen erwähnten notwendigen Erweiterungen weniger problematisch erscheinen, werden wir das Datenmodell auf KL-ONE aufbauen.Für das Regelwissen werden die in Abschnitt 2 vorgeschlagenen ATNs als Datenmodell vorgesehen. Die Konstrukte zur Beschreibung von ATNs sind in [Walter et al. 86b] beschrieben.

4. Zusammenfassung und Ausblick

KL-ONE und ATNs bilden die Ausgangsbasis für das Datenmodell des Systems zur Episodenextraktion. Damit lassen sich hinreichend komplexe Abläufe modellieren, die den Anforderungen an den oben angegebenen Episodenbegriff genügen. Aufbauend darauf sollen nun Funktionen zur Datenmanipulation entwickelt werden. Des weiteren wird untersucht, inwieweit Konzepte innerhalb des Modells fest vorgegeben werden sollten, etwa Zeitkonzepte wie "gleichzeitig", "aufeinanderfolgend". Als konkreter Diskursbereich zur Überprüfung der Tragbarkeit des Ansatzes sind Straßenverkehrsszenen vorgesehen.

Die dem Beitrag zugrundeliegenden Arbeiten werden von der Deutschen Forschungsgemeinschaft im Rahmen des Schwerpunktprogramms "Modelle und Strukturen bei der Auswertung von Bild- und Sprachsignalen" gefördert.

5. Literatur

Batory, D.S., Buchmann, A.P. (1984) "Molecular objects, abstract data types, and data models: a framework." Proc. Int. Conf. on Very Large Data Bases VLDB-10, Singapore, 1984

Brachman, R.J. (1979) "On the Epistemological Status of Semantic Networks." in: N.V. Findler (ed.): Associative Networks, Academic Press, New York, 1979, 3-50

Brachman, R.J., Schmolze, J.G. (1985) "An Overview of the KL-ONE Knowledge Representation System." Cognitive Science 9:2 (1985) 171-216

Chen, P.P. (1976) "The Entity-Relationship Model: Toward a Unified View of Data." ACM Trans. Database Systems 1:1 (1976) 9-36

Dittrich, K.R., Kotz, A.M., Mülle, J.A., Lockemann, P.C. (1985) "Datenbankunterstützung für den ingenieurwissenschaftlichen Entwurf." Informatik-Spektrum 8:3 (1985) 113-125

Feldman, P., Fitzgerald, G. (1985) "Representing Rules Through Modelling Entity Behaviour." Proc. 4th Int. Conf. on Entity-Relationship Approach, Chicago, 1985, 189-198

Fillmore, C. (1968) "The case for case." in: E. Bach, R. Harms (eds.): Universals in linguistic theory. Holt, Rinehart and Winston, New York, 1968, 1-88

Klopprogge, M.R., Lockemann, P.C. (1983) "Modelling Information Preserving Databases: Consequences of the Concept Time." Proc. Int. Conf. on Very Large Data Bases VLDB-9, Florenz, 1983, 399-416

Nagel, H.-H. (1983) "Overview on Image Sequence Analysis." in: T.S. Huang (ed.): Image Sequence Processing and Dynamic Scene Analysis. NATO Advanced Study Institute Series F 2, Springer-Verlag, 1983, 2-39

Neumann, B. (1984) "Natural Language Description of Time-Varying Scenes." in: D. Waltz (ed.): Advances in Natural Language Processing, 1 (1984)

Smith, J.M., Smith, D.C.P. (1977) "Database Abstractions: Aggregation and Generalization." ACM Trans. Database Systems 2:2 (1977) 105-133

Walter, I., Lockemann, P.C., Nagel, H.-H. (1986a) "Untersuchung von Datenbank-Schemata zur Modellierung von Episoden bei der algorithmischen Deutung von Bildfolgen." Interner Bericht 2/86, Fak. Informatik, Univ. Karlsruhe, Feb. 1986

Walter, I., Lockemann, P.C., Nagel, H.-H. (1986b) "Ein Datenmodellentwurf für die Extraktion von Episoden aus Bildfolgen." Interner Bericht 3/86, Fak. Informatik, Univ. Karlsruhe, Feb. 1986

Woods, W.A. (1970) "Transition Network Grammars for Natural Language Analysis." CACM 13:10 (1970) 591-606

Bildfolgenanalyse in der Umweltphysik:
Wasseroberflächenwellen und Gasaustausch
zwischen Atmosphäre und Gewässern

B. Jähne
Institut für Umweltphysik der Universität Heidelberg
Im Neuenheimer Feld 366, D-6900 Heidelberg

Zusammenfassung

Bildsequenzen von Wasseroberflächenwellen und Grenzschicht werden als
neue Anwendung der Bildfolgenanalyse vorgestellt. Die Möglichkeiten
der Auswertung mit Hilfe der Fouriertransformation und der Laplace-
Pyramide werden diskutiert. Die quantitative Bildanalyse eröffnet weit-
reichende experimentelle Möglichkeiten für diesen Bereich der Umweltphysik; zugleich können sich aber auch Anstöße für die Weiterentwicklung der Bildfolgenanalyse als Methode ergeben.

1. Einführung: Die physikalische Problemstellung

Austauschvorgänge über die freie Grenzfläche zwischen einer Flüssigkeit und einem Gas sind von erheblicher ökologischer und technologi-
scher Bedeutung. So ist der Gasaustausch zwischen Atmosphäre und Ozean
ein wesentlicher Teilprozeß des globalen Stoffkreislaufs. Bei Binnenge-
wässern steht die Frage der Wiederbelüftung mit Sauerstoff aus der
Atmosphäre im Vordergrund. Schließlich werden Austauschprozesse zwischen Flüssigkeiten und Gasen in der chemischen Verfahrenstechnik vielfach angewandt.
Der Austausch von Spurengasen wird im allgemeinen bewirkt durch das
Zusammenspiel zwischen dem Eindringen des Gases in den Wasserkörper
durch molekulare Diffusion und dem turbulenten Abtransport in die
Tiefe. Diese Vorgänge spielen sich in einer sehr dünnen (100 μm) Grenzschicht unmittelbar unter der Wasseroberfläche ab (Liss und Slater,
1974). Die grundlegenden Mechanismen dieses Wechselspiels, insbesondere die enorme Erhöhung der Austauschrate, sobald Wellen auf der Wasseroberfläche auftreten (Jähne, 1985), sind bis heute kaum verstanden.

Die bisher angewandten Meßtechniken werden dem komplexen Problem nicht
gerecht: Auf der einen Seite liefern die konventionellen Massenbilanz-
methoden nur Gasaustauschraten, die über große räumliche und zeitliche

Skalen gemittelt sind. Damit läßt sich weder die räumlich-zeitliche
Struktur der Austauschprozesse noch ihre Korrelation zu den Wellen
untersuchen. Auf der anderen Seite beschränken sich fast alle Wellen-
untersuchungen bisher auf die Messung von Höhen- oder Neigungszeit-
serien der Wellen an einem Punkt.
Es ist offensichtlich, daß sich für beide Meßprobleme eine Analyse von
Bildfolgen geradezu anbietet. Dazu ist aber als erster Schritt die Entwicklung geeigneter Aufnahmetechniken erforderlich.

2. Bildaufnahmetechniken (Jähne, 1985)

<u>Wellen:</u> Das Wellenvisualisierungsverfahren nutzt die Brechung des
Lichts durch die Wellen aus. Durch ein geeignetes optisches System
wird die Wasseroberfläche von unten beleuchtet, und zwar aus verschiedenen Richtungen, denen jeweils eine bestimmte Farbe oder Intensität
zugeordnet ist. Die Brechung der Strahlen an der Wasseroberfläche
selektiert für eine senkrecht von oben beobachtende Kamera entsprechend der jeweiligen Oberflächenneigung eine dieser Beleuchtungsrich-
tungen und macht so die Wellenneigungen durch unterschiedliche Farben
sichtbar.
Im großen Wind/Wasser-Kanal des IMST in Marseille (Lifermann et al.,
1985) und in einem ringförmigen Kanal in Heidelberg wurden Bildfolgen
einer bis zu 40 x 40 cm großen Wasserfläche auf Videorekorder aufgenommen. Die Bilder belegen, daß selbst die kürzesten Kapillarwellen (Wellenlänge 2 mm) gut sichtbar sind (Abb. 1).

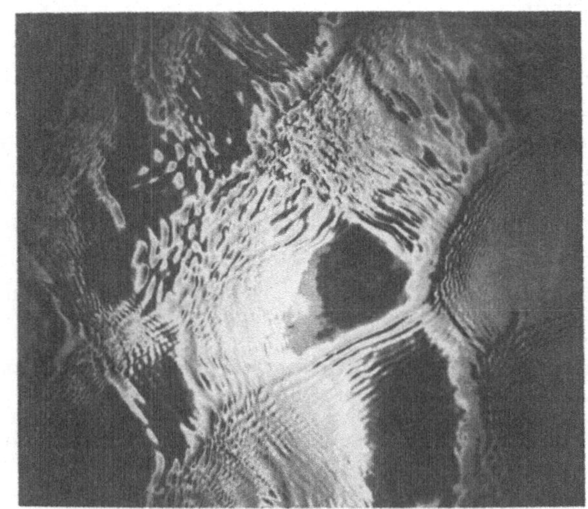

<u>Abb. 1</u>
Wellenneigungs-
visualisierung
8 m/s Windgeschwin-
digkeit, von links
nach rechts wehend,
IMST Marseille

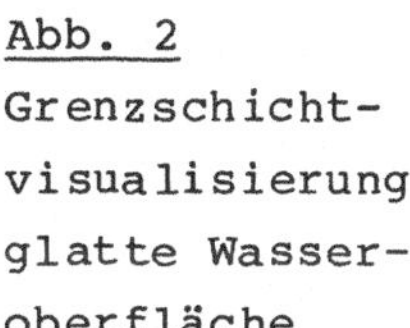

Abb. 2
Grenzschicht-
visualisierung
glatte Wasser-
oberfläche

Grenzschicht: Zur Sichtbarmachung der Grenzschicht wird eine chemische
Methode angewandt: Ein alkalisch reagierendes Gas wird in einer ange-
säuerten Flüssigkeit absorbiert. Dadurch wird die wasserseitige, den
Gasaustausch bestimmende Grenzschicht alkalisch. Sichtbar gemacht wird
sie durch einen Fluoreszenzindikator, der nur im alkalischen Bereich
fluoresziert. Einzelbilder der Grenzschicht liegen vom Heidelberger
Windkanal vor (Abb. 2).

3. Globale Bildfolgenanalyse mit Hilfe der Fouriertransformation

Wasseroberflächenwellen sind ein nichtlineares und statistisches Phänomen. Zu ihrer Beschreibung gibt es daher eine Vielzahl an Modellvorstellungen (Phillips, 1977). Solange die Wellen-Wellen-Wechselwirkung
schwach ist, sich also erst auf einer Skala bemerkbar macht, die viel
größer ist als die entsprechenden Wellenlängen, kann die Fouriertransformation zur Bildfolgenanalyse gleichwohl eingesetzt werden. Die "Objekte" sind einzelne Frequenzkomponenten, die einen großen Bereich im
Ortsraum umfassen und sich dabei mit unterschiedlichen Geschwindigkeiten durchkreuzen. Im Ortsfrequenzraum dagegen sind sie scharf lokalisiert. Sinnvollerweise ordnet man daher Verschiebungsvektoren nicht
Positionen im Ortsraum, sondern den einzelnen Frequenzkomponenten zu.
Diese erfahren durch die Bewegung von Bild zu Bild eine Phasenverschie-
bung, die sich aus dem Kreuzkorrelationsspektrum ergibt zu

$$\varphi = \arctan(Qu/Co)$$

Dabei sind Qu und Co das Quad- und das Cospektrum. Die Phasengeschwindigkeit c bzw. der Verschiebungsvektor $\underline{u}$ berechnet sich daraus zu

$$c = \varphi/(k\ t) \quad \text{und} \quad \underline{u} = \varphi\ \underline{k}/k^2$$

t ist der Zeitunterschied zwischen der Aufnahme der beiden Bilder.
Als weitere Information erhält man die Kohärenz. Eine Kohärenzerniedrigung ergibt sich erstens durch die Modulation der Phasengeschwindigkeit der kleinskaligen Wellen durch größere. Sie ist bei geringen Zeitunterschieden ($\omega t < 1$) zur Varianz der Phasengeschwindigkeit proportional:

$$Coh^2(t) = 1 - (kt)^2\langle\Delta c^2\rangle$$

Zweitens bedingt die nichtlineare Wechselwirkung eine begrenzte Lebensdauer eines Wellenzugs. Dadurch wird die Kohärenz in erster Näherung exponentiell mit der Zeit reduziert. Die unterschiedliche Zeitabhängigkeit erlaubt eine Separierung der beiden Prozesse und damit eine Abschätzung der nichtlinearen Wechselwirkung.

4. Lokale Bildfolgenanalyse mit Hilfe der Laplace-Pyramide

Wenn die Wechselwirkung zwischen den einzelnen Wellenlängen zu groß wird, stellen die global berechneten Fourierkomponenten keine sinnvolle Repräsentation mehr dar: Die kurzlebigen Objekte sind weder im Orts- noch im Ortsfrequenzraum scharf lokalisiert. Das heißt, als wesentliche Merkmale müssen ihre Skalen in beiden Räumen bestimmt werden. Die Laplace-Pyramide (Burt, 1984; Dengler, 1985) ist dazu aus folgenden Gründen eine geeignete Datenstruktur:
a. Sie erlaubt eine sinnvolle Auftrennung der Frequenzkomponenten unter maximaler Erhaltung der räumlichen Lokalisierung.
b. Auf jeder Stufe der Pyramide läßt sich mit den bekannten Verfahren (Nagel, 1985) ein Verschiebungsvektorfeld bestimmen.
c. Ein Vergleich der Verschiebungsvektorfelder der verschiedenen Stufen ermöglicht die Detektion gekoppelter, d. h. mit gleicher Geschwindigkeit laufender Wellen unterschiedlicher Wellenlängen. Diese Koppelung ist ein wichtiges Phänomen bei Wasseroberflächenwellen. Die in Abb. 1 gezeigten Kapillarwellen auf der windabgewandten Seite der längerwelligen Gravitationswellen sind ein Beispiel solcher gebundener Wellen, die trotz Variation der Wellenlänge in erster Näherung keine Dispersion zeigen.

d. Derart segmentierte "Wellenpakete" können dann in einer längeren
Bildsequenz verfolgt werden, bis sie sich "auflösen". Damit kann man
ihre Lebensdauer bestimmen und gleichzeitig die Art der Wechselwirkung
mit anderen Wellenpaketen untersuchen.

5. Ausblick

Die Diskussion der Möglichkeiten der Bildfolgenanalyse von Wellen und
Grenzschicht eröffnet in zweierlei Hinsicht neue Perspektiven:
Zum einen stellt sie ein wertvolles experimentelles Hilfsmittel dar,
das einen im Vergleich zu Punktmessungen ungleich detaillierteren Ein-
blick in komplexe Vorgänge erlaubt. Die Hoffnung ist berechtigt, daß
sich dadurch der Dialog zwischen theoretischer und experimenteller Forschung belebt. Die Brücke dazu bildet die Bildanalyse, deren Algorithmen direkt mit den Modellvorstellungen zusammenhängen.
Zum anderen könnte die vorgestellte Anwendung Anstöße für die Methodik
der Bildfolgenanalyse selbst bewirken. Aufgrund der physikalischen
Natur der Objekte werden zwar komplexe, aber klar definierte Fragen an
die Verarbeitungsalgorithmen gestellt, die diese unter einem neuen
Blickwinkel erscheinen lassen.

6. Literatur

Burt, P. J., 1984, The pyramid as a structure for efficient computation, in "Multiresolution Image Processing and Analysis", A. Rosenfeld
Editor, Springer Verlag, Berlin

Dengler, J., 1985, Methoden und Algorithmen zur Analyse bewegter Realweltszenen im Hinblick auf ein Blindenhilfesystem, Dissertation, Universität Heidelberg

Jähne, B., 1985, Transfer processes across the free water surface,
Habilitationsschrift, Fakultät für Physik und Astronomie, Universität
Heidelberg

Lifermann, A., Ramamonjiarisoa, A., Jähne, B., 1985, Etude en
soufflerie de la caractérisation de la rétrodiffusion radar par
différents champs de vagues, Proceedings of the 3rd International
Colloquium on Spectral Signatures of Objects in Remote Sensing, Les
Arcs, France, 16 - 20 Dec. 1985, 137 - 140

Liss, P. S. und Slater, P. G., Flux of gases across the air/sea interface, Nature, 247, 181 - 184

Nagel, H.-H., 1985, Analyse und Interpretation von Bildfolgen,
Informatik-Spektrum, 8, 178 - 200 und 312 - 317

Phillips, O. M., 1977, The dynamics of the upper ocean, Cambridge
University Press, 2. edition

Wissensbasierte Konfigurierung von Bildverarbeitungssystemen

Bernd Neumann
Universität Hamburg
Fachbereich Informatik
2000 Hamburg 50, Bodenstedtstr. 16

1. Einleitung

Digitale Bildauswertung ist ein Teilgebiet der Informatik, dessen Potential frühzeitig erkannt wurde (*Selfridge 55*), dessen Anwendungen aber offenbar hinter den Erwartungen zurückbleiben. Verfolgt man Übersichtsartikel durch die Jahre, so findet man beinahe gleichlautende Hinweise auf vielseitige Einsatzmöglichkeiten, deren weite Verbreitung in naher Zukunft bevorstehe (*Rosen 79, Rossol 82*), insbesondere im industriellen Bereich, also in der Prozeßsteuerung und Qualitätsprüfung. Diese Prognosen haben sich nicht erfüllt. In der Automobilherstellung beispielsweise ist der Anteil sehender Roboter bisher verschwindend klein. Automatische Sichtprüfung findet nur in Einzelfällen statt, meist im Rahmen von Pilotprojekten. Die Übertragung einer Lösung auf andere, ähnlich gelagerte Anwendungen unterbleibt häufig aus Wirtschaftlichkeitserwägungen.

Ein dazu passendes Bild ergibt sich, wenn man das Schicksal von Laborentwicklungen "für industrielle Anwendungen" verfolgt. Die Zahl der für den praktischen Einsatz entwickelten Laborsysteme steht in krassem Mißverhältnis zu der Zahl von letztendlich kommerziell eingesetzten Geräten. Dies gilt besonders für universelle Systeme, also solche, die für einen vielseitigen Einsatz ausgelegt sind.

Für diese Schwierigkeiten gibt es eine Reihe von Ursachen. Ein naheliegender Grund wird in *Winkler 85* diskutiert: Es fehlen praktisch einsetzbare Verfahren. Einfache, preiswerte und schnelle Verfahren leisten häufig zu wenig, komplizierte aber leistungsfähigere Verfahren sind entsprechend häufig zu langsam und zu teuer. Angesichts der Vielfalt der bisher entwickelten Algorithmen und der geringen Hoffnung auf radikale Neuerungen sieht Winkler eine Lösung dieses Dilemmas in einer kombinierten Entwicklung von Hard- und Software, bei der sich beide Bereiche im Interesse von preisgünstigen, schnellen Lösungen aufeinanderzubewegen.

Eine andere Ursache für die mangelnde Wirtschaftlichkeit liegt darin, daß Bildauswertesysteme zwar vielfach für wechselnde Anwendungen konzipiert sind, aber ihre Umrüstung auf eine neue Aufgabe meist sehr teuer ist. Dies ist das Konfigurierungsproblem. Soll beispielsweise ein Qualitätsprüfstand für ein Gußteil A auf das Gußteil B umgestellt werden, so bedarf es in der Regel eines Bildverarbeitungsexperten, um die erforderlichen Modifikationen am System durchzuführen. Der Umstellungsprozeß ist meist mit viel Probieren verbunden und ist eher eine kreative denn eine planmäßige Tätigkeit. Natürlich tritt das Konfigurierungsproblem in verschärfter Form bereits bei der Ersteinrichtung des Qualitätsprüfstandes auf. Die Kosten werden jedoch möglicherweise wegen schlüsselfertiger Lieferung nicht separat sichtbar.

Ähnlich problematisch können ungeplante Veränderungen oder Variationen in einem Bildauswertesystem sein, etwa eine Beleuchtungsänderung durch Verschmutzung der Lichtquelle oder Rostflecken auf Gußteilen. Kleine Änderungen dieser Art können unbeabsichtigte Effekte zur Folge haben, z.B. Zurückweisungen von Objekten bei einer Qualitätsprüfung. Das Problem liegt hier nicht so sehr in der Beseitigung des Fehlverhaltens (dafür können Einstellungsmöglichkeiten vorhanden sein), sondern in der Schwierigkeit, das Fehlverhalten vorauszusehen. Wir sprechen deshalb vom Prädiktionsproblem. Beide Problemkreise, Konfigurierung und Prädiktion, haben offenbar miteinander zu tun: Könnte man das Verhalten einer Systemkonfiguration exakt vorhersagen, so wäre ein Teil der Konfigurierungsproblematik gelöst.

Dieser Beitrag befaßt sich vorwiegend mit dem Konfigurierungsproblem, berührt aber auch das Prädiktions-problem. Beiden Problemkreisen ist eine tieferliegende Ursache gemeinsam: ein Mangel an Formalisierung und theoretischer Durchdringung der Expertise, die beim Einrichten einer Bildverarbeitungsanlage erforderlich ist. Lösungsmöglichkeiten für dieses Dilemma sind grundsätzlich dadurch zu erwarten, daß systematische und formale Ansätze vorgesehen werden, wo bisher menschliche Expertise, ad-hoc Lösungen und Probierverfahren vorherrschen.

In den folgenden Abschnitten wird untersucht, wie ein aus der Künstlichen Intelligenz (KI) kommender Ansatz, die Modellierung von menschlicher Expertise durch ein Expertensystem, auf die Konfigurierungs-problematik von Bildverarbeitungssystemen angewendet werden kann. Der Gedanke ist noch relativ jung, und über unmittelbar relevante Forschungsarbeiten ist erst wenig bekannt (*Liedtke et al. 85, Neumann 85, Syska 86*). Das wissenschaftliche Umfeld erlaubt es jedoch, die Möglichkeiten einer automatischen Konfigurierung von Bildverarbeitungssystemen in einigem Detail zu erörtern.

Der folgende Abschnitt befaßt sich zunächst mit Expertensystemen zur Konfigurierung - kurz: Konfigurierungssystemen - und deren Eigenschaften und Problemen. Der Stand der Kunst in diesem Problembereich ist wichtig, um im dritten Abschnitt über Konfigurierungssysteme für Bildverarbeitungsanlagen sprechen zu können. Dort werden die Grundformen möglicher Systemarchitekturen herausgearbeitet und zu existierenden Ansätzen in Beziehung gebracht.

Im vierten Abschnitt wird über ein konkretes Konfigurierungssystem berichtet, das im Arbeitsbereich des Autors entwickelt und implementiert wurde (*Syska 86*). Das System unterstützt die Komponentenauswahl und -konfigurierung für Sichtprüfungsprobleme, also einen eingeschränkten Aufgabenbereich.

2. Expertensysteme zur Konfigurierung

Expertensysteme sind eine besondere Art wissensbasierter Systeme, die die Rolle von menschlichen Experten übernehmen können. Ihr grundsätzlicher Aufbau geht aus Abbildung 1 hervor.

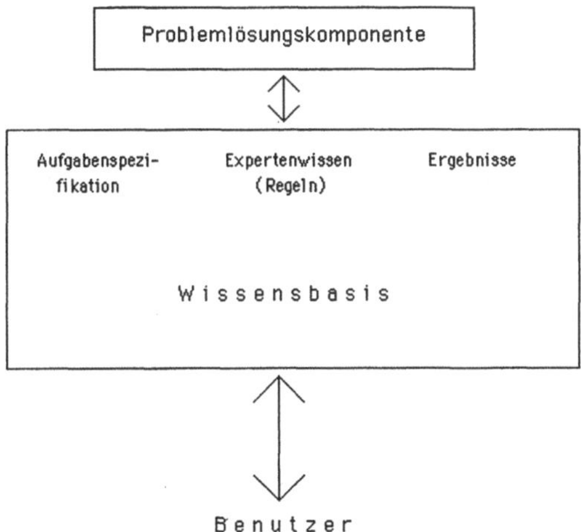

Abbildung 1— Aufbau eines Expertensystems

Hauptbestandteil eines Expertensystems ist die Wissensbasis, die im wesentlichen statisches Expertenwissen in Form von Regeln sowie dynamisches Faktenwissen über die Aufgabenstellung und über die Resultate enthält. Die Problemlösungskomponente ist unabhängig von der jeweiligen Aufgabenstellung und hat die Funktion, Regeln aus der Wissensbasis zur Anwendung zu bringen, bis das gewünschte Ziel erreicht ist. Dabei wird die Faktenbasis sukzessive verändert.

Unser Interesse gilt hier Expertensystemen für Konfigurierungsprobleme. Wir wollen in diesem Abschnitt in der gebotenen Kürze untersuchen, welche Probleme bei Konfigurierungsanwendungen generell zu bewältigen sind und wie der Stand der Kunst ist.

Ein Konfigurierungssystem gehört zur Klasse der Konstruktionssysteme. Im Gegensatz zu Diagnosesystemen wird das Resultat nicht aus einer Menge möglicher Resultate selektiert sondern muß erst aus Komponenten aufgebaut ("konstruiert") werden. Bei einem Konfigurierungssystem ist das Resultat eine aus Komponenten aufgebaute Konfiguration, die die Aufgabenstellung sowie allgemeingültige Bedingungen befriedigen muß. Ein bekanntes Beispiel ist das Konfigurierungssystem XCON (früher R1), das DEC-Rechenanlagen aus vorgegebenen Komponenten konfigurieren kann und seit mehreren Jahren gewinnbringend firmenintern im Einsatz ist (*McDermott 82*). Ähnlich erfolgreich ist das System SICONFEX, mit dem das Betriebssystem von SICOMP-Rechnern der Firma Siemens konfiguriert werden kann (*Haugeneder et al. 85*). Ein universelles Konfigurierungssystem für technische Systeme wird in *Vitins 86* vorgestellt. Ein solches System könnte ggf. Grundlage für ein System zur Konfigurierung von Bildverarbeitungsanlagen sein.

Die Probleme beim Aufbau eines Konfigurierungssystems lassen sich grob in die zwei Bereiche Wissensrepräsentation und Ablaufsteuerung unterteilen. Zunächst sollen Aspekte der Wissensrepräsentation erörtert werden. Eine grundlegende Voraussetzung für den Einsatz von Expertensystemtechnologie ist die Formalisierbarkeit des für eine Aufgabe relevanten Wissens. Formalisieren bedeutet hier, daß Wissenseinheiten und ihre Beziehungen untereinander nach festen Vorschriften rechnerintern repräsentiert werden. Ein Expertensystem ist natürlich nur in dem Maße Experte, wie es über intern repräsentiertes Expertenwissen verfügt. Hinsichtlich der Konfigurierung von Bildverarbeitungssystemen läßt sich an dieser Stelle schon folgendes erkennen: Bildverarbeitung ist zwar ein weitgehend formal beschreibbares Wissenschaftsgebiet, der Aufbau von Bildverarbeitungssystemen enthält aber wie oben geschildert noch zahlreiche Unwägbarkeiten, die auf das Fehlen entsprechenden Wissens hinweisen. Hier sind beim Aufbau der Wissensbasis Probleme zu erwarten.

Gegenstand der Konfigurierung sind die Objekte, aus denen eine Konfiguration aufgebaut wird. Sie müssen mit allen relevanten Eigenschaften in der Wissensbasis repräsentiert werden. Bei einem Konfigurierungsproblem kommt es in erster Linie auf Eigenschaften an, die die wechselseitige Kompatibilität von Objekten sowie ihre Kompatibilität mit der Aufgabenstellung betreffen. Bei den Objekten von XCON, beispielsweise, handelt es sich um Rechnerkomponenten, die durch Eigenschaften wie Platzbedarf, Stromverbrauch, Steckertyp etc. charakterisiert werden.

Es hat sich gezeigt (*Raulefs 85*), daß für viele Probleme eine Repräsentation in zwei Präzisionsstufen sinnvoll ist. Beispielsweise könnte man bei einer räumlichen Konfigurierung zunächst von angenäherten einfachen Objektformen ausgehen und damit schnell zu einer Lösung kommen, die dann anschließend unter Zugrundelegung der exakten Objektformen verifiziert werden müßte. Dies ist auch in analoger Form für Bildverarbeitungsanlagen gültig, wie im nächsten Abschnitt gezeigt wird.

Zur Wissensbasis gehört auch das Aufgabenwissen, also eine formale Repräsentation der konkreten Konfigurierungsaufgabe. Im Falle von XCON handelt es sich hierbei um eine Liste von vorgegebenen Rechnerkomponenten, deren formale Beschreibung kein besonderes Problem darstellt. Für die Bildverarbeitungskonfigurierung kann eine formale Aufgabenbeschreibung wesentlich schwieriger sein. Man denke z.B. an Sichtprüfungsaufgaben wie "richtigen Sitz des Sicherungssplintes prüfen" oder "Bremsscheiben nach Lunkern untersuchen". Abgesehen vom Repräsentationsproblem im Einzelfall sind Bildverarbeitungsaufgaben auch deshalb problematisch, weil man mit einer kaum eingrenzbaren Fülle von Aufgabenvarianten rechnen muß. Das Repräsentationswerkzeug muß also sehr allgemein sein, es sei denn, der Aufgabenbereich wird zur Bewältigung dieser Problematik eingeschränkt.

Zum Expertenwissen gehört auch Wissen über das richtige Vorgehen beim Konfigurieren, also eine Art von Metawissen. Dies leitet zum zweiten größeren Problembereich bei Konfigurierungssystemen über, zur Ablaufsteuerung. XCON bietet das Beispiel eines Systems, das sein Ziel völlig geradlinig erreicht, ohne daß eine Entscheidung wieder rückgängig gemacht werden muß. Dies ist allerdings keineswegs typisch für ein Konfigurierungsproblem. Eine Konfigurierungsaufgabe kann im allgemeinen mit einem Puzzle verglichen werden, bei dem sich nicht sofort erkennen läßt, ob eine lokale Entscheidung mit dem globalen Ziel verträglich ist. Man muß also damit rechnen, daß Entscheidungen wieder rückgängig gemacht und Alternativen erkundet werden müssen. Diese Problematik ist bei Planungssystemen in einiger Tiefe untersucht worden (*Sacerdoti 77, Tate 85*). Die dort entwickelten Konzepte und Strategien lassen sich zum Teil auch auf Konfigurierungsprobleme übertragen (letztere stellen die allgemeinere Problemklasse dar). Eines dieser Konzepte ist die Hierarchisierung des Lösungsraumes. Eine Konfiguration wird dabei auf verschiedenen Abstraktionsebenen betrachtet. Die oberste Abstraktionsebene enthält die gröbste Sicht, jede weitere Ebene enthält die Verfeinerungen von Komponenten der darüberliegenden Ebene. Durch geschickte Zerlegung nach dem Modularisierungsprinzip entsteht ein Baum, dessen Zweige geringe Abhängigkeit voneinander haben, weil stark abhängige Komponenten in einem Zweig zusammengefaßt sind. Folgt man beim Konfigurieren dieser Baumstruktur, so ist das Problem spät erkennbarer Konflikte entschärft, wenn auch im allgemeinen nicht beseitigt. XCON ist ein System, das Backtracking durch gut überlegte Zerlegung der Konfigurierungsaufgabe in geeignete Teilaufgaben völlig vermeiden kann. Inwieweit dies auch bei Konfigurierunssystemen für Bildverarbeitungsanlagen möglich sein wird, muß sich erst zeigen. Eine Hierarchisierung sollte auf jeden Fall versucht werden.

Geht man davon aus, daß Backtracking unvermeidlich ist, so kann der Suchaufwand durch sog. "intelligentes Backtracking" in Grenzen gehalten werden. Darunter versteht man Verfahren, die es vermeiden, mehr Entscheidungen als notwendig wieder rückgängig zu machen. Das kann dadurch erreicht werden, indem über die wechselseitigen Abhängigkeiten Buch geführt wird (*de Kleer 86*). Entscheidungen, die durch einen Konflikt nicht berührt werden, können auf diese Weise erkannt und aufrecht erhalten werden.

3. Grundformen der rechnergestützten Konfigurierung von Bildverarbeitungsanlagen

Wir gehen nun näher auf die Konfigurierungsproblematik von Bildverarbeitungsanlagen ein und untersuchen, welche Grundformen rechnergestützter Konfigurierung möglich sind. Dabei werden Anforderungen an das zu repräsentierende Wissen deutlich. Wir werden auf existierende Ansätze und Entwicklungslinien eingehen, die in diesem Zusammenhang von Bedeutung sind.

Abbildung 2 zeigt die wichtigsten Komponenten einer Sichtprüfanlage, mit der die Länge eines Werkstückes überprüft werden soll. Die Konfigurierung einer solchen Anlage soll in der folgenden Diskussion stellvertretend für andere Aufgaben betrachtet werden.

Konfigurierungsobjekte sind Geräte (Beleuchtung, Sensor, Prozessor, Prüfumgebung) und Methoden (Binarisieren, Komponentenanalyse, etc.). Unter Konfigurierung verstehen wir Auswahl (Selektion), Zusammenfügen (Komposition) und Anpassen (Adaption) von Objekten. Das Selektionsproblem ist der Kern der Konfigurierungsproblematik. Hier geht es darum, geeignete Geräte und Methoden für eine vorgegebene Aufgabe unter Verwendung von Konfigurierungswissen auszuwählen. Das Kompositionsproblem bezieht sich auf die Struktur der Anlage. Bei Geräten geht es vorwiegend um die räumliche Anordnung, bei Methoden um deren zeitlichen und logischen Zusammenhang. Die Freiheitsgrade zur Anordnung von Geräten sind beträchtlich. Dagegen zwingt die innere Logik der ausgewählten Methoden meist eine bestimmte Ablaufstruktur auf, so daß das Kompositionsproblem bereits weitgehend bei der Methodenauswahl gelöst wird. Das Adaptionsproblem ergibt sich daraus, daß Konfigurierungsobjekte häufig parametrisiert sind, d.h. über einstellbare Parameter verfügen. Man denke an Binarisierung durch Schwellwertvergleich, an Kantenfinder mit einstellbarer Fenstergröße und frei wählbarem Schwellwert für den Gradientenbetrag, an Grenzwerte für minimale Bereichsgrößen und Kantenlängen, an die Beleuchtungsstärke einer Lichtquelle, etc. Soweit die Parameter aufgrund der Aufgabenstellung und der sich daraus ergebenden Konsequenzen festgelegt werden, kann dieser Teil der Konfigurierung auch als Selektion verstanden werden (Selektion einer Methodenausprägung). Die Parameteradaption wird dann zu einem besonderen Verfahren, wenn sie durch ein Bewertungskriterium gesteuert wird, das eine schrittweise Veränderung von Parametern im Sinne einer

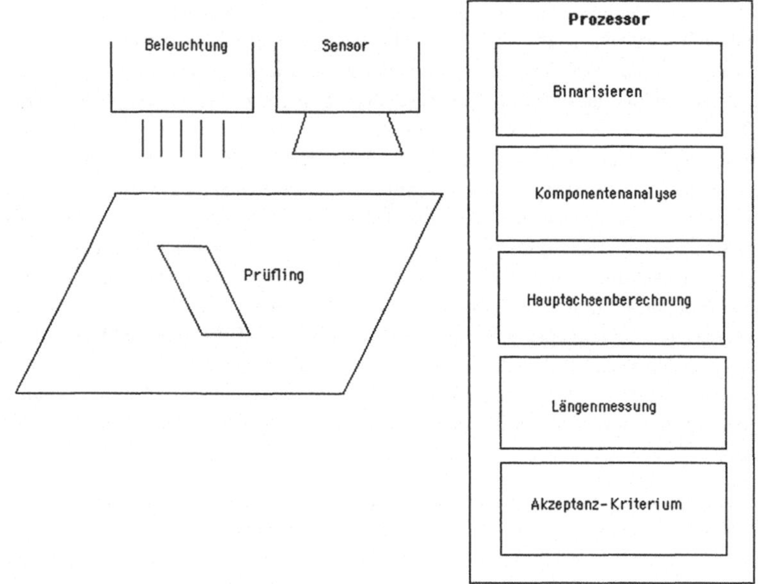

Abbildung 2— Komponenten einer Sichtprüfanlage

Optimierung erlaubt. Ein solches Kriterium kann sich z.B. auf die Auswertung von Testläufen stützen.

Unter Adaption soll im folgenden nur ein derartiges Verfahren verstanden werden. Weiterhin gehen wir davon aus, daß Selektion und Komposition in einem Verfahren zusammengefaßt sind, so daß also nur noch zwischen Komponentenselektion und Parameteradaption unterschieden werden muß.

Wir erläutern jetzt, welche Formalisierungsschritte erforderlich sind, um eine rechnergestützte Konfigurierung durch Komponentenselektion und Parameteradaption durchführen zu können, und inwieweit diese Schritte nach dem heutigen Stand der Kunst bereits vollzogen werden können. Komponentenselektion

Zur rechnergestützten Auswahl von Geräten und Methoden für eine vorgegebene Aufgabe ist eine formale, rechneradäquate Repräsentation aller Problembestandteile erforderlich. Diese sind

(i) Aufgabenstellung,

(ii) Konfigurierungswissen, sowie

(iii) Geräte und Methoden.

Die Aufgabenstellung umfaßt Angaben über Prüflinge, Prüfstelle und Prüfaufgabe. Dies ist die Terminologie der VDI/VDE-Richtlinien für die automatisierte Sichtprüfung (*VDI/VDE 85*). Die in den Richtlinien im einzelnen niedergelegte Gliederung und begriffliche Klärung stellt einen wertvollen Beitrag zur Formalisierung dieser Aufgabenklasse dar.

Bei einem Konfigurierungssystem ist es sinnvoll, die Aufgabenspezifikation durch Befragen des Benutzers zu ermitteln. Die Angaben müssen dabei mit der Genauigkeit und mit den Attributen erfolgen, die zur Unterstützung der Konfigurierungsaufgabe erforderlich sind. Im einfachsten Fall kann die Aufgabenbeschreibung in einer Form erfolgen, aus der die Konfiguration unmittelbar hervorgeht. Der Benutzer des Konfigurierungssystems könnte bei der Aufgabenspezifikation beispielsweise gefragt werden:

Kann eine Zeilenkamera verwendet werden?

Ist Binärbildverarbeitung möglich?
Welche Merkmale sollen berechnet werden?

Eine solche Aufgabenrepräsentation reduziert das Konfigurierungssystem auf eine Dialogkomponente und verlangt dem Benutzer die entscheidende Expertise ab. Eine interessantere Lösung ergibt sich, wenn die Aufgabenspezifikation mithilfe einer Klasseneinteilung erfolgt, wie sie in *VDI/VDE 85* in grober Form zu finden ist. Der Benutzer gibt z.B. die Aufgabenklasse "Objekterkennung" an und spezifiziert Prüfmerkmale, Ausprägungen je Objektklasse und Toleranzen. Diese Angaben erfordern keinerlei Bildverarbeitungs-Expertise, entsprechen also dem Konzept einer Konfigurierung durch Laien.

Für eine weitergehende Konzeption des Konfigurierungssystems kann es erforderlich sein, die Eigenschaften von Prüfling und Prüfstelle sehr detailliert zu spezifizieren, z.B. photometrische Oberflächeneigenschaften, 3D-Formen von Objekten und von Defekten, etc. Eine in diesem Sinn "vollständige" Aufgabenspezifikation ist die Voraussetzung für eine <u>Simulation</u> der Bildverarbeitungsanlage. Dazu müssen die relevanten Eigenschaften des gesamten Bildverarbeitungssystems rechnerintern nachgebildet werden. Die Möglichkeit einer Simulation bietet zweifellos große Vorteile, wenn es um die Vorhersage der Systemperformanz geht. Wir werden weiter unten näher darauf eingehen. Zusammenfassend kann festgestellt werden, daß Ansätze zu einer formalen Aufgabenrepräsentation in Gestalt fachlicher Systematisierungen vorliegen. Für weitergehende Repräsentationsanforderungen kommen Techniken infrage, wie sie in den Bereichen CAD und Computer Graphik entwickelt worden sind (eine Übersicht findet sich in *Requicha 80*).

Der zweite Problembestandteil ist das <u>Konfigurierungswissen</u>. Darunter soll aufgabenunabhängiges fachliches Wissen verstanden werden, das bei der Konfigurierung einer Bildverarbeitungsanlage herangezogen wird. Beispielsweise wissen wir, daß Binärbildverarbeitung möglich ist, wenn Prüfling und Prüfumgebung disjunkte Bereiche in der Grauwertskala einnehmen. Außerdem wissen wir, daß der Kontrast zwischen Prüfling und Umgebung bei Gegenlicht besonders groß ist. Dies sind Beispiele für Wissen, die eine Repräsentation in Form von Produktionen nahelegen, also Regeln mit einer WENN-DANN-Struktur.

> WENN: hoher Kontrast zwischen Prüfling und Umgebung erwünscht ist, und
> eine Gegenlichtanordnung möglich ist,
> DANN: wähle Gegenlichtanordnung.

Die rasche Formulierbarkeit von Regeln soll jedoch nicht darüberhinwegtäuschen, daß die Begriffe und Prädikate in den Bedingungs- und Aktionsteilen der Regeln sorgfältig aufeinander abgestimmt werden müssen, damit eine konsistente und operationale Wissensbasis entsteht. Beispielsweise wäre zu überlegen, ob die Konsequenz der Gegenlichtentscheidung, nämlich ein hoher Kontrast, in den DANN-Teil mit aufgenommen werden sollte. Der hier sichtbar werdende Entwurfsspielraum und das Fehlen einer Entwurfsmethodik kennzeichnen das Problem des "Knowledge Engineering", also des Überführens von menschlicher Expertise in eine rechnerinterne Repräsentation.

Der in Abschnitt 4 vorgestellte Ansatz macht deutlich, daß ein beträchtlicher Teil des Konfigurierungswissens objektorientiert repräsentiert werden kann, also nicht unbedingt in Regelform. Dies betrifft besonders die Vorbedingungen, die zum Einsatz einer Methode erfüllt sein müssen. Ist z.B. für die Längenmessung eines Objektes eine Längsrichtung erforderlich, so kann dies als Vorbedingung in der Methodenbeschreibung abgelegt werden. Eine Konfigurierungsregel diesen Inhaltes entfällt dann. Auch dies ist ein Hinweis auf die vielen Freiheitsgrade, die man bei der Abbildung des Konfigurierungsproblems auf eine Expertensystemarchitektur hat.

Wir wenden uns jetzt dem dritten Problembestandteil zu, den Konfigurierungsobjekten. Dies sind in unserem Fall <u>Geräte</u> und <u>Methoden</u>. Sie stellen gewissermaßen das Repertoire des Konfigurierungssystems dar. Ihre Repräsentation muß auf die Konventionen der Aufgabenspezifikation und der Konfigurierungsregeln abgestimmt sein, denn Konfigurierungsregeln stellen ja einen Zusammenhang zwischen Aufgabe und Konfigurationsobjekten her. Es wurde bereits darauf hingewiesen, daß die Verwendung eines bestimmten Methodenbausteins meist starke Restriktionen hinsichtlich vorausgehender oder nachfolgender Verarbei-

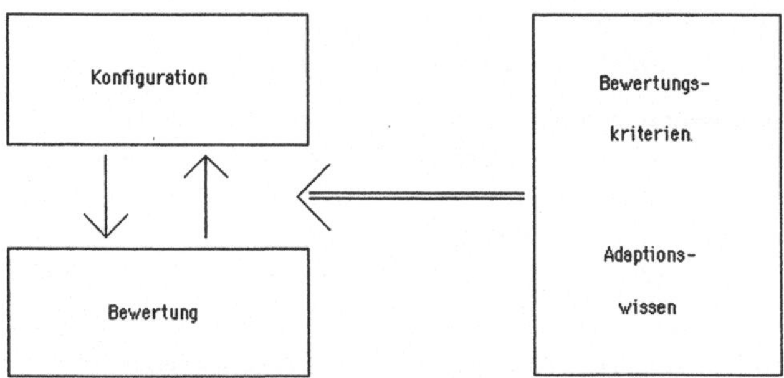

Abbildung 3— Schema der Parameteradaption

tungsschritte impliziert. Eine Methode wird deshalb durch Schnittstellenbedingungen zu charakterisieren sein. Sie entsprechen den lokalen Zwangsbedingungen eines allgemeinen Konfigurierungsproblems und betreffen hier im wesentlichen Kompatibilitätsanforderungen an die Datentypen aufeinanderfolgender Methoden. Strikte Typengleichheit ist eine zu starre Forderung. Sei A der Datentyp der Ausgangsdaten und E der der Eingangsdaten. A ist mit E kompatibel, wenn

(i) A ein strukturierter Datentyp ist, E Substruktur von A ist, und alle Komponenten von E mit den entsprechenden Komponenten von A kompatibel sind, oder

(ii) A und B einfache Datentypen sind und der Wertebereich von A im Wertebereich von B enthalten ist.

Einen nützlichen Grundstock für die hier erforderliche Formalisierung von Bildverarbeitungsmethoden stellen Unterprogrammbibliotheken dar, die für interaktive Bildverarbeitungssysteme aufgebaut worden sind, z.B. das DIBIAS-System (*Triendl et al. 82*). Die Interaktion erfolgt mittels einer Kommandosprache, wird jedoch auch durch eine systematische rechnerinterne Repräsentation wichtiger Unterprogrammeigenschaften unterstützt. Ebenfalls von Bedeutung sind Unterprogrammsammlungen wie SPIDER (*Tamura et al. 83*), die zumindest als umfassender Katalog (SPIDER enthält mehr als 400 FORTRAN-Unterprogramme) beim Aufbau eines Konfigurierungssystems nützlich sein können. Eine Übersicht über interaktive Bildverarbeitungssysteme und Programmbibliotheken findet sich in *Haarslev 86*. Zusammenfassend läßt sich sagen, daß interaktive Bildverarbeitungssysteme geeignete Ausgangspunkte für die Entwicklung eines Methodenrepertoires darstellen. Sie unterstützen jedoch vorwiegend technische Aspekte, z.B. Kompatibilitätsfragen. Hilfestellungen hinsichtlich der Eignung von Methoden für bestimmte Aufgaben sind meist nur informell auf Kommentarebene vorgesehen.

Parameteradaption

Parameteradaption wurde weiter oben als ein Verfahren definiert, bei dem eine Konfiguration durch schrittweise Modifikation von freien Parametern optimiert wird. Durch Parameteradaption wird eine Feineinstellung vorgenommen, die als Ergänzung der Komponentenselektion aufgefaßt werden kann. Darüberhinaus bietet eine automatische Parameteradaption die Möglichkeit, den ungewollten Veränderungen in einer Bildverarbeitungsanalyse zu begegnen, auf die in der Einleitung hingewiesen wurde.

Parameteradaption vollzieht sich in einem Kreisprozeß mit folgender grundsätzlicher Struktur (Abb. 3).

Eine Konfiguration wird bewertet (Pfeil nach unten), auf Grund der Bewertung werden die Parameter der Konfiguration modifiziert (Pfeil nach oben). Das ganze ist ein wissensbasierter Prozeß, der durch Bewertungskriterien und Wissen über geeignete Parametermodifikationen gesteuert wird.

Die naheliegendste Bewertungsmethode besteht darin, das Bildverarbeitungssystem auszuprobieren. Zeigt das System in den Testläufen nicht das gewünschte Verhalten, so müssen die Parameter entsprechend modifiziert werden. Wir sind daran interessiert, diesen Prozeß zu formalisieren, um ihn einem Rechner übertragen zu können. Dabei gibt es ein Spektrum von möglichen Zielvorstellungen, je nach dem, welche Rolle dem Menschen einerseits und der konkreten Bildverarbeitungsanlage andererseits zugedacht wird.

Zielt man darauf ab, den menschlichen Experten überflüssig zu machen, müssen alle Komponenten in Abbildung 3 formalisiert und rechnerintern repräsentiert werden. Man kommt zu einem System mit automatischer Parameteradaption ohne Lehrer. Unabhängig davon kann man versuchen, die Parameteradaption an einer simulierten Konfiguration vorzunehmen, also ohne eine konkrete Bildverarbeitungsanlage. Wir sprechen dann von einer Parameteradaption durch Simulation. Beide Entwicklungsrichtungen lassen sich kombinieren und führen auf Adaptionssysteme mit unterschiedlichen Einsatzmöglichkeiten.

Der Ansatz von Liedtke und Mitarbeitern (*Liedtke et al. 85, Ender und Liedtke 86*) stellt einen wichtigen Meilenstein in diesem Problembereich dar. Das von ihnen entwickelte System ist selbstadaptierend, d.h. die Parameteradaption findet automatisch ohne menschlichen Eingriff statt. Das Verfahren läuft parallel zu konkreten Bildverarbeitungsvorgängen ab, basiert also nicht auf Simulation. Auf die Einzelheiten soll hier nicht näher eingegangen werden, weil darüber an anderer Stelle in diesem Band berichtet wird.

Der Simulationsansatz steckt noch in den Kinderschuhen. Es wird zur Zeit an verschiedenen Stellen untersucht (*Strecker 86, Weber 86*), ohne daß konkrete Systeme vorzuweisen sind. Seine Vorteile liegen auf der Hand. Durch die Simulation einer konfigurierten Bildverarbeitungsanlage kann ihre Performanz ohne den kostspieligen Aufbau eines konkreten Systems verifiziert werden. Simulation kann sowohl für Komponentenselektion als auch Parameteradaption nützlich sein.

Wie realistisch ist das Ziel, eine Bildverarbeitungsanlage zu simulieren? Offenbar liegen die Schwierigkeiten vorwiegend im Bereich der Bildentstehung. Die Bildverarbeitung vollzieht sich weitgehend algorithmisch und kann durch Exekution der gewählten Methoden simuliert werden. Spezielle Bildverarbeitungshardware müßte ebenfalls algorithmisch beschrieben werden. Eine Simulation der Bildentstehung erscheint zumindest in eingeschränkten Problemklassen aufgrund von Fortschritten in verschiedenen Disziplinen denkbar. Computer Graphik Methoden erlauben die Synthese von hochrealistischen Bildern mit Spiegelungen, Texturen und anderem Detail, das das Verhalten von Bildanalysealgorithmen beeinflußt und deshalb für eine realistische Prädiktion erforderlich ist. Aus den Bereichen CAD/CAM stehen Repräsentationsmethoden für Objektformen zur Verfügung, möglicherweise sogar die erforderlichen Objektmodelle selbst, so daß die abzubildenden Gegenstände in eine rechnerinterne Form gebracht werden können. Schließlich sei auch auf die Entwicklung von wissensbasierten Methoden in der Bildverarbeitung hingewiesen, bei denen die Abhängigkeit von bildformierenden Größen explizit gemacht wird. Dadurch kann z.B. der Effekt von Unsicherheiten im Bereich der Ausgangsdaten, etwa der Beleuchtung, leichter verfolgt werden, so daß realistische Vorhersagen über die Systemperformanz möglich werden.

4. BIKOS - Ein Konfigurierungssystem für Sichtprüfungsanlagen

In diesem Abschnitt wird über das Konfigurierungssystem BIKOS berichtet, das im Arbeitsbereich des Autors für einen eingeschränkten Aufgabenbereich, die Sichtprüfung, entwickelt und implementiert wurde (*Syska 86*). Die Konfigurierung bezieht sich ausschließlich auf Methoden, der mechanische Aufbau sowie die rechnermäßige Ausstattung werden als vorgegeben betrachtet. BIKOS führt lediglich eine Komponentenselektion durch. Eine Parameteradaption wird nicht behandelt.

Die Leistungsfähigkeit von BIKOS beruht vor allem auf einer strukturierten Repräsentation des Methodenwissen Es liegt in der Form eines UND/ODER-Graphen vor, der in verschiedene Abstraktionsebenen unterteilt ist. Der Übergang von einer höheren zu einer tieferen Abstraktionsebene erfolgt entlang den Kanten des Graphen durch Methodenverfeinerung und -spezialisierung. Abbildung 4 zeigt einen Ausschnitt aus dem Methodengraph. Unterstrichene Methoden sind konkret, stellen also die Blätter des Graphen dar. Sie werden R-Methoden (Realisierungsmethoden) genannt. Konkret, stellen also die Blätter des Graphen dar.

Alle anderen Methoden sind abstrakt und werden (teilweise nicht in dieser Abbildung sichtbar) in Alternativen spezialisiert (A-Methoden) oder in Teilmethoden zerlegt (Z-Methoden).

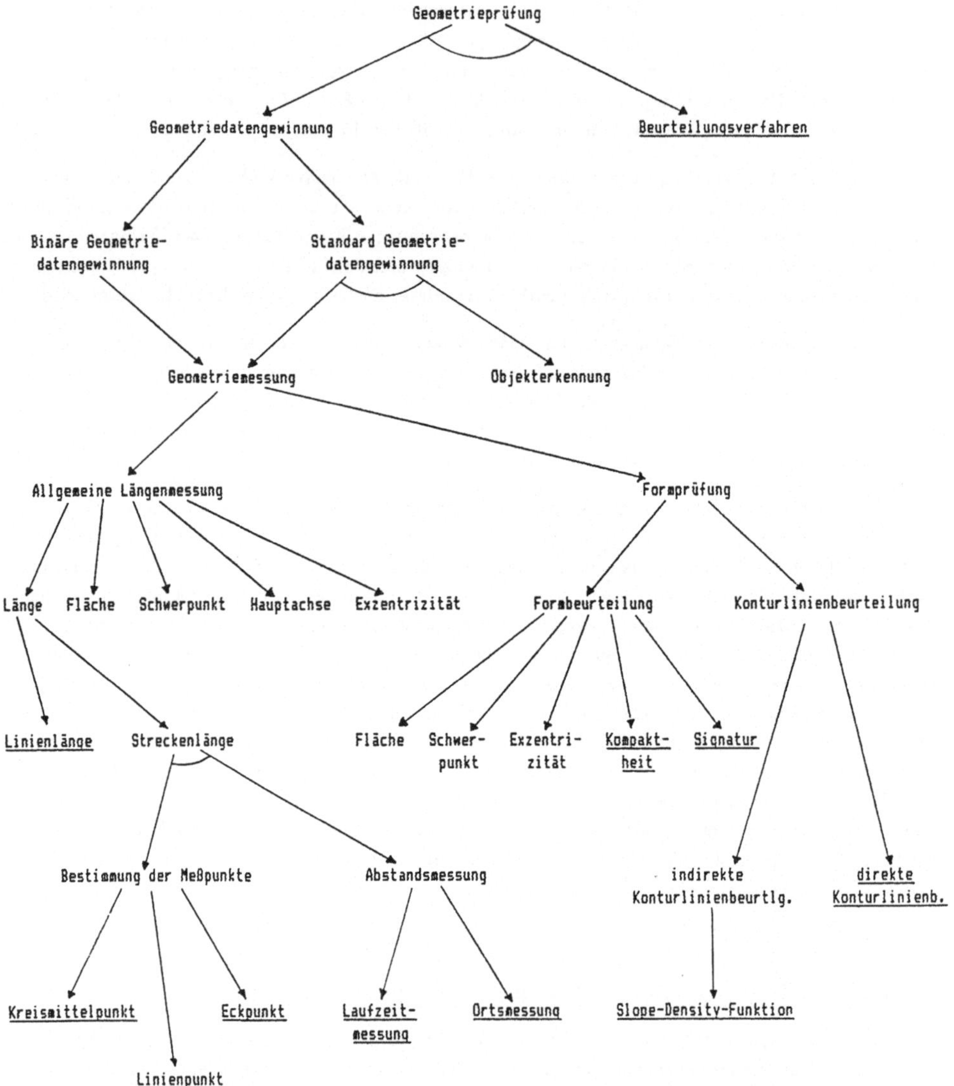

Abbildung 4 - Ausschnitt aus dem Methodengraphen

Eine Methode ist als Schema (frame) mit folgender Struktur repräsentiert:

METHODE

Nominalteil :
  [Name]   Methodenname
  [Klasse]   Methodenklasse (Z, A oder R)
  [Optional]   Angabe, ob die Methode optional ist
  [Beschreibung]   Text zur Kurzbeschreibung der Methode
  [Teilkomponenten]   Teilkomponentenliste bei Z-Methoden
  [Alternativen]   Spezialmethodenliste bei A-Methoden

Auswahlteil :
  [Externe Bedingungen]   Auswahlbedingungen bezogen auf die Aufgabenstellung
  [Interne Bedingungen]   Auswahlbedingungen bezogen auf die Interdependenzen zwischen den Methoden

Aktionsteil :
  [Kontextaktivierung]   Angaben zur Kontextaktivierung
  [Operatoren]   Spezielle Funktionsaufrufe, die bei der Methodenaktivierung
                         ausgeführt werden

Der Auswahlteil erlaubt die Formulierung von Bedingungen, die entweder auf die Aufgabenstellung Bezug nehmen (z.B. 'Fremdlichteinfall gering') oder aber gegenseitige Abhängigkeiten betreffen, insbesondere Anforderungen an Eingangsdaten. Fakten, die diese internen Bedingungen befriedigen können, werden erst bei Methodenselektion (durch den Aktionsteil des Methodenschemas) oder mithilfe von Konfigurierungswissen erzeugt. Konfigurierungswissen ist in BIKOS in Gestalt von Kriterien repräsentiert, die zum Erwerb, zur Aufnahme und zur Auswertung von Wissen über die aktuelle Aufgabenstellung dienen. Z.B. kann die Bedingung 'Fremdlichteinfall gering', die im Auswahlteil einer Methode aufgeführt wird, durch Instantiierung des Kriterien-Schemas 'Fremdlichteinfall' evaluiert werden.

KRITERIUM
  [Name]   Fremdlichteinfall
  [Modus]   Frage
  [Fragetext]   Wie stark ist der Fremdlichteinfall?
  [Default]   Mittel
  [Alternativwerte]   Gering, Stark

In diesem Fall führt die Instantiierung des Kriteriums zu einer Frage an den Benutzer. Andere Kriterien leiten die gewünschte Information aus vorhandenen Fakten ab.

Fragen werden normalerweise in einer Spezifizierungsphase gebündelt, die der Konfigurierungsphase vorausgeht. Die Spezifizierung stützt sich auf die Systematik, die in *VDI/VDE 85* für die Spezifikation von Sichtprüfaufgaben niedergelegt ist. Sie wird durch einen UND/ODER-Baum gesteuert genau wie die Konfigurierung.

Der Ablauf des Konfigurierungsprozesses wird durch die bisher vorgestellten Wissensstrukturen nicht gesteuert. Dies obliegt einer separaten Ablaufsteuerung (einer Metawissensstruktur). In BIKOS ist eine Tiefensuche realisiert, bei der der Methodenbaum systematisch von der Wurzel aus nach einer möglichen Konfiguration abgesucht wird. Diese Reihenfolge zieht besonders viel Nutzen aus der hierarchischen Struktur, weil gegenseitige Abhängigkeiten vorwiegend in lokalen Bereichen des Graphen gebündelt sind und auf diese Weise ein Backtracking in Grenzen gehalten werden kann. Es ist jedoch durchaus denkbar, daß die Suche irgendwo im Baum beginnt, z.B. mit einer vom Benutzer vorgegebenen Methode.

BIKOS ist in OPS5 auf einer VAX-780 implementiert und umfaßt zur Zeit ca. 10.000 Zeilen bzw. 344 Regeln.

5. **Zusammenfassung**

Bildverarbeitungsanlagen für den industriellen Einsatz können bisher noch nicht in dem Maße wirtschaftlich eingesetzt werden, wie es in früheren Prognosen vorhergesagt worden war. Einer der Gründe ist das Konfigurierungsproblem: Das Einrichten einer Bildverarbeitungsanlage und das Anpassen an eine neue Aufgabe kann nur durch Bildverarbeitungsexperten erfolgen und ist deshalb mit hohen Kosten verbunden. In diesem Beitrag wurden die Voraussetzungen für die Verwendung von Expertensystemen zur Konfigurierung von Bildverarbeitungsanlagen untersucht. Konfigurierungssysteme sind für andere Anwendungen bereits erfolgreich entwickelt worden, ihre Eigenschaften und Probleme werden weitgehend verstanden. Die Konfigurierung von Bildverarbeitungsanlagen läßt sich in Komponentenselektion und Parameteradaption zerlegen. Für beide Teilprobleme ist eine Formalisierung von Wissen erforderlich, das bisher von menschlichen Experten als Erfahrungswissen eingebracht wurde oder zum Fachwissen zu rechnen ist. Es wurden verschiedene Quellen aufgezeigt, die zu dieser Formalisierung beitragen. Ein konkreter Ansatz wurde in größerem Detail vorgestellt. Über einen weiteren Ansatz wird an anderer Stelle in diesem Band berichtet. Die bisher vorliegenden Ergebnisse decken erst einen Teil der Konfigurierungsproblematik ab. Wir befinden uns am Anfang einer interessanten Entwicklung.

6. **Literatur**

de Kleer 86

    An Assumption-Based TMS

    J. de Kleer

    Artificial Intelligence 28/2 (1986), 127-162

Enders und Liedtke 86

    Repräsentation der relevanten Wissensinhalte in einem selbstadaptierenden

    regelbasierten Bilddeutungssystem

    M. Ender, C.-E. Liedtke

    (in diesem Band)

Haarslev 86

    Interaktion in Systemen zur Bildfolgenauswertung

    basierend auf einem objektorientierten Ansatz

    V. Haarslev

    Dissertation, Fachbereich Informatik, Universität Hamburg, 1986

Haugeneder et al. 85

    Knowledge-Based Configuration of Operating Systems - Problems in Modeling

    the Domain Knowledge

    H. Haugeneder, E. Lehmann, P. Struß

    in: W. Brauer, B. Radig (Hrsg.), Wissensbasierte Systeme, Informatik Fachberichte 112,

    Springer 1985, 121-134

Liedtke et al. 85

    Komponenten eines adaptiven Bildverarbeitungssystems zur Lageerkennung von Objekten

    C.-E. Liedtke, M. Ender, M. Henser

    in: H. Niemann (Hrsg.), Mustererkennung 85, Informatik Fachberichte 107,

    Springer 1985, 165-169

McDermott 82

    R1: A Rule-Based Configurer of Computer Systems

    J. McDermott

    Artificial Intelligence 19 (1982), 39-88

Neumann 85

    Rechnergestützte Konfigurierung von Bildverarbeitungssystemen

    B. Neumann

    Proc. 1. Internationale Fachtagung "Automatische Bildverarbeitung",

    Kammer der Technik, DDR, 1985, P4/1- P4/4

Raulefs 85

    Knowledge Processing Expert Systems

    P. Raulefs

    in: T. Bernold, G. Albers (Hrsg.), Artificial Intelligence: Towards Practical Applications,

    North Holland 1985, 21-32

Requicha 80

    Representations for Rigid Solids: Theory, Methods and Systems

    A.A.G. Requicha

    ACM Computing Surveys 12, 1980, 437-464

Rosen 79

    Machine Vision and Robotics: Industrial Requirements

    C.A. Rosen

    in: G.G. Dodd, L. Rossol (Hrsg.), Computer Vision and Sensor-Based Robots,

    Plenum Press, 1979, 3-19

Rossol 82

    Computer Vision in Industry

    L. Rossol

    in: A. Pugh (Hrsg.), Robot Vision, Springer 1983, 11-18

Sacerdoti 77

    A Structure for Plans and Behavior

    E.D. Sacerdoti

    American Elsevier Publ. Company, 1977

Selfridge 55

    Pattern Recognition and Modern Computers

    O.G. Selfridge

    Western Joint Computer Conference 1955, 91-93

Syska 86

    Ein Expertensystem-Ansatz für die automatische Konfigurierung

    von industriellen Bildverarbeitungsanlagen

    I. Syska

    Diplomarbeit, Fachbereich Informatik, Universität Hamburg, 1986

Strecker 86

    private Kommunikation

    H. Strecker

    Philips Forschungslaboratorium, Hamburg, 1986

Tate 85

    A Review of Knowledge-Based Planning Techniques

    A. Tate

    Proc. Expert Systems 85, M. Merry (Hrsg.), Cambridge Univ. Press 1985, 89-111

Tamura et al. 83

    Design and Implementation of SPIDER - A Transportable Image

    Processing Software Package

    H. Tamura, S. Sakane, F. Tomita, N. Yokoya, M. Kaneko, K. Sakaue

    Computer Vision, Graphics, and Image Processing, Vol. 23, 1983, 273-294

Triendl et al. 82

Design of an Interactive Picture Processing System
E. Triendl, R. Fiedler, H. Helbig, G. Kritikos, D. Kübler, M. Lehner
Proc. of the IEEE Computer Society Conference on Pattern
Recognition and Image Processing, June 14-17, Las Vegas, Nevada 1982, 534-536

VDI/VDE 85

Automatisierte Sichtprüfung - Beschreibung der Prüfaufgabe
VDI/VDE-Handbuch Meßtechnik II, Beuth Verlag, 1985

Vitins 86

A Prototype Expert System for Configuring Technical Systems
M. Vitins
Proc. Knowledge-Based Systems in Industry, I. Kriz (Hrsg.),
KLR 86-54C, Brown Boveri Research Center, Baden-Dättwil,
Schweiz, 1986, 146-161

Weber 86

private Kommunikation
J. Weber
URW GmbH, Hamburg, 1986

Winkler 85

Industrielle Anwendung der digitalen Bildauswertung
G. Winkler
Informatik-Spektrum 8/4, Springer 1985, 215-224

REPRAESENTATION DER RELEVANTEN WISSENSINHALTE IN EINEM SELBST-
ADAPTIERENDEN REGELBASIERTEN BILDDEUTUNGSSYSTEM

M.Ender, C.-E.Liedtke

Institut für Theoretische Nachrichtentechnik und Informationsverarbeitung, Universität Hannover, Callinstr. 32,
D3000 Hannover, BRD

1. Einführung

Für die Automatisierung von Prozessen im Bereich der industriellen
Fertigung gewinnt der Bereich der automatischen Bildinterpretation
zunehmend an Bedeutung. An die zum Einsatz kommenden Bildinterpreta-
tionssysteme werden folgende Anforderungen gestellt:

   a. Extrem hohe Geschwindigkeiten beim Interpretationsvorgang
   b. Hohe Flexibilität bezüglich Änderungen der Szene.

Die Forderung nach hoher Geschwindigkeit des Interpretationsvorganges
resultiert aus der Echtzeitforderung, die an solche Systeme gestellt
wird. Unter Echzeit wird hierbei je nach Anwendung ein Zeitintervall
von 1-10s verstanden. Die Forderung nach hoher Flexibilität bezüglich
Änderungen der Szene resultiert aus der Forderung eine grössere Anzahl
unterschiedlicher Objekte mit dem gleichen System behandeln zu können.
Unter unterschiedlichen Objekten sind hierbei sowohl Objekte von
verschiedener Form als auch Objekte gleicher Form mit signifikant
verschiedenen Oberflächeneigenschaften zu verstehen.

Beim heutigen Stand der Technik sind die oben formulierten Anforderungen einander widersprechend. Die Ursache hierfür liegt darin, daß
hohe Auswertegeschwindigkeiten eine algorithmische Codierung und daß
hohe Flexibilität eine deklarative Codierung der zugrundeliegenden
Wissensinhalte fordern; eine algorithmische Codierung ist zwangsläufig
unflexibel, während eine deklarative Codierung beim jetzigen Stand der
Technik langsam ist. Bei bestimmten Anwendungen ist jedoch eine Vereinigung der sich scheinbar widersprechenden geforderten Eigenschaften
möglich.

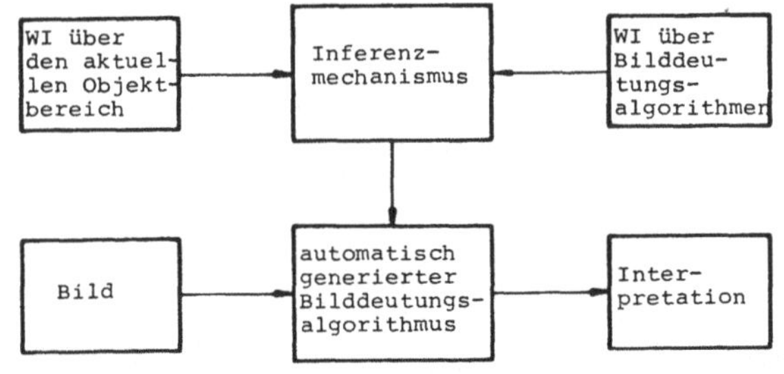

Bild 1:
Konzeptioneller Rahmen
für ein schnelles,
flexibles Bild-
deutungssystem
(WI = Wissensinhalt)

Gelten nämlich die Randbedingungen

   a. es sind im Produktionsprozeß viele gleichartige Bilder auszuwer-
      ten und
   b. die Adaption an eine neue Anwendung muß nur relativ selten er-
      folgen,

so ist mit dem in Bild 1 angegebenen Konzept die Vereinigung der beiden Anforderungen möglich. Die hohe Auswertegeschwindigkeit wird durch eine algorithmische Durchführung der Bildinterpretation erreicht, während die hohe Flexibilität durch einen zusätzlichen Inferenzmechanismus bereitgestellt wird, der vollautomatisch (in einer überwachten Lernphase) den Algorithmus zur Bilddeutung aus einem Pool von Elementarprozeduren (kleine Teilalgorithmen) konfiguriert und die freien Parameterwerte festlegt. Der Inferenzvorgang wird im folgenden Adaptionsprozeß genannt.

2. Systemkonfiguration

Das im vorherigen Abschnitt erläuterte Konzept ist mit einer Systemkonfiguration entsprechend Bild 2 realisierbar. Der Adaptionsprozeß erfolgt in einer überwachten Lernphase. Dies heißt, daß für den Adaptionsprozeß eine Lernstichprobe vorzugeben ist. Eine Lernstichprobe besteht dabei aus Paaren von Referenzbildern und zugehörigen Referenzbeschreibungen. Weitere Informationen sind dem System für den vollautomatischen Adaptionsprozeß nicht mitzuteilen.

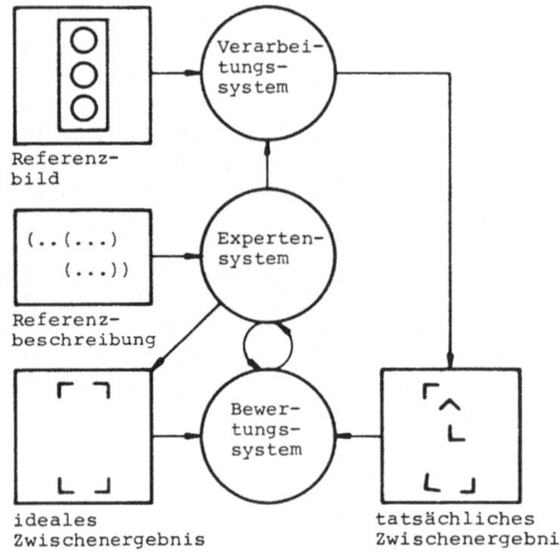

Bild 2:
Systemkonfiguration für
den Adaptionsprozess

Prinzipiell läuft der Adaptionsprozeß so ab, daß mittels eines Expertensystems das Verarbeitungssystem so konfiguriert wird, daß möglichst hohe Übereinstimmung zwischen tatsächlichem und idealem (Zwischen-) Ergebnis vorliegt. Die idealen Zwischenergebnisse werden vom Expertensystem vollautomatisch aus den Referenzbeschreibungen generiert. Der Grad der Übereinstimmung zwischen dem idealen und tatsächlichen (Zwischen-) Ergebnis wird mittels eines Bewertungssystems beurteilt.

Die bei der Systemkonfiguration nach Bild 2 anfallenden Teilaufgaben lassen sich grob in die Blöcke Kontrolle, Adaption, Interpretation und Bewertung einteilen.

3. Übersicht über die notwendigen Wissensinhalte

In die Implementation der Teilaufgaben Kontrolle, Adaption, Interpretation und Bewertung fließen die verschiedensten Wissensinhalte ein.

Für jeden dieser Wissensinhalte existiert eine jeweils zweckmässige Repräsentationsform. Um von den klassischen Begriffen der Wissensrepräsentsmechanismen(die oft leider mit auch widersprüchlichen Bedeutungen belegt sind) loszukommen, ist in Tabelle 1 die <u>Codierung</u> der Wissensinhalte für die Teilaufgaben angegeben. Dies Art der Darstellung läßt offen, wie die Interaktionen zwischen den verschieden codierten Wissensinhalten stattfinden. Tabelle 1 erlaubt eine Verdeutlichung des eingangs formulierten Adaptionsprozesses. Ziel des Adaptionsprozesses ist es, die in der Tabelle 1 mittels (*) gekennzeichnete Wissensinhalte vollautomatisch in der entsprechenden Codierung aus den anderen Wissensinhalten zu erzeugen.

	Algorithmen (implizit)	Regeln (explizit)	Semantisches Netz (explizit)	Parameterwerte (implizit)
Kontrolle	- WI über die Funktion eines Expertensystemrahmens - WI über die Kommunikationspfade der Teilsysteme	- WI über Mechanismen der Regelauswahl	- WI über die einzelnen Regeln - WI über die Zusammengehörigkeit der Regeln - WI über die Aktivierung des Verarbeitungssystems und des Bewertungssystems	
Adaption		- WI über das methodische Vorgehen beim Adaptionsprozeß - WI betreffend des Einsatzes des Bewertungssystems	- WI über die Elementarprozeduren und deren Parameter - WI über die Bewertungsprozeduren und deren Parameter - WI über den Objektbereich	
Interpretation	- WI wie relevante Information in der Bildebene hervorgehoben werden kann - WI über die bildliche Ausprägung der Szenenbereichshinweise - WI wie eine Gruppierung durchgeführt werden kann		- Modellbeschreibungen der relevanten Werkstücke - WI über die optimale Folge der Elementarprozeduren beim aktuellen Objektbereich (*)	- WI über den Zusammenhang der optimalen Ausprägung des gewünschten Ergebnisses der Elementarprozeduren und der Werte der zugehörigen Parameter beim aktuellen Objektbereich (*)
Bewertung	- WI über die bildliche Ausprägung der Szenenbereichshinweise - WI über sinnvolle Eigenschaften der Gütezahlen	- WI über die Beziehungen zwischen den Werten der Größen, die den Analysezustand beschreiben, und abstrakten Bewertungskategorien	- Referenzbeschreibungen der Bilder Lernstichprobe	- WI über den Zusammenhang der Relevanz von Szenenbereichshinweisen und den Werten der zugehörigen Parameter

Tabelle 1: Codierungsform der in die verschiedenen Teilaufgaben
einfließenden Wissensinhalte (WI)

Die Interaktion der verschieden codierten Wissensinhalte soll exemplarisch am Teilproblemkreis der Adaption der freien Parameter der Elementarprozedur zur Extraktion von Ecken aus einem Binärbild verdeutlicht werden. Die Wissensinhalte, die durch Regeln codiert sind, haben prinzipiell folgenden Aufbau:

REGEL-78: WENN die Elementarprozedur zur Extraktion von Ecken an das
          vorliegende Bildmaterial angepaßt werden soll
     DANN variiere die freien Parameter dieser Elementarprozedur
          so, daß die Gütezahl URTEIL der Bewertungsprozedur
          BEWERTUNG maximal wird

REGEL-79: WENN die aktuelle Bewertungsprozedur BEWERTUNG ist
          UND   die Eckenextraktion bewertet werden soll
          DANN setze   den   Parametervektor   von   BEWERTUNG   zu
                P=(4,1,1,1,1,5)

REGEL-80: WENN die Parameter der Elementarprozedur zur Extraktion von
                Ecken variiert werden sollen
          DANN setze als Definitionsbereich des Parameters ABRUNDUNG
                die Menge (3,4,5)

REGEL-81: WENN die Parameter der Elementarprozedur zur Extraktion von
                Ecken variiert werden sollen
          UND   der Parameter ABRUNDUNG den Wert <WERT> besitzt
          DANN setze als Definitionsbereich des Parameters SCHWELLE
                das Intervall [0,<WERT>**3]

Die oben genannten Regeln verweisen wiederholt auf die Bewertungsprozedur BEWERTUNG. In die Definition von BEWERTUNG sind folgende Wissensinhalte über sinnvolle Eigenschaften der Gütezahl URTEIL eingeflossen:

1. Die Gütezahl soll für alle verschiedenen Primitivtypen wie Ecken, Kreise, etc. anwendbar sein.
2. Zunehmende Ähnlichkeit zwischen einem Verarbeitungsergebnis und einem Idealergebnis soll zu einer Erhöhung des Wertes der Gütezahl führen.
3. Werden n Primitive zusätzlich zu einem vorherigen Verarbeitungszustand exakt gefunden, so soll der Wert der Gütezahl um n/N zunehmen.
4. Für jedes Primitiv ist eine Toleranzgrenze definiert. Der Wert der Gütezahl soll sich nicht ändern, wenn ein zusätzliches Primitiv an der Toleranzgrenze gefunden wird.
5. Der Wert der Gütezahl soll sich nicht ändern, wenn für jedes Primitiv, das zusätzlich exakt gefunden wird, c Primitive ausserhalb der Toleranzbereiche zusätzlich gefunden werden.

Aus den vorstehenden Eigenschaften läßt sich folgende Rechenvorschrift für die Gütezahl URTEIL ableiten:

$$URTEIL = 1 + (k-g)/((c-1)*N) + Diff/(N*D) \qquad mit$$

$$Diff = - \sum_{m \in M} \quad \underset{r \in R}{MIN} \quad [d(m,r),D]$$

und den Bezeichnungen
R - durch die Verarbeitung erzeugte Primitivenmenge
M - ideale Primitivenmenge, die durch die Referenzbeschreibung vorgegeben ist
N - Anzahl der Elemente von M
g - Anzahl der Elemente von R
k - Anzahl der korrekt extrahierten Primitive
D - Toleranzgrenze
d()- gewichtete Minkowski-Distanz

Man sieht hier, wie die unterschiedlich repräsentierten Wissensinhalte zusammenwirken. Wesentlich bei der hier gewählten Betrachtungsweise ist, sich zu jedem Zeitpunkt der Adaptionsvorganges deutlich zu machen, welche Wissensinhalte einfließen und welche Codierungsform gewählt wurde.

4. Ergebnisse

Das beschriebene System konnte erfolgreich zur automatischen Adaption
an eine relativ große Klasse von Bilddatenmaterial eingesetzt werden.
Bild 3 zeigt typische "optimale" Binärbilder für die Extraktion von
Ecken, Kreisen und Geraden. Diese Binärbilder wurden mit dem vollautomatisch konfigurierten Verarbeitungssystem erzeugt. Bei der an-
schliessenden Extraktion wurden jeweils alle Kreise sowie 6 bzw. 5 von
6 Ecken gefunden. Die Rechenzeit für einen Adaptionsprozeß belief sich
dabei auf einer VAX 11/780 auf ca. 1 Stunde.

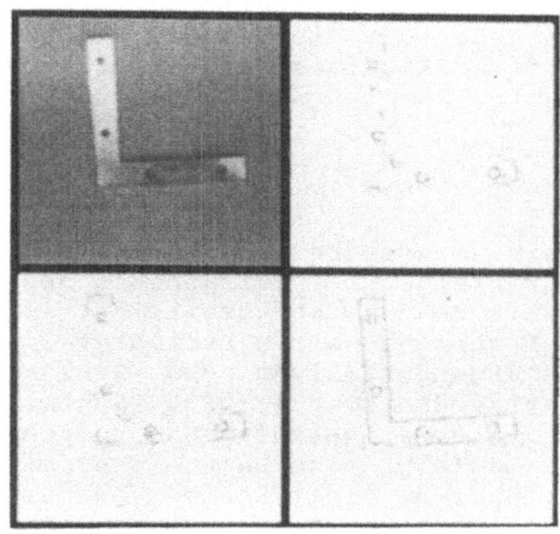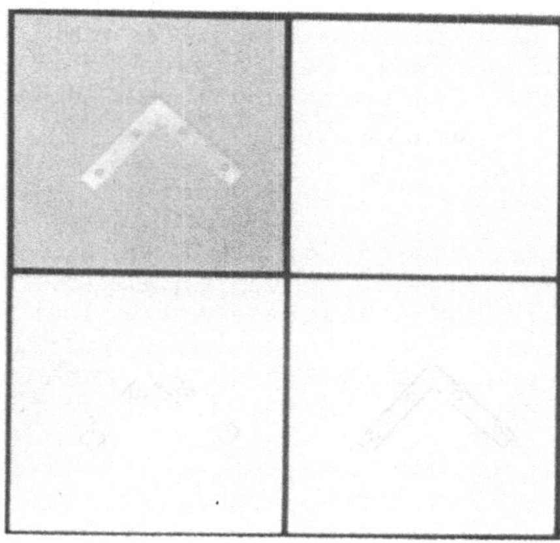

Bild 3:   a) Original. Optimale Binärbilder, die vom voll-
           automatisch konfigurierten System erzeugt
a b   a b werden, im Hinblick auf die Extraktion von
c d   c d a) Kreisen, c) Ecken, d) Geraden

EIN WISSENSBASIERTES SYSTEM FÜR DIE ANALYSE VON LUFTBILDERN

K. Behrens, H. Gabler, R. Gabler, B. Nicolin, M. Sties

Forschungsinstitut für Informationsverarbeitung
und Mustererkennung
Eisenstockstr. 12, D-7505 Ettlingen 6

ZUSAMMENFASSUNG

Der vorliegende Beitrag beschreibt ein System zur maschinellen Analyse
von Luftbildern. Es werden Entwurfskriterien vorgestellt sowie auf Systemarchitektur und Systemkomponenten eingegangen. Die Vorgehensweise bei
der Bildanalyse wird anhand des verwendeten Ansatzes dargestellt und an
bildhaften Ergebnissen demonstriert.

EINLEITUNG

Mit Unterstützung der DFG wurde am FIM ein wissensbasiertes System zur
maschinellen Analyse von Luftbildern entwickelt. Über Teilaspekte des zugrundeliegenden Ansatzes sowie über die mit den zwischenzeitlich implementierten Systemkomponenten erzielten Ergebnisse wurde berichtet /1-3/.
Im folgenden Abschnitt werden zunächst Aufgabenstellung und Ziele des
Projektes kurz umrissen. Darauf folgt eine übersichtsartige Darstellung
des Systementwurfs sowie der in unserem System eingeschlagenen Vorgehensweise bei der Analyse von Luftbildern. Es folgt eine Darstellung bisher
erzielter Ergebnisse, exemplarisch vorgeführt an einer Serie von Ergeb-
nisbildern. Zum Abschluß werden einige Schlußfolgerungen gezogen, die auf
unserem heutigen Erkenntnisstand basieren.

MOTIVATION, AUFGABENSTELLUNG, ZIELE

Die Erweiterung der relativ engen Grenzen, innerhalb derer Segmentations-
und Klassifikationsverfahren erfolgreich auf natürlichen Szenen operieren, war Anlaß für die Entwicklung eines flexiblen Bildanalysesystems am
FIM. Die Aufgabenstellung umfaßte Konzeption und Implementierung eines
vollständigen, d. h. vom digitalisierten Bild bis zu einer symbolischen
Beschreibung des Bildes reichenden Systems. Um die Aufgabe nicht von
vornherein zu komplex zu definieren, wurde auf Farbe, Stereo, 3D und
Bildfolgen verzichtet. Als Bildmaterial wurden aus mittlerer Höhe senkrecht aufgenommene Luftbilder von Vorstadtszenen gewählt. Ziele des For-
schungsvorhabens waren die Untersuchung geeigneter Methoden zur Bildanalyse, die Modellierung des für den gewählten Diskursbereich notwendigen
Wissens bezüglich Inhalt, Form und Nutzung sowie die Entwicklung einer
flexiblen Systemarchitektur, um unterschiedliche Strategien hinsichtlich
des Zusammenwirkens zwischen Methoden, Modell und Ergebnisspeicher untersuchen zu können. Methodische Fragen standen im Vordergrund des Projekts;
Entwicklung von Hardware, Minimierung von Verarbeitungszeiten waren nicht
Ziele des Vorhabens.

SYSTEMENTWURF, PRINZIPIELLE VORGEHENSWEISE BEI DER LUFTBILDANALYSE

Systemarchitektur: Realisiert wird das System durch die in Abb. 1 dargestellten und nachstehend kurz charakterisierten vier Moduln:
1. Der Modul "Methoden" besteht aus einer Sammlung weitgehend problemunabhängiger Verarbeitungsverfahren.
2. Der Modul "Wissen" enthält problemabhängiges Wissen über den Diskurs-

bereich, in unserem Fall Wissen über eine typische Vorstadtszene sowie Wissen über den Einsatzbereich der Verarbeitungsverfahren.
3. Der Modul "Ergebnisspeicher" umfaßt alle (Zwischen-) Ergebnisse, die während des Analyseprozesses anfallen.
4. Der Modul "Strategie" steuert den gesamten Analyseprozeß. Hier wird entschieden, welcher nächste Verarbeitungsschritt in Abhängigkeit des augenblicklichen Systemzustandes ausgeführt werden soll.

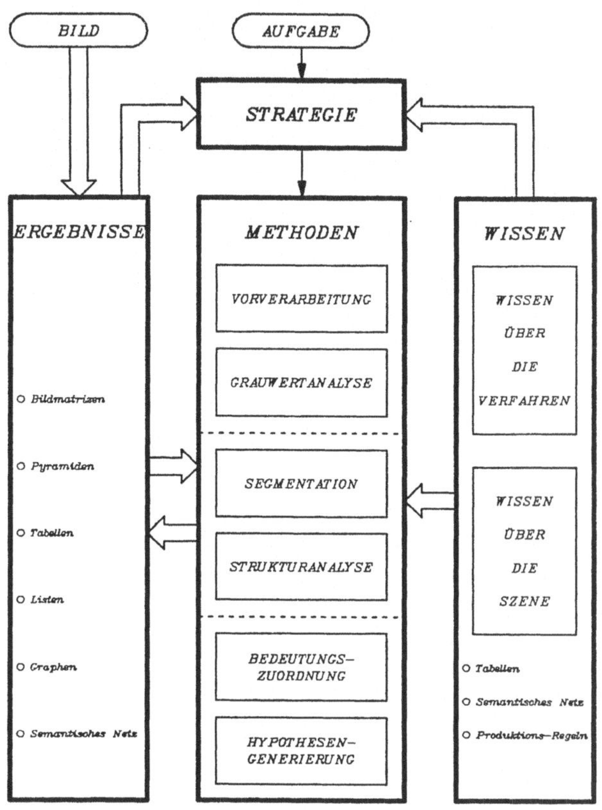

Abb. 1: Systemarchitektur des Bildanalysesystems

Strategie: Die Steuerung aller Prozesse des Systems geschieht über einen bidirektionalen Kontrollalgorithmus. Im Zustand relativer Unkenntnis über den Bildinhalt ist die Kontrolle überwiegend datengetrieben. Sobald für irgendwelche Bildbestandteile ausreichend sichere Bedeutungszuweisungen vorgenommen werden können, geht die Strategie modellgesteuert vor. Dabei wird versucht, mit Hilfe des im Wissensmodul abgelegten Modells Vorhersagen über möglicherweise vorhandene Szenenbestandteile zu machen, wobei diese dann in der Folge zu verifizieren sind.
Geschichteter Ansatz: Wir sehen den Bildanalyseprozeß als eine Kette von Transformationen unterschiedlichen Abstraktionsgrades an, ausgeführt auf den im Ergebnisspeicher abgelegten (Zwischen-) Ergebnissen. Gestartet wird die Bildanalyse mit einigen obligatorischen Prozessen (Vorverarbeitung, Erzeugung einer Bildpyramide aus dem digitalisierten Bild (1. Ebene), Erzeugung einer Profilpyramide (2. Ebene)). Die aus dem Grauwertverlauf in der Bildpyramide abgeleitete Profilpyramide liefert Hinweise über

Art und Ort der zu segmentierenden Bildbestandteile. Die bei der Segmentation (3. Ebene) extrahierten Bildbestandteile (z. B. Linien, Flächen) werden anschließend einer Strukturanalyse (4. Ebene) unterworfen, um dann Bedeutungen zugewiesen zu bekommen (5. Ebene).
Wissensinhalt, -repräsentation und -nutzung: Die Analyse von Szenen des vorgegebenen Komplexitätsgrades erfordert eine Fülle unterschiedlicher Arten von Wissen. Ein Teil dieses Wissens steckt in den (problemunabhängigen) Verarbeitungsverfahren des Moduls "Methoden". In den höheren Ebenen des Systems wird in stärkerem Maß problem- bzw. szenenabhängiges Wissen verwendet, das explizit im Modul "Wissen" formuliert ist. Der Modul enthält zum einen Wissen über Verfahren (welche Verfahren sind wozu geeignet) und zum anderen Wissen über die betrachtete Szenenklasse (generisches Modell). Das hier verwendete Modell beschreibt deklarativ die Ansicht einer typischen Vorstadtszene aus der Vogelperspektive (z. B. "HAUS IST BENACHBART ZU STRASSE", "BÜRGERSTEIG IST TEIL VON STRASSE"). Ein semantisches Netz dient dabei zur Repräsentation des modellierten Szenenwissens. Das Szenenmodell spielt sowohl bei der Zuweisung von Bedeutungen an die im Bild entdeckten Strukturen als auch bei der Prädiktion von erwarteten Szenenbestandteilen eine entscheidende Rolle. In beiden Fällen erfolgt die Nutzung des Wissens prozedural.
Vermeidung verfrühter, irreversibler Entscheidungen: Die auf den einzelnen Ebenen eingesetzten Verfahren führen durch ihre lokale Sicht u. U. zu unzuverlässigen, unvollständigen und mehrdeutigen Ergebnissen. Wir begegnen diesem Problem, in dem wir den Ergebnissen Vertrauenswerte zuordnen und konkurrierende Ergebnisse nebeneinander betrachten, solange die Basis für endgültige Entscheidungen zu schmal ist.
Iterative Vorgehensweise: Definitive Entscheidungen werden nicht unbedingt in einem ersten Lauf durch das System erreicht. Erst wiederholte Durchläufe bewirken über die dabei stattfindende Einbeziehung eines größeren Kontextes eine Verbreiterung der Entscheidungsbasis, so daß zunehmend sicherere Entscheidungen getroffen werden können. Ebensowenig ist eine vollständige Analyse des Bildes in einem ersten Durchlauf zu erlangen. Auch hier wird erst nach mehreren Durchgängen die Interpretation der wesentlichsten Szenenbestandteile erreicht.
Strukturanalyse: Sehr wesentlich bei unserem Ansatz ist die Erkennung und Auswertung bildinhärenter Strukturen (Strukturen sind hier definiert als Zusammenfassungen örtlich regelmäßiger Anordnungen ähnlicher Bildbestandteile). Unterstützung erhält diese Argumentation von seiten der Wahrnehmungspsychologie /4/. Die Zusammenfassung von Bildbestandteilen zu Strukturen ist dabei im wesentlichen ein problemunabhängiger Vorgang und verwertet u. a. auch Erkenntnisse der Gestaltpsychologie /5/.

ERGEBNISSE

Die Abbildungen 2 bis 10 dokumentieren exemplarisch die Vorgehensweise bei der Luftbildanalyse. Abb. 2 zeigt eine untersuchte Originalszene. Abb. 3 stellt links die aus der Originalszene erzeugte Bildpyramide dar. Rechts ist die aus der Bildpyramide abgeleitete Profilpyramide wiedergegeben. Ein Teil der in der Profilpyramide enthaltenen Information ist dabei in zwei verschiedenen Grauwerten kodiert. Dabei entsprechen helle Grauwerte lokalen Maxima und dunkle Grauwerte lokalen Minima des Grauwertgebirges in der Bildpyramide. In Abb. 4 sind die approximierenden Konturen der von einem Segmentationsverfahren gelieferten hellen, kompakten Bildfragmente einer bestimmten Größenklasse dargestellt. Eine Untersuchung der örtlichen Anordnung dieser Bildfragmente führt zu den in Abb. 5 wiedergegebenen, z. T. stark verzweigten Strukturen. Die iterative Anwendung des Verfahrens zur Strukturanalyse in Verbindung mit erneuten Aufrufen der Segmentationsverfahren (schwarze Einblendungen) an den Enden und an den Verzweigungsstellen der Strukturen führt zu dem verbesserten Ergebnis in Abb. 6. Gemessene Eigenschaften und Beziehungen der Strukturen führen im Beispiel durch einen Vergleich mit dem Modell zu der Bedeutungszuweisung "GRUPPE VON BUNGALOWS". Andere Interpretationen sind hier weniger plausibel und erhalten ein geringeres Vertrauen zugewiesen. Damit ist der Punkt erreicht, an dem die Strategie von der datengetriebenen zur modellgesteuerten Kontrolle umschaltet. Das im Modell gespeicherte Wissen "HAUS IST BENACHBART ZU STRASSE" führt aufgrund der plausibelsten Interpretation "GRUPPE VON BUNGALOWS" zur Vorhersage von Straßen in den Umgebungen der Bungalowgruppen, die dann auch gefunden werden (Abb. 7). Die gefundenen Straßen führen zur Prädiktion und Verifikation von Bürgersteigen in Abb. 8 (hell eingeblendet sind die aus dem Modell abgeleiteten Erwartungsbereiche für die Bürgersteige). Ein weiteres Beispiel für die Prädiktion und Verifikation von Ergebnissen ist in Abb. 9 gezeigt. Ausgangspunkt ist die im Modell enthaltene Aussage "EINFAHRT GRENZT AN HAUS UND STRASSE". Abb. 9 schränkt den Erwartungsbereich für Einfahrten ein (weiß eingeblendet) und zeigt die in diesem Bereich gefundenen Kandidaten für Einfahrten (schwarz). Abb. 10 enthält eine Zusammenfassung der oben beschriebenen Ergebnisse, nämlich die als Bungalows, Straßen (Fahrbahn plus Bürgersteig) und Einfahrten interpretierten Bildbestandteile.

SCHLUSSFOLGERUNGEN

Modularisierter Aufbau und klare Schnittstellendefinitionen haben in Verbindung mit relativ einfachen Basisverfahren auf den einzelnen Verarbeitungsebenen zu einem flexibel handhabbaren System geführt, das vielfältige Untersuchungen hinsichtlich des Zusammenwirkens der verschiedenen Systemkomponenten zuläßt. Von großer Bedeutung ist dabei die Einbeziehung von Erkenntnissen der Wahrnehmungspsychologie, die zumindest abschnittsweise vielversprechende Ansätze auch für das maschinelle Sehen von natürlichen Szenen liefert. Eine maschinelle Analyse von Szenen des vorliegenden Komplexitätsgrades ohne die Einbeziehung von explizit formuliertem Wissen über den Diskursbereich ist praktisch nicht möglich. Ansätze aus der KI helfen bei der Akquisition, Strukturierung und Nutzung dieses Wissens. Die Entwicklung der dazu benötigten Programmsysteme erfordert aber einen relativ hohen Einstandspreis. Überlegungen zielen daraufhin, statt eigener Entwicklungen in Zukunft 'geeignete' Software-Tools einzusetzen und diese für spezielle Belange zu modifizieren. Aufwendig ist ebenso die manuelle Wissensakquisition. Wünschenswert wäre darum eine Systemerweiterung durch ein wie auch immer geartetes Lernen. Wünschenswert wäre ferner eine intelligente Erklärungskomponente, um schneller als bisher das Verhalten des Systems aufklären zu können.

LITERATUR

/1/ Gabler, R., Kestner, W., Nicolin, B. (1983): "Objektgruppierung in Luftbildern", 396-400, in: Kazmierczak, H. (Hrsg.): "Mustererkennung 1983", VDE-Verlag, Berlin, Offenbach
/2/ Gabler, R., Kestner, W., Nicolin, B. (1984): "Erkennung von Strukturen in Luftbildern von Siedlungsgebieten", 99-105, in: Kropatsch, W. (Hrsg.): "Mustererkennung 1984", Springer-Verlag, Berlin, Heidelberg, New York, Tokyo
/3/ Gabler, R. (1985): "Modellgesteuerte Hypothesengenerierung zur Ergebnisakkumulation bei der Bildanalyse", 244-249, in: Niemann, H. (Hrsg.): "Mustererkennung 1985", Springer-Verlag, Berlin, Heidelberg, New York, Tokyo
/4/ Witkin, A. P., Tenenbaum, J. M. (1983): "On the Role of Structure in Vision", 481-543, in: Beck, J., Hope, B., Rosenfeld, A. (Hrsg.): "Human and Machine Vision", Academic Press, Orlando, Florida, USA
/5/ Wertheimer, M. (1923): "Untersuchungen zur Lehre von der Gestalt. II.", Psychologische Forschung, Bd. 4, 301-350

Abb. 2
Originalszene

Abb. 3
Bildpyramide (links)
Profilpyramide (rechts)

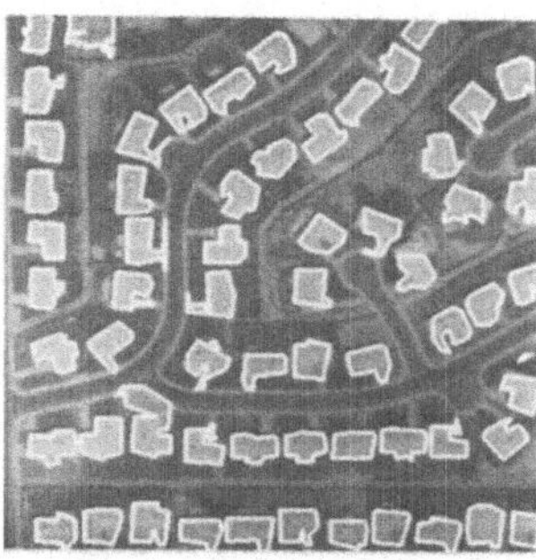

Abb. 4
approx. Konturen der
segmentierten Objekte

Abb. 5
verzweigte Strukturen

Abb. 6
durch Verfahrens-
iteration verbesserte
Strukturen

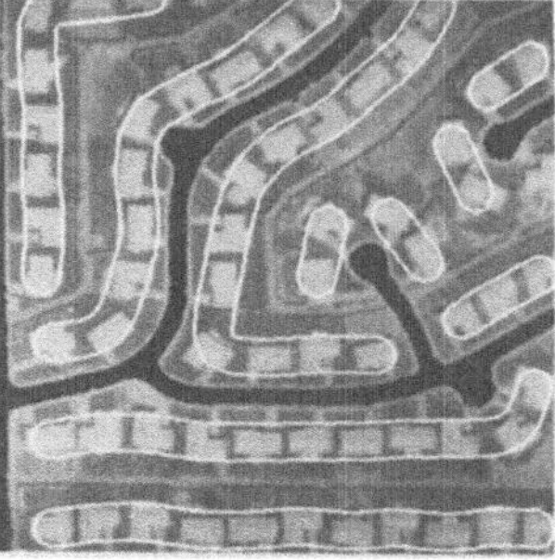

Abb. 7
durch Prädiktion
aus dem Modell
gefundene Straßen

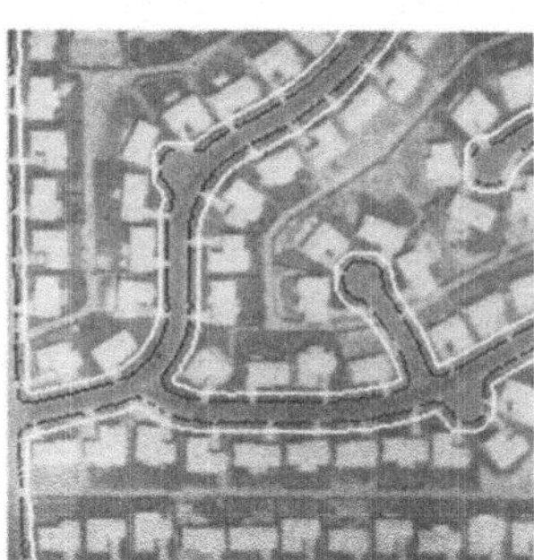

Abb. 8
Kandidaten für Bürger-
steige innerhalb der
Erwartungsbereiche

Abb. 9
Kandidaten für Einfahr-
ten innerhalb der
Erwartungsbereiche

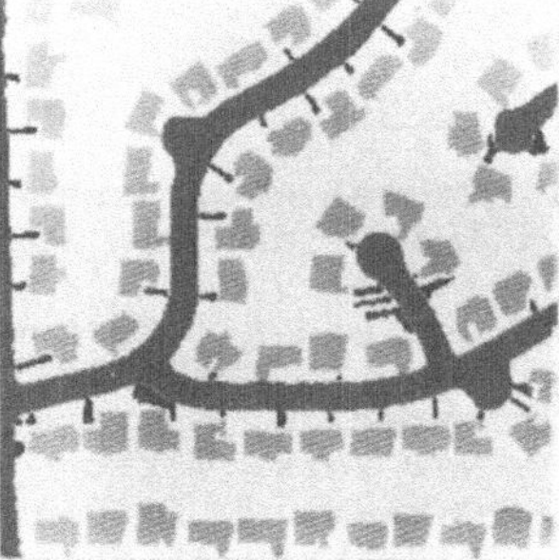

Abb. 10
verifizierte
Bungalows, Straßen
und Einfahrten

Hierarchien über Relationengebilden

Christian Sielaff
Fachbereich Informatik Universität Hamburg
Schlüterstr. 70, D-2000 Hamburg 13

Einleitung

Relationalstrukturen sind ein geeignetes Werkzeug zur modellgestützten Bildinterpretation. Sowohl ihr Aufbau als auch die Abbildungen zwischen relational beschriebenen Modellobjekten und relational beschriebenen Bildern sind einfach zu formulieren und doch ausreichend mächtig um auch komplexe Interpretationsaufgaben zu lösen. Darüber hinaus unterstützen Relationalstrukturen, im Vergleich zu anderen ähnlich mächtigen Strukturen wie Semantischen Netzen oder Frames, in hohem Maße tolerante Abbildungen zwischen Prototypen und den oft unvollkommen vorverarbeiteten Bildern.

Ein Kernpunkt der Bildanalyse ist die Konstruktion von Abbildungen zwischen relationalen Modell- und Bildbeschreibungen, um Objekte in einer Szene zu erkennen. Die relationale Bildbeschreibung besteht dabei aus einer Menge von Tupeln über *primitiven Relationen*, die das Ergebnis der Segmentationsprozesse bilden. Diese Abbildungen werden durch R-Morphismen realisiert [1],[2]. Das Ergebnis eines R-Morphismus' ist die Identifikation einer Teilstruktur in der relationalen Beschreibung des Bildes, und wird mit *Inkarnation* des Modells bzw. des Teilmodells bezeichnet.

Die Konstruktion von R-Morphismen ist isomorph zu der Aufgabe, Cliquen –maximal zusammenhängende Teilgraphen– in einem Graphen zu finden, und gehört damit in die Klasse der NP-vollständigen Probleme, wenn man voraussetzt, daß die betrachteten Graphen keine speziellen Eigenschaften, wie etwa Planarität, besitzen. Um trotzdem mit vertretbarem Aufwand zu Abbildungsergebnissen zu kommen, werden die Relationalstrukturen, und damit auch die Abbildungen, hierarchisch organisiert. Dieser Ansatz, der von Barrow et al. in [3] zuerst formuliert wurde, wurde durch die Einführung *signifikanter Teilstrukturen* innerhalb jeder Teilbeschreibung –jedes Knotens– der Hierarchie erweitert. Dadurch wird es möglich, die relationalen Beschreibungen ähnlicher (Teil-)Objekte mit gleicher signifikanter Teilstruktur in einem Knoten der Hierarchie zusammenzufassen [4].

Die signifikante Teilstruktur eines Knotens wird durch die Relationstupel bestimmt, die an der *Verklebung* zu einer übergeordneten Struktur beteiligt sind. Die Verklebung erfolgt dabei entweder durch Identifikation von *Verklebungstupeln* verschiedener Teilmodelle, oder durch Relationen, –Beziehungsrelationen– die diese Tupel in Beziehung zueinander setzen, ohne selbst aber Teil dieser Untermodelle zu sein.

Die verschiedenen Teilmodelle eines Knotens haben im allgemeinen auch verschiedene untergeordnete Teilstrukturen. Daher müssen diese *Vorfolger* in Gruppen zusammengefaßt werden, von denen jede genau eine der übergeordneten Teilstrukturen innerhalb eines Knotens beschreibt. So führt die Einführung der signifikanten Teilstruktur direkt zur Verwendung von AND/OR-Prozessen in der Hierarchie und damit im Abbildungsprozeß.

Eine formale Beschreibung der entstehenden Hierarchie –des *Modellgraphen*– findet sich in [4].

Ein weiterer Kernpunkt der Bildinterpretation ist das Problem, geeignete Modellbeschreibungen für den Abbildungsprozeß zu erzeugen. Während die Struktur der Hierarchie durch die Teil-Von-Relation zwischen den Teilstrukturen und durch die Forderung nach möglichst geringer Redundanz in gewisser Weise 'natürlich' hergeleitet werden kann, gibt es für den Inhalt der Teilstrukturen, also für die Zerlegung eines Modellobjektes in hierarchisch anzuordnende Teilobjekte, kein allgemeingültiges Kriterium. Die Zerlegung eines Objektes wird hauptsächlich durch die aktuelle Interpretationsaufgabe bestimmt und ist in vielen Fällen nur schwer formal zu beschreiben.

Ein formal faßbares und verschiedenen Aufgabenstellungen übergeordnetes Kriterium der *Hierarchisierung* eines Objektes liefert die Betrachtung des Aufwandes, der bei der Abbildung eines Modells auf ein Bild geleistet werden muß. Wenn man dieses Kriterium durch eine Bewertungsfunktion beschreibt, die einer Hierarchie eine Zahl zuordnet, die den Abbildungsaufwand repräsentiert, so kann die Konstruktion der günstigsten Hierarchie eines Modells algorithmisch erfolgen. Diese Hierarchisierung gliedert sich in zwei weitgehend unabhängige Teilalgorithmen: in einen Dekompositionsprozeß, der zu einer gegebenen Struktur eine Menge möglicher bzw. günstiger Zerlegungen erzeugt und in einen Konstruktions- und Auswahlprozeß, der mit jeder erzeugten Zerlegung eine um diese Dekomposition erweiterte Hierarchie konstruiert und aus der Menge der Hierarchien die momentan günstigste zur Weiterverarbeitung auswählt.

Dieser *Hierarchisierungsprozeß* kann durch die Wahl einer geeigneten Bewertungsfunktion und die Bestimmung geeigneter Zerlegungsprozesse auch anderen Hierarchisierungskriterien angepaßt werden. Darüber hinaus ist es auch möglich, verschiedene, nicht konkurrierende Hierarchisierungsziele gleichzeitig zu verfolgen, indem die Bewertungsfunktion und die Zerlegungsprozesse jeweils einem anderen Ziel zugeordnet werden.

Hierarchisierung als Prozeß

Der formale Aufbau einer Hierarchie, wie beispielsweise der in [4] beschriebene Modellgraph, ist durch die Entscheidung für einen Repräsentationsformalismus und –davon abhängig– durch die Struktur der Teil-Von-Beziehungen zwischen den Teilmodellen der Hierarchie weitgehend festgelegt. Für die Performanz und Effizienz einer Bildinterpretation sind die Inhalte der Hierarchie von mindestens gleicher Bedeutung. Die Inhalte der Teilstrukturen sind aber i.a. nicht allein durch den formalen Aufbau der Hierarchie bestimmt.

Die Modellierung eines Objektes erfolgt durch einen Systembenutzer oder durch ein prototypisches Bild des Objektes. In beiden Fällen liefert die Modellierung eine Beschreibung des Objektes in den Bildprimitiven, die durch Segmentationsprozesse auch später aus einem zu interpretierenden Bild gewonnen werden können. Diese Bildbeschreibung ist noch nicht hierarchisch organisiert, sie ist *flach*. Für ein hierarchisch aufgebautes Modell ist eine weitere Bearbeitung dieser flachen Beschreibung notwendig. Die *Hierarchisierung* kann durch einen Benutzer oder durch einen *Hierarchisierungsprozeß* erfolgen. Welche Vorteile hat nun ein Hierarchisierungsprozeß gegenüber einer Hierarchisierung eines flachen Modells durch einen Menschen:

- Ein Hierarchisierungsprozeß erlaubt es, das Modell den Anforderungen des Interpretationsprozesses optimal anzupassen.

- Ein Hierarchisierungsprozeß ist 'objektiv' gegenüber dem flachen Modell. Insbesondere wenn das flache Modell durch ein prototypisches Bild gewonnen wird, ist eine interaktive Hierarchisierung, bedingt durch die unvollkommene Segmentation des Bildes, schwierig zu handhaben.

- Ein Hierarchisierungsprozeß kann einem veränderten Interpretationsprozeß leicht angepaßt werden.

- Ein Hierarchisierungsprozeß kann, insbesondere bei der symbolischen Beschreibung von Bildfolgen, den Interpretationsprozeß beschleunigen.

Die Modellierungskriterien und damit auch die Hierarchisierungskriterien sind von verschiedenen Faktoren abhängig. Die hauptsächlichen Einflußgrößen sind die Wahl der Bildprimitiven, die Wahl der Repräsentationsform, die Wahl der Interpretationsmethoden und die Wahl der Interpretationsziele.

Diese Größen sind im allgemeinen nicht unabhängig voneinander. So schlägt sich die Wahl der Primitiven oft in der Repräsentation und in den Interpretationsmethoden nieder und wird selbst durch die Interpretationsziele beeinflußt. Ein typisches Beispiel für diese Abhängigkeiten liefert die Modellierung von Objekten durch generalisierte Zylinder oder Kegel [5] oder die Modellierung verschiedener *Schemata* im VISIONS-System [6].

Im Zusammenhang mit dem Modellgraphen liegt eine andere Situation vor. Hier ist die Repräsentation festgelegt. Die Bildprimitiven –hier also die primitiven Relationen– sind durch die Darstellung nur wenig eingeschränkt. Als Primitiv können sowohl einzelne Pixel als auch generalisierte Kegel dienen. Die Interpretationsmethode ist ebenfalls durch die Repräsentation festgelegt. Das Interpretationsziel ist damit nur auf die 'erfolgreiche' Anwendung der Interpretationsmethode ausgerichtet.

Die Abbildung eines hierarchischen Modells in ein Bild ist dann erfolgreich, wenn das modellierte Objekt im Bild wiedergefunden werden kann, vorausgesetzt natürlich daß das modellierte Objekt im Bild vorhanden ist, und wenn dieser Erkennungsprozeß möglichst effizient durchgeführt wird.

Für einen Hierarchisierungsprozeß muß diese Zielvorgabe in eine Zielfunktion umgewandelt werden, die die Annäherung an das gegebene Ziel bewertet und beim Erreichen des Zieles die beste Bewertung liefert. Das Problem ist damit aufgeteilt in das Problem eine geeignete Zielfunktion zu formulieren und die Hierarchisierung so durchzuführen, daß die Zielfunktion den bestmöglichen Wert annimmt oder ihm zumindest 'genügend nahe' kommt.

Ist die Zielfunktion formuliert, so kann die Hierarchisierung durch folgenden Prozeß beschrieben werden :

Ist eine relationale Beschreibung eines Objektes gegeben, so stellt dieses *flache Modell* zusammen mit Teilstrukturen, die jeweils genau eine primitive Relation repräsentieren, die einfachste mögliche Hierarchie dar. Wir wählen eine nicht-primitive und noch nicht zerlegte Teilstruktur aus und erzeugen in einem Subprozeß eine Menge verschiedener Zerlegungen dieser ausgewählten Struktur. Mit jeder dieser Zerlegungen wird dann eine erweiterte Hierarchie konstruiert, indem die neu erzeugten Teilstrukturen in den bestehenden Modellgraphen eingepaßt werden. Diese erweiterten Hierarchien werden durch die Zielfunktion bewertet und aus der bestbewerteten Hierarchie wird wiederum eine nicht-primitive, noch nicht zerlegte Teilstruktur ausgewählt usw. Dieser Prozeß terminiert, wenn es nicht mehr möglich ist, eine besser bewertete Hierarchie als den momentan bestbewerteten Modellgraphen zu konstruieren.

Die Zielfunktion des Hierarchisierungsprozesses soll den Aufwand bewerten, den die Abbildung eines hierarchischen Modells –eines Modellgraphen– in ein beliebiges Bild verursacht. Diese Aufgabenstellung ist in der gegebenen Strenge nicht zu lösen, da der Abbildungsaufwand entscheidend durch das aktuelle Bild mitbestimmt wird. Wir können allerdings den absoluten Aufwand außer acht lassen und uns darauf beschränken, durch die Zielfunktion die beste unter gegebenen Hierarchien auszuwählen.

Aus Platzgründen möchte ich hier auf die Herleitung einer Aufwandsabschätzung verzichten und nur einen Katalog von Eigenschaften vorstellen, die eine vergleichende Zielfunktion erfüllen sollte.

1) *Bewerte die Hierarchie besser, die zu weniger Zuordnungen zwischen den Relationstupeln des Modells und Tupeln der Bildbeschreibung führt. Im einzelnen*

   1a) *Bewerte die Hierarchie besser, deren Knoten disjunkt sind, so daß also ein Relationstupel jeweils nur einen direkten Vorfolger besitzt.*

   1b) *Bewerte die Hierarchie besser, deren Knoten weniger Inkarnationen liefern.*

2) *Bewerte die Hierarchie besser, die weniger Verklebungstupel auszeichnet.*

3) *Bewerte die Hierarchie besser, die bezüglich der Verklebung der Vorfolger durch Beziehungsrelationen im aktuellen Teilmodell geringere Kosten verursacht. Im einzelnen*

   3a) *Bewerte die Hierarchie besser, die weniger Verklebungstupel zur Vereinigung untergeordneter zu übergeordneten Strukturen erfordert.*

   3b) *Bewerte die Hierarchie besser, die nur Beziehungsrelationen zur Verklebung erfordert, die einfach zu überprüfen sind.*

Die Zerlegung einer Relationalstruktur

Neben der Zielfunktion stellt die Zerlegung einer Relationalstruktur einen weiteren Kernpunkt des Hierarchisierungsprozesses dar. Nehmen wir an, wir hätten eine zu zerlegende Teilstruktur ausgewählt. Dann stellt diese Struktur zusammen mit der Menge der primitiven Knoten des Modellgraphen wiederum eine einfachste Hierarchie dar. Die Aufgabe des Zerlegungsprozesses besteht nun darin, 'Zwischenknoten' in diesem einfachen Modellgraphen zu konstruieren und damit die ursprünglich gegebene Hierarchie zu erweitern. Welche Forderungen sind nun an diese Zwischenknoten und an den durch sie erweiterten Modellgraphen zu stellen, damit der erweiterte Modellgraph eine sinnvolle Hierarchisierung des flachen Objektes darstellt:

1) Jeder Zwischenknoten darf nur Relationengebilde enthalten, die auf den gegebenen primitiven Relationen aufbauen.

2) Zu jedem Zwischenknoten existiert mindestens ein R-Monomorphismus, der das Relationengebilde des Knotens in das Gesamtmodell abbildet.

3) Die Knoten des erweiterten Modellgraphen sind paarweise verschieden und als Folge daraus :

4) Das Relationengebilde eines Knotens enthält mehr Relationstupel als jeweils seine Vorfolger und weniger als jeweils seine Nachfolger.

5) Aus Kenntnis der Vorfolger eines Knotens und der zugehörigen R-Monomorphismen kann die Relationalstruktur eines Knotens –bis auf die nichtprimitiven Beziehungsrelationen– wiedergewonnen werden.

6) Die Menge der Vorfolger eines Knotens ist bezüglich der Forderung 5) minimal.

Entsprechend diesen Forderungen, wird eine Dekomposition einer Relationalstruktur dadurch realisiert, daß die Menge der primitiven Relationstupel in mehrere verschiedene, nicht unbedingt disjunkte Mengen zerlegt wird und die Beziehungsrelationen über den primitiven Tupeln entsprechend auf die erzeugten Teilmengen verteilt werden.

Es wäre unrealistisch, alle möglichen Zerlegungen der Ursprungsstruktur so zu erzeugen und die beste Zerlegung durch die Zielfunktion der Hierarchisierung auszuwählen, da die Anzahl möglicher Dekompositionen in der Größenordnung $O(2^{(2^k)})$ liegt, wobei k die Anzahl der primitiven Relationstupel des Ausgangsmodells bezeichnet. Es ist also notwendig einen 'intelligenteren' Zerlegungsprozeß zu formulieren, der eine im Sinne der Zielfunktion günstige Teilmenge der möglichen Dekompositionen konstruiert.

Der Eigenschaftskatalog der Zielfunktion legt eine Zweiteilung des Dekompositionsprozesses nahe:
Zum einen sollten Zerlegungen erzeugt werden, die eine kostengünstige Verklebung der konstruierten Teilstrukturen zum Ausgangsmodells gewährleisten. Das kann dadurch erreicht werden, daß die Ausgangsstruktur durch einen *verklebungsorientierten Zerlegungsprozeß* in disjunkte Teilmodelle zerlegt wird, deren Verklebung nur durch einfach zu überprüfende Beziehungsrelationen realisiert wird.
Zum anderen sollten Zerlegungen erzeugt weden, deren Teilstrukturen möglichst kostengünstig inkarniert werden können. Darüber hinaus wäre es vorteilhaft, bei der Zerlegung auf bereits im aktuellen Modellgraph vorhandene Teilstrukturen zurückzugreifen, um die Anzahl verschiedener Knoten der erweiterten Hierarchie möglichst gering zu halten. Diese Forderungen können durch einen *Teilstruktur-orientierten Zerlegungsprozeß* erfüllt werden.

Die Menge, der durch beide Prozesse erzeugten Zerlegungen, ist dann eine –im Sinne der Zielfunktiongünstige Teilmenge der möglichen Dekompositionen und beschränkt dadurch die Menge der erweiterten Hierarchien auf ein handhabbares Maß.

Zusammenfassung

Wir können die Hierarchisierung eines flachen Modells durch zwei Teilprozesse beschreiben: Durch einen Algorithmus, der durch sukzessive Erweiterung der einfachsten Hierarchie die Konstruktion einer optimalen Hierarchie als Baumsuche realisiert und durch einen Subprozeß, der durch verklebungsorientierte und

Teilstruktur-orientierte Dekompositionen eine günstige Teilmenge der möglichen Zerlegungen einer Relationalstruktur erzeugt.

Während für die Baumsuche die vergleichende Zielfunktion als Entscheidungs- und Konstruktionsgrundlage ausreicht, stellt uns der Zerlegungsprozeß vor die Wahl zwischen zwei Alternativen.

- Wir können uns einerseits durch die Anwendung der Zielfunktion wieder auf eine Auswahl unter bestehenden Dekompositionen beschränken. Das würde aber bedeuten, daß wir zu jeder Relationalstruktur des Modells alle Zerlegungen erzeugen müssen, eine Anforderung, die aus Effizienzgründen wohl nur in Einzelfällen zu erfüllen ist. Dieser Auswahlprozeß würde jedoch eine optimale Lösung der Hierarchisierungsaufgabe garantieren.

- Andererseits können wir die Dekomposition durch eine Menge von Zerlegungsregeln oder -algorithmen realisieren und dadurch die Zahl der zu betrachtenden Zerlegungen auf ein handhabbares Maß beschränken. Diesen Vorteil müssen wir dann aber mit dem Verzicht auf eine garantiert optimale Lösung des Hierarchisierungsproblems erkaufen. Welche Konstruktionsregeln und -algorithmen wir auch immer anwenden, wir können nicht ausschließen, daß der optimale Modellgraph nicht Knoten eines Astes des Suchbaumes ist, der durch eben diese Regeln oder Algorithmen abgeschnitten wurde.

Die hierarchische Zerlegung eines Modellobjektes nach Effizienzkriterien ist, wie in der Einleitung bereits gesagt, nicht das einzige mögliche und sinnvolle Modellierungsziel. Der vorgeschlagene Hierarchisierungsprozeß kann jedoch leicht an andere Hierarchisierungsziele angepaßt werden. Zwei Veränderungen sind dazu nötig : Aus dem Hierarchisierungsziel muß eine Auswahlfunktion hergeleitet werden, die die Bewertung der Knoten des Suchbaumes leisten kann und es muß eine Menge von Regeln oder Algorithmen angegeben werden, die eine, im Sinne des Hierarchisierungszieles, günstige Menge von Zerlegungen einer Relationalstruktur erzeugt. Diese Zweiteilung erlaubt es, auch zwei voneinander unabhängige Modellierungsziele gleichzeitig zu verfolgen. So ist es beispielsweise möglich, die Zerlegung eines Struktur durch funktionelle Kriterien zu bestimmen und aus den eventuell mehreren resultierenden Hierarchien die kostengünstigste dieser funktionellen Hierarchien durch eine aufwandsbezogene Zielfunktion in der Baumsuche auszuwählen.

Die Implementation eines Hierarchisierungsprozesses steht kurz vor dem Abschluß. Zusammen mit einem geeigneten Segmentationsalgorithmus und einem Abbildungsprozeß, die bereits implementiert sind, wird dann ein prototypisches System zur modellgestützten Bildinterpretation mittels relationaler Strukturen zur Verfügung stehen.

Literatur

[1] B. Radig: *Image Sequence Analysis Using Relational Structures*, Pattern Recognition 17, 1984, pp. 161-167

[2] B. Radig: *Symbolische Beschreibung von Bildfolgen I : Relationengebilde und Morphismen*, Universität Hamburg, Bericht IfI-HH-8-90/82 des Fachbereichs Informatik, 1982

[3] H.G. Barrow, A.P. Ambler, R.M. Burstall: *Some Techniques for Recognising Structures in Pictures*, in: Frontiers of Pattern Recognition, S. Watanabe (ed), Academic Press New York, San Francisco, London, 1972, pp.1-29

[4] C. Sielaff: *Hierarchische Dekomposition und Sythese von Objekten*, in: GWAI-85, Informatik Fachberichte 118, H. Stoyan (ed), Springer-Verlag, Berlin Heidelberg New York Tokyo, 1986, pp. 348-355

[5] R. Nevatia: *Structural Descriptions of Complex Curved Objects for Recognition and Visual Memory*, Stanford Artificial Intelligence Laboratory MEMO AIM-250, 1974

[6] A.R. Hanson, E.M. Riseman. *VISIONS : A Computer System for Interpreting Scenes*, in : Computer Vision Systems, A.R. Hanson, E.M. Riseman (eds), Academic Press New York, San Francisco, London, 1978, pp.303-334

Modellgestützte Kontrolle in der Bildanalyse

Peter Heß, Christian Kordes
Universität Erlangen - Nürnberg
Lehrstuhl für Informatik 5 (Mustererkennung)
Martensstr.3
8520 Erlangen

Zusammenfassung:
Bildanalysesysteme umfassen häufig ein explizites Modell, das die Objekte eines
Problembereichs und ihre Beziehungen zueinander festlegt. Zuerst wird ein drei-
dimensionaler Ansatz zur Modellbildung beschrieben, der auf verallgemeinerten
Zylindern basiert und die Möglichkeit hat, Oberflächenattribute ins Modell ein-
zubinden sowie Objektklassen mittels Fuzzy-Funktionen zu definieren. Auf dieses
Modell baut ein Kontrollalgorithmus auf, der datengestützt Objektmodelle hypo-
thetisiert und diese dann modellgetrieben mit ihren Teilen interpretiert. Zum
Schluß werden die Ergebnisse bei der Interpretation von zwei Testbildern vorgestellt.

1. Einleitung

Wissensgestützte Bildanalysesysteme haben ein explizit repräsentiertes Modell, in
dem das problemkreisabhängige Wissen gespeichert ist. Beim Bildanalyselauf werden
dann in irgendeiner Form Strukturen, die aus dem Bild extrahiert wurden, mit dem
Modell verglichen, um zu einer Interpretation des Bildes zu gelangen. In ACRONYM
/1/ z. B. wird aus den Objektmodellen ein sog. Vorhersagegraph abgeleitet, der die
Invarianten der Objektmodelle enthält. Zur Analyse wird aus dem Bild ein Beschrei-
bungsgraph gewonnen. Die Interpretation des Bildes entspricht dann der Suche nach
übereinstimmenden Teilgraphen. Ähnlich dem ACRONYM-System gründen sich die Objektmodelle des vorgestellten Systems auf verallg. Zylindern (Kapitel 2). Die Abspeicherung erfolgt mit einer relationalen Datenbank. Im dritten Kapitel erläutern
wir einen gemischten Kontrollalgorithmus auf der Basis des A^*-Algorithmus, bevor
wir mit einigen Ergebnissen und Bemerkungen abschließen.

2. Das Modell

Grundbausteine des Modellierungssystems sind verallgemeinerte Zylinder. Als Grund-
und Deckfläche dieser verallg. Zylinder sind dabei Vierecke, Kreise, Ringe und
Teile von Ringen zugelassen. Eine Erweiterung dieser Elemente ist möglich. Ein
verallg. Zylinder wird durch zwei solche parallele Flächen (Bedingung: gleiche
Form) als Grund- und Deckfläche sowie die Angabe seiner Höhe beschrieben. Jedem
verallg. Zylinder wird ein lokales Koordinatensystem zugeordnet (siehe Bild 1).
Objekte ergeben sich durch die Vereinigung solcher Grundbausteine. Diese Ver-

einigung wird erklärt als Transformation der lokalen Koordinatensysteme in ein
Objektkoordinatensystem, das einem verallg. Zylinder, dem sog. Hauptteil, zugeordnet ist. Weiterhin ist die Bildung von Objektklassen möglich. Hierzu werden verschiedene Parameter der Objektmodelle mittels Fuzzyfunktionen variabel definiert.
Für die Bildanalyse notwendige Oberflächenattribute, w. z. B. Farbe, Intensität
oder Textur, können zusätzlich abgelegt werden, um für die Interpretation eines
Bildes zur Verfügung zu stehen. Aus mehreren Objektmodellen kann eine Objektgruppe
gebildet werden, wenn ein gemeinsames Auftreten dieser Objekte sehr wahrscheinlich
ist. Außerdem ist die Definition von Regionen für solche Objekte möglich, die
nicht oder nur schwierig dreidimensional modelliert werden können (z. B. Himmel in
einer Vorstadtszene). Das gesamte Modell setzt sich dann aus Regionen, Objektklassen, Objektgruppen und deren möglichen örtlichen Beziehungen zusammen. Zur
Abspeicherung des Modells dient eine relationale Datenbank, die Relationen der
ersten Normalform enthält. Für ein eingeschränktes Modell einer natürlichen Szene
sind hier 18 Relationen /2/ aufgebaut, die sowohl die grundlegenden Daten der
Objektmodelle als auch Hilfsdaten enthalten. Der Vergleich Bilddaten - Modell
erfolgt auf der Ebene der verallg. Zylinder durch die Auswertung der Fuzzy-
Funktionen, die die Parameter des entsprechenden verallg. Zylinders definieren.

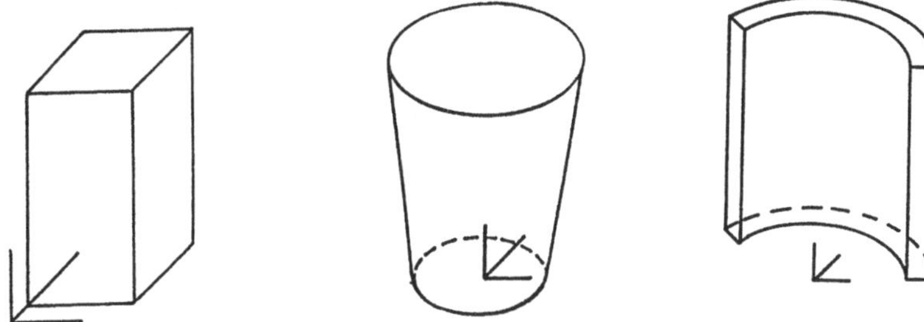

<u>Bild 1:</u> Verallgemeinerte Zylinder

3. Der Kontrollalgorithmus

Der hier zur Anwendung kommende Kontrollalgorithmus wird sowohl von den Bilddaten
(bottom-up), als auch vom Modell (top-down) gesteuert. Eine reine bilddaten-
gesteuerte Arbeitsweise hat es mit der Schwierigkeit zu tun, daß die lokalen
Operationen in den realen Bildern entweder zu wenig oder zu viele primitive Elemente zur Verfügung stellen. Eine frühzeitige Festlegung auf ein bestimmtes Ergebnis ohne Verwendung von Strukturinformationen führt hierbei sehr leicht zu fehlerhaften Ergebnissen. Ein reines top-down-Verfahren ist dagegen wegen der Vielfalt
möglicher Hypothesen bei komplexen Problemstellungen viel zu aufwendig (/3/).

Da im Modell zwischen Primkörpern (verallg. Zylindern) und Regionen unterschieden
wird, wird auch der Kontrollalgorithmus in zwei Phasen unterteilt. In der ersten

Phase werden die im Bild vorkommenden Primkörper, in der zweiten Phase (reine top-down-Suche) die im Bild vorkommenden Regionen bearbeitet. Lediglich in der ersten Phase wird eine gemischte Strategie angewandt. Die Grobstruktur der gemischten Arbeitsweise sieht folgendermaßen aus.

0:) Bringe alle verallg. Zylinder des Bildes in die Menge UNBESTIMMT.

1:) Nimm einen beliebigen verallg. Zylinder aus der Menge UNBESTIMMT und erstelle für diesen einen Modellzylinder als Hypothese.

2:) Suche im Modell nach verallg. Zylindern, die zusammen mit obiger Hypothese ein vollständiges Objekt darstellen (z.B. Hypothese: Fenster - vollständiges Objekt: Haus mit den Unterstukturen Dach, Fenster, Türen. Dabei wird der Modellzylinder "Haus" als Hauptteil bezeichnet).

3:) Bestimme im Bild einen verallg. Zylinder, der einem Hauptteil im Modell entspricht. Falls mehrere Bildzylinder gefunden werden, wähle einen beliebigen davon aus.

4:) Bestimme im Bild diejenigen Primkörper, die mit dem in unter -3:- bestimmten Bildzylinder in örtlichem Zusammenhang stehen.

5:) Berechne mit Hilfe des A^{*}-Algorithmus den optimalen Pfad durch den Graphen, der durch die Modellzylinder aufgebaut wird, die in -2:- bestimmt worden sind. (Da jede Ebene des Graphen/Baum einen Bildzylinder repräsentiert und der optimale Pfad auf jeder Ebene genau einen Knoten bestimmt, können die zu diesem Knoten zugehörigen Modellzylinder als Interpretation des Bildzylinders angesehen werden.)

6:) Nachdem der beste Pfad bestimmt worden ist, werden die analysierten Bildzylinder aus der Menge UNBESTIMMT gestrichen und in die Menge BESTIMMT gebracht.

7:) Falls die Menge UNBESTIMMT leer ist, sind alle verallg. Zylinder des Bildes analysiert worden und es können die Regionen des Bildes bestimmt werden. Falls die Menge UNBESTIMMT nicht leer ist, fahre fort mit Punkt 1:.

Um zu guten Ergebnissen zu kommen, benötigt der Algorithmus eine geeignete Matchfunktion, die einen Wert liefert, der Auskunft über die Ähnlichkeit zwischen einem Bild- und einem Modellzylinder gibt. Bei diesem Projekt wurden zwei verschiedene Funktionen implementiert. Die eine Funktion bestimmt einen Wert auf Grund eines vollständigen geometrischen Vergleiches, die andere auf Grund eines Attributes bzw. eines speziellen Parameters (/2/). Der Vergleich über ein Attribut wird für die schnelle Vorselektion der Hypothesen herangezogen.

Da der Bildhauptteil mit allen Unterstrukturen einen örtlichen Zusammenhang besitzt, muß dieser mit großer Sicherheit erkannt werden können. Die örtlichen Relationen der Primkörper im Bild werden durch einen geeigneten Algorithmus bestimmt.

Der Vorteil dieser gemischten Kontrollstruktur liegt zum einen in der Zeitersparnis gegenüber einer reinen top-down-Suche, da sich die Anzahl der zu entwicklenden Knoten im Graphen stark reduziert und zum anderen in der höheren Erkennungsrate.

Prinzipiell wäre eine Analyse der Regionen mit demselben Algorithmus möglich. Da aber in dem hier verwendeten Modell bisher keine Strukturinformationen für Regionen vorhanden sind, geschieht die Analyse der Regionen durch eine reine top-down-Suche. Dazu wird ein Graph aufgebaut, der alle möglichen Hypothesen enthält. Der optimale Pfad wird dann mit Hilfe des A^*-Algorithmus bestimmt.

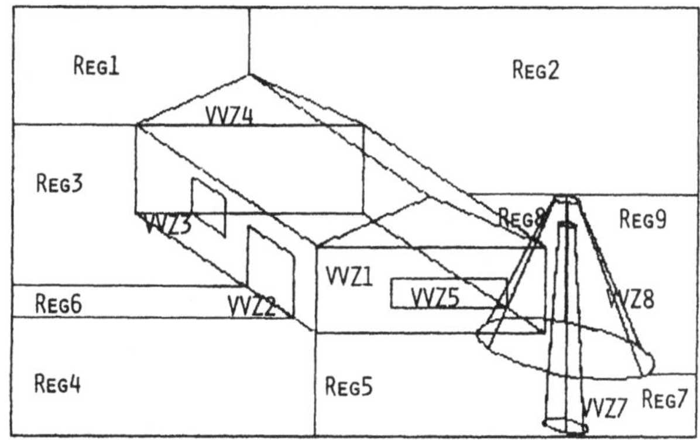

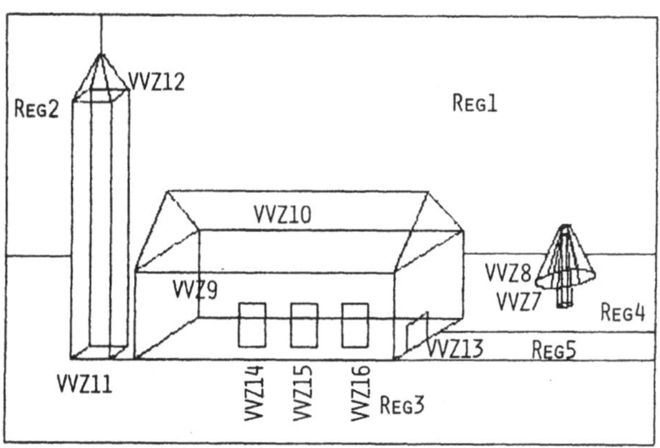

Bild 2: zwei Testbilder

4. Ergebnisse und Ausblick

Bild 2 zeigt zwei manuell erzeugte Testbilder, die mit Hilfe eines Modells für einen Blick aus dem Fenster interpretiert wurden. Das Testbild HAUS (oben) beinhaltet sieben verallg. Zylinder und neun Regionen. Bei der Analyse wurden zwei verallg. Zylinder falsch interpretiert. Bei VVZ2 wurde auf Fenster erkannt und bei VVZ3 auf Tür. Dies zeigt, daß der vorgestellte Kontrollalgorithmus noch zu wenig Kontext berücksichtigt, denn diese Fehlinterpretation könnte durch Einbeziehung der örtlichen Relationen innerhalb des Objektmodells vermieden werden. Ähnliches gilt für VVZ3. Andererseits verhindert die Vorauswahl von Objektmodellen eine Fehlinterpretation von VVZ5, der lokal als Kirchenfenster interpretiert würde, so aber mit der richtigen Interpretation Fenster eines Hauses versehen ist. Bei den Regionen stellt sich das Problem, daß das Modell lediglich die Intensität der Regionen enthält. Mit diesem Wert allein, der ja variabel gehalten ist, kann aber Himmel nicht von Gras getrennt werden. Hier muß das Modell um ein weiteres Oberflächenattribut (Farbe oder Textur) oder um den örtlichen Kontext erweitert werden. Beim Testbild KIRCHE (unten) sind alle zehn verallg. Zylinder richtig interpretiert worden. Aber es tritt bei den fünf Regionen dasselbe Problem auf wie beim Testbild HAUS. Die Gesamtinterpretationsdauer von über einer Stunde auf einem Mikroprozessorsystem ist sicher zu lang. Ein großer Teil der Zeit wird dabei von Zugriffen auf die relationale Datenbank verbraucht, die ebenso wie das restliche Programm nicht optimiert sind. Wenn man allerdings die gemischte Kontrolle mit einem reinen top-down Verfahren vergleicht, so ist die gemischte Kontrolle um den Faktor 5 schneller.

Die nächsten Arbeiten sollten in zwei Richtungen gehen. Zum einen ist die Erstellung eines Modells sehr aufwendig, weshalb man eine automatische Akquisition des Wissens anstreben sollte. Auf der anderen Seite muß ein Bildverarbeitungsmodul geschrieben werden, um reale Eingabedaten zur Verfügung zu haben.

Literatur:

/1/ Brooks, R.: Symbolic Reasoning Among 3-D Models and 2-D Images. Artificial Intelligence, vol. 17 (1981), pp. 285-348

/2/ Heß, P.: An Image Analysis Modeling System for Natural Scenes. Proc. 8th ICPR, Paris 1986 (to appear)

/3/ Nagel, H.-H.: Über die Repräsentation von Wissen zur Auswertung von Bildern. 2. DAGM-Symposium, Karlsruhe 1979, Springer Verlag 1979, S. 3-21

Wissensbasiertes Bilddeutungsverfahren zur vollautomatischen

Gewinnung von Modellbeschreibungen für die Szenenanalyse

H.-G. Preuth, U. Röhler

Universität Hannover

Bei der Übersendung des Manuskripts an den Verlag lag dieser Beitrag
nicht vor.

Sollte er noch rechtzeitig vor der Drucklegung eingehen, wird er in
den Anhang mit aufgenommen.

REPRÄSENTATION UND NUTZUNG ZEITLICHER BEZÜGE IN SEMANTISCHEN NETZEN[*]

Wolfgang Eichhorn
Lehrstuhl für Informatik 5 (Mustererkennung)
Universität Erlangen-Nürnberg, Martensstr.3, 8520 Erlangen

1. Einleitung

In den Bereichen Bildanalyse und Sprachverstehen wird es in zunehmendem Maße erforderlich, auch Wissen über zeitliche Zusammenhänge darzustellen und auszunutzen. Dabei können oft unterschiedliche Gesichtspunkte eine Rolle spielen, so daß verschiedene Arten von zeitlichen Bezügen zu unterscheiden und eventuell unterschiedlich zu handhaben sind. Möchte man eine Wissensbasis entwerfen, die sich in verschiedenen Anwendungsgebieten einsetzen läßt, so müssen in ihr Möglichkeiten geschaffen werden, um entsprechende Zeitbezüge verarbeiten zu können. Wie lassen sich unterschiedliche zeitliche Bezüge in einem semantischen Netz repräsentieren und nutzen?

Anhand einiger typischer Beispiele aus dem Bereich der Bildverarbeitung sei skizziert, welche Arten von zeitlichen Bezügen unterschieden und verarbeitet werden sollen.

* Betrachtet man beispielsweise eine Bildfolge eines Überholvorganges zweier PKW. Man muß auch nach der Analyse anhand des Ergebnisspeichers eine zeitliche Ordnung der generierten Instanzen herstellen können, d.h. zuordnen können, welche Instanzen eine zeitliche Abfolge eines bestimmten Objektes (z.B. einer der PKW) repräsentieren. Es geht also um eine zeitliche Beziehung entstandener Instanzen innerhalb des Ergebnisspeichers.

* Modelliert man in diesem Beispiel den Überholvorgang als Folge von Bewegungsphasen, so läßt sich zwischen diesen vorab als Zusammenhang angeben, daß "ausscheren" zeitlich vor "nebeneinander_fahren" und letzteres zeitlich vor "einscheren" liegen muß. Solche zeitlichen Beziehungen definieren Restriktionen zwischen Konzepten und können zur zusätzlichen Verifikation generierter Instanzen dienen. Zeitbezüge dieser Art dienen indirekt zur Steuerung der Analyse, da Instanzen, welche dieser Bedingung nicht gehorchen, schlechtere Bewertungen erhalten.

* Darüberhinaus weiß man von einem PKW, daß er sich i.a. auf einer Straße mit etwa gleichbleibendem Abstand zu ihr bewegt. Man kann dieses Wissen über ein Bewegungsverhalten beispielsweise in Form einer Bahnkurve im Modell ablegen. Hat man dieses Objekt in einer Bildfolge eines zeitlichen Ablaufes gegeben, so kann man nach einer örtlichen Zuordnung in den ersten Bildern im nächsten Bild Erwartungsbereiche für dieses Objekt angeben. Man kann mit diesem Wissen die Analyse so steuern, daß sie zuerst in diesem Erwartungsbereich das betreffende Objekt zu instantiieren versucht. Weiterführend könnte man bei beliebigen Bildfolgen mit bewegten Objekten aus der zeitlichen Information (Bewegungsinformation) der ersten Bilder eine mögliche Bahnkurve hypothetisieren und damit Erwartungsbereiche für die nachfolgenden Bilder bestimmen.

* Bei Montageaufgaben wird beispielsweise Wissen darüber benötigt, in welcher zeitlichen Reihenfolge die Objekte zu montieren sind und ob Teilabschnitte der Montage parallel ablaufen können oder zu synchronisieren sind. Solches zeitliches Wissen wird im Modell gespeichert und dient allgemein zur Steuerung von Aktionen oder Prozessen.

2. Unterschiedliche zeitliche Beziehungen

Faßt man die in den Beispielen angesprochenen Arten von zeitlichen Bezügen ihrem Zwecke nach zusammen, so lassen sich im wesentlichen drei Arten von zeitlichen Bezügen charakterisieren:
Zeitliche Bezüge dienen zur   **- Ergebnisdarstellung   - Ablaufsteuerung   - Analysesteuerung.**

* Die Arbeit wird in einem Projekt im Rahmen des Schwerpunktprogramms "Modelle und Strukturen" von der Deutschen Forschungsgemeinschaft gefördert.

Dabei liegt der Schwerpunkt der Betrachtung für die ersten beiden Punkte auf der Darstellung von Zeitbeziehungen und für den dritten Punkt auf der Nutzung repräsentierter Zeitbezüge. Es soll das Wesentliche dieser drei Arten von zeitlichen Bezügen erläutert werden und ihre Darstellung bzw. Nutzung in dem an unserem Lehrstuhl entwickelten Ansatz eines semantischen Netzes /1/, /2/ vorgestellt werden.

2.1 Ergebnisdarstellung und Ablaufsteuerung

Unter Ergebnisdarstellung werden diejenigen Zeitbezüge zusammengefaßt, die zeitliche Beziehungen zwischen Instanzen im Ergebnisspeicher herstellen. Die Notwendigkeit hierfür ergibt sich gerade bei der Verarbeitung von Bildfolgen eines zeitlichen Ablaufes. Generell lassen sich die von einem Konzept referierten Instanzen (KONZEPT_VON) nach drei Kriterien einordnen:

a) konkurrierende Instanzen eines einzigen realen Objektes zu einem Zeitpunkt aufgrund alternativer Attributwerte
b) Instanzen verschiedener realer Objekte des gleichen Konzepts zu einem Zeitpunkt
c) Instanzen eines oder mehrerer realer Objekte des gleichen Konzepts zu verschiedenen Zeitpunkten.

Treten in den Bildern einer Sequenz mehrere Objekte eines Konzeptes auf, so wird die referierte Instanzenmenge in wechselnder Reihenfolge Instanzen der genannten drei Typen beinhalten. Eine Zuordnung alternativer Instanzen zu realen Objekten kann in der bisherigen Realisierung aus der Betrachtung des Suchraumes der Analyse gewonnen werden, muß also nicht explizit erfolgen. Eine zeitliche Zuordnung der Instanzen wird in der Gruppe 'ZEITBEDINGUNGEN' festgehalten. Es wird dort angegeben, in welcher zeitlichen Beziehung die Instanzen zu einander stehen.

Für die Angabe von zeitlichen Bezügen zur Steuerung eines Ablaufes (bspw. Montageaufgaben) ist die Syntaxkomponente 'ABLAUFPLAN' vorgesehen. Gerade durch eine allgemeine Ablaufsteuerung kommen zwei Aspekte herein, die hohe Anforderungen an einen gewählten Darstellungsansatz für Zeitbezüge stellen: **Parallelität** von zeitlichen Ereignissen und **Synchronisation** von Prozessabschnitten untereinander.

Es wird angestrebt, sowohl für Zeitbezüge in 'ABLAUFPLAN', wie in 'ZEITBEDINGUNGEN' denselben Darstellungsformalismus zu benutzen. Man benötigt dann nur einmal entsprechende Hilfsmittel, um solche Beziehungen anzulegen, zu warten und dem Benutzer darzulegen. Ein entsprechender Ansatz wird im Anschluß an den nächsten Punkt vorgestellt werden.

2.2 Analysesteuerung

Zeitliche Beziehungen können auch indirekt oder direkt zur Steuerung des Analyselaufes eingesetzt werden. Bei einer indirekten Steuerung wird der Analyselauf über die Instanzenbewertungen beeinflußt. Man gibt eine zeitliche Ordnung zwischen Konzepten an, wodurch Restriktionen für zu generierende Instanzen definiert werden. Das Erfülltsein der Beschränkungen geht dann in die Bewertung der Instanzen ein. Wertet die Kontrolle zeitliches Wissen direkt aus und bestimmt damit ihr Vorgehen, so soll dies als direkte Analysesteuerung bezeichnet werden. Dazu zählen die Fokusierung der Analyse durch Vorhersage aufgrund von beobachtetem oder bekanntem Zeitverhalten, oder aber die Präselektion möglicher Zielkonzepte aufgrund detektierten Bewegungsverhaltens eines zu analysierenden Segments. Vor der Erläuterung dieser Formen der Analysesteuerung seien zunächst einige allgemeinere Betrachtungen über zeitliche Bezüge in Bildfolgen vorausgeschickt.

Eine Bildfolge soll entweder einen zeitlich abgegrenzten Vorgang durch eine zeitlich linear getaktete Bildsequenz beschreiben, oder aber als eine Folge von Einzelbildern aufgefaßt werden, welche denselben Bildinhalt zu verschiedenen Zeitpunkten beschreiben. Im allgemeinen wird ein und dasselbe Objekt in verschiedenen Bildern zu finden sein, d.h. zu verschiedenen Zeitpunkten repräsentiert sein. Ändert sich der Ort, an dem das Objekt in der Bildszene auftritt, so läßt sich diese Ortsänderung generell als 'Bewegung' beschreiben (ortsvariante Bewegung). Ändert ein Objekt nur seine Form, bleibt aber am selben Ort, so möchte ich das als 'ortsinvariante Bewegung' bezeichnen (z.B. bewegte Baumkronen, Karussell, ...). Dabei lassen sich folgende Aspekte differenzieren:

a) Einem zu analysierenden Segment ist bereits ein mögliches Objekt (Zielkonzept) zugeordnet. Man kann wiederum zwei Fälle unterscheiden:
- Für das angenommene Objekt ist ein allgemeines Bewegungsverhalten bekannt: Darunter soll verstanden werden, daß in irgendeiner Form Wissen darüber vorliegt, wie sich das Objekt im allgemeinen zeitlich verhält. Das könnte z.B. bedeuten, daß man eine mögliche Bahnkurve in Form einer parametrisierten Funktion vorgegeben hat. Es wird dann nötig sein, das aktuelle Verhalten zu bestimmen, d.h. entsprechende Parameter aus der detektierten Bewegung zu ermitteln (Geschwindigkeit, Orientierung, ...). Es kann eine Verifikation der beobachteten Bewegung erfolgen, d.h., wie sicher ist es, daß das angenommene Objekt ein solches Bewegungsverhalten besitzen kann. Ferner können Hypothesen darüber aufgestellt werden, wo möglicherweise in den folgenden Bildern dieses Objekt bei dem bislang gezeigten Bewegungsverhalten zu lokalisieren ist (Erwartungsbereiche).
- Für das angenommene Objekt ist das allgemeine Bewegungsverhalten nicht bekannt oder nicht festlegbar (z.B. Ballon in Luft): Man kann Hypothesen eines möglichen aktuellen Bewegungsverhaltens aufgrund von Beobachtungen über eine Zeitraum hinweg (Bild 1-t) aufstellen; danach Verifikation des hypothetisierten Verhaltens nach Hinzukommen weiterer Information (Bild t+1).

b) Hat man für ein zu analysierendes Segment noch kein Zielkonzept vorgegeben, so kann u.U. durch eine grobe Einordnung des Bewegungsverhaltens des Segmentes eine Zielkonzeptauswahl getroffen werden. Beispielsweise kann man mit einer Zuordnung von "bewegungslos", "ortsvariante Bewegung", "ortsinvariante Bewegung" und einer entsprechenden Attributzuweisung an Objekte eine mögliche Menge von Objekten (Zielkonzeptmenge) selektieren, die ein solches Bewegungsverhalten annehmen können. D.h. man versucht von einem Segment ausgehend zuerst einen "Blick" entlang der Zeitachse zu werfen.

Die zeitlichen Bezüge können unterschiedliche Komplexität besitzen und ausgedrückt werden
- als zeitliche Folge (Folge von Zeitpunkten): $t_1, t_2, ..$ (z.B. zeitlich geordnete Instanzen)
- als Zeitrelationen: vor, nach, während, ... (siehe auch 3.)
- als eine Funktion des Ortes bezüglich der Zeit (ortsvariante Bew.): z.B. Bahnkurven
- als eine Funktion $f(x,t)$, wobei x eine signifikante bzw. zumindest erfaßbare Eigenschaft des Objektes darstellt: z.B. x = Weg (==> Geschwindigkeit), Orientierung, Flächengröße
Es muß bei der Darstellung solcher Zeitbezüge eine Form gefunden werden, welche eine vorstellungsgemäße Nutzung des Wissens durch die Kontrolle der Analyse ermöglicht. In der Syntax des verwendeten Netzansatzes gibt es die Möglichkeit, in einem Konzept Strukturrelationen anzugeben, die allgemeine Beziehungen zwischen Teilen und Attributen eines Konzept definieren. Durch eine referierte Prozedur wird getestet, ob die Instanzen die geforderte strukturelle Beziehung erfüllen. Beschränkungen zwischen Konzepten bzw. deren Instanzen, die eine zeitliche Ordnung definieren, lassen sich somit als Strukturrelationen angeben. Stellt das Konzept selbst kein zeitliches Ereignis dar, so muß es zumindest ein notwendiges Attribut "Zeitpunkt" besitzen, um mit anderen Konzepten bezüglich der Zeitachse geordnet werden zu können. Das Ergebnis der Tests beeinflußt über die Bewertung den Analyseverlauf.
Bei der Darstellung von zeitlichen Bezügen, die zur direkten Analysesteuerung eingesetzt werden sollen, wird ebenfalls auf notwendige Attribute zurückgegriffen. Jedem Konzept, welches ein Objekt (Ereignis) im vorgegebenen Problemkreis beschreibt, wird ein notwendiges Attribut "Zeitpunkt" (evtl. ererbt) zur zeitlichen Charakterisierung zugewiesen. Daneben, soweit sinnvoll, ein notwendiges Attribut "Ort" zur Beschreibung der örtlichen Lage im Bild. Durch notwendige Strukturen mit dem Attribut "Zeitpunkt"

und eventuell "Ort" als Argument, wird das zeitliche Verhalten des entsprechenden Objektes festgehalten. Gemäß den Erfordernissen kann somit durch notwendige Strukturen "Bewegungsraum" (Bahnkurve), "Bewegungsgeschwindigkeit", o.ä. ein mögliches zeitliches Verhalten des Objektes definiert werden. Erweiternd gegenüber der Definition der 'STRUKTUREN' in /1/ dürfen Argumente beliebige einfache Attribute aus dem semantischen Netz sein, bzw. können die aktuellen Werte dann aus allen Instanzen (vorherige Bilder) dieser einfachen Attribute kommen. Die Forderung nach beliebigen einfachen Attributen wird dann unumgänglich, wenn man auf diese Weise zeitliche Bezüge zwischen verschiedenen Objekten des Modells darstellen will.

Bei bekanntem Zeitverhalten wird die in der Struktur referierte Prozedur dieses Verhalten abprüfen, d.h. testen, wie gut die Instanz das angegebene zeitliche Verhalten erfüllt. Ist über das zeitliche Verhalten des Objektes nichts bekannt, so wird die Struktur benutzt, um Hypothesen über ein mögliches Zeitverhalten aufzustellen. In diesem Fall wird als 'RELATION' eine Prozedur referiert, welche entsprechende Hypothesen aufstellen kann.

Soll das Zeitverhalten durch Relationen bezüglich anderer Konzepte ausgedrückt werden, so kann auf den selben Formalismus zurückgegriffen werden, der bereits für die Darstellung in 'ZEITBEDINGUNGEN' und 'ABLAUFPLAN' Anwendung finden soll. Bestehen von einem Konzept aus unterschiedliche Zeitbezüge zu mehreren anderen Konzepten, so könnten diese jeweils durch eine eigene Strukturrelation repräsentiert werden. Es lassen sich aber auch in einer einzigen Strukturrelation mehrere oder alle Zeitbezüge angeben. Hierzu werden die entsprechenden Konzepte (bzw. deren einfaches Attribut "Zeitpunkt") in 'ARGUMENTE' und ein Zeitbezug in 'DEFAULTWERTE' abgelegt. Der Zeitbezug wird in dem im nachfolgenden Abschnitt beschriebenen Formalismus angegeben. Die in 'RELATION' referierte Prozedur holt sich diesen Zeitbezug und prüft seine Gültigkeit ab.

3. Ein Formalismus zur Darstellung von Zeitbezügen

Es gibt viele Ansätze die sich mit der Handhabung von "Zeit" in der Informationsverarbeitung befassen /3/. Der benutzte Formalismus zur Darstellung relationaler Zeitbezüge basiert auf einem Ansatz für Zeitlogik von J.F. ALLEN /4,5,6,7/. Ereignisse und Abläufe werden als "Zeitintervalle" aufgefaßt, die durch einen Satz von Zeitrelationen untereinander verknüpft werden. Durch die Angabe von "Referenzintervallen" lassen sich die Zeitintervalle hierarchisch ordnen. Mit dem gewählten Formalismus ist es auch möglich, relative oder ungenaue Zeitangaben darzustellen.

Allgemein gesehen gibt es eine Reihe von Relationen, die Ereignisse bzw. die damit assoziierbaren Zeitintervalle zeitlich miteinander in Beziehung setzen. Zeitpunkte faßt man dabei als sehr kleine Zeitintervalle auf. Als Zeitrelationen sind die Relationen "vor", "gleichzeitig", "überlappt", "trifft", "während", "beginnt" und "endet", sowie deren inversen Relationen gegeben. Hat man zwei Ereignisse mit ihrer zeitlichen Beziehung zueinander gegeben, so lassen sich die entsprechenden Zeitrelationen aufstellen. Ist zwischen den Ereignissen keine - oder noch keine - zeitliche Ordung bekannt, so werden zunächst alle Relationen als möglich angenommen. Kommt in irgendeiner Form neues Wissen hinzu (Dialog, Wissenserwerb, ...), so kann man u.U. eine oder einige der Relationen löschen, bis vielleicht irgendwann eine einzige Relation zwischen den beiden referierten Ereignissen gültig bleibt. Ereignisse können außerdem einem oder mehreren Referenzintervallen zugeordnet werden. Es genügt dann, solche Referenzintervalle miteinander in Beziehung zu setzen, um implizite Zeitbezüge zwischen Einzelereignissen innerhalb dieser Referenzintervalle herzustellen. Mehrere Referenzintervalle lassen sich wieder durch ein umfassenderes Referenzintervall zusammenfassen, wodurch eine Hierarchie von Zeitintervallen aufgebaut werden kann.

Auf eine ausführliche Beschreibung des Ansatzes wird an dieser Stelle verzichtet. Es soll genügen, die Umsetzung dieses Ansatzes in die verwendete Wissensstruktur darzulegen. Ereignisse im obigen Sinne werden repräsentiert durch Konzepte oder Instanzen des semantischen Netzes. Restriktive werden Zeitrelationen auch nur zwischen solchen Konzepten bzw. Instanzen auftreten können, die in irgendeiner Weise zeitlich einzuordnen sind. Betrachtet man z.B. die zeitliche Ordnung generierter Instanzen in

244

'ZEITBEDINGUNGEN', so geschieht die Umsetzung derzeit durch folgenden Formalismus:

$$
\begin{aligned}
\text{Zeitbedingung} \quad &= \quad (\text{ZB}_1 \ \text{ZB}_2 \ ... \ \text{ZB}_k) \qquad &&\text{\# Liste von Zeitbezügen} \\
\text{ZB}_i \quad &= \quad (q \, (B_1 \ ... \ B_l)) \qquad &&\text{\# Paar aus Quellknoten und einer Liste} \\
& && \text{von Beziehungen} \\
B_j \quad &= \quad (R \ Z) \qquad &&\text{\# Paar aus Relation(en) und Zielknoten} \\
R \quad &= \quad r \, | \, (r_1 \ ... \ r_m) \\
Z \quad &= \quad z \, | \, (z_1 \ ... \ z_n) \qquad &&q,z \ \{ \text{Knoten} \}; \ r \ \{ \text{Relationen} \}
\end{aligned}
$$

 Ein Eintrag in 'ZEITBEDINGUNGEN' ist also eine Liste gültiger Zeitbezüge, die alle Beziehungen ausgehend von einem Quellknoten q angibt. Jede Beziehung ist ein Paar, dessen erste Komponente eine Relation oder eine Menge von Relationen (Liste) ist und dessen zweite Komponente ein einzelner Zielknoten oder eine Liste von Zielknoten ist. Der Quellknoten q steht in jeder der angeführten Relationen der ersten Komponente zu jedem Zielknoten der zweiten Komponente. Auf selbe Art und Weise kann ein Zeitbezug in einer Strukturrelation angegeben werden, wobei dann nur die Knoten aus der Menge der 'ARGUMENTE' stammen. In /4/ wird von ALLEN auch ein Beispiel für die Darstellung von Prozeß- oder Aktionsabläufen gegeben, wie beispielsweise in der Gruppe 'ABLAUFPLAN' auftreten könnten.

4. Nutzung repräsentierter Zeitbezüge

 Bislang wurde die Nutzung der Zeitbezüge zur Analysesteuerung nur für die indirekte Steuerung über die Instanzbewertung angesprochen. Es soll im folgenden kurz skizziert werden, wie eine direkte Analysesteuerung - Vorhersage und Zielkonzeptauswahl - durch die repräsentierten Zeitbezüge ermöglicht wird. Ausgangspunkt für die Analyse bildet ein segmentiertes Bild bzw. Bildfolge. Die Analyse startet mit einem Segment; die bidirektionale Kontrolle läuft wie in /2/ beschrieben ab. Dabei werden zunächst über "feste Attribute", die dem Segment von der Vorverarbeitung und Segmentierung zugeordnet wurden, mögliche Zielkonzepte bestimmt. An dieser Stelle kann auch eine Zielkonzeptauswahl mittels einer groben Einordnung des Bewegungsverhaltens des Segmentes mit einfließen. Während der Analyse wird es irgendwann nötig werden, Nachbarsegmente bzw. andere noch nicht betrachtete Segmente hinzuzunehmen. Dies kann der Fall sein, weil für die Instantiierung eines Konzeptes weitere Teile benötigt werden und das initiale Segment aber vollständig abgearbeitet wurde, oder aber die Analyse zu einem Endergebnis kam, ohne daß alle Segmente des Bildes analysiert wurden. Hier kann das Auswahlverfahren für das nächste hinzuzunehmende Segment außer über "feste Attribute" auch über Vorhersage von Erwartungsgebieten gesteuert werden. Als Ergebnis werden noch offene Segmente geliefert, die für den Fortgang der Analyse erfolgsversprechend scheinen. Die Kontrolle arbeitet gewissermaßen mit Prioritäten, die während der Analyse für bestimmte Segmente bzw. Konzepte gesetzt werden.

Literatur

/1/ Sagerer, G.: Darstellung und Nutzung von Expertenwissen für ein Bildanalysesystem. Informatik-Fachberichte, Vol. 104, Springer-Verlag, Berlin, 1985

/2/ Eichhorn, W.; Niemann, H.: A Bidirectional Control Strategy in a Hierarchical Knowledge Structure. Erscheint in: Proc. of the 8th ICPR, Paris, 1986

/3/ Bolour, A.; Anderson, T.L.; Dekeyser, L.J.; Wong, H.K.T.: The Role of Time in Information Processing: A Survey. SIGART Newsletter, ACM, 1982

/4/ Allen, J.F.: Maintainig Knowledge about Temporal Intervals. Technical Report 86, Dept. of Computer Science, The University of Rochester, Rochester, NY 14627, 1981

/5/ Allen, J.F.: An Interval-Based Representation of Temporal Knowledge. Proc. of 7th IJCAI, Vancouver, Canada, 1981, pp. 221-226

/6/ Allen, J.F.: Towards a General Theorie of Action and Time. Artificial Intelligence 23, 1984, pp. 123-154

/7/ Allen, J.F.; Frisch, A.M.; Litman, D.J.: ARGOT: The Rochester Dialogue System. Proc. of the Nat. Conf. on Artificial Intelligence, AAAI, Pittsburgh, Pennsylvania, 1982, pp. 66-70

Modellgestützte Erkennung hierarchisch codierter Objekte

S. Drüe, G. Hartmann
Universität - Gesamthochschule - Paderborn

Zusammenfassung

Im hierarchischen Strukturcode werden zusammenhängende Objekte auf Codebäume abgebildet. Es werden Operationen beschrieben und an Beispielen erläutert, die aus den Codebäumen lage- und größeninvariante Merkmale extrahieren. Diese Merkmale werden in einem wissensbasierten Erkennungssystem direkt mit den für die Objektmodellierung verwendeten Merkmalen verglichen. Die Ergebnisse werden diskutiert.

Objekte und Codebäume

Bei der in /1/ und /2/ ausführlich beschriebenen hierarchischen Codierung von Bildern werden zusammenhängende Objekte auf Codebäume abgebildet. Zunächst werden alle Strukturelemente (Konturelemente, Flächenelemente) eines Objekts auf Formelemente $A\langle t;m;\varphi|k;n=0\rangle$ abgebildet, deren Typ t, Form m, Orientierung φ und Größe 2^k durch die Elemente $\langle t;m;\varphi|k;0\rangle$ des Hierarchischen Strukturcodes (HSC) beschrieben werden. Codeelemente gleichen Typs (z. B. t=d für dunkle Linie) und gleicher Formelementgröße k auf Detektorebene n=0 bilden die Blätter eines Codebaumes B(t;k). In einem hierarchischen Verknüpfungsprozeß werden benachbarte Formelemente $A\langle t;m;\varphi|k;0\rangle$ auf Kontinuität geprüft und durch eine Schablonenoperation auf ein Formelement $A\langle t;m;\varphi|k;1\rangle$ doppelter Größe abgebildet. Auf diese Weise werden Blätter $\langle t;m;\varphi|k;0\rangle$ an gemeinsame Knoten $\langle t;m;\varphi|k;1\rangle$ des Codebaumes B(t,k) angebunden (Fig. 1). Durch Wiederholung dieser Verknüpfungsoperation wird der Codebaum bis zum Wurzelknoten $\langle t;m;\varphi|k;n\rangle$ verknüpft und dabei die Formbeschreibung schrittweise verallgemeinert /1/.

Ein und dieselbe Struktur (z. B. eine dünne, dunkle, freistehende Linie) kann aber von Detektoren unterschiedlicher Formelementgröße erfaßt werden und kann so Codebäume unterschiedlicher Auflösung k erzeugen, z. B. B(t=d; k=0) und B(t=d; k=1) in Fig. 2. Der Codebaum B der Linie ist dann die Vereinigung dieser Teilbäume und deshalb können auch mehrere Codeelemente $\langle t;m;\varphi|k;n\rangle$ an einem Knoten eingetragen sein. Codeelemente ein und desselben Knotens beschreiben ortsgleiche Formelemente $A\langle t;m;\varphi|k;n\rangle$ gleicher Größe $2^{(k+n)}$. Eine Struktur kann aber nicht nur Detektoren unterschiedlicher Formelementgröße k ansprechen lassen, sondern auch Detektoren unterschiedlichen Typs t. Eine breite dunkle scharfkantige Linie wird neben Liniencode schlechter Auflösung auch Flächencode und Kantencode erzeugen. Der Codebaum B vereinigt in diesem Fall nicht nur Teilbäume B(t;k) unterschiedlicher Auflösung k, sondern auch Teilbäume unterschiedlichen Codetyps t.

Der Codebaum B eines Objekts ist definitionsgemäß die Vereinigung aller beim Codierungsprozeß gebildeten Teilbäume B(t;k). An jedem Knoten können mehrere orts- und größengleiche Formelemente unterschiedlichen Typs t und unterschiedlicher Detektorauflösung k durch ein Tupel von Codeelementen $<t;m;\varphi|k;n>$ beschrieben werden.

Merkmalsbestimmende Operationen

Codebäume enthalten als Abbildung von Objekten zwar die gesamte Strukturinformation, sind aber für einen direkten Vergleich mit dem Modell eines Objekts ungeeignet. Eine geringfügige Verschiebung des Objekts im Pixelraster kann die Codeelemente an allen Knoten des Baumes ebenso verändern wie eine geringfügige Variation der Objektgröße oder der Perspektive.

Es gibt jedoch sehr einfache merkmalsbestimmende Operationen in Codebäumen, deren Ergebnisse in hohem Maße größen- und lageinvariant sind und damit für den Vergleich mit dem Modell eines Objekts gut geeignet sind. Alle Operationen lassen sich in folgender Form darstellen

OPERATION (<OPERAND>; OPERATIONSGEBIET, PARAMETER) = <ERGEBNIS>, MERKMAL

wobei   <OPERAND>   = {<HSC>; <ELEMENT>; <SEQUENZ>; <ERGEBNIS>}
      OPERATIONSGEBIET = {FENSTER; EBENEN; TYP}
      PARAMETER   = {MERKMAL}

<OPERAND> ist ein Element der Datenbasis oder des Ergebnisspeichers und ist als solches durch < > gekennzeichnet. Es kann also der gesamte <HSC>, ein <ELEMENT>= $=<t;m;\varphi|k;n>$ des HSC, eine <SEQUENZ> von Elementen oder ein bereits in den Ergebnisspeicher abgelegtes <ERGEBNIS> der Operand sein. Das Operationsgebiet kann durch ein örtliches Fenster, eine Auswahl von Ebenen $|k;n>$ oder eine Auswahl von Typen t des HSC eingeschränkt werden. Eine OPERATION sucht im Codebaum B eines Objekts Teilstrukturen von B, die dann als <ERGEBNIS> für weitere Operationen im Ergebnisspeicher bereitgestellt werden. Daneben liefert eine OPERATION mit MERKMAL eine symbolische Beschreibung von der Teilstruktur <ERGEBNIS>, die gegen Lage- und Größenänderungen sowie kleinere perspektivische Änderungen invariant ist. Die unter MERKMAL extrahierte Objekteigenschaft kann also direkt mit dem Modell des Objekts verglichen werden.

Modellierung und Erkennung von Objekten

Ganz allgemein erfolgt die Modellierung von Objekten durch Auflistung kennzeichnender Merkmale und Relationen. Zur Erkennung werden die erwarteten MERKMALE aus dem Codebaum B des Objekts bestimmt und mit dem Modell verglichen. Diese Vorgehensweise soll am Beispiel eines Schraubenziehers erläutert werden, wobei eine Einschränkung auf konturhafte Typen des HSC möglich ist. Diese Einschränkung gilt auch für die im Beispiel angefügten Operationen.

Fig. 3 zeigt schematisch den Codebaum eines Schraubenziehers. Er ist linienförmig, dunkel (t=d) und wird deshalb z. B. in |3;0> codiert und bis |3;3> zu B(d;3) verknüpft. Der dünnere Schaft wird zusätzlich bereits in |1;0> codiert und bis |1;3> zu B(d;1) verknüpft. Wegen der Scharfkantigkeit wird Kantencode (t=e) bereits in |0;0> erzeugt. Vom Codebaum B(e;0) ist nur der Ausschnitt im Fenster dargestellt. Das Modell des Schraubenziehers lautet:

    [linienhaft, dunkel] [Länge/Breite =4...8] [dünnes Teil, linienhaft, dunkel]

    [(dünnes Teil) Länge/Breite=4...16] [(dickes Teil/dünnes Teil)=3...8]

    [(dünnes Teil); gerade] [(freies Ende dünnes Teil) Kante] [(Kante): u-förmig]

Eine Operation ROOT mit <OPERAND> = <HSC> und OPERATIONSGEBIET=EBENEN (f=k+n≥5;n≥2) sucht - bei f=7 beginnend - nach Wurzelknoten mit größtem f und n. Sie findet das <ERGEBNIS>=<d;m;φ|3;3>, den Wurzelknoten von B(d;3) in Fig. 3, dem aus t=d das MERKMAL=[linienhaft, dunkel] zugeordnet ist (s. o.). Die Operation SEQU mit <OPERAND>= =<d;m;φ|3;3> entwickelt aus diesem Wurzelknoten die <SEQUENZ>=<ERGEBNIS> in Ebene |3;0>, deren MERKMAL=[Länge/Breite = 4...8] aus der Elementzahl der Sequenz folgt (Fig.3). Die Operation SHAPE mit <OPERAND>=<SEQUENZ 1> enthält mögliche Formen als PARAMETER und liefert das MERKMAL=[gerade]. Die Operations RESOL wählt als <OPERAND>= =<ELEMENT> Codeelemente aus <SEQUENZ 1>, also <d;m;φ|3;0> und sucht mit EBENEN=n-2 orts- und größengleiche Elemente <d;m;φ|1;2> als <ERGEBNIS>. Das MERKMAL dieser Operation heißt [dünnes Teil, linienhaft, dunkel] vorhanden (s. o.). Mit der Operation SEQU kann aus <d;m;φ|1;2>=<OPERAND> die <SEQUENZ 2> entwickelt werden, deren MERKMAL= =[(dünnes Teil) Länge/Breite=4...16] ist. Die Operation RELWI vergleicht die relative Breite der Linien <SEQUENZ 1> und <SEQUENZ 2> und liefert das MERKMAL=[dickes Teil/ dünnes Teil=3...8]. Wie bereits oben beschrieben, liefert die Operation SHAPE aus <SEQUENZ 2> das MERKMAL [(dünnes Teil): gerade]. Mit der Operation FREND wird das freie dünne Ende der <SEQUENZ 2> gesucht. Da es sich hier um eine Bestimmung der relativen Lage von Codebaum B(d;3) zu B(d;1) handelt, sind <SEQUENZ 1> und <SEQUENZ 2> Operanden von FREND. Um das freie Endelement <d;m;φ|1;0> von <SEQUENZ 2> wird ein FENSTER gelegt, das im SEQU das OPERATIONSGEBIET bestimmt und die Kantensequenz <SEQUENZ 3> in |0;0> auf den Bereich der Schneide beschränkt. Die Operation SHAPE ordnet <SEQUENZ 3> das MERKMAL=[u-förmig] zu und beendet so den Vergleich mit den Merkmalen des Modells. Die in den Operationen genannten Ebenen |k;n> sind hier zum Vergleich mit dem Codebaum in Fig. 3 absolut angegeben, werden aber normalerweise relativ zur Ebene des Wurzelknotens angegeben, um die Größeninvarianz zu gewährleisten.

Wissensbasiertes Erkennungssystem

In einem sehr einfachen wissensbasierten Erkennungssystem können die oben formulierten Erkennungsmechanismen realisiert werden (Fig. 4). Die Wissensbasis ist als Modellbibliothek organisiert, in der jedes der voneinander unabhängigen "Bücher" ein Objekt bzw. eine Ansicht eines Objekts beschreibt. Jedes Buch ist in "Kapitel" gegliedert, die der Reihe nach das Objekt zunächst grob und dann immer detaillierter beschreiben. Alle Kapitel sind formal gleichartig strukturiert und enthalten das modellierte MERK-

MAL (deklaratives Wissen), die zur Bestimmung des Merkmals notwendige OPERATION mit den notwendigen Angaben über OPERAND, OPERATIONSGEBIET und PARAMETER (prozedurales Wissen) sowie VEREINBARUNGEN über symbolische Adressen, unter denen das <ERGEBNIS> im Ergebnisspeicher abgelegt wird. Die Kapitel der Bücher bilden also eine Framestruktur und sind wie im folgenden Beispiel gegliedert:

Kapitalbezeichnung	: 2, Griff
Erwartetes MERKMAL	: Länge/Breite=4...8
Merkmalsbestimmende OPERATION	: SEQU
<OPERAND>, symbolische Adresse	: Kap 1, Mitte
OPERATIONSGEBIET {FENSTER	: -
{EBENEN	: n-2
PARAMETER	: -
Vereinbarung symb. Adr. <ERGEBNIS>	: Anfang, Ende

Die Datenbasis des Systems enthält das Ergebnis des bottom-up verlaufenden Codierungsprozesses, den <HSC>. Der Ergebnisspeicher enthält die <ERGEBNISSE> der modellgetriebenen, top-down verlaufenden merkmalbestimmenden OPERATIONEN. Datenbasis und Ergebnisspeicher zusammen enthalten also alle <OPERANDEN> für die in der Methodenbasis implementierten OPERATIONEN (Fig. 4).

Die Kontrollstruktur überwacht den Systemzustand, wählt das abzuarbeitende Kapitel und damit die nächste OPERATION aus und aktiviert diese in der Methodenbasis. OPERATIONS-GEBIET und PARAMETER werden direkt, der <OPERAND> über seine symbolische Adresse indirekt durch die Eintragungen des aktiven Kapitels bestimmt. Nach Durchführung der OPERATION wird <ERGEBNIS> unter der im Kapitel vereinbarten symbolischen Adresse in den Ergebnisspeicher abgelegt und MERKMAL mit dem im Kapitel modellierten MERKMAL verglichen. Aus dem Ergebnis des Vergleichs leitet die Kontrollstruktur den nächsten Zustand ab.

Zusammenfassung und Ergebnis

Im hierarchischen Strukturcode werden zusammenhängende Objekte auf Codebäume abgebildet. Merkmalsbestimmende Operationen ermöglichen die Extraktion von Merkmalen, die leicht mit Modellen von Objekten vergleichbar sind. Das deklarative Wissen über die Objekte sowie das prozedurale Wissen über die zur Überprüfung notwendigen Operationen wurde in einer Modellbibliothek niedergelegt, die Bestandteil eines Erkennungssystems ist. Das System ist in der ersten Ausbaustufe nur für konturhafte Typen des HSC ausgelegt und kann deshalb nur linienhafte Objekte erkennen. Eine Reihe von Werkzeugen (Schraubenzieher, Reißnadel gerade, Reißnadel abgewinkelt, Maßband usw.) werden sicher erkannt.

Die gewählte Modellierung ist sehr robust, die Erkennung gelingt unabhängig von der Lage, Orientierung und Größe des Objekts und ist relativ unempfindlich gegen Beleuchtungsänderungen und benachbarte Objekte. Da die Modellierung nicht für ein individuelles Objekt, sondern für eine Klasse ähnlicher Objekte gilt, werden diese auch erkannt. Schwierigkeiten treten bisher immer nur dann auf, wenn die Objekte im Bild so klein sind, daß die Details ungenügend aufgelöst sind und damit nicht codiert werden. Als nächster Schritt ist die Erweiterung des Systems auf flächenhafte Strukturen vorgesehen.

Wir danken der Deutschen Forschungsgemeinschaft für die Unterstützung dieses Projekts.

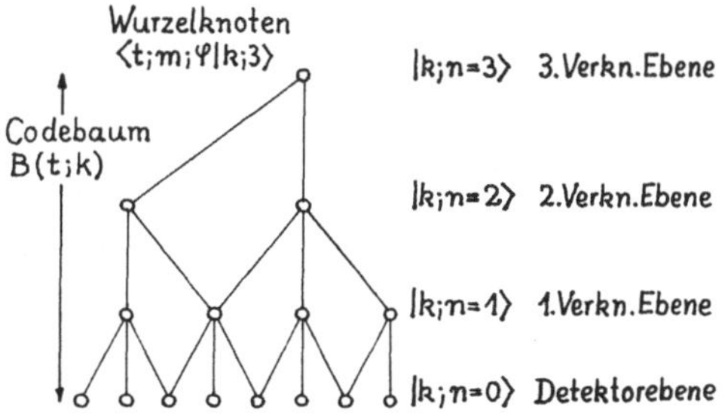

Fig. 1: Codebaum B(t;k) des Typs t mit Formelementgröße k auf Detektorebene

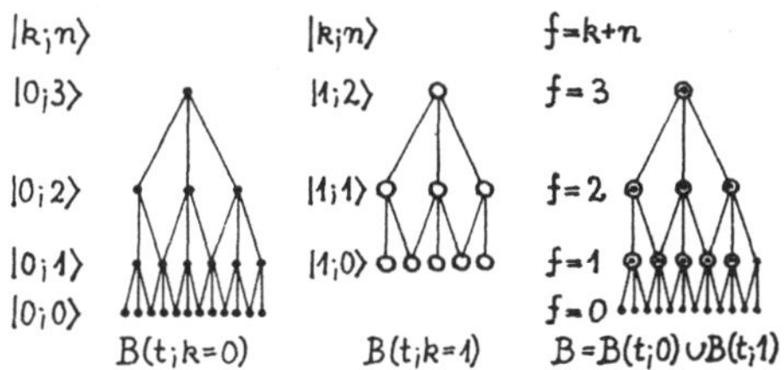

Fig. 2: Codebäume B(t;0) und B(t;1) unterschiedlicher Auflösung k und gemeinsamer Codebaum. Ortsgleiche Formelemente gleicher Größe f liegen in gemeinsamen Knoten von B.

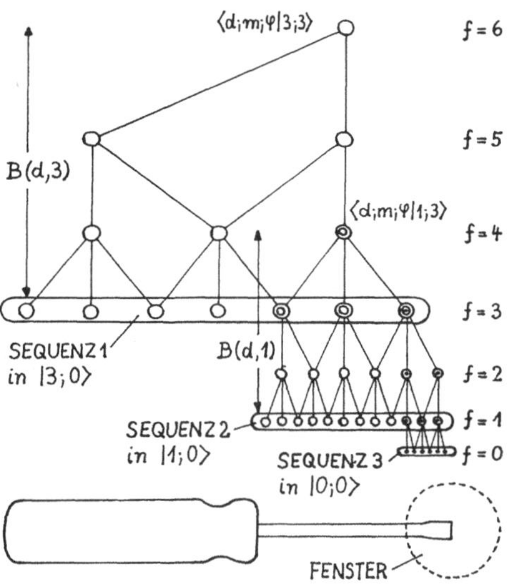

Fig. 3: Codebaum (vereinfacht) eines Schraubendrehers. B(d;3) ist eine Abbildung der Gesamtstruktur mit schlechter Auflösung k=3. B(d;1) ist eine höher auflösende Abbildung des Schafts. Vom Codebaum des hochauflösenden (k=0) Kantenverlaufs ist der im Fenster liegende Teil sichtbar.

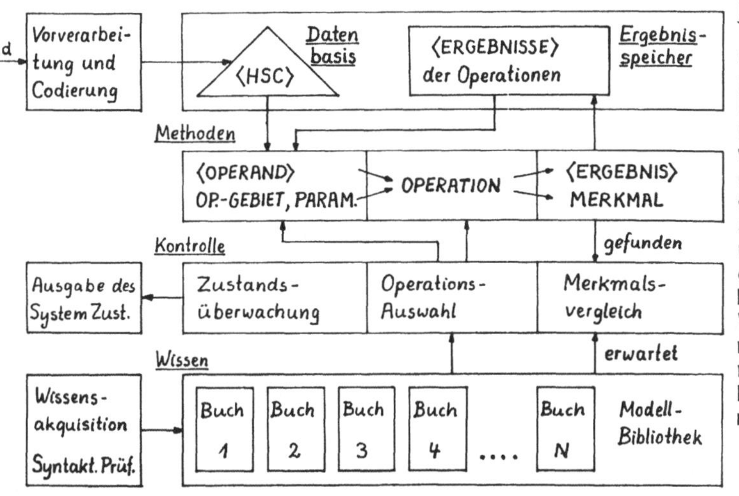

Fig. 4: Das wissensbasierte Erkennungssystem stellt Modellwissen und prozedurales Wissen in Form einer Bibliothek bereit. Ein Kontrollmodul wählt die zur Bestimmung eines erwarteten Merkmals geeignete Operation aus, adressiert die Operanden und vergleicht das gefundene mit dem erwarteten Merkmal. Das Ergebnis des Vergleichs bestimmt den neuen Systemzustand. Operanden sind der HSC oder Ergebnisse von Operationen im HSC.

Literatur

/1/ G. Hartmann, Erzeugung und Verarbeitung hierarchisch codierter Konturinformation VDE-Fachberichte 35, VDE-Verlag (1983) 378-383

/2/ S. Drüe, G. Hartmann, A. Westfechtel, Beschreibung und Erkennung flächiger und linienhafter Objekte im Hierarchischen Strukturcode, Informatik-Fachberichte 107, Springer-Verlag (1985), 123-127

EIN ANSATZ FÜR DIE INTERPRETATION VON MR-BILDERN

Wido Menhardt

Philips GmbH Forschungslaboratorium Hamburg

Vogt Köllnstrasse 30, D 2000 Hamburg 54, F.R.Germany

Einleitung

MR- (magnetic resonance-) Bilder sind Funktionen verschiedener Maschinenparameter und ortsabhängiger Gewebeparameter. Zu den Gebeparametern zählen unter anderen die Spindichte ρ, die Spin-Gitter-Relaxationszeit T1 und die Spin-Spin-Relaxationszeit T2. Als Maschinenparameter werden Größen wie die Repetitionszeit (TR) oder die Echozeit (TE) bezeichnet, die vom Operator spezifiziert werden können. So gilt für das Signal einer Spin-Echo-Pulssequenz [1] an jedem Bildpunkt näherungsweise

$$S = \rho * (1 - \exp(-TR/T1)) * \exp(- TE/T2).$$

Diese Abbildungfunktion erlaubt über die Wahl der Maschinenparameter eine breite Variation der Kontrastverhältnisse im Bild. Auf Grund der komplexen Zusammenhänge erscheint eine Unterstützung des Radiologen bei der schrittweisen Planung einer MR-Messung sinnvoll, um zu optimalen Maschinenparameterkombinationen zu gelangen.

Die automatisierte Interpretation der Bilder kann bei der Diagnose und der Planung weiterer Messungen ein nützliches Hilfsmittel sein. Ein Ansatz für ein Verfahren zur Erzeugung einer solchen Interpretation wird im weiteren vorgestellt.

Übersicht

Grundlage des Verfahrens ist eine Segmentierung des MR-Bildes in einigermaßen homogene, zusammenhängende Regionen. Das MR-Bild wird als Multispektralbild betrachtet, das heißt, daß jedem Bildpunkt statt eines Grauwertes ein Vektor im dreidimensionalen ρ-T1-T2 Merkmalsraum zugeordnet wird.

Die Regionen werden rekursiv in immer kleinere, zusammenhängende Regionen zerlegt [2]. Als Ausganspunkt wird dabei eine Region gewählt, die das gesamte Bild beschreibt. Kriterium für die Aufspaltung einer Region ist ein Cluster-Analyse-Verfahren im Merkmalsraum [3], das gewährleistet, daß die Regionen im Bezug auf die Gewebeparameter homogen sind.

Die erzeugten Regionen werden in Knoten eines Graphen überführt, dessen Kanten durch die Nachbarschaftsrelationen der Regionen gebildet werden. Nachbarschaft besteht immer dann, wenn zwei Regionen einen gemeinsamen Rand haben.

Jeder Knoten ist mit den Mittelwerten der Gewebeparameter der Region, einigen geometrischen Größen, einem Verweis auf die Gewebeparameterbilder und einer Interpretation, die Anfangs für jede Region die Gesamtheit aller möglichen Gewebetypen umfaßt, attributiert.

Auf die Knoten des Graphen können Regeln, aber - durch die Ankopplung der Parameterbilder - auch Mustererkennungsalgorithmen angewandt werden.

Das Verfahren beruht nun darauf, in wohldefinierter Reihenfolge Regelmengen und Mustererkennungsprozeduren auf die Regionen anzuwenden, und dadurch die Interpretationen der einzelnen Knoten im Graph stets weiter einzuschränken, bis für die meisten Regionen nur noch eine Interpretation übrigbleibt.

Das Wissen, das benutzt wird, ist einerseits in Form der Regelmengen und der die Reihenfolge der Abarbeitung bestimmenden Metaregeln (Plan), andererseits in Form der Mustererkennungsprozeduren verfügbar.

Dadurch wird auch die Zweischichtigkeit des Verfahrens deutlich : je nach Plan wird zwischen der pixel-ebene (die Parameterbilder) und der symbolischen Ebene (der Regionszusammenhangsgraph) hin und her gesprungen.

Regelmengen

Jener Teil des Wissens, der mit Hilfe von Regeln gut angewandt werden kann, besteht im wese..tlichen aus Wissen über Nachbarschaftsrelationen und geometrische Relationen.

So kann formuliert werden, welche Gewebetypen nebeneinanderliegen können oder müssen. Auf Grund dieser Zusammenhänge kann die Interpretation einer Region als Schlußfolgerung aus den Interpretationen benachbarter Regionen eingeschränkt werden [4].

Geometrische Relationen wie "innen" und "außen" können modelliert werden, indem die mittleren Abstände zweier Regionen zum Schwerpunkt des Bildes verglichen werden. Zur Schwerpunktsberechnung wird günstigerweise das ρ-Bild herangezogen, da dieses im Bereich von Weichteilgewebe relativ homogen ist.

Die Regeln sind als Satz von Regelmengen strukturiert, da nicht immer alle Regeln sinnvoll angewandt werden können oder dürfen.

Mustererkennungsprozeduren

Prozedurales Wissen ist in Form von pixel-level Mustererkennungsprozeduren vorhanden.

Es ist zum Beispiel bekannt, daß sich jene pixel im Bild, die zur Gehirnmasse gehören, mit einem Histogrammschwellwertverfahren im T1-Bild recht gut in solche, die zur grauen und solche, die zur weiße Masse gehören unterteilen lassen. Dies ist aber nur dann gut möglich, wenn tatsächlich nur diese pixel, also weder zusätzliche pixel, die in Wirklichkeit zu anderen Gewebetypen gehören, noch weniger betrachtet werden.

Es ist also unerläßlich, dafür zu sorgen, daß vor Anwendung der Prozedur alle Regionen, die zur Gehirnmasse gehören bereits als solche erkannt wurden. Dies wird durch den Plan gewährleistet.

Es ist an dieser Stelle nicht ganz zutreffend, von prozeduraler Ankopplung zu sprechen, da die Prozeduren nicht an die Knoten des Bildgraphen gebunden sind. Vielmehr bilden Gruppen von solchen Knoten (Untergraphen) Instanzen von Konzepten wie "Gehirn" oder "Ventrikel". An diese Instanzen gekoppelt kann man sich die Prozeduren vorstellen. Im beschriebenen System ist dieser Sachverhalt aber (noch) nicht explizit, sondern implizit über den Plan formuliert.

Metaregeln

In Form von Metaregeln ist ein Plan formuliert, der dafür sorgt, daß die einzelnen Regelmengen und Prozeduren zum richtigen Zeitpunkt angewandt werden. Ein solcher Plan muß - ebenso wie die Regelmengen - natürlich in Zusammenarbeit zwischen dem "knowledge engineer" und einem medizinischen Experten erarbeitet werden. Im vorgestellten System ist dieser Plan in Form der Metaregeln fest verankert. In Zukunft soll aber auch die Generation des Plans automatisch und problemabhängig erfolgen.

Einerseits ist es oft möglich, mehrere verschiedene Mustererkennungsverfahren auf eine Problemstellung anzuwenden. Es ist also notwendig, aus diesen das beste auszuwählen, und, falls die Resultate fehlerhaft sind, auch Rückkopplung einzubauen, die dann bereits gesichertes Wissen zur Anwendung bringen kann.

Andererseits müssen die Ziele des Systems in Abhängigkeit von der erwarteten Pathologie flexibel formuliert werden können. Auch dieses beeinflußt natürlich die Planung, da für unterschiedliche Pathologien i.A. auch unterschiedliche Regelmengen notwendig sind.

Zusammenfassung

Vorgestellt wurde ein wissensbasierter Ansatz zur Interpretation von MR-Bildern auf Basis einer regionenorientierten Segmentierung. Das Wissen ist dabei in drei verschieden Ausprägungen repräsentiert. Regelmengen und Mustererkennungsverfahren dienen zur Behandlung von Teilproblemen der Interpretation. In Form eines Planes ist Wissen über die Konfiguration dieser Methoden dargestellt.

Literatur

[1] Advanced Imaging Techniques, Volume Two, edited by T.H. Newton and D.G. Potts, Clavadel Preß

[2] R.B. Ohlander, Analysis of Natural Scenes, Dissertation, Comp. Sc. Dept., Carnegie-Mellon Univ., Pittsburgh/Pa., April 1975

[3] R.O. Duda, P.E. Hart, Pattern classification and scene analysis, John Wiley & Sons Inc. , New York, 1973

[4] J.M.Tenenbaum, H.G.Barrow, Experiments in Interpretation Guided Segmentation, Artificial Intelligence 8 (1977)

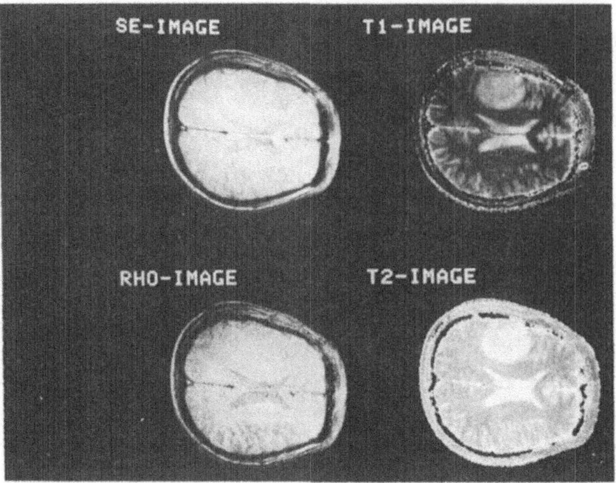

Abb. 1: Spin-Echo-, ρ, T1- und T2-Bild

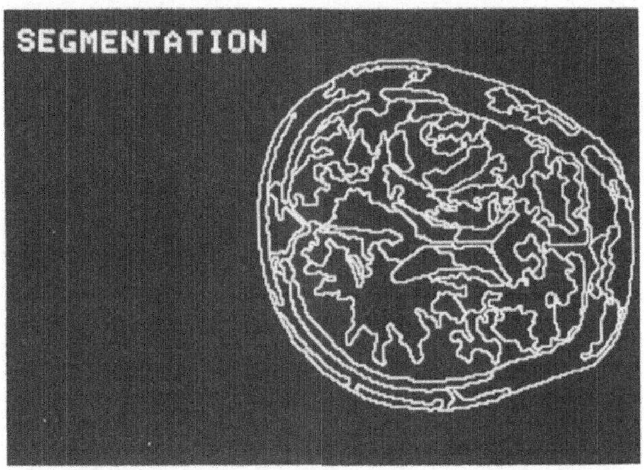

Abb. 2: Segmentierung des Bildsatzes aus Abb. 1

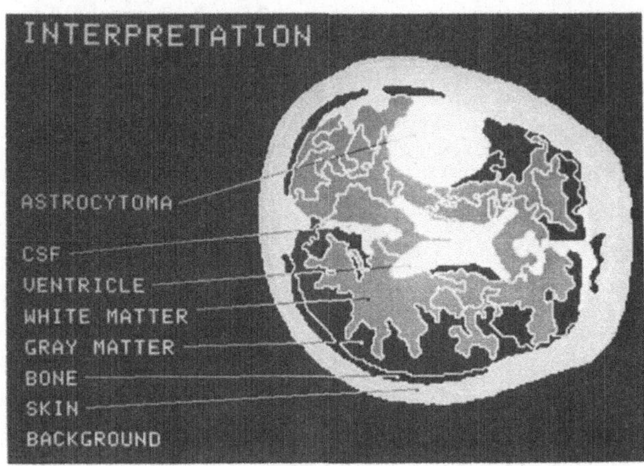

Abb. 3: Interpretation von Abb. 1 und Abb. 2

TEXTURANALYSE DES SPONGIÖSEN KNOCHENBEREICHES AUS RÖNTGENAUFNAHMEN

W. Greiner, D. Widmann
Institut für Physikalische Elektronik (Prof. W. H. Bloss)
Universität Stuttgart
Pfaffenwaldring 47, 7000 Stuttgart 80

Zusammenfassung

Mit Hilfe der computergestützten Texturanalyse konnte gezeigt werden,
daß mit geeignet adaptierten Klassifikatoren die Entscheidung der
Radiologen nachvollzogen und quantifiziert werden kann. Damit wird es
möglich, auch kleinere Veränderungen der Textur des spongiösen Kno-
chenbereiches zu erfassen und so z. B. den Verlauf von Stoffwechseler-
krankungen zu verfolgen. Es wurde gezeigt, daß sich diese Vorgehensweise auch auf die Analyse von Texturen in computertomographischen
Aufnahmen mit Erfolg anwenden läßt. Das Verfahren zeichnet sich durch
eine systematische Adaptierbarkeit an verschiedenen Aufgabestellungen
aus und benötigt keine Merkmale, die für jede Aufgabenstellung neu
entwickelt werden müssen. Das medizinische Wissen wird unter Zuhilfenahme einer zu kennzeichnenden repräsentativen Stichprobe systematisch
in den Entscheidungsprozess eingebracht. Die erzielten Ergebnisse
lassen erwarten, daß dieses Verfahren auch an andere als visuell
vorgegebene Objektklassen adaptieren werden kann. Dabei ist vorausgesetzt, daß sich die Objektklassen auch in unterschiedlichen
spongiösen Knochentexturen darstellen.

Einführung

Vergleichende Untersuchungen der Makrostruktur des spongiösen Berei-
ches des menschlichen Knochens aus Röntgenbilder oder computertomographischen Aufnahmen geben Aufschluß über die Folgen von Störungen
des Mineralhaushaltes des Körpers, die am Skelett zum Ausdruck kommen.
Diese Untersuchungen belasten den Patienten nur wenig und sind
unempfindlich gegenüber kurzzeitigen Schwankungen. Ziel dieser Untersuchungen ist es, mit Hilfe der computergestützten Texturanalyse des
spongiösen Knochengewebes Aussagen über Systemerkrankungen des
Skeletts als Folge von Stoffwechselstörungen zu ermöglichen. Die an-

gewandte Texturanalyse erfaßt und quantifiziert die für den jeweiligen Zustand typische Knochentextur in den digitalisierten Röntgenbildern. Mit der beschriebenen Vorgehensweise wurden Texturen von spongiösen Bereichen der Fingerknochen der Hand ausgewertet. Außerdem wurde das Verfahren zur Texturanalyse in computertomographischen Bildern des zweiten Lendenwirbels angewandt.

Beschreibung des Gesamtverfahrens

Die konventionellen Röntgenbilder auf Filmmaterial müssen vor einer Verarbeitung abgetastet und digitalisiert werden. Werden modernere Verfahren der Röntgentechnik angewandt (z.B Computertomographie), so kann dieser Verfahrensschritt entfallen. Diese Bilder werden so transformiert, daß Einflüsse von nichtlinearen Kennlinien - z.B. bedingt durch die Filmkennlinie oder durch Weichteilüberlagerungen - möglichst eliminiert werden. Hierzu wurde die Grauwert-Rangfolgetransformation eingesetzt. Bei dieser Transformation wird dem zentralen Punkt eines Koppelfeldes der Wert der Rangfolge seines Grauwertes im Koppelfeld zugeordnet. Diese Transformationsvorschrift entspricht im wesentlichen dem in /1/ beschriebenen Monotonie-Operator. In dem Rangfolgebild werden nun Texturmerkmale bestimmt. Ermittelt wurden für diese Untersuchungen die Minkowski-Maße (Fläche, Umfang und Konnexität) bei verschiedenen Rangfolgeschwellen im Originalbild, sowie in unterschiedlich nichtlinear transformierten Bildern /2/. Als nichtlineare Filter kamen Erosion und Dilatation mit verschiedenen Koppelfeldgrößen zum Einsatz. Aus einem Kollektiv von vielen Merkmalen werden nun die Merkmale bestimmt, welche für die Adaption des Klassifikators am günstigsten erscheinen. Grundlage für die Merkmalauswahl ist das in /3/ beschriebene Beurteilungsmaß, welches aus informationstheoretischen Maßen berechnet wird. Die Anzahl der Merkmale richtet sich nach Grösse und Klassenanzahl der verwendeten Stichprobe. Der lineare Polynomklassifikator wurde mit einem Quadratmittelkriterium optimiert /4/. Die zur Adaption des Klassifikators verwendete Datenbank für diese Untersuchungen war in radiologische Texturgruppen unterteilt. Zur Analyse des Verlaufes von Krankheitsprozessen wurde in einem weiteren Verfahrensschritt die Änderung der Komponenten des Schätzvektors als Maß für die Texturveränderung benützt.

Analyse der Textur in Röntgenaufnahmen der Hand

Für diese Untersuchungen wurde von den Röntgenbildern der Hand der in Abb.1 gezeigte Analysebereich von ca. 6x6 mm interaktiv ausgewählt und mit 64x64 Bildpunkten abgetastet. Die Koppelfeldgrösse der Grauton-Rangfolgetransformation betrug 16x16 Bildpunkte. Die zur Adaption des Klassifikators verwendete Datenbank umfaßte 220 radiologisch gekennzeichete Röntgenbilder. Dabei waren vier Texturguppen definiert:

1: Normale unauffällige Textur
2: Aufgelockerte Textur
3: Verdichtete Textur
4: Unregelmäßige Textur

Zur Verdeutlichung sind jeweils 2 Vertreter pro Gruppe in Abb. 2 und die dazugehörigen Rangfolgebilder in Abb. 3 dargestellt. An diesen Bildern wurden je 240 Merkmale bestimmt. Der Merkmalsatz bestand aus je 16 Messungen der Minkowski-Maße im Rangfolgebild sowie im erodierten und im dilatierten Bild bei jeweils 2 verschiedenen Koppelfeldradien. Aus diesem Merkmalsatz wurden 20 Merkmale ausgewählt und ein linearer Polynomklassifikator adaptiert.

Mit diesem Klassifikator wurden nun Bildserien von Patienten mit langjährigen Nierenfunktionsstörungen analysiert. Ein Ergebnis einer solchen Verlaufsanalyse ist beispiel-

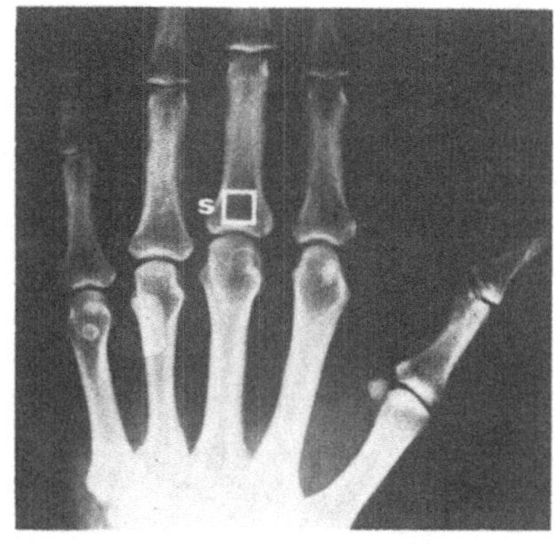

Abb. 1: Der Analysebereich

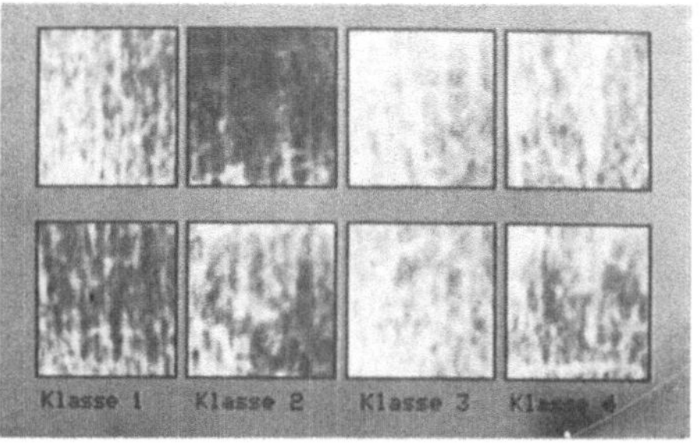

Abb. 2: Grautonbilder der Strukturklassen

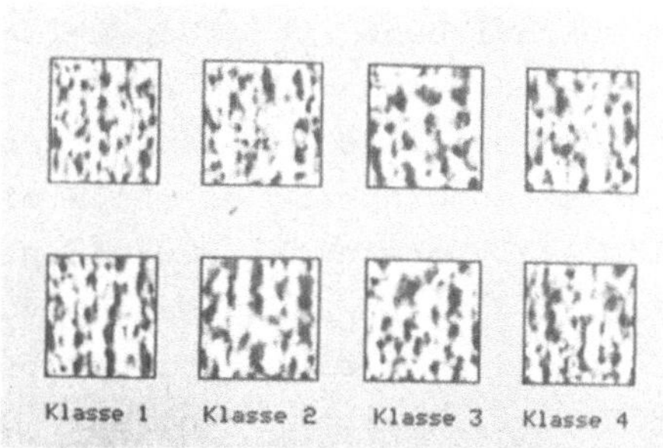

Abb. 3: Rangfolgebilder der Strukturklassen

haft in Abb. 4 dargestellt. Sie zeigt das Analysegebiet im Grauton-
und Rangfolgebild, sowie die Grösse der Komponenten des Schätzvektors
in Abhängigkeit vom Bildaufnahmedatum.

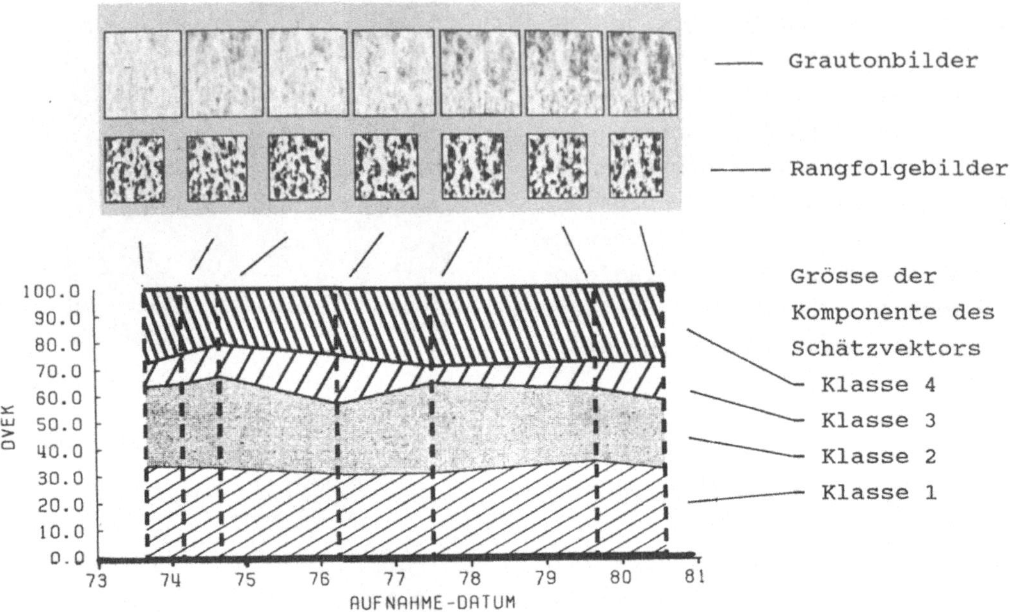

Abb. 4: Ergebnis einer Verlaufsanalyse

Analyse der Textur in CT-Aufnahmen des Lendenwirbels

Die beschriebene Vorgehensweise wurde auch zu
Analysen der spongiösen Knochentextur des zweiten Lendenwirbels angewandt. Abb. 5 zeigt ein
solches tomographisches Bild mit eingezeichne-
tetem Analysebereich. Zur Adaption des Klassifikators dienten 80 Aufnahmen von 32 Patienten.
Aufgrund des kleinen Stichprobenumfangs wurden
nur 2 Texturklassen - normal und verändert -
definiert, und der Klassifikator mit 5 ausge-
suchten Merkmalen adaptiert.

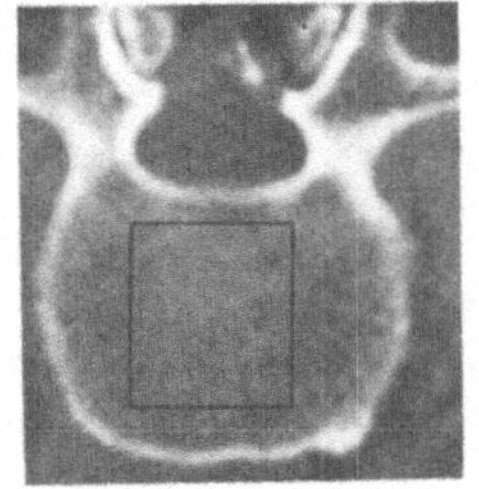

Abb. 5: Der Analyse-
bereich

Der verwendete Merkmalsatz ent-
sprach dem der Röntgenbilder der
Hand. Abb. 6 zeigt die bei der Re-
klassifikation erhaltene Vertau-
schungsmatrix. Es ist zu erwarten,
daß sich die Klassifikationleistung
bei einem grösseren Stichproben-
umfang in der Adaptionsphase noch
verbessern läßt.

		Erkannte Strukturklasse	
		1	2
Vorgegebene	1	41	9
Strukturklasse	2	8	22

Abb. 6: Klassifikationsergebnis

Literatur

/1/ Zimmermann, G., Koris, R.,
   Eine Familie von Bildmerkmalen für die Bewegungbestimmung in
   Bildfolgen, DAGM/ÖAGM Symposium Graz, Oktober 1984
/2/ Serra, J.
   Image Analysis by Mathematical Morphology,
   Academic Press, London, 1982
/3/ Blanz, W. E., Reinhardt, E.R.,
   Problemorientierte Beurteilung einzelner Verfahrensschritte in
   der Bildverarbeitung,
   DFG-Bericht Re 482/5-2 1.7.1982 - 31.5.1983
/4/ Schürmann, J.,
   Polynomklassifikatoren für die Zeichenerkennung
   Oldenbourg Verlag, München, 1977

Die Arbeit entstand in Zusammenarbeit mit Prof. F.H. Heuck
Radiologisches Zentrum, Katharinenhospital Stuttgart.

BESTIMMUNG GLOBALER BEWEGUNGSGRÖSSEN VON OBJEKTEN IN BILDFOLGEN
DURCH AUSWERTUNG LOKALER TEXTURMERKMALE ANGEWANDT AUF
SPEKTRALE ZELLBILDSEQUENZEN

G. Sträßle(1), B. Straub(1), S. Witte(2)

(1) Institut für Physikalische Elektronik (Prof. W.H. Bloss)
Universität Stuttgart
Pfaffenwaldring 47, 7000 Stuttgart 80, FRG
(2)   Diakonissenkrankenhaus Karlsruhe
Diakonissenstr. 28, 7500 Karlsruhe 50, FRG

Zusammenfassung

In der quantitativen UV-mikroskopischen Zellbildanalyse werden
deckungsgleiche spektrale Zellbilddaten benötigt. Da die unfixierten
Zellen zwischen den monochromatischen Aufnahmen geringfügig ihre Lage
und Größe verändern können, wurde ein Verfahren zur Bewegungskompensation entwickelt, das die Bewegung des Objektes mit den 3 globalen
Größen: **Translation, Rotation** und **Maßstab** beschreibt. Aufgrund der unterschiedlichen lokalen Grauwertverteilungen in den spektralen Transmissionsbildern wird für die Bewegungsvektoranalyse jeder Bildpunkt
der Bildsequenz durch einen multidimensionalen Merkmalsvektor beschrieben, der lokale Nachbarschaftbeziehungen beinhaltet (Textur).
Die 3 Bewegungsgrößen werden aus einem Bewegungsvektorfeld geschätzt,
das zuvor mit Korrelationsverfahren und euklidischen Abstandsmessungen
im multidimensionalen Merkmalsraum berechnet wurde.

Einführung

Bedingt durch das gesteigerte optische Auflösungsvermögen und der spezifischen Extinktionscharakteristik der Zellbausteine Nukleinsäuren
und Proteine im ultravioletten Wellenlängenbereich, ist die UV-Mikroskopie hervorragend geeignet, um in Verbindung mit Methoden der digitalen Bildverarbeitung und Mustererkennung, die Struktur der Zellkerne
an unfixiertem klinischen Zellmaterial zu beschreiben /1/. Ausgehend
von einer multispektralen Repräsentation der Zellbilddaten können daraus stoffspezifische Verteilungen numerisch berechnet werden /2/.
Diese Prozedur erfordert jedoch deckungsgleiche spektrale Zellbilddaten. Bedingt durch das sequenzielle Aufzeichnungsverfahren der monochromatischen Transmissionsbilder können die Zellen zwischen den einzelnen Aufnahmen ihre Lage auf dem Objektträger geringfügig variieren
und sofern Denaturierungsprozesse eintreten schrumpfen. Diese Veränderungen sind klein, führen jedoch zu fehlerhaften Ergebnissen bei der
stoffspezifischen Texturanalyse, wenn sie nicht kompensiert werden. Um
nun deckungsgleiche spektrale Zellbildaten zu erhalten, wird eine Bewegungskompensation durchgeführt. Da die spektralen Zellbilder unterschiedliche lokale Extinktionsverteilungen zeigen, basiert der nach-

folgend beschriebene Algorithmus zur Bewegungsdetektion und Bewegungskompensation nicht nur auf einer Analyse der Grauwertverteilungen,
sondern auch auf einer Texturbeschreibung der Szene.

Beschreibung des Gesamtverfahrens

Um bewegungskompensierte Zellbilddaten
zu erhalten, wird in jedem Bildpunkt eines Bildes der spektralen Zellbildsequenz ein multidimensionaler Merkmalsvektor berechnet der lokale Nachbarschaftsbeziehungen des Bildpunktes beschreibt. Basierend auf dem Merkmalsvek-
torsatz zweier aufeinanderfolgender Bilder wird durch Korrelationsverfahren und
euklidische Abstandsmessungen ein Bewegungsvektorfeld berechnet aus dem iterativ die globalen Bewegungsparameter:
     - Translation (x, y),
     - Rotation (ε),
     - Maßstab (s)
geschätzt werden. Die Bewegungskompensation für "Subpixel"-Abstände wird mit
einem bilinearen Interpolationsverfahren
durchgeführt. Danach lassen sich die
örtlichen Verteilungen der Zellkernbausteine (DNA&RNA, Proteine) frei von Bewegungsartefakte und Schrumpfungseffekte
berechnen.

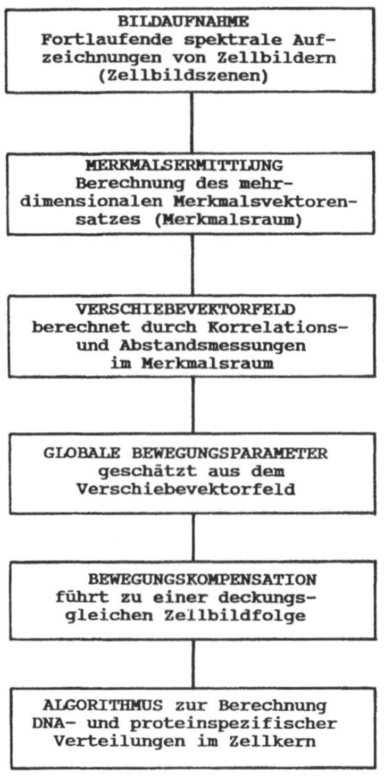

Abb.1

Merkmalsberechnung

Für die Merkmalsberechnung werden auf das Originalbild verschiedene
Bildoperatoren angewandt (Abb.5), die detailliert bei Blanz /3/ beschrieben sind und auf die daher nur kurz eingegangen wird. Innerhalb
einer quadratischen lokalen Nachbarschaft beschreibt der Merkmalsvektor $\underline{V}=(v_1,..,v_{18})$ die folgenden Beziehungen unter den Bildpunkten:

- Originalgrauwert v_1 - Lokaler Mittelwert v_5
- Kontrast v_2 - Median Wert v_6
- Lokale Varianz v_7 - Richtungsgradienten $v_8..v_{11}$
- Grauwerthistogrammbeziehungen $v_{12}..v_{18}$

Berechnung der Bewegungsvektoren

Die Bestimmung von Bewegungsvektorfeldern aufeinanderfolgender Bilder
wird mit Korrelationsverfahren und euklidischen Abstandsmessungen im

Merkmalsraum durchgeführt unter der Randbedingung, daß alle Bilder nur kleine Objektbewegungen aufweisen.

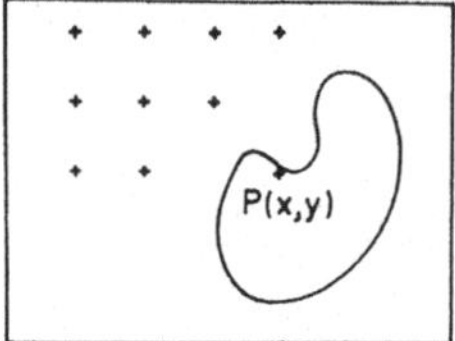 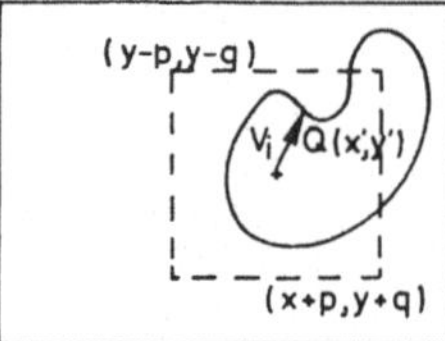 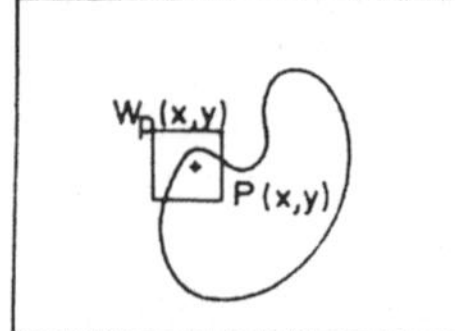 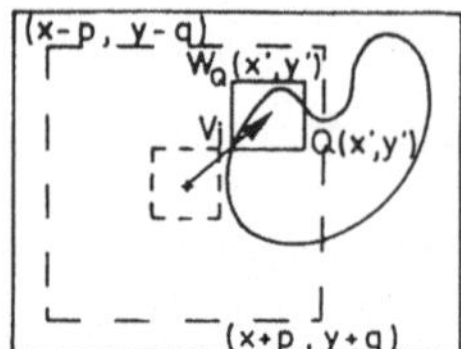

Szene I(k)   Szene I(k+1)   Szene I(k)   Szene I(k+1)
   Euklidische Abstandsmessung   Kreuzkorrelationsanalyse
Abb.2:   Schema zur Bestimmung der Bewegungsvektoren

Euklidische Abstandsmessungen

Der euklidische Abstand zwischen dem Merkmalsvektor $P(x,y)$ des Bildes $I(k)$ und dem des korrespondierenden Bildpunktes $Q(x',y')$ des Bildes $I(k+1)$ ist wie folgt definiert:

$$E(P(x,y),Q(x',y')) = \left[\frac{1}{N}\sum_{i=1}^{N} (\ F_i(P(x,y)) - F_i(Q(x',y'))\ )^2 \right]^{1/2} \quad (1)$$

$$F - \text{Merkmalsvektor}$$
$$N - \text{Anzahl der Merkmale}$$

$$E_{min} = MIN(\ E(P(x,y),\ Q(x',y'))\ ) \quad (2)$$

Der Verschiebevektor $V_i = V(x'-x,y'-y)$ ist dann gültig, wenn E_{min} einen einstellbaren Schwellwert unterschreitet.

Korrelationsverfahren

Ziel der Kreuzkorrelationsanalyse ist es innerhalb des Suchbereiches (p,q) im Bild $I(k+1)$ ein Gebiet $W_Q(x',y')$ zufinden, dessen Struktur am Besten mit dem des Gebietes $W_P(x,y)$ übereinstimmt. Ein Verschiebevektor wird dann akzeptiert, wenn ein Maximum der Kreuzkorrelationsfunktion R gefunden wird, das einen einstellbaren Schwellwert überschreitet:

$$R_{max} = MAX(\ R(x,y,x',y')),\quad R(x,y,x',y') = f(\ W_P(x,y),W_Q(x',y'))\ ) \quad (3)$$

Bestimmung der globalen Bewegungsgrößen

Wird die Bewegung des Objektes durch die Größen Translation x, y, Rotation ε und Maßstab s beschrieben, so lassen sich diese aus den Bewegungsvektorfeldern aufeinanderfolgender Bilder mit Hilfe der Helmert-Transformation /4/ schätzen:

Helmert - Transformation

$$\begin{bmatrix} x \\ y \end{bmatrix} + \begin{bmatrix} d_x \\ d_y \end{bmatrix} = \begin{bmatrix} \Delta x \\ \Delta y \end{bmatrix} \quad s \cdot \begin{bmatrix} \cos\varepsilon & -\sin\varepsilon \\ \sin\varepsilon & \cos\varepsilon \end{bmatrix} \cdot \begin{bmatrix} x' \\ y' \end{bmatrix} \quad (4)$$

Linearisierung

$$\begin{bmatrix} d_x \\ d_y \end{bmatrix} = \begin{bmatrix} \dfrac{\partial d_x}{\partial \Delta x} & \dfrac{\partial d_x}{\partial \Delta y} & \dfrac{\partial d_x}{\partial s} & \dfrac{\partial d_x}{\partial \epsilon} \\[2mm] \dfrac{\partial d_y}{\partial \Delta x} & \dfrac{\partial d_y}{\partial \Delta y} & \dfrac{\partial d_y}{\partial s} & \dfrac{\partial d_y}{\partial \epsilon} \end{bmatrix} \cdot \begin{bmatrix} \Delta x \\ \Delta y \\ s \\ \epsilon \end{bmatrix} - \begin{bmatrix} x \\ y \end{bmatrix} \qquad (5)$$

Matrixschreibweise

$$D = A \cdot X - L \qquad (6)$$

Kleinste Fehlerquadratlösung

$$X = (A^T A)^{-1} * A^T L \qquad (7)$$

Transformationsgenauigkeit

$$\mathsf{G} = \frac{1}{N-1} \sum_{i=1}^{N} (d_{x_i}^2 + d_{y_i}^2)^{1/2} \qquad (8)$$

$\underline{d}$ – Residuen
$\underline{N}$ – Anzahl der Vektoren

Abb.3 zeigt den implementierten Iterationsprozess zur Bewegungskompensation. Aus dem Bewegungsvektorfeld wird eine erste Schätzung der Bewegungsparameter durchgeführt und die Transformationsgenauigkeit G bestimmt. Diese Parameter bestimmen die Rekonstruktion eines neuen Bewegungsvektorfeldes. Wenn nun die Differenzen der korrespondierenden Vektoren der beiden Vektorfelder nicht innerhalb einer vorzugebenden Toleranzschranke liegen, so wird an der enstprechenden Koordinate der Bewegungsvektor eliminiert. Diese Schleife wird nun sooft durchlaufen, bis die Transformationsgenauigkeit dem Konvergenzkriterium c_i genügt. In einer zweiten Iterationsschleife wird die Summendifferenz D_j des Referenzbildes $I(k)$ und des bewegungskomensierten Bildes $I_{mc}(k+1)$ berechnet. Wenn D_j konvergiert, kann die nächste Szene bearbeitet werden. Im anderen Fall wird der Prozess neu gestartet und zuvor $I(k+1)$ durch $I_{mc}(k+1)$ ersetzt. Die Bewegungskompensation für "Subpixel"-Abstände wird mit einem bilinearen Interpolationsverfahren durchgeführt.

Diskussion der Ergebnisse

Die experimentellen Ergebnisse sind auf der nachfolgenden Bildseite am Beispiel eines Tumorzellkerns aus dem Magen-Darm-Bereich dargestellt.

Bedingt durch periodische Bildstrukturen und nichtlineare Grauwertbeziehungen aufeinanderfolgender spektraler Bilder können Vektoren berechnet werden, die eine Pseudobewegung anzeigen. Diese Vektoren werden im Verfahren erkannt und eliminiert. Für die Bestimmung der globalen Bewegungsgrößen ist es nicht erforderlich in jedem Pixel einen Verschiebevektor zu berechnen. Es reicht aus nur wenige aber signifikante Vektoren zu betrachten. Die Genauigkeit des Verfahrens kann mit einem Fehler <1 Pixel angegeben werden und wird bereits, abhängig vom Datenmaterial, nach wenigen Interationsschritten erreicht.

Experimentelle Ergebnisse

Tumorzellkern aus dem Magen-Darm-Bereich

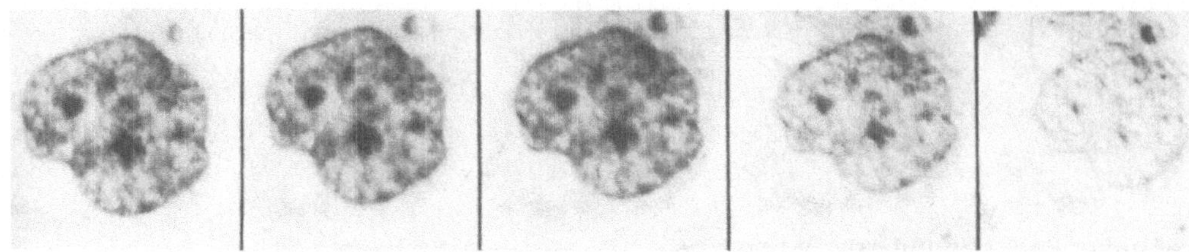

a) 263nm   b) 270nm   c) 280nm   d) 290nm   e) 313nm

Abb.4: Aufgezeichnete spektrale Zellbildsequenz zeigt deutlich eine
Bewegung des Zellkernes (Translation, Rotation, Maßstab)

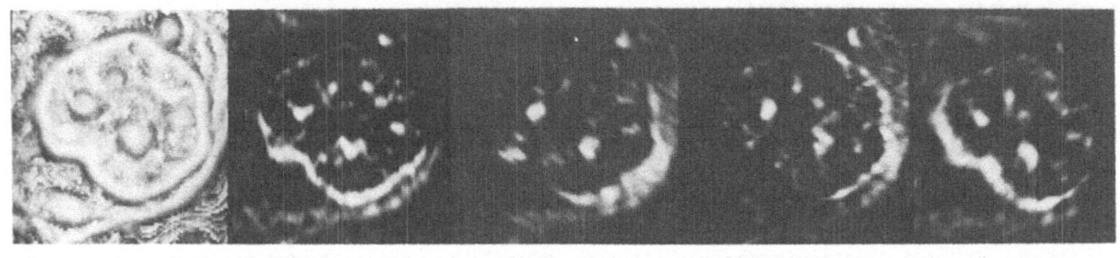

a) v_{13} b) v_8 c) v_9 d) v_{10} e) v_{11}

Abb.5: Ausgewählte Komponenten des multidimensionalen Merkmalsvektor-
satzes (berchnet aus dem Zellkernbild von Abb.4d)

Abb.6a   Abb.6b   Abb.7a   Abb.7b

Bewegungsanalyse

Kreuz-Korrelation   Euklidische Abstandsmessung

a) Resultierendes Bewegungsvektorfeld
b) Differenz von Referenzbild (Abb.4a) und bewegungskompensiertem Bild
aus Abb.4d zeigt bei beiden Verfahren keine Bewegungsartefakte.

DNA+RNA   Proteine   DNA+RNA   Proteine

ohne Bewegungskompensation   **mit** Bewegungskompensation
(Texturartefakte)

Abb.8: Berechnete stoffspezifische Verteilungen der Zellkernbausteine
aus den spektralen Transmissionsbildern von Abb.4

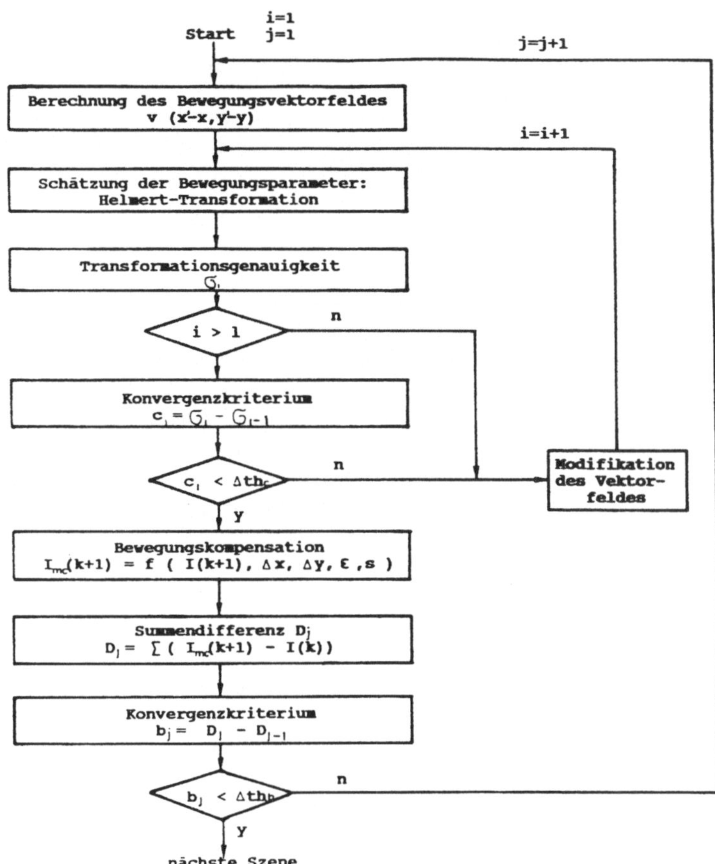

Abb.3   Schätzung der Bewegungsparameter

Literatur

(1) Witte, S.,   Moderne Entwicklungen der UV-Mikroskopie in der klinischen Zytologie, Verhandlungen der deutschen Gesellschaft für innere Medizin, 74.Bank, 1968.

(2) Sträßle,G., Texturanalyse an nativem Zellmaterial mit Hilfe der Ultraviolettmikroskopie, 5.DAGM-Symposium Karlsruhe, VDE-Fachberichte 35, 1983

(3) Blanz,W.E., Bildsegmentation durch Texturanalyse, Dissertation, Universität Stuttgart, 1983

(4) Hoepcke,W., Fehlerlehre und Ausgleichungsrechnung, de Gruyter Lehrbuch, Berlin 1980

(5) Niemann,H., Mustererkennung 1985, 7.DAGM-Symposium Erlangen, Informatik-Fachberichte 107, 1985

(6) Sträßle G.,Straub B., Determination of Motion Vectors applied to Cell Image Sequences, SPIE Vol.593 Medical Image Processing (1985)

Mit Unterstützung der deutschen Forschungsgemeinschaft

3D-Modellbildung für die diskrete Relaxation zur Interpretation von kranialen Computertomogrammen

Sven Blana
Universität Hamburg, Fachbereich Informatik
Bodenstedtstraße 16, D-2000 Hamburg 50

Kurzfassung

Es wird der Entwurf eines relationalen Modells im 3D-Raum beschrieben, welches als Grundlage für eine diskrete Relaxation zur Interpretation einer räumlichen Folge von kranialen Röntgen-Computertomogrammen dienen soll. Die Modellbildung beinhaltet die drei Schritte der Festlegung einer Menge von Markierungen (engl. set of labels), der Bestimmung der Nachbarschaftsbeziehung (einer Menge von Nachbarschaftsregeln) und die Auswahl geeigneter Relationen, die anschließend für die Beschreibung der zwischen "benachbarten" Modellelementen geltenden Beschränkungen (engl. constraints) verwendet werden.

Einleitung

Das Verfahren der *diskreten Relaxation*, welches ein noch weitgehend unerforschtes Werkzeug für die Bildanalyse darstellt, wurde untersucht und für die Bildklasse der kranialen Röntgen-Computertomogramme zur Benennung von Strukturanteilen des Gehirns erprobt *[Kittlitz u. Blana 85]*. Motiviert wurde dieser Ansatz durch Aussagen von *[Barrow u. Tenenbaum 75]*, *[Zucker 76]* und *[Davis u. Rosenfeld 81]*, welche den Eindruck eines sehr vielseitigen und einfachen Verfahrens erwecken, sowie einem von *[Stiehl 80 + 85]* für diese Bildklasse entwickelten Experimentalsystem. In letzterem wird das Modell implizit in eine Menge von Regeln und eine darauf arbeitende Kontrollstruktur eingebettet. Bei der Relaxation hingegen kann insbesondere zwischen dem eigentlichen Verfahren und dem anwendungsspezifisch explizit zu definierenden relationalen Modell eine ziemlich klare Trennung erfolgen. Weitere Anreize waren dadurch gegeben, daß bisher kein vergleichbarer Ansatz für die Anwendung des Verfahrens in der medizinischen Bildanalyse und im 3D-Raum bekannt ist.

Das Modell für den erwarteten Bildinhalt repräsentiert das für die Aufgabenstellung relevante 'Wissen' über den 'Ausschnitt der Welt', aus dem das Bild stammt. Es besteht aus

- einer Menge von zulässigen Objektklassen (*Markierungen*), im untersuchten Fall Strukturanteile des Gehirns,

- einer *Nachbarschaftsbeziehung*, bestehend aus einer Menge von Nachbarschaftsregeln, die einzelne Markierungen miteinander verbinden, d.h. angeben, *welche Strukturanteile* in einer Nachbarschaftsbeziehung zueinander stehen,

- einer Anzahl von geeigneten Relationen zwischen benachbarten Markierungen, die bestimmen, *welche Beziehungen* gelten und damit welche Beschränkungen.

Parallel zu den Anforderungen an das Modell müssen die Anforderungen an das zu untersuchende Bild betrachtet werden: Die im Modell definierte Nachbarschaftsbeziehung muß notwendigerweise zwischen den (segmentierten und beschriebenen) Objekten des Bildes wiederzufinden sein, um eine *eindeutige* Interpretation zu erreichen. Um eine gleichartige Repräsentation von Modell und Bildbeschreibung - und damit überhaupt die Überprüfbarkeit der Übereinstimmung - zu gewährleisten, ist es weiterhin erforderlich, die für die Beschränkungen benutzten Relationen aus dem Segmentierungsergebnis abzuleiten. Dieser Punkt konnte jedoch durch die Verwendung synthetischer und damit manipulierbarer Bildmatrizen ausgeklammert werden, die mit Hilfe eines von *[Blana u.a. 82]* und *[Bender u.a. 84]* entwickelten Systems erstellt wurden.

Modellbildung im 3D-Raum

Zu den bereits oben genannten drei Teilen, aus denen das relationale Modell besteht, mußten problemabhängig Aussagen getroffen werden. Das Fehlen einer formalisierten Methodik als auch die dadurch in hohem Maße einzusetzende Intuition bei zahlreichen Entscheidungen stellten hierbei ein Problem dar. Der Versuch, die fehlenden eigenen Erfahrungen im Umgang mit relationalen Modellen für einen Relaxationsprozeß durch eine systematische Auswertung der in der Fachliteratur für andere Anwendungen im Bildanalysebereich vorgestellten Ergebnisse und Erfahrungen (*[Waltz 72]*, *[Barrow u. Tenenbaum 75]*, *[Tenenbaum u. Barrow 76]*, *[Laws u. Smith 83]*, *[Kitchen u. Rosenfeld 84]*) zu kompensieren, führte aufgrund der ausschließlich zweidimensionalen Betrachtung nur begrenzt zu dem angestrebten Ziel. Für einen *dreidimensionalen* Ansatz existieren *keine* 'Vorbilder'.

Gegenüber den aus der Literatur angeführten Beispielen unterscheidet sich die hier behandelte Problematik weiterhin dadurch, daß vergleichsweise *sehr* genaue Angaben über den erwarteten Bildinhalt gemacht werden können. Die in einem Modell zu repräsentierenden Annahmen über Lageverhältnisse von Objekten in kranialen Computertomogrammen lassen sich selbst bei Beachtung der gesamten Bandbreite möglicher anatomischer Varianzen wesentlich präziser fassen als beispielsweise für zu interpretierende "Schlachtfeld"-Szenen *[Kitchen u. Rosenfeld 84]* oder selbst für Büroraumszenen *[Tenenbaum u. Barrow 76]*. Somit kann das zu erstellende Modell wesentlich stärker eingeschränkt bzw. eingegrenzt werden.

Als weiterer problemspezifischer Schritt mußte das räumliche Bezugssystem für die Modellbildung festgelegt werden.

Bezugssystem

Das erstellte Modell bezieht sich auf die in der kranialen Computertomographie üblicherweise verwendete 'Orbito-Meatal-Linie' ('OML', Auge-Ohr-Linie) bzw. die daraus resultierende 'Orbito-Meatal-Ebene'. Für die Lagebeschreibung wurde die (in der Anatomie des Kopfes gebräuchliche) Forel'sche Achse zugrundegelegt. In dem objektbezogen definierten Koordinatensystem entspricht die xy-Ebene der OM-Ebene, wobei die z-Koordinate mit zunehmendem Abstand von der Schädelbasis ansteigt. Die Positionierung des Nullpunktes in der xy-Ebene stellte ein erhebliches Problem dar, da es in der Anatomie keine Festlegung auf ein Gehirnzentrum gibt. Letztendlich wurde hierfür die in *[Stiehl 80]* vorgeschlagene lokale Bildgeometrie verwendet und die y-Achse der Mediallinie angepaßt.

Markierungen (engl. labels)

Für ein erstes Modell wurden aus Gründen der Übersichtlichkeit und der bekanntermaßen in Röntgen-Computertomogrammen leichten Erkennbarkeit die folgenden Elemente des Ventrikelsystems (Bild 1) ausgewählt:

- linkes und rechtes Vorderhorn
- linke und rechte Cella Media
- linkes und rechtes Hinterhorn
- linkes und rechtes Unterhorn
- 3. Ventrikel
- 4. Ventrikel

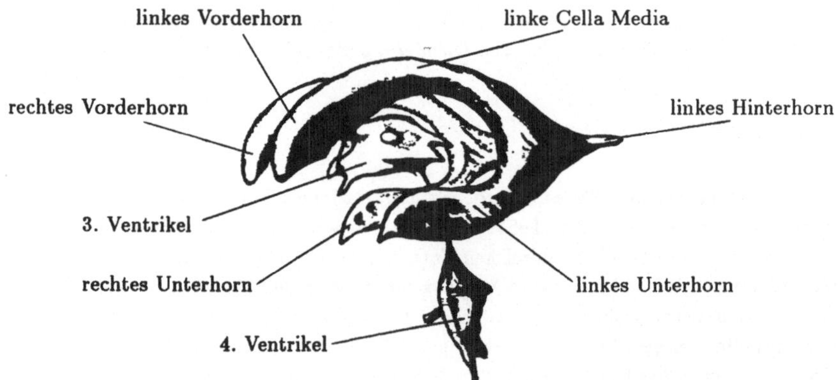

Bild 1: Ventrikelsystem. Ansicht von links vorne (rechte Cella Media und rechtes Hinterhorn sind verdeckt).

Nachbarschaftsbeziehung

Grundsätzlich ist es möglich, alle Objekte miteinander in Beziehung zu setzen und auf ihnen die Relaxation durchzuführen. Dies wäre jedoch in hohem Maße ineffizient. Um den Aufwand beim Relaxationsprozeß zu senken, werden daher mittels der Nachbarschaftsbeziehung die Bildteile spezifiziert, welche in einer spezifischen und unmittelbaren Beziehung zueinander stehen.

Üblicherweise wird die Nachbarschaft in der Bildanalyse immer in dem Kontext verwendet, daß es sich bei ihr um räumlich angrenzende Objekte bzw. Regionen handelt. Diese Definition hätte jedoch im vorliegenden Fall keinen Sinn ergeben. Die räumlich an das Ventrikelsystem angrenzenden Objekte wären Strukturen des Gehirns gewesen, die nicht in der Menge der Markierungen enthalten sind. Die Nachbarschaftsbeziehung wurde daher verallgemeinert und ausgehend von den festgelegten Markierungen bestimmt, zwischen welchen Elementen des Ventrikelsystems jeweils eine Interaktion (in Bezug auf das Relaxationsverfahren) stattfinden soll. Als Kriterium für die Auswahl der kommunizierenden Objekte diente lediglich der Hinweis, daß die betreffenden Markierungen sich gegenseitig beeinflussen bzw. beschränken müssen. Dies führte dazu, die Symmetrieeigenschaften sowie die Lagebeziehungen innerhalb jeder Hemisphäre als bedeutsam anzusehen. Daraus wurde die verallgemeinerte Nachbarschaftsbeziehung mit den folgenden Regeln abgeleitet:

(1) *Alle Objekte einer Hemisphäre* sind benachbart.

(2) *Symmetrische Objekte* sind benachbart.

(3) Die *in der Medialebene liegenden Objekte* stehen *mit allen Objekten beider Hemisphären und miteinander* in Nachbarschaftsbeziehung.

Relationen

Die enge Verquickung der Relationen mit den Beschränkungen macht es im Grunde unmöglich, die zu verwendenden Relationen zusammenzustellen, ohne in Gedanken bereits eine vorausschauende Vorstellung von möglicherweise sinnvollen Beschränkungen zu haben.

Aufgrund eines Experiments wurde eine Menge zweistelliger Relationen festgelegt, für die im folgenden die Beschränkungen bestimmt wurden. In dem Experiment wurde versucht, einer Person die Anatomie des Ventrikelsystems *verbal* mit Hilfe eines dreidimensionalen Ausgußpräparates zu beschreiben. Die dahinterstehende Absicht war es, die vom Menschen u.U. *intuitiv* erfaßten prägnanten bzw. charakteristischen

Gesetzmäßigkeiten herauszufinden. Dabei fiel auf, daß recht einfache Lagerelationen das Objekt zufriedenstellend zu umschreiben schienen, die sich zum größten Teil auf jeweils *eine* Dimension im Raum bezogen, wie z.B. *Objekt A liegt in x-Richtung vor Objekt B* oder *Objekt A ist bezüglich der Mediallinie symmetrisch zu Objekt B.* (Die Beschränkung auf zweistellige Relationen diente nur der leichteren Handhabung, zumal höherstellige Relationen in eine Menge zweistelliger Relationen überführbar sind.)

Die im Modell getroffenen Aus- bzw. Voraussagen (z.B. über Parallelität, Kollinearität, Längenverhältnisse) sollten bezüglich der in der Natur auftretenden Erscheinungsformen eines Ventrikelsystems invariant sein. Diese von *[Rembold u. Levi 84]* aufgestellte Forderung, wird durch die verwendeten Lagebeziehungen (oder -verhältnisse) erfüllt.

In anderen Anwendungsbeispielen (*[Tenenbaum u. Barrow 76]*, *[Kitchen u. Rosenfeld 84]*) wird die Menge der möglichen Markierungen von einzelnen Objekten (bzw. Regionen) vor Beginn des eigentlichen Relaxationsprozesses aufgrund von charakteristischen deskriptiven Merkmalen eingeschränkt. Der Ausschluß gewisser Markierungen ist im Prinzip als Anwendung von Beschränkungen definiert auf einstelligen Relationen einzuordnen. Denkbare einstellige Relationen sind z.B. 'Hounsfield-Unit-Wert' (Röntgenstrahlenabsorptionskoeffizient), 'umschreibender Quader', 'Volumen', 'Zugehörigkeit zu einzelnen Hemisphären'. Dieser Ansatz wurde jedoch, insbesondere in Hinblick auf die Anpassung solcher Relationen an die äußeren Gegebenheiten, wie z.B. den verwendeten Scanner (Abbildung des Hounsfield-Unit-Wertes auf den Bildfunktionswert), nicht weiterverfolgt.

Beschränkungen (engl. constraints)

Die Festlegung der für die Bildklasse charakteristischen Beschränkungen war im betrachteten Fall in erster Linie von der Frage abhängig: Wie sieht ein "normales" Ventrikelsystem aus?

Zur Beantwortung dieser Frage wurde das o.g. Ausgußpräparat als hauptsächliches Referenzmodell verwendet. Eine Kontrolle erfolgte durch weitere Abbildungen des Ventrikelsystems aus der Fachliteratur. Speziell für die Formulierung der in z-Richtung (senkrecht zur OM-Ebene) geltenden Beschränkungen war es erforderlich, die relative Neigung der Orbito-Meatal-Ebene zum Ventrikelsystem zu kennen. Nach vergleichenden Studien verschiedener Literatur (die dort zu findenden Abbildungen waren nicht unmittelbar hilfreich) wurde eine *relative* Lage als Referenz festgelgt.

Die verschiedenen Darstellungen des Ventrikelsystems in der Literatur machen bereits deutlich, daß es *ein* *"normales" Ventrikelsystem* nicht gibt. Für die eingeschränkte Problemstellung, ein Relaxationssystem auf synthetisch erzeugte "Computertomogramme" anzuwenden, ist das definierte Modell ausreichend. Für eine Auswertung realer Computertomogramme steht jedoch außer Frage, daß mögliche Abweichungen, die in der natürlichen Varianz oder pathologischen Veränderungen begründet sind, berücksichtigt werden müssen.

Fazit

Der Entwurfsprozeß zeigt beispielhaft, wie ein in der Literatur vorgestelltes Verfahren an eine neue Anwendungsumgebung angepaßt werden kann. Es wurde ein 3D-Modell erstellt, mit dessen Hilfe eine Relaxation auf einem 3D-Bild durchgeführt werden kann. Im hier untersuchten Anwendungsfall liegt das Bild jedoch in Form einer räumlichen Sequenz von zweidimensionalen Schichtbildern vor. Als nächster Schritt muß daher ein Mechanismus gefunden werden, der entweder das Modell an das Bild anpaßt oder die zweidimensionalen Schichtbilder in ein 3D-Bild überführt.

Der Entwurf einer "ersten Version" eines bekanntermaßen iterativ zu entwickelnden Modells ist verbunden mit zahlreichen Entscheidungen, die ein hohes Maß an Intuition erfordern. In diesem Zusammenhang tauchen eine Reihe von Fragen und Problemen auf, die noch einer Klärung bedürfen. So ist die Wahl der Toleranzgrenzen bei der Bestimmung der Beschränkungen in erster Linie in Verbindung mit der Betrachtung realer Computertomogramme von Bedeutung und muß dann vermutlich - nach ersten Schätzungen - in experimentellen Versuchen beantwortet werden. Ein weiteres Problem stellt die Aussagekraft (Qualität) der Relationen dar, d.h. können die auf diesen Relationen basierenden Beschränkungen den angestrebten Prototyp der Bildklasse hinreichend beschreiben? Auch hierüber läßt sich - zumindest nach derzeitigem Kenntnisstand - erst im Experiment eine Aussage treffen. Von der Formulierung der Beschränkungen bis hin zum schließlichen, experimentell erzielten, Ergebnis herrscht eine Phase der Unsicherheit: Es ist völlig unklar, ob die Aussagekraft einer Relation ausreichend ist und wieviele und welche Beschränkungen das Modell wie stark einengen. Grobe Unstimmigkeiten werden eventuell bereits bei der Festlegung der Beschränkungen entdeckt, indem dort subjektiv die vorhandenen Möglichkeiten als nicht ausreichend oder nicht passend empfunden wurden. Aber selbst *nach* ersten Ergebnissen bleibt stets die Frage offen, ob nicht ein anderer Weg erfolgreicher wäre. Zumindest nach momentanen Erkenntnissen ist es nicht möglich, über die Qualität einer Relation eine Vorhersage zu machen.

Danksagung

Ich danke Gabriele Kittlitz, ohne deren Zusammenarbeit diese Arbeit nicht hätte entstehen können, sowie H.Siegfried Stiehl für die Anregung zur thematischen Auseinandersetzung.

Literatur

Barrow u. Tenenbaum 75: *MSYS: A System for Reasoning about Scenes*, H. Barrow, J.M. Tenenbaum, Techn. Note 121, Stanford Research Inst., A.I. Center, Menlo Park, Calif., 1975

Bender u.a. 84: *SYNPIC II*, M. Bender, C. Fuhrhop, G.A. Schulze, Projekt Computer Vision III, SS 84, Technische Universität Berlin, 1984

Blana u.a. 82: *Interaktive Erzeugung von synthetischen digitalen Bildmatrizen*, S. Blana, B. Böttger, R. Gläser, T. Joerke, G. Kittlitz, H. Neumann, R. Pallaske, C. Pelterson, U. Theißing, A. Westermann, Projekt Computer Vision III, SS 82, Technische Universität Berlin, 1982

Davis u. Rosenfeld 81: *Cooperating Processes for Low-Level Vision: A Survey*, L.S. Davis, A. Rosenfeld, Artificial Intelligence 17, 1981

Kitchen u. Rosenfeld 84: *Scene Analysis Using Region-Based Constraint Filtering*, L. Kitchen, A. Rosenfeld, Pattern Recognition 17, No. 2, 1984

Kittlitz u. Blana 85: *Diskrete Relaxation für die Interpretation von kranialen Computertomogrammen*, G. Kittlitz, S. Blana, Diplomarbeit, Technische Universität Berlin, Fachbereich Informatik, November 1985

Laws u. Smith 83: *The RELAX Image Relaxation System: Description and Evaluation*, K.I. Laws, G.B. Smith, Techn. Note 301, SRI Proj. 1009, Univ. of Maryland, Menlo Park, CA, 1983

Rembold u. Levi 84: *Wissensbasierte Bildanalyse und intelligente Roboter*, U. Rembold, P. Levi, Proc. 14. GI-Jahrestagung Okt. 84, Springer, Informatik-Fachberichte 88, 1984

Stiehl 80: *Automatische Verarbeitung und Analyse von kranialen Computer-Tomogrammen*, H.S. Stiehl, Dissertation, Technische Universität Berlin, Fachbereich Informatik, 1980

Stiehl 85: *Model-Guided Labelling of CSF-Cavities in Cranial Computed Tomograms*, H.S. Stiehl, Proc. 1st Int. Symp. on Computer Assisted Radiology (CAR), Berlin, Juni 1985

Tenenbaum u. Barrow 76: *IGS: A Paradigm for Integrating Image Segmentation and Interpretation*, J.M. Tenenbaum, H.G. Barrow, Pattern Recognition and Artificial Intelligence (Hrsg. C.H. Chen), Academic Press, Proc. Joint Workshop in Patt. Recogn. and Artif. Intell., Juni 1976

Waltz 72: *Generating Semantic Descriptions From Drawings of Scenes With Shadows*, D.L. Waltz, Ph.D. Thesis, M.I.T., A.I. Laboratory, November 1972

Zucker 76: *Relaxation Labelling, Local Ambiguity, and Low-Level Vision*, S.W. Zucker, 'Pattern Recognition and Artificial Intelligence' (Hrsg. C.H. Chen), Academic Press, Proc. Joint Workshop in Patt. Recogn. and Artif. Intell., Juni 1976

DIGITALE SUBTRAKTIONS ANGIOGRAPHIE MIT EINER SYNTHETISCHEN MASKE
AUS EINER BILDFOLGE VON HERZAUFNAHMEN

P. Haaker, E. Klotz, R. Koppe, R. Linde
Philips GmbH Forschungslaboratorium Hamburg
Vogt Köllnstrasse. 30, D 2000 Hamburg 54, F.R.Germany

Bei der Digitalen Subtraktions Angiographie (DSA) wird zur Anhebung des Kontrastes der Hintergrund subtrahiert. Die Subtraktions-Maske wird vor oder nach Kontrastmittelinjektion in das Gefäßsystem gewonnen. Die Maskenherstellung wird häufig durch Patientenbewegungen, die zu Bildartefakten führen, zu einem Problem. Wir beschreiben eine Methode, bei der aus einer Bildfolge eine synthetische Maske des Hintergrundes erzeugt wird. Grundidee ist dabei, daß die Bewegung der Herzkranzgefäße dafür sorgt, daß die Bildpunkte des Hintergrundes wenigstens einmal überlagerungsfrei von der Gefäßstruktur in der Bildfolge abgebildet werden.

Einleitung

Die Digitale Subtraktions Angiographie (DSA) [1] hat zwei entscheidende Vorteile. Erstens, die Untersuchung belastet den Patienten weniger und zweitens, die diagnostische Aussagekraft ist in vielen Fällen verbessert. Für eine DSA-Untersuchung ist eine Leeraufnahme notwendig, bei der sich nur die Knochen und Weichteile darstellen, und eine Füllungsaufnahme, bei der ein Kontrastmittel in die Gefäße gespritzt wird. Durch Subtraktion beider Aufnahmen erhält man ein Bild, in dem nur noch die Gefäße sichtbar sind. Aufgrund der zeitversetzten Aufnahme spricht man hier von einer temporären Masken-Technik.

Wenn sich der Patient zwischen den Aufnahmen bewegt, führen die nicht deckungsgleichen Aufnahmen zu Bildartefakten. Relativ häufig sind die Störungen so groß, daß die Bilder diagnostisch nicht mehr verwertbar sind. Dies tritt hauptsächlich bei der intravenösen Kontrastmittelinjektion auf, bei der die Zeitspanne zwischen den Aufnahmen im Sekundenbereich ist. Der größeren Beweglichkeit von Weichteilen kann bei der Hybrid-Subtraktion [2] durch Doppel-Energie-Aufnahmen [3], die schnell aufeinander folgen, entgegengewirkt werden. Am Herzen ist die Maskenherstellung wegen der Eigenbewegung des Herzens und der Atmung des Patienten besonders schwierig, obwohl hier das Kontrastmittel intraarteriell injiziert wird. Die Probleme können teilweise mit der "moving mask" Methode [4,5] gelöst werden, bei der die Maske aus den gewichteten Mittelwerten der Pixel einer Bildfolge aufgebaut wird. Strukturscharfe Bewegungsartefakte in den subtrahierten Bildern können so vermieden werden. Daneben kann man versuchen, mit digitalen Filtermethoden den Hintergrund zu eliminieren. Ein viel benutztes Verfahren ist das "unsharp masking" [6].

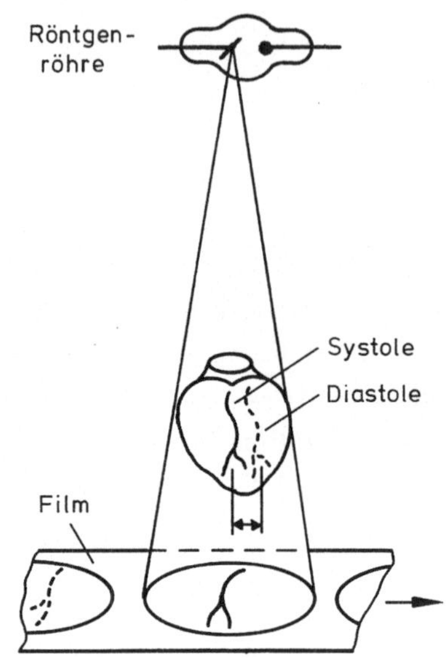

Fig. 1: Röntgenographische Aufnahme der Herzkranzgefäße

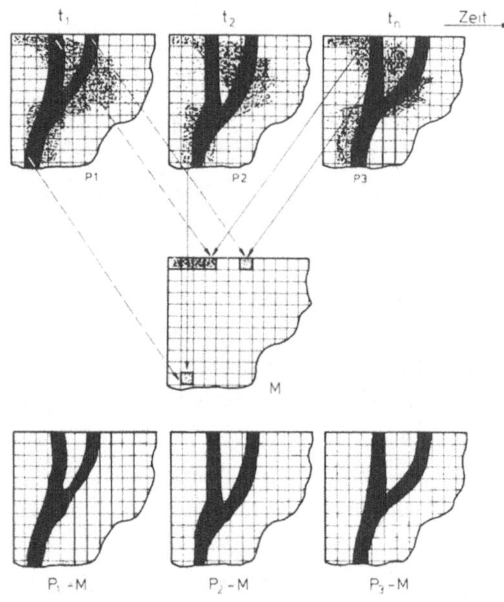

Fig. 2: Prinzip der Maskensynthetisierung
aus einer Bildfolge

Ähnliche Ergebnisse erreicht man mit einer Pseudomasken-Methode [7], bei der die Prozessierung mit einem Rangordnungsfilter erfolgt.

Dieser Artikel beschreibt eine Methode, die sich die schnelle Bewegung der Herzkranzgefäße zunutze macht, um zu einer synthetischen Maske zu kommen.

Methode

Die Bewegung eines Objektes vor einem als fest angenommenen Hintergrund kann für den Aufbau einer synthetischen Hintergrundmaske ausgenutzt werden, wenn sie so geartet ist, daß kein Hintergrundpunkt ständig verdeckt ist. Eine derartige Bewegung führen die Kranzgefäße des Herzens aus.

In Fig. 1 ist in vereinfachter Form die röntgenographische Aufnahme der Herzkranzgefäße gezeigt. Die Aufnahme erfolgt meist mit der 35 mm Cinefilm-Technik, bei der bis zu 150 Bilder/Sekunde aufgenommen werden. Für die beschriebene Maskentechnik sind die Bilder aus der schnell bewegten Herzphase zwischen Systole und Diastole aufzunehmen. Die Selektion kann herzphasen-gesteuert durchgeführt werden.

Das Prinzip der Maskensynthetisierung ist schematisch in Fig. 2 illustriert. Die Bilder P_1, P_2 und P_3 stellen Ausschnitte aus einer Bildfolge dar. Die schwarze Struktur stellt das sich bewegende Objekt dar. Die anderen Bildpunkte mit geringeren Grauwerten repräsentieren den Hintergrund. Zur

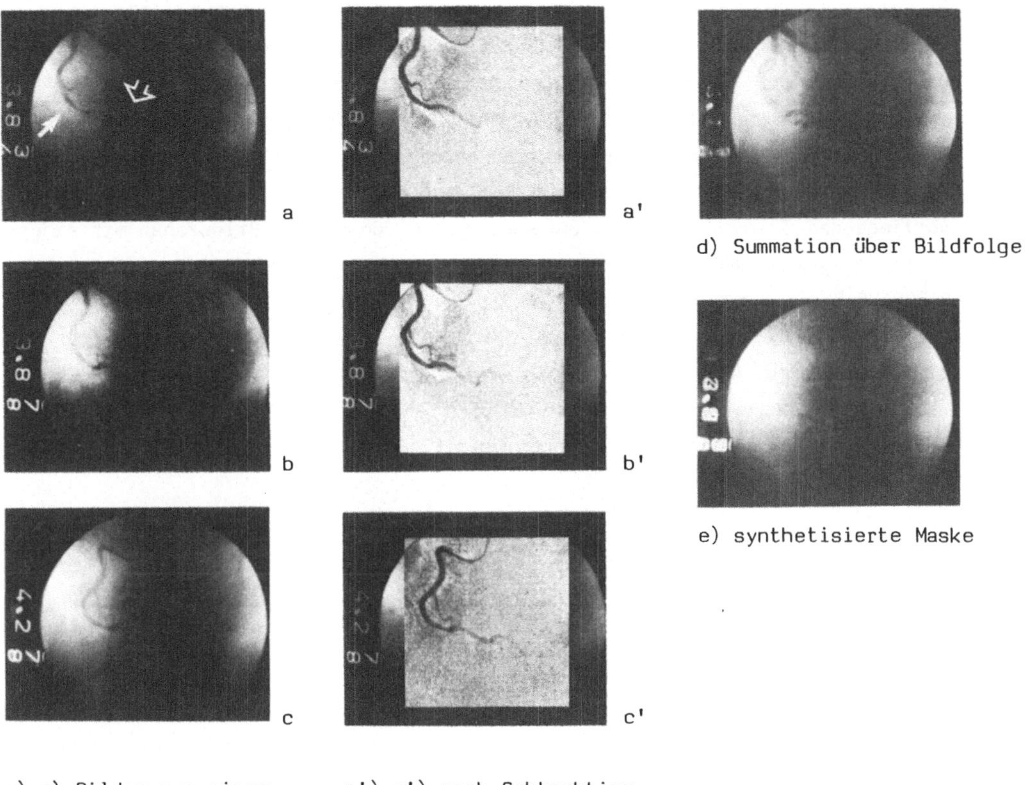

a

a'

d) Summation über Bildfolge

b

b'

e) synthetisierte Maske

c

c'

a)-c) Bilder aus einem   a')-c') nach Subtraktion
      35mm Cinefilm   mit e)

Fig. 3: Hintergrundsubtraktion mit einer synthetischen Maske

Synthetisierung der Maske werden alle korrespondierenden Pixel miteinander verglichen. Das Pixel mit dem geringsten Grauwert approximiert – wenn man vom Rauschen absieht – am besten das Hintergrundbild und wird jeweils dem Pixel der Maske M zugeordnet. In dem gezeigten Beispiel sind die ersten drei Pixel in der 1. Zeile sowohl in Bildausschnitt P_1 und P_2 als auch in P_3 Hintergrundpunkte. Die Pixel für die Maske werden aus jeweils einem der drei Bilder ausgewählt. Das 4. Pixel in der 1. Zeile stellt in P_1 (gestrichelte Linie) und P_2 (nicht gekennzeichnet) eine Objektstruktur dar. Erst in Bildausschnitt P_3 erscheint, verursacht durch die Bewegung des Objektes zwischen den Aufnahmen P_2 und P_3, der Hintergrund unverdeckt. Dieses Pixel aus P_3 (durchgezogene Linie) wird für den Aufbau der Maske M benutzt. In gleicher Weise erfolgt der Pixelvergleich für die gesamte Bildmatrix. Mit der fertigen Maske M wird dann die Bildfolge subtrahiert. Die Bildausschnitte P_1-M, P_2-M und P_3-M zeigen die subtrahierten Bilder, in denen nur noch das gewünschte Strukturobjekt sichtbar ist.

Diese Methode kann angewandt werden, wenn folgende 3 Voraussetzungen erfüllt sind:

1. Die Bewegung des Objektes muß so sein, daß jedes Pixel des Hintergrundes in der Bildszene wenigstens einmal überdeckungsfrei vom Strukturobjekt abgebildet wird.
2. In allen Bildern der Bildfolge muß der Grauwert der Pixel des Strukturobjektes größer sein als der des Hintergrundes.
3. Der Hintergrund der Bildfolge muß ortsfest sein.

Ob diese Voraussetzungen bei Aufnahmen von Herzkranzgefäßen erfüllt sind, haben wir an vorliegenden 35 mm Cinefilmen untersucht, bei denen wir Bildszenen mit einer schnellen Bewegung der Herzkranzgefäße herausgesucht haben. Die Bilder wurden mit einem OPTRONICS-Photoscan digitalisiert (512×512×8 Bit) und auf einem VAX 8600 Computer prozessiert. Im ersten Schritt wurde der Pixelvergleich aller korrespondierenden Pixel durchgeführt. Die Pixel mit den minimalen Grauwerten werden dann jeweils für den Aufbau der Maske benutzt. In einem zweiten Schritt wird die voll synthetisierte Maske von den Originalbildern subtrahiert. Die daraus resultierenden Bilder werden dann im Kontrast gespreizt.

Experimentelle Ergebnisse

Die Methode hat in allen Fällen diagnostisch verwertbare Bilder geliefert. Fig. 3a)-c) zeigen als Beispiel drei von insgesamt neun ausgewählten Bildern aus einem 35 mm Cinefilm. Bei dem Objekt handelt es sich um ein rechtes Herzkranzgefäß (geschlossener Pfeil). In der Bildmitte ist das Gefäß von der Wirbelsäule (offener Pfeil) überlagert, wodurch der Kontrast in dem Gefäß stark reduziert wird. In Fig. 3d) sind mehrere Bilder der Bildfolge aufaddiert worden. Hier wird die Bewegung des Gefäßes sichtbar. Fig. 3e) zeigt das synthetisierte Hintergrundbild, das dann als Maske subtrahiert wurde. Das Resultat ist in Fig. 3a')-c') gezeigt.

Zum Vergleich haben wir mit demselben Bildmaterial noch andere Subtraktionsverfahren angewandt. In Fig. 4a) wurde eine herkömmliche Zeit-Subtraktion durchgeführt. Die Darstellung wird durch Bewegungsartefakte (Pfeil) beeinträchtigt. Bei Fig. 4b) wurde das Bild (Fig. 3a)) nach der "unsharp masking" Methode prozessiert. Bei Fig. 4c) wurde eine "moving mask" Technik angewandt, bei der die Bilder der Folge gemittelt wurden. An den Stellen, wo die Gefäße nur unzureichend bewegt sind, entstehen Bildstörungen (Pfeil), die

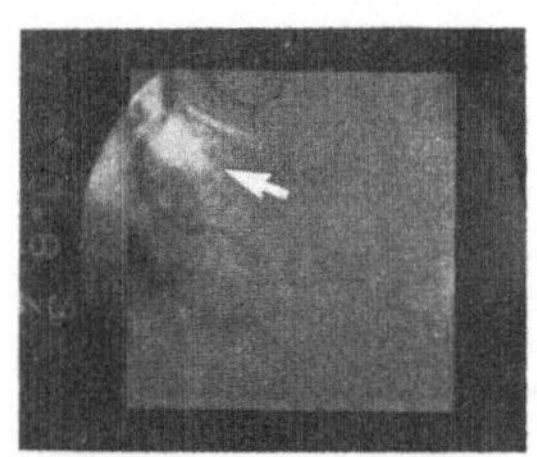
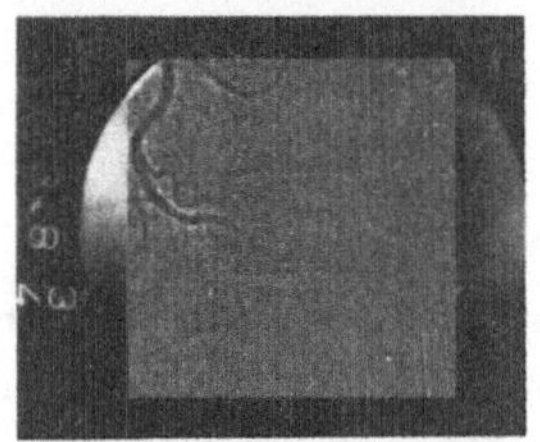
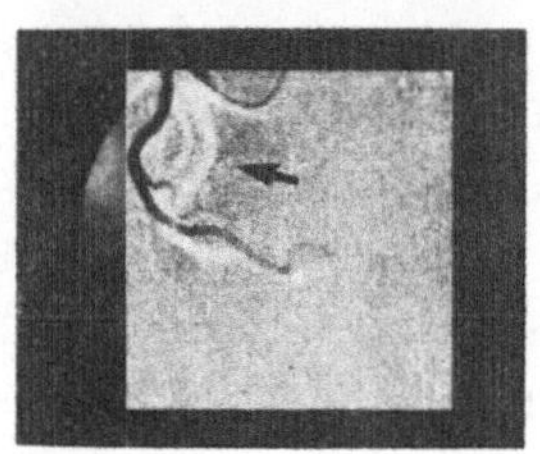

Fig. 4: Vergleich mit anderen Methoden
a) Zeit-Subtraktion
b) "unsharp masking"
c) "moving mask" Technik

sich bei Verwendung einer größeren Anzahl von Bildern reduzieren lassen.

Diskussion

Die Versuche haben gezeigt, daß aus Aufnahmen von Herzkranzgefäßen der störende Hintergrund eliminiert werden kann. Die Beurteilbarkeit der Gefäßstrukturen wird dadurch deutlich verbessert hauptsächlich an den Stellen, wo die Gefäße von Knochenstrukturen überlagert sind. Die Zeitdifferenz zwischen den zur Maskensynthetisierung benutzten Bildern beträgt nur einige Millisekunden. Die Gefahr von Bewegungsartefakten ist im Vergleich zu bekannten Methoden, bei denen Zeitdifferenzen im Sekundenbereich auftreten, deutlich verringert.

Bisher haben wir aus einer Bildfolge von mehreren Sekunden ohne bestimmte Auswahlkriterien 6-8 Bilder aus der schnellen Bewegungsphase ausgewählt. Prinzipiell benötigt man nur zwei Bilder, wenn es gelingt mit Hilfe einer EKG-Triggerung die Zeitpunkte maximalen Ortswechsels der Gefäße zu bestimmen. In diesem Fall wäre die Methode besonders gut geeignet für 3-dimensionale Gefäßdarstellungen, z.B. für Tomosyntheseverfahren [8], die nur geringe Bildfrequenzen benötigen.

Die Methode versagt, wenn die Bewegung in einigen Gefäßabschnitten zu klein ist oder gar nicht auftritt. Im letzteren Fall findet bei der Subtraktion mit der an dieser Stelle gestörten Maske eine völlige Auslöschung der Gefäßstruktur statt. Ob dieser Fall einer zu kleinen Bewegung in der Praxis tatsächlich auftritt, kann derzeit nicht von uns beantwortet werden. Um die endgültige praktische Relevanz dieser Methode zu prüfen, ist eine detailliertere klinische Studie notwendig, in der man die Ergebnisse mit einer eingeführten Methode, z.B. der Zeit-Subtraktion, vergleicht.

Literaturverzeichnis

[1] LUDWIG, J.W., VERHOEVEN, L.H.J., ENGELS, P.H.C.: Digital Video Subtraction Angiography (DVSA) Equipment. Angiographic Technique in Comparison with Conventional Angiography in Different Vascular Areas. Br. J. Radio. 1982, 55: 545-53.
[2] BRODY, W.R.: Hybrid Subtraction for Improved Arteriography. Radiology 1981; 141: 828-31.
[3] LEHMANN, L.A., ALVAREZ, R.E., MACOVSKI, A., et al.: Generalized Image Combinations in Dual KVp Digitial Radiography. Med. Phys. 1981; 8: 659-67.
[4] GOULD, R.G., LIPTON, M.J., MENGERS, P., DAHLBERG, R.: Investigations of a Video Frame Averaging Digital Subtraction Fluoroscopic System. Proc. SPIE 1981; 314: 466-69.
[5] HARDIN, C.W., KRUGER, R.A., ANDERSON, F.L., BRAY, B.E., NELSON, J.A.: Real-Time Digital Angiocardiography using a Temporal High-Pass Filter. Radiology 1984; 151(2): 517-20.
[6] SCHREIBER, W.F.: Wirephoto Quality Improvement by Unsharp Masking. Pattern Recognition 1970; 2(2): 117-21.
[7] DEVIJVER, P.A., et al.: Pseudomask Technique for Digital Subtraction Angiography. Proceedings Mustererkennung 1984 DAGM/ÖAGM Symposium Graz, Oktober 1984. Berlin: Springer-Verlag, 1984: 230-36.
[8] HAAKER, P., KLOTZ, E., KOPPE, R., LINDE, R., MÖLLER, H.: A New Digital Tomosynthesis Method with Less Artefacts for Angiography. Med. Phys. 1985; 12 (4): 431-36.

Lokale Bewegungsanalyse mit der Dynamischen Pyramide

J. Dengler, H.P. Meinzer, M. Schmidt

Abteilung Biologische und Medizinische Informatik
Institut für Dokumentation, Information und Statistik
Deutsches Krebsforschungszentrum, Heidelberg

Zusammenfassung

Die Dynamische Pyramide ist ein allgemeines Werkzeug zur Analyse bewegter Bildserien.
Ziel der Analyse ist eine zuverlässige, genaue Zuordnung korrespondierender Punkte in Form
eines lückenlosen Verschiebungsvektorfeldes, in dem auch Unstetigkeiten, die etwa von
Okklusionen herrühren, abgebildet werden können. Diese Arbeit ist eine Erweiterung des für
die Stereorekonstruktion entwickelten Modells auf beliebig gerichtete zweidimensionale Verschiebungsvektorfelder. Insbesondere kommt der exakten Behandlung des Blendenproblems
besondere Bedeutung zu.

Die Lösung des Korrespondenzproblems wird in einem Mehrebenenzuordnungsprozeß vorgenommen. Die Pyramidenebene grober Auflösung enthält so kleine zu erwartende relative
Verschiebunɟen, daß diese in die Reichweite lokaler Zuordnungsoperatoren fallen. Diese
vorläufigen Zuordnungsergebnisse ergeben sinnvolle Startwerte für die Zuordnung der
nächstfeineren Ebene.

Für den eigentlichen Zuordnungsprozeß kommt das kooperative Modell der elastischen
Membran zur Anwendung. Dieses Modell berücksichtigt auffallende lokale Merkmale wie
Ecken oder Kanten, wobei die bei Kanten oder Linien vorhandene lokal eindimensionale
Information optimal genutzt wird. Das sich ergebende Verschiebungsvektorfeld ist innerhalb
von Regionen kontinuierlich; an deren Grenzen werden Diskontinuitäten zugelassen.

Das vorgestellte Verfahren erlaubt es, auch über vergleichsweise große Distanzen hinweg
ein Teilbild mit dem nächsten zuverlässig zur Deckung zu bringen.

Einleitung

Es wird ein Ansatz zur Lösung des Korrespondenzproblems bewegter Realweltszenen vorgestellt. Dabei wird bei der Bestimmung des Verschiebungsvektorfeldes kein spezielles
szenenspezifisches Wissen vorausgesetzt, dieses läßt sich aber, sofern vorhanden, in das
Modell integrieren. Die wesentlichen Informationen kommen aus den Rohdaten selbst, die in
Form monokularer Grauwertbildfolgen vorliegen. Das Verschiebungsvektorfeld wird lokal
ermittelt, so daß Objekte unterschiedlicher Bewegung angemessen analysiert werden können.

Der vorgestellte Ansatz ist verwandt mit anderen Methoden auf der Grundlage des optischen Flusses [1,2,3]. Es kann gezeigt werden [4], daß diese Algorithmen konzeptionell
Spezialfälle des hier beschriebenen Rahmens sind.

Das Modell spiegelt einige sehr allgemeine physikalische Randbedingungen von Realweltsze-
nen wider:
- Einzelobjekte sind mehr oder weniger starr,
- die Verschiebung von Objekten zwischen aufeinanderfolgenden Bildern ist so klein, daß
  die 2D-Projektion des Geschwindigkeitsfeldes innerhalb eines Objektes homogen ist,
- Grauwertänderungen sind potentielle Objektkanten und sind daher mögliche Kandidaten für
  Diskontinuitäten des Verschiebungsvektorfeldes.
- Objekte und markante Objektelemente kommen in mehreren Größenskalen vor.

Die Methode nutzt nur lokal verfügbare Information:
- isolierte markante Punkte liefern beide Komponenten der lokalen Verschiebung,
- Kanten oder Linien ergeben eine Komponente der lokalen Verschiebung (Blendenproblem).
- Gebiete mit gleichförmiger Textur oder gleichem Grauwert tragen nichts zur Bestimmung des Vektorfeldes bei und müssen aufgrund der Informationen aus Nachbargebieten geeignet geschätzt werden.

Diesen Aspekten wird im Konzept der Dynamischen Pyramide Rechnung getragen. Im Kern davon ist die Methode der elastischen Zuordnung, die das physikalische Modell der elastischen Membran zur Grundlage hat.

Die Elastische Zuordnung

Das Modell der elastischen Membran wurde in der Bildanalyse erstmals an der University of Pennsylvania zur Zuordnung von CT-Schnitten angewandt [5]. Es wurde grundlegend modifiziert, um es für die Bewegungsanalyse geeignet zu machen. Es wurde im Zusammenhang mit der Binokularstereorekonstruktion schon für den eindimensionalen Fall beschrieben [6], sodaß es hier die Aspekte, die sich aus der 2D-Anwendung ergeben, im Vordergrund stehen.

Anschaulich denkt man sich beim Membranmodell das eine der beiden zur Deckung zu bringenden Bilder auf eine fixe Unterlage, das andere auf eine elastische Membran aufgemalt. Diese wird solange gedehnt und verzerrt, bis beide Bilder zur Deckung gebracht sind. In dem hier beschrieben Fall ist es auch denkbar, daß die Membran an Stellen mit Diskontinuitäten abreißt.
Formal findet die Optimierung eines Funktionals statt, das sich aus einem Deformationsanteil und einem Ähnlichkeitsmaß zusammensetzt und in der Differentialgleichung der Membran resultiert:

$$C_1 \Delta U + C_2 \nabla(\nabla \bullet U) - \nabla V(U) = 0$$

C_1 und C_2 sind die elastischen Konstanten. C_2 wichtet vor allem die Scheranteile und wird im folgenden nicht weiter berücksichtigt, d.h. $C_2 = 0$ [4]. Das resultierende Verschiebungsvektorfeld U ist demnach vollständig von dem Kräftefeld $F(U) = -\nabla V(U)$ bestimmt, das aus lokalen Ähnlichkeiten zwischen den zur Deckung zu bringenden Bildern abgeleitet ist. Die Anwendung spezieller Varianten des Laplaceoperators Δ ermöglicht die Berücksichtigung von Diskontinuitäten.

Das Potentialfeld $V(U) = V(X - X_{ij})$ wird aus lokalen Korrelationen geeigneter lokaler Bildmerkmale in einer Umgebung G von jedem Pixel X_{ij}, die die maximal zu erwartende Verschiebung enthält, gewonnen.
Nishihara [7] hat gezeigt, daß die binäre Korrelation des Signums laplacegefilterten Bildes ein besonders geeignetes Maß hinsichtlich Auflösung, Reichweite, Zuverläsigkeit sowie schneller Berechnung ist. Das Kreuzkorrelationssignal C zwischen den Signumsmatrizen S_1 und S_2 ist

$$C_{12}(X - X_{ij}) = \sum_{X' \in G} w(X') \bullet S_1(X + X') \bullet S_2(X_{ij} + X')$$

Da G ein zweidimensionales Gebiet ist, sind X, X', X_{ij} Vektoren. Die Gewichtsmaske w bewirkt eine Gauß-Wichtung, um isotropes Verhalten des Korrelationssignals zu erreichen.
Da die ideale Aproximation des Signum-Korrelationssignals ein Konus ist, wird die beste Anpassung durch folgendes Modell erreicht [7]:

$$V(U) = V(X - X_{ij}) = (C(X - X_{ij}) - 1)^2$$

$$\text{Mit} \quad H = \begin{pmatrix} V_{xx} & V_{xy} \\ V_{xy} & V_{yy} \end{pmatrix}$$

wird $V(U) = V_0 + (V_x\ V_y) \bullet U + \tfrac{1}{2} U^T \bullet H \bullet U$

und $F(U) = - \nabla V(U) = - (V_x \; V_y)^T - H \bullet U$

Die Krümmungsparameter V_{xx}, V_{xy}, V_{yy} werden aus dem Autokorrelationssignal berechnet, wo idealerweise V_x und V_y verschwinden. Dieses Vorgehen setzt voraus, daß zwei aufeinanderfolgende Bilder so ähnlich sind, daß die Krümmungen des Kreuzkorrelationssignals durch die des Autokorrelationssignals gut wiedergegeben werden.

Aus dem Kreuzkorrelationssignal V_{12} werden die Gradientenkomponenten V_x und V_y bestimmt. Um Asymmetrien des Korrelationssignals zu kompensieren, wird der Gradient des Autokorrelationssignals abgezogen:

$$(V_x, V_y) = \nabla V_{12}(0,0) - \nabla V_{22}(0,0)$$

Das Blendenproblem und die Moore-Penrose-Inverse

Zur Ermittlung der initialen lokalen Verschiebungen, d.h. der Punkte, wo die Kräfte verschwinden und die Korrelationsignale ihr Maximum haben, wird die Gleichung formal invertiert:

$$U_0 = - H^{-1} \bullet (V_x, V_y)^T$$

Diese Matrix H ist in Gebieten homogener Bildstruktur oder in der Nähe von Kanten singulär und kann deswegen nicht ohne weiteres invertiert werden. Letzterer Fall entspricht dem Blendenproblem, wonach an einer Kante lokal nur eine Komponente des Verschiebungsvektors berechnet werden kann. Beide Fälle werden in einer sehr eleganten Weise durch Bildung der Moore-Penrose-Inversen berücksichtigt:

Sei $H = P\Theta^{1/2}Q^T$ die Singulärwertzerlegung von H, wobei P und Q unitäre Matrizen der Eigenvektoren von $H^T H$ bzw. HH^T sind und Θ die Diagonalmatrix der zugehörigen Eigenwerte, dann ist $H^* = Q\Theta^{-1/2}P^T$ die Moore-Penrose-Inverse von H.
Falls $|\Theta_{ii}| < \varepsilon$, dann wird $\Theta^{-1}_{ii} = 0$. Wenn beide Eigenwerte von 0 verschieden sind, ist die Moore-Penrose-Inverse mit der üblichen Inversen identisch. Im Fall einer Kante oder Linie wird die korrekte Komponente senkrecht dazu ermittelt.

Um die lokalen Kräfte zuverlässig zu berechnen, werden V_x und V_y auf das Bild von H projiziert. Das Verfahren dazu beruht auf der Moore-Penrose-Inversen; es werden dabei die Komponenten von $(V_x \; V_y)$, die in die Richtung verschwindender Eigenwerte von H zeigen, zu 0 gesetzt.

Die regionbezogene Kontinuitätsbeschränkung

Bei bewegten Objekten gibt es Diskontinuitäten des Verschiebungsvektorfeldes an verdeckenden Kanten. Nagel und Enkelmann [3] führen orientierte Glattheitsforderungen ein, um dieses Problem zu lösen. Ihr Ansatz unterdrückt die Glattheit in gleicher Weise nach "innen" wie nach "außen". Wünschenswert wäre, daß sich die Information über die Verschiebung vom Rand her nur innerhalb einer Region ausbreitet.
Dies ist möglich, selbst auf der Basis primärer Bildinformation. Die Grundidee dieses Ansatzes ist, den Laplaceoperator des Membranmodells auf Regionen gleicher Markierung zu begrenzen. Ein einfaches Segmentierungskriterium ist das Signum des Laplaceoperators. Der Grund dieser Segmentierung ist der, daß sie mit der Wahl des Operators zur Bestimmung der lokalen Kräfte konsistent ist: die Segmentgrenzen fallen mit den Gebieten der stärksten Kräfte zusammen.

Daher sind in diesem Modell die Nulldurchgangslinien des Laplaceoperators die potentiellen Diskontinuitäten des Verschiebungsvektorfeldes. Der regionorientierte Laplaceoperator der Membrangleichung wird folgendermaßen konstruiert:

$$\Delta_R U(X) = \sum_{X_i \in R} [U(X+X_i) - U(X)]$$

R ist die Menge aus der lokalen 3*3-Region mit der gleichen Markierung wie das Zentralpixel.

Mit diesen modifizierten Bestimmungsgrößen ergibt sich in der diskreten Formulierung folgendes Gleichungssystem:

$$C_1 \bullet \Delta_R U - H \bullet U = (V_x, V_y)^T$$

Die Konstante C_1 regelt das Verhältnis zwischen den äußeren Kräften aus den Korrelationen und den inneren, die Glattheit erzwingenden Deformationskräften. Sie hat bei den hier verwendeten binären Korrelationssignalen die Größenordnung 1. Mit U_0 als Startwerten wird dieses lineare Gleichungssystem mit dem iterativen Verfahren der konjugierten Gradienten gelöst. Da die Kräfte von der aktuellen Verschiebung abhängen, werden diese nach einigen Iterationen jeweils neu bestimmt.

Die Dynamische Pyramide

Die Anwendung des einfachen Membranmodells führt zu zwei grundsätzlichen Problemen, die eine Erweiterung notwendig machen.
Zum einen ist die Konvergenz der iterativen Algorithmen zur Lösung des dünnbesetzten linearen Gleichungssystems bei großen Bildmatrizen sehr langsam, besonders wenn es große Flächen ohne externe lokale Kräfte gibt.
Zum anderen beschränkt das Verfahren zur Ermittlung korrespondierender Punkte den Suchraum für diese auf den konvexen Bereich des lokalen Korrelationssignals.

Beide Probleme legen nahe, die Möglichkeiten des Pyramidenkonzeptes auszunutzen. Hinzu kommt, daß sich mit jeder Vergröberung der Auflösungsebene die Distanzen im Bild um den Faktor 2 verringern. Durch Wahl einer hinreichend groben Auflösungsebene ist es also immer möglich, die lokalen Verschiebungen zwischen zwei Bildern einer Folge in den Bereich lokaler Operatoren zu bringen, sofern die Objekte genügende Ausdehnung haben.

Bei dem Konzept der Dynamischen Pyramide wird auf einer hinreichend groben Ebene mit dem Zuordnungsprozeß begonnen. Da sich einerseits bei dieser Auflösung die Verschiebungsvektoren noch wenig von 0 unterscheiden und auch insgesamt wenige Bildpunkte vorhanden sind, ist die Konvergenz der Membrangleichung schnell erreicht.

Die Ergebnisse dieser Zuordnung werden mit einem geeigneten Interpolationsverfahren zur nächsten Ebene der Pyramide transformiert und geben dort Startwerte, die sich weniger als 1 Pixel vom endgültigen Wert dieser Auflösungsebene unterscheiden. Demzufolge ist auch auf dieser Ebene die Konvergenz schnell erreicht und der Suchraum von ± 1 Pixel in beiden Dimensionen wird von lokalen Operatoren der Größe 5x5 erfaßt.

Dieser Prozeß wird bis zur feinsten Auflösungsebene fortgesetzt.

Die gesamte Dynamische Pyramide ist symbolisch in Abb. 1 dargestellt. Die Kreise repräsentieren den Zuordnungsalgorithmus mit dem Modell der elastischen Membran, die vertikalen Pfeile bedeuten die Übertragung der Zwischenergebnisse von einer Ebene zur nächsten.

Voraussetzung für das Funktionieren dieses Prozesses ist die richtige Zuordnung eines jeden Bildpunktes auf jeder Auflösungsebene. Es ist eine offene Frage, ob es nötig ist, nachträgliche Fehlerkorrekturmöglichkeiten in Form eines "Backtracking" anzuwenden. Sollte es sich als wesentlich herausstellen, kann dies durch Informationsübertragung in beiden Richtungen der Pyramide erreicht werden. Dabei übertragen sich die Randbedingungen und lokalen Kraftfelder der feinen Auflösungsebenen auf die groben Ebenen. Die praktische Realisierung beschränkt sich bisher auf die eine Richtung der Informationsübertragung von "grob" nach "fein".

Ergebnisse und Diskussion

Der Algorithmus wurde auf eine Testsequenz angewandt, die im Freien mit einer CCD-Kamera bei einer Auflösung von 512*512 aufgenommen wurde. Wegen fehlender Möglichkeiten, die Bilder in Echtzeit zu speichern, wurden die Abstände zwischen den Einzelbildern wesentlich größer, als es bei einer Aufnahmerate von 25 Bildern/s der Fall wäre.
Die Einzelbilder wurden zunächst geometrisch korrigiert und in der Auflösung auf 128*171 reduziert (Abb. 2). Sie wurden in eine Laplacepyramide [8] überführt, deren Signum sowohl als Merkmal für die lokalen Korrelationen wie auch als Markierung homogener Bildbereiche diente. Die lokalen Korrelationen wurden in einer lokalen Umgebung G der Größe 7*7 ermittelt, die Polynomanpassung erfolgte mit 3*3-Masken. Der Zuordnungsprozess wurde in der 4. Schicht (16*21 Pixel) begonnen, die Parameter blieben in jeder Schicht unverändert (C_1=0.5). In jeder Schicht waren insgesamt etwa 20..30 Iterationen. Das Endergebnis der Zuordnung ist in Abb. 3 und Abb. 4 dargestellt. Abb. 3 zeigt die Differenzen der Original-bilder, Abb. 4 zeigt die Differenz des einen mit dem transformierten Partnerbild. Der im wesentlichen übrig gebliebene Fleck am hinteren Fenster ist auf tatsächliche Veränderungen des reflektierten Lichtes zurückzuführen. Eine genauere Analyse des Verschie-bungsvektorfeldes zeigt jedoch, daß trotz gut übereinstimmender Grauwerte die Zuordnung nicht überall richtig ist. Das bedeutet, daß entweder die zeitlichen Abstände zwischen den Bildern reduziert werden müssen oder die Zuordnung mit Hilfe komplexerer Merkmale, die ein Konsistenzprüfung erlauben, vorgenommen werden muß.
Das Konzept der Dynamischen Pyramide erlaubt es, weitere Merkmale in die Bestimmung der externen Kräfte mit aufzunehmen oder andere Verfahren zur Segmentierung anzuwenden. es war jedoch das Ziel dieser Untersuchung, festzustellen, wie gut das Grundkonzept auf die Probleme der Bewegungsanalyse anwendbar ist, ohne dessen Durchsichtigkeit durch eine Fülle von heuristischen Operatoren zu verschleiern.
Da die meiste Rechenzeit in den Iterationsschritten des Lösungsverfahrens der Membrangleichung verbraucht wird, werden die Möglichkeiten untersucht, diese Gleichung näherungs nichtiterativ ("one shot") zu lösen. Wenn dies gelingt, kann das Verfahren serienmässig in der Bewegungsanalyse von Zellen unter dem Mikroskop eingesetzt werden.

Literatur

[1] Horn,B.K.P.; Schunck,B.G.; Determining Optical Flow; Artificial Intelligence Vol. 17, pp. 185-204 (1981)

[2] Hildreth,E.C.; The Computation of the Velocity Field; Proceedings R. Soc. Lond. B 221, pp. 189-220 (1984)

[3] Nagel,H.H.; Enkelmann,W.; Towards the Estimation of Displacement Vector Fields by "Oriented Smoothness" Constraints.; Proceedings 7th ICPR, pp. 6-8 (1984)

[4] Dengler,J.; Methoden und Algorithmen zur Analyse bewegter Realweltszenen im Hinblick auf ein Blindenhilfesystem; Dissertation Univ. Heidelberg (1985)

[5] Bajcsy,R.; Lieberson,R.; Reivich,M.; A Computerized System for the Elastic Matching of Deformed Radiographic Images to Idealized Atlas Images; Journ. of Comp. Ass. Tomography 7(4): 618-625 (1983)

[6] Dengler,J.; Meinzer,H.P.; Die Dynamische Pyramide zur 3D-Rekonstruktion von Bildpaaren; in H.Niemann (Hrsg.) Informatik Fachberichte 107, 7.DAGM Symposium Erlangen; S.313-318;Springer, Berlin (1985)

[7] Nishihara,H.K.; PRISM: A Practical Real-Time Imaging Stereo Matcher; MIT A.I. Memo No. 780, Cambridge, Mass., USA (1984)

[8] Burt,P.J.; The Pyramid as a Structure for Efficient Computation; in Rosenfeld,A.(ed.),Multiresolution Image Processing and Analysis,Springer,Berlin (1984)

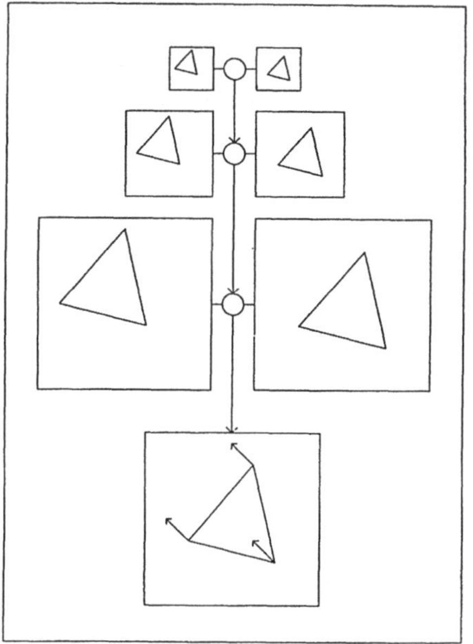

Abb. 1 Die Dynamische Pyramide

Abb. 2
Zwei aufeinanderfolgende Bilder
der untersuchten Sequenz

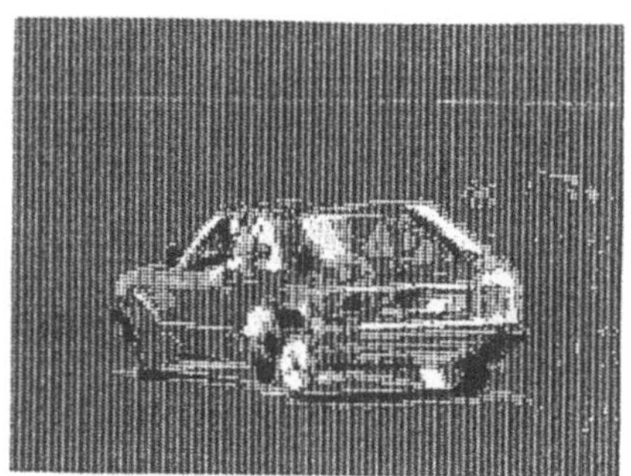

Abb. 3
Differenz der unveränderten Bilder

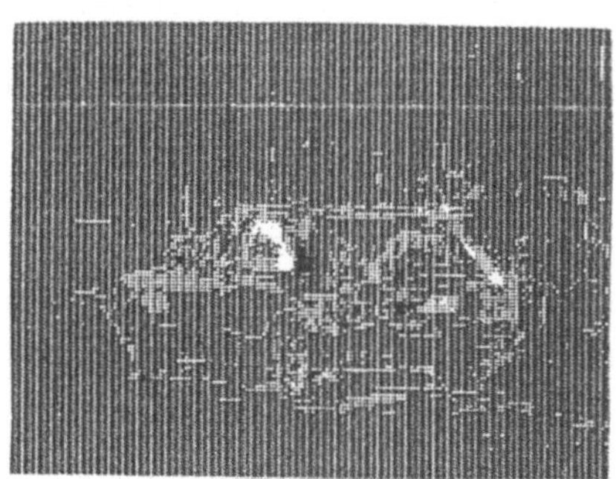

Abb. 4
Differenz zwischen dem ersten und
dem transformierten zweiten Bild

<u>ANALYSE DER BEWEGUNG VON BIOLOGISCHEN ZELLEN</u>

U. Zirkel, K.Grude und H. Ernst, GRUDE Elektronik GmbH, München,
P. Riemke und W. Leidl, Gynäk. und Ambulatorische Tierklinik, München

Für viele Anwendungen in Industrie, Medizin und Biologie /1,2,3/ ist
die Verfolgung der Bahnen bewegter Objekte und eine statistische Auswertung der Ergebnisse von Interesse. Hier wird ein Bildverarbeitungssystem vorgestellt, das die quantitative Bestimmung der Beweglichkeit
beliebiger Objekte ermöglicht. Insbesondere wird diese Anlage zur Analyse der Beweglichkeit (Motilität) von Spermien eingesetzt.

Die Messung der Beweglichkeit erfolgt über die Auswertung einer zeitlichen Bildfolge. Dazu werden in einem definierten zeitlichen Abstand,
der - entsprechend der Bildwiederholfrequenz in CCIR-Norm - als Vielfaches von 20 msec frei wählbar ist, bis zu 16 Aufnahmen im Format 256
Zeilen zu je 512 Bildpunkten in einem Bildspeicher von 2 MByte Kapazi-
tät abgelegt. Die Digitalisierung wird mit einer Abtastfrequenz von
10 MHz und einer Auflösung von 8 Bit, d.h. 256 Graustufen, durchgeführt.
Die Bilder können dabei entweder direkt von einer auf einem Mikroskop
aufgesetzten Kamera oder von einem Videorekorder stammen. Sind alle Aufnahmen digitalisiert und abgespeichert, so erfolgt eine Objektidentifi-
zierung in allen Einzelbildern. Danach wird eine Verfolgung der Bahnen
sämtlicher Objekte von Bild zu Bild durchgeführt und schließlich folgt
eine statistische Auswertung und grafische Darstellung der Ergebnisse.
Die Anlage besteht aus einem kommerziellen Bildanalysesystem und einem
IBM-AT Computer /4,5/. Das Bildanalysesystem verfügt über einen Intel-
Mikroprozessor und kommuniziert über V24-, IEC-Bus und 8 Bit DMA-
Schnittstellen mit dem Host-Rechner. Um die Handhabung zu erleichtern,
stehen Look-Up-Tables zur Kontrastverbesserung der Graubilder und für
die Pseudofarbdarstellung zur Verfügung.

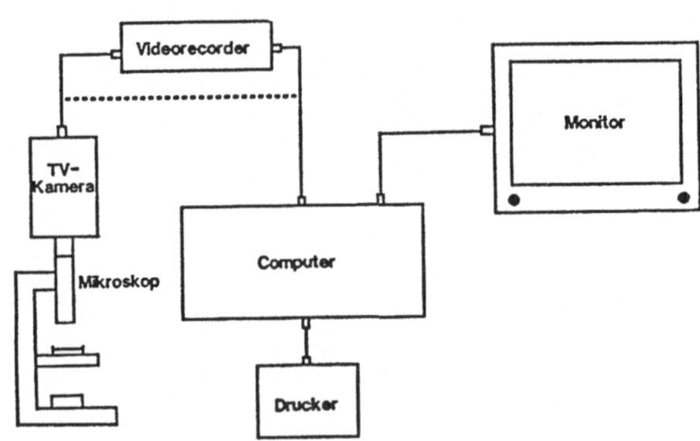

<u>Abbildung 1:</u> Schematische
Darstellung des Bildanalysesystems

Die Spermien heben sich im allgemeinen gut erkennbar je nach Typ dunkel
oder hell vom gleichmäßig grauen Untergrund des Mikroskopbildes ab, wie
aus Abb. 2 hervorgeht. Die Segmentierung kann daher meist durch ein einfaches Schwellwertverfahren vorgenommen werden, wobei die Schwelle aus
dem Häufigkeitshistogramm der Grauwertverteilung bestimmt wird. Bei ungünstigen Beleuchtungsverhältnissen kann die Segmentierungsschwelle dynamisch den Erfordernissen angepaßt werden. Gegebenenfalls ist auch eine Vorverarbeitung mit Medianfilter und Tiefpaß sowie eine Kontraster-
höhung durch Histogrammspreizung möglich.

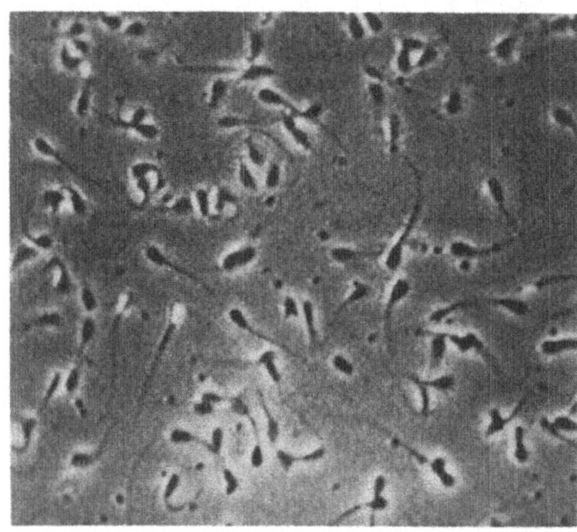

Abbildung 2:Mikroskopbild von
Bullenspermien in 100-facher
Vergrößerung

Nun werden nacheinander in allen Bildern der Bildfolge die ovalen Köpfe
der Spermien durch einen klassischen Konturverfolgungsalgorithmus /6/
lokalisiert, wobei Schwerpunktskoordinaten, Umfang, Fläche und Formfaktor bestimmt werden. Die Diskriminierung gegen Verunreinigungen wird
nur anhand der Parameter Umfang und Fläche bzw. Formfaktor durchgeführt. Die Geißel der Spermien ist in dem verwendeten Abbildungsmaß-
stab nicht gut auflösbar.

Bei der Bahnverfolgung der Objekte wird beginnend mit dem ersten Objekt
im ersten Bild eine Objekt-Zuordnung von Bild zu Bild durchgeführt, bis
die Bahnen möglichst aller Objekte bestimmt sind. Dazu wird ermittelt,
wieviele Objekte in dem auf das gerade betrachtete Bild folgenden Bild
in der Nachbarschaft des Referenzobjektes liegen. Die Nachbarschaftsbeziehung ist dabei durch einen Radius definiert, der sich aus der maximal möglichen Geschwindigkeit eines Objektes ergibt und als Parameter
vom Benutzer vorgebbar ist. Liegt in dem Bild, das auf das gerade betrachtete Bild folgt, nur ein Objekt innerhalb eines Kreises mit dem

erwähnten Radius um den Schwerpunkt des Referenzobjektes, so wird geschlossen, daß es sich bei diesem Objekt um das Referenzobjekt handelt und der zurückgelegte Weg, d.h. die Differenz der Schwerpunktskoordinaten, wird gespeichert.

Liegen mehrere Objekte in der Nachbarschaft des Referenzobjektes, so ist ohne zusätzliche Annahmen keine eindeutige Zuordnung mehr möglich und die Bahnverfolgung dieses Objektes wird normalerweise abgebrochen. Man kann jedoch auch in diesem Falle eine Zuordnung nach Plausibilitätskriterien durchführen, indem man eine möglichst hohe Kontinuität der Bewegung hinsichtlich Geschwindigkeit und Richtung fordert.

Wird kein einziges Objekt in der Nachbarschaft des Referenzobjektes gefunden, so wird die Zuordnung in der beschriebenen Weise auf das übernächste Bild ausgedehnt; erst wenn auch da keine Zuordnung möglich ist, wird die Bahnverfolgung des Referenzobjektes beendet, da es offenbar das Gesichtsfeld verlassen hat.

Es kann auch geschehen, daß ein in den vorhergehenden Bildern nicht sichtbares Objekt plötzlich im Gesichtsfeld erscheint. In diesem Fall startet der Zuordnungsvorgang mit dem Erscheinen des Objektes.

Im allgemeinen wird es nicht möglich sein, die Bahn eines jeden Objektes über alle Bilder hinweg zu verfolgen, da ja Objekte praktisch beliebig verschwinden oder auch auftauchen können und da aufgrund von Bahnüberschneidungen und unsicherer Zuordnungen Objekte gegebenenfalls von der weiteren Auswertung ausgeschlossen werden müssen. Zur weiteren Analyse werden nur Objekte herangezogen, die sich über mindestens vier Bilder verfolgen ließen. Dies führt - insbesondere bei dichten Proben mit mehr als 100 Objekten - zwar zu einer Verringerung des prozentualen Anteils ausgewerteter Objekte, hat aber den Vorteil, daß das Ergebnis frei von Annahmen ist. Da die Analyse in der Regel im Playback-Verfahren mit einem Videoband als Datenträger durchgeführt wird, ist das Verfahren sehr transparent und durch den Benutzer nachvollziehbar. Insbesondere ist es möglich, nach Beendigung der Auswertung alle Bilder und Auswertungsschritte am Monitor zu betrachten. Als Ergebnisse stehen zur Verfügung:

- Der Prozentsatz der unbeweglichen und der beweglichen Objekte.
- Die mittlere Objekt-Geschwindigkeit mit Standardabweichung.
- Die Geschwindigkeitsverteilung der Objekte.
- Der mittlere Linearitätsindex mit Standardabweichung.
- Die Verteilung der Linearitätsindizes.

Die Geschwindigkeit v der Objekte ergibt sich aus $v = S/n\Delta t$, wobei S die Projektion des insgesamt zurückgelegten Weges ist, n die Anzahl der analysierten Bilder und Δt das den Bildern entsprechende Zeitintervall. Der Linearitätsindex r ist durch $r = S/\Sigma s_i$ definiert. Dabei ist s_i die bei der Verfolgung eines Objektes vom i-1-ten zum i-ter Bild ermittelte Teilstrecke. Für eine geradlinige Bewegung nimmt r den Wert 1 an, für eine in sich geschlossene Bewegung den Wert 0. Diese Zusammenhänge sind in Abb. 3 erläutert.

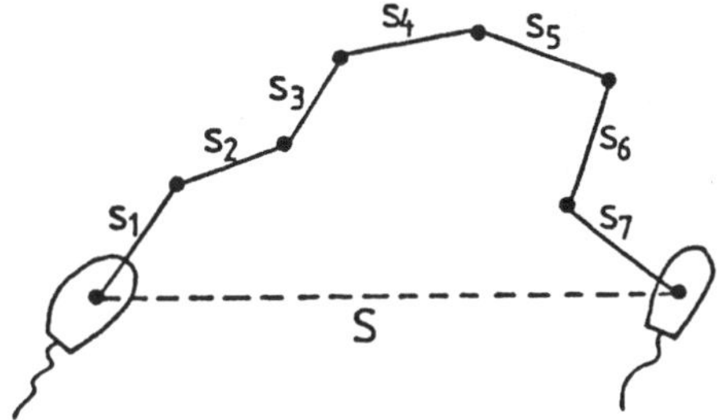

Abbildung 3: Zur Berechnung der Größen v und r

Die bisher verwendeten manuellen Methoden zur Motilitätsmessung waren mit einer Meßzeit von bis zu einigen Stunden je Probe /3/ sehr aufwendig. Unter Verwendung des Bildanalysesystems reduziert sich die Auswertungsdauer auf etwa 40 sec. Dazu kommt die bessere Objektivität und die gute Reproduzierbarkeit der Ergebnisse mit einer Abweichung von nur einigen Prozent bei Wiederholung der Auswertung /7/. Man verfügt damit über eine einfache und schnelle Methode zur Analyse der Fruchtbarkeit von Sperma, die mit der Motilität in einem direkten Zusammenhang steht. Außerdem können Faktoren untersucht werden, welche die Motilität beeinflussen. Beispiele dafür, nämlich die Motilität von Bullensperma bei verschiedenen Temperaturen und der Einfluß von Koffein auf die Sperma-Motilität sind in den Abbildungen 4 und 5 gegeben.

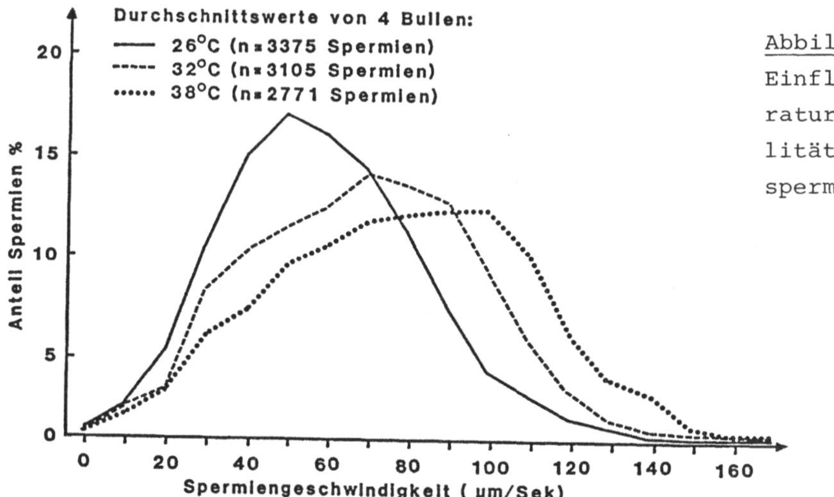

Abbildung 4: Der Einfluß der Temperatur auf die Motilität von Bullensperma /7/.

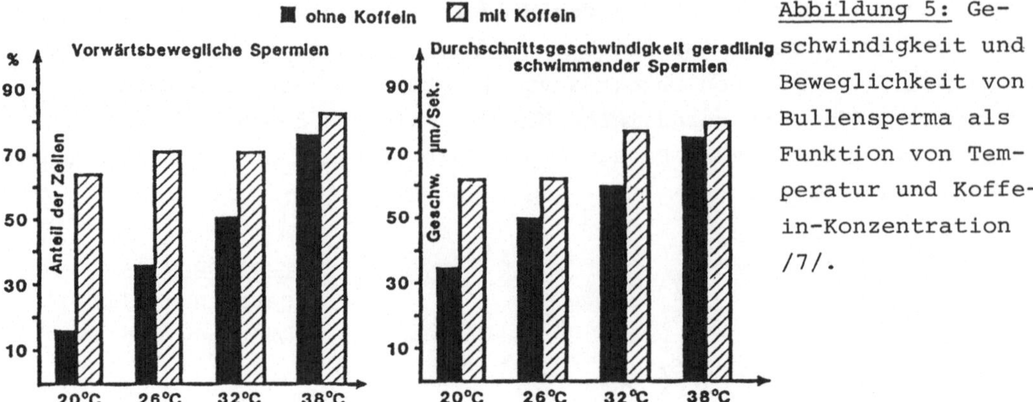

Abbildung 5: Geschwindigkeit und Beweglichkeit von Bullensperma als Funktion von Temperatur und Koffein-Konzentration /7/.

Eine weitere wichtige Anwendung ist die Untersuchung der Toxizität von
Chemikalien für Zellgewebe /8/.
Gegenwärtig wird die Konturanalyse auch auf in hoher Vergrößerung dargestellte Spermien ausgedehnt. Auf diese Weise wird es möglich sein,
zur Diagnoseunterstützung pathologische Veränderungen an Spermien zu
erkennen und durch Verbindung mit einer Datenbank zu klassifizieren.
Solche wissensbasierten Systeme werden insbesondere in der Medizin bereits erfolgreich eingesetzt, beispielsweise in der Diagnose von Er-
krankungen des Herzmuskels /9/.

/1/ Nagel, H.-H.: Analyse und Interpretation von Bildfolgen;
     Informatik-Spektrum 8, 178 (1985)
/2/ Höhne, K. H. (Hrsgeb.): Digital Image Processing in Medicine;
     Springer Verlag (1981)
/3/ Jecht, E. W. und J. J. Russo: A System for the quantitative
     Analysis of Human Sperm Motility; Andrologie 5 (3), 215 (1973)
/4/ GRUDE Elektronik GmbH, München; Datenblätter (1985)
/5/ Brunner Medizintechnik GmbH, München; Datenblätter (1985)
/6/ Pratt, W. K.: Digital Image Processing; John Wiley and Sons (1978)
/7/ Riemke, P. und W. Leidl: private Kommunikation
/8/ Seibert, H., M. Kolossa and R. Wrangel: Mammalian Spermatozoa as
     in vitro Model for Studies on acute Cytotoxicity of Chemicals
/9/ Bunke, H., H. Feistel, I. Hoffmann, H. Niemann und D. Sagerer:
     Ein wissensbasiertes System zur automatischen Auswertung von
     Bildsequenzen des menschlichen Herzens; 6. DAGM-Symposium, Muster-
     erkennung 1984, Informatik Fachberichte 87, 276 (1984)

KONTURFINDUNG IN REGIONEN SCHWACHER HELLIGKEITSÄNDERUNG

Rolf Bollhorst
Universität Bremen, FB-1, Elektrotechnik
Postfach 330440, D-2800 Bremen 33

Gradientenverfahren und Methoden die mit Hilfe der 2. Ableitung eine Konturverstärkung vornehmen, haben die gemeinsame Eigenschaft, insbesondere solche Konturen zu verstärken, die sich in Regionen mit stark ausgeprägten Helligkeitsänderungen befinden. Für verschiedene Anwenungen ist es jedoch von Interesse, auch Konturen in Regionen mit relativ gering ausgeprägten Helligkeitsänderungen zu finden.
Ein von Frei und Chen vorgestelltes Konturfindungsverfahren liefert bei solcher Aufgabenstellung relativ gute Ergebnisse. Das im folgenden skizzierte Konturfindungsverfahren zeichnet sich in Relation zu diesem Verfahren dadurch aus, daß weniger Rechenaufwand erforderlich ist, feine Details gut aufgelöst werden und Clusterbildung unabhängig von der verwendeten Schwelle vermieden wird.
Das Verfahren arbeitet auf einem 3*3 Bildausschnitt. Die Berechnung eines Konturelements beruht auf der Definition eines Bildausschnitts, in dem kein Konturelement detektierbar ist. Ein solcher ist dadurch charakterisiert, daß sämtliche Bildelemente denselben Grauwert haben. Dieser Bildausschnitt wird durch einen konstanten 9-dimensionalen-Vektor dargestellt. Als Maß für die Konturverstärkung verwendet man den Winkel zwischen diesem Vektor und dem aktuellen Bildausschnitt. Je größer der Winkel, je ausgeprägter ist die Inhomogenität. Durch Setzen einer globalen konstanten Schwelle erhält man das Konturbild.

In /1/ wird gezeigt, daß es genügt, die Größe k zu berechnen und mit einer Schwelle zu vergleichen (s. Beispiele für 2 Schwellwerte). Man beachte, daß das Verfahren mit *einer* komplementären Maske auskommt.

$$k = \left[\sum_{i=1}^{9} b_i \right]^2 \Big/ \sum_{i=1}^{9} b_i^2 \qquad b_i : \text{aktueller Bildpunkt innerhalb des Fensters}$$

20 % aller Konturelemente   40 % aller Konturelemente

/1/ R. Bollhorst, Ph. Beßlich und W. Schlüter: Low-Complexity Contour Detection. Berichte Elektrotechnik, Universität Bremen, FB-1, ISSN 0724-1933, 3/86.

Ein pixel-rekursives Verfahren zur Bestimmung der Eigenbewegung von abbildenden Sensoren

H. Diehl und R. Schmidt
Messerschmitt-Bölkow-Blohm GmbH
Postfach 801149, 8 München 80

Die Eigenbewegung eines abbildenden Sensors läßt sich aus dem Optischen Fluß rekonstruieren. Zu dessen Berechnung sind häufig Gradientenverfahren vorgeschlagen worden. Diese versagen bei großen Verschiebungen von Bild zu Bild, da das Abtasttheorem im Zeitbereich verletzt wird.

Auf der Basis eines kürzlich vorgestellten Gradientenverfahrens[1] haben wir einen Algorithmus entwickelt, der dieses Problem löst. In der erwähnten Arbeit wird gezeigt, wie sich aus den räumlichen und zeitlichen Intensitätsänderungen in der Bildebene die 8 Parameter der Eigenbewegung (Drehgeschwindigkeiten, Richtung der Translation und Orientierung relativ zur Ebene) bestimmen lassen. Wir bringen die derart gemessenen Größen als Vorwissen in das Rekursionsverfahren ein und bestimmen die zeitliche Ableitung aus zwei Termen: 1. aus dem geschätzten optischen Fluß und dem bekannten Bildinhalt; 2. aus einem Korrekturterm, der entlang der vermuteten Verschiebung gemessen wird und nicht wie bei Gradientenverfahren üblich an festen Sensorstellen. Die Eigenbewegung wird dann aus der verbesserten Schätzung für die zeitliche Ableitung berechnet. Unsere Methode ist ein effektiver hill-climbing-Algorithmus, wobei die Suchrichtung durch das Gradientenverfahren vorgegeben wird.

Durch das Verfahren wird im Zeitbereich eine Abtastrate erreicht, die der Abtastrate im Ortsbereich entspricht. Der Algorithmus wurde an künstlichen und natürlichen Bildfolgen erfolgreich getestet, wie wir an einigen Beispielen zeigen.

1. H.Zinner, "Determining the kinetic parameters of a moving imaging sensor by processing spatial and temporal intensity changes". J.Opt.Soc.Am.A **3**(9), Sept. 1986 (im Druck)

Objektorientierte Interaktion
in Systemen zur Bildfolgenauswertung

Volker Haarslev

Universität Hamburg, Fachbereich Informatik
Schlüterstraße 70, 2000 Hamburg 13

Kurzfassung

Es wird ein neuer Ansatz für die ergonomische Gestaltung der Benutzerschnittstelle von Experimentalsystemen zur Auswertung von Bildfolgen vorgestellt [*Haarslev 86*]. Die Entwicklung einer solchen Benutzerschnittstelle basiert auf den folgenden Prinzipien:

- Graphische Darstellung der Systemstruktur von Bildfolgenauswertesystemen unter Verwendung eines Farbgraphik-Systems;

- Strukturierung und Veränderung dieser Systeme durch die direkte Manipulation von graphischen Repräsentationen ihrer Systemkomponenten;

- Graphische Darstellung der Wirkungsweise von Bildfolgenauswertesystemen (und ihrer Algorithmen);

- Strukturelle Aufteilung von Bildfolgenauswertesystemen in Dialogsystem und Anwendungssystem;

- Entwurf einer interaktiven Benutzerschnittstelle für Bildfolgenauswertesysteme ausgehend von einem vorher entwickelten Benutzermodell;

- Modellierung der Benutzerschnittstelle auf der Basis von Objekten.

Das in dieser Arbeit entwickelte Benutzermodell und eine systematische Untersuchung der Mensch-Maschine-Kommunikation für Systeme zur Verarbeitung und Auswertung von Bildern und Bildfolgen bilden den Ausgangspunkt für die Entwicklung einer neuen Benutzerschnittstelle zur Bildfolgenauswertung.

Aufgrund dieser Erkenntnisse wurde eine Benutzerschnittstelle für Bildfolgenauswertesysteme entwickelt, die eine objektorientierte, direktmanipulative Interaktion zwischen Benutzern und Bildfolgenauswertesystemen gestattet. Sie bietet dem Benutzer Interaktionsobjekte, mit denen er ein Bildfolgenauswertesystem interaktiv gestalten und die Interaktion abwickeln kann. Ein derartig gestaltetes Bildfolgenauswertesystem setzt sich aus Verarbeitungs- und Datenhaltungsobjekten zusammen, die über Leitungsobjekte verbunden sind und zu bearbeitende Datenobjekte untereinander übermitteln, sowie aus Gruppenobjekten, die der interaktiven Strukturierung des Systems dienen. Zur Unterstützung der Interaktion erhält der Benutzer weiterhin eine veränderbare und erneut ausführbare Interaktionshistorie. Für die Durchführung komplexer Systemmanipulationen stehen graphische Ablaufpläne und eine automatische Interaktionsausführung zur Verfügung.

Für diese Schnittstelle wurde als Prototyp ein Dialogsystem zur Bildfolgenauswertung für eine ganze Klasse von Anwendungssystemen in der Programmiersprache Ada implementiert und erprobt.

Literatur

Haarslev 86: *Interaktion in Systemen zur Bildfolgenauswertung basierend auf einem objektorientierten Ansatz*, V. Haarslev, *Dissertation*, Universität Hamburg, Fachbereich Informatik, Juli 1986.

Ein Klassifikationsansatz zur lokalen Qualitätsbeurteilung von quellencodierten Bildvorlagen

Rudolf Mester und Michael Bolle
Institut für Elektrische Nachrichtentechnik der RWTH Aachen
Melatener Str. 23, 5100 Aachen

Eine wahrnehmungsangepaßte automatische Beurteilung von Bildrekonstruktionen gestattet bei vorgegebener Struktur datenreduzierender Bildcodierungssysteme eine schnelle und zuverlässige Dimensionierung der im allgemeinen zahlreichen freien Parameter sowie den objektiven Leistungsvergleich zwischen verschiedenen Verfahren. Grundsätzlich sind zu Paaren relativ kleiner korrespondierender Ausschnitte aus Originalbild und Rekonstruktion binär- oder mehrwertige Urteile abzuleiten, welche anschließend zu einem globalen Gesamturteil verknüpft werden können. Die bekannten lokalen Fehlerbewertungsmaße sind jeweils nur unter speziellen Annahmen über die Struktur des Originalbildes und der Fehlermuster gültig. Die Nachbildung des menschlichen Beurteilungsprozesses durch einen überwacht lernenden Klassifikator ermöglicht es hingegen, auch Wechselbeziehungen zwischen den bisher nur separat untersuchten wahrnehmungsrelevanten Einflußgrößen in Betracht zu ziehen.

Zur Gewinnung des Lerndatensatzes wurden in insgesamt 700 Bildausschnitten verschiedenartige Störprozesse simuliert und die Resultate menschlichen Betrachtern im Paarvergleich zu den entsprechenden ungestörten Ausschnitten dargeboten. Die Urteile von fünf Testpersonen wurden mediangemittelt und dem zugehörigen Ausschnittpaar als Verfälschungsmaß zugeordnet. Auf der Grundlage dieser Daten wurde mittels einer Diskriminanzanalyse aus 11 a priori angesetzten Merkmalen eine signifikante Untermenge bestimmt.

Im Vergleich verschiedener Klassifikatortypen erbrachte die Verwendung eines geometrischen Klassifikators mit einem Lernalgorithmus nach HO und KASHYAP [1] die besten Resultate. Für den Fall eines binärwertigen Urteils ("Verfälschung wahrnehmbar oder nicht") wurde die im Lerndatensatz nur zur Hälfte enthaltene Kontrollstichprobe zu 93 % korrekt klassifiziert.

[1] Ho, Y. C.; Kashyap, R. L. : 'An Algorithm for Linear Inequalities and its Applications'. IEEE Trans. on El. Computers, vol EC-14, no. 5, Oct. 1965, pp. 683-688.

Untersuchungen zur Kantenextraktion aus industriellen Graubildszenen bei mitbewegter Kamera

Schneider, K.; Föhr, R.; Kempken, E.; Ameling, W.
Rogowski-Institut der RWTH Aachen
Schinkelstr 2, 5100 Aachen

Das Rogowski-Institut der Technischen Hochschule Aachen beschäftigt sich u.a. mit Aspekten medizinischer und industrieller Bildverarbeitung. Im Rahmen eines Sonderforschungsbereiches der Deutschen Forschungsgesellschaft wird ein komplexes modulares Sensorrechnersystem, bestehend aus optischen, akustischen und taktilen Sensoren entwickelt, mit dem Ziel, einen Roboter bei der Handhabung und Montage zu führen.

Der Bildaufnehmer (CCD-Kamera) soll dabei nicht ortsfest angebracht, sondern vom Roboterarm mitgeführt werden. Die wichtigsten Vorteile dieser Anordnung sind erstens, daß die Szene nicht vom Roboterarm abgeschattet werden kann und zweitens, daß die Ansicht der Szene sowohl nach Ort und Größe durch geeignete Stellung des Roboterarms gewählt werden kann.

Es werden unterschiedliche Anordnungsmöglichkeiten für Kamera und Beleuchtung mit ihren Vor- und Nachteilen aufgezeigt. Dabei wird auch die Integration einer "Optischen Schnittstelle" in ein Werkzeugwechselsystem betrachtet, das in Zusammenarbeit mit dem Werkzeugmaschinenlabor der RWTH realisiert werden soll.

Durch die Anordnung der Kamera am Greifer wird ein Modul zur Regelung der Fokussierung erforderlich. Die dazu notwendige Information wird aus dem Wissen der übergeordneten Steuerung abgeleitet oder kann direkt von einem temperaturkompensierten Ultraschall-Entfernungsmeß-System erhalten werden.

Weiterhin kann die Beleuchtung der Szene nicht so sehr optimiert werden, wie bei einer statischen Anordnung der Kamera. Daher werden verschiedene Arten und Anordnungsmöglichkeiten der Beleuchtung in die Untersuchung mit einbezogen. Zur optimalen Ausnutzung des Grauwertebereiches kommen eigens entwickelte Verfahren der szenenabhängigen Blenden- und Beleuchtungssteuerung zum Einsatz.

Zur kantenorientierten Bildsegmentierung werden unterschiedliche Verfahren, basierend auf lokalen Operatoren untersucht und bewertet. Die Überführung des Bildes in eine zur Kantenauswertung geeignete Datenstruktur geschieht durch bereichsorientierte Schwellwertverfahren.

<u>AUTORENINDEX</u>